신이 절대로 답할 수 없는 몇 가지

신이 절대로 답할 수 없는 몇 가지

악의 시대, 도덕을 말하다

샘 해리스 지음 | 강명신 옮김

시공사

차례

서론_ 도덕의 풍경

1장_ 도덕적 진리

2장_ 선과 악

| 일러두기

이 책에서 well-being, happiness, welfare 각각 웰빙, 행복, 복지로 번역되는 이 용어들은 (간혹 flourishing을 번영이라고 한 것을 제외하면) 일괄적으로 '행복'이라고 옮겼음을 밝혀둔다. 빈번하게 쓰이는 용도가 따로 있지만 이렇게 통일해도 무방한 이유는, 저자가 용어 반복을 피하기 위해서 여러 단어를 섞어서 사용했고, 행복이라 번역해도 저자의 의도에 어긋나지 않는다고 보았기 때문이다.

현대 영미윤리학자들은 well-being과 happiness를 혼용하는 경우가 많은데, 일반적으로 의무론(칸트윤리학) 계열의 학자들은 공리주의자나 경제학자들과 구분하기 위해 굳이 well-being을 쓰는 경우가 있다. 물론 happiness에 대한 관점은 일상적으로나 윤리학에서나 다양하다. 예를 들어 정치공동체 인민의 번영으로서 행복이야말로 인간의 모든 기획의 목적이라고 보는 아리스토텔레스의 윤리학, 다수의 행복이야말로 행위의 도덕성을 판가름하는 규범적 기준이라고 보는 공리주의 도덕규범이 있다. 칸트의 도덕철학에서는 공리주의를 비판하여, 행위 결과로서의 행복은 도덕 기준이 될 수 없으며 선한 의지야말로 행위의 도덕성의 지표라고 하며, 행복을 추구하기보다는 오히려 행복을 누릴 만한가를 생각해야 한다고 말한다. welfare는 보통 규범적인 지표를 말한다. 해피노믹스가 나오면서 국민의 주관적 행복도를 계량화하여 국가 간 비교를 하기도 하지만, 과거에는(지금까지도) 일인당 국민소득을 가지고 복지를 비교하는 경우가 많았다. 사실상 주관적 welfare를 행복이나 효용으로 말하는 것이 복지경제학자나 공리주의자들의 용법이라고 보아도 무방하다.

서론

도덕의 풍경

The Moral Landscape

✿ 과학과 도덕적 진리

'카눈^{kanun}'이라 불리는 친족 복수^{vendetta}는 알바니아 사람들의 오랜 전통이다. 알바니아에는 희생된 가족을 대신하여 살인자의 가족 중 남자를 죽여 원수를 갚는 사회적 관행이 있다. 불행히도 살인자의 아들로 태어난 사람은 희생자의 가족을 피해 숨어 살아야 하기 때문에 교육이나 의료 혜택은 물론이고 정상적인 삶의 즐거움을 누릴 수 없다. 지금 이 순간에도 수많은 알바니아 남자들이 감옥에서 살아가고 있다.[1] 사회에 이런 관습을 만들어놓은 알바니아인들은 도덕적으로 옳지 못할까? 피로 복수하는 그들의 전통이 악한 것일까? 그들의 가치관은 우리의 가치관보다 열등한가?

많은 사람들이 이런 질문에 대해 과학이 대답은 고사하고 아예 이런 질문조차 할 수 없다고 생각한다. 삶의 여러 양식 중에 어떤 것을 두고

'좋다' 혹은 '도덕적이다'라고 말하는 것이 어떻게 과학적 사실일 수 있는가? '좋다' 혹은 '도덕적이다'라는 기준은 누가 정한 것인가? 요즘 도덕의 진화와, 그것을 뒷받침하는 신경생물학에 대해 연구하는 과학자들이 많은데, 이들의 연구 목적은 단지 사람들이 생각하고 행동하는 방식을 기술하는 것일 뿐이다. 과학자에게 어떻게 생각하고 행동해야 하는가에 대한 답을 기대하는 사람은 없다. 인간의 가치에 대한 숱한 논쟁들은 바로 과학이 그에 대해 공식적으로 아무런 의견을 제시할 수 없다는 것에 대한 논쟁이다.[2]

그러나 내가 하려는 주장은 이것이다. 가치에 대한 물음이란—의미나 도덕, 인생의 장기적 목표에 대한 물음이란—사실상 의식적 존재의 행복에 대한 물음이다. 이런 관점에 따르면 가치는 과학적으로 이해할 수 있는 사실로 해석된다. 이때 과학적 사실이란, 부정적 혹은 긍정적인 사회적 감정, 복수의 충동, 법규나 제도가 인간관계에 미치는 영향, 행복과 고통의 신경생리학 등이다. 신체적 건강과 정신적 건강과 마찬가지로 이 중에 가장 중요한 것은 문화를 초월한다.

뉴기니 섬에서 발생했더라도 암은 암이고 콜레라는 여전히 콜레라다. 정신분열증 역시 어디서나 정신분열증일 것이다. 이에 덧붙여 나는 동정compassion은 어디서나 동정이고 행복도 어디서나 행복이라고 주장하고자 한다.[3] 그리고 사람들의 문화적 수준 차이가 크다면, 예를 들어 행복하고 지적으로 능력 있고 창조적인 아이들을 키워내는 방식과 공존할 수는 없지만 (가치가) 동등한 방식이 있다면, 이 또한 틀림없이 뇌의 구조가 좌우하는 사실인 것이다. 따라서 원칙적으로는 신경과학과 심리학의 맥락에서 문화가 우리를 규정하는 방식을 설명할 수 있다. 뇌의 수준에서 우리가 어떤 존재인가를 이해하게 될수록 가치에 대한 물음에 옳고 그른 답이 있다는 것도 잘 알게 될 것이다.

물론 도덕적 진리의 위상에 관한 끈질긴 논란에도 대응해야 한다. 종교에서 세계관을 끌어내는 사람은 보통 도덕적 진리가 존재한다고 믿는다. 종교를 믿는 사람은 신이 세상을 만들 때 이미 도덕도 함께 만들었다고 믿기 때문이다. 반면 종교를 믿지 않는 사람은, 선악의 개념은 진화의 압력이나 문화적 발명의 산물이라고 믿는 경향이 있다. 전자는 도덕적 진리를 말할 때 필연적으로 신을 거론한다. 후자는 인간의 모방 충동이나 문화적 편견 또는 철학적 혼동만을 주장한다. 이 논쟁에서 내목적은 양쪽이 모두 틀렸음을 설득하는 것이다. 이 책의 목표는 과학의 맥락에서 도덕적 진리를 어떻게 이해할 수 있는가에 있다.

이 책에서 내가 펼칠 주장도 논란을 피할 수는 없겠지만, 이는 아주 간단한 전제에서 출발한다. 즉 인간의 행복은 전적으로 세상의 사건과 인간 뇌의 상태에 의존한다. 따라서 행복을 설명해줄 과학적 사실이 반드시 있을 것이다. 자세한 과학적 지식이 축적되면 사회에 존재하는 삶의 방식을 더욱 분명하게 구분하게 될 것이다. 어떤 방식이 더 좋고 나쁜지, 어떤 방식이 사실에 부합하거나 그렇지 않은지 혹은 더 윤리적이고 덜 윤리적인지 판단해야만 한다. 이러한 통찰을 통해 분명히 삶의 질을 개선할 수 있다. 그렇게 되면 학문적 논란은 끝나고 삶을 뒤바꾸는 수많은 선택이 시작될 것이다.

과학이 모든 도덕적 논란의 해결을 보장해준다는 말이 아니다. 의견의 차이가 있겠지만 그것이 사실의 범위 내에 있을 거라는 말이다. 중요한 것은, 물음에 답할 수 없다고 해서 답이 없다는 뜻은 아니라는 것이다. 바로 직전 60초 동안 정확히 몇 사람이 모기에 물렸을까? 모기에 물린 사람 가운데 몇 명이나 말라리아에 걸렸을까? 그중 몇 명이 말라리아로 죽었을까? 기술적인 문제 때문에 이 질문에 정확히 답할 수 있는 과학자는 없을 것이다. 그러나 우리는 과학자들이 간단한 숫자로 된 답이 있다는 사실을 인정할 거라고 생각한다. 마땅한 데이터를 얻을 수 없다고 해서 모든 의견을 똑같이 존중해야만 할까? 물론 그렇지 않다. 마찬가지로 특정 도덕적 딜레마를 해결하지 못한다고 해서, 서로 다른 대응책들이 똑같이 타당한 것은 아니다. 내 경험상, 도덕적 혼동을 야기하는 주요 원인은 '실제 답이 없다는 사실'을, '원칙상 답이 없다'는 것으로 오인하는 데 있다.

예를 들어보자. 현재 미국 21개 주에서는 여전히 학교 체벌을 허용한다. 멍이나 찰과상을 입힐 정도로 단단한 나무막대로 교사가 학생을 체벌하는 것이 합법이다. 매년 수십만 명이 체벌 폭력을 당하는데, 이런 일은 거의 남부 주에서 발생한다. 이런 행태의 근거가 종교임은 말할 필요가 없다. 성경에서 우주의 창조자가 아이를 망치지 않으려면 매를 아끼지 말라고 했다는 것이다(잠언 13장 24절, 20장 30절, 23장 13~14절).

그러나 진정 행복에 관심이 있고 아이의 행복을 증진하고자 한다면, 소년 소녀의 인지적 정서적 발달을 도모하기 위해 통증과 공포, 모욕을 수단으로 삼는 것이 과연 현명한 일인지 의문을 가져야 한다. 이 질문에 답이 있음을 의심할 수 있을까? 어떻게든 이런 일을 바로잡아야 한다는 데 의문의 여지가 있을까? 사실상 모든 연구가 체벌은 최악의 방법이고 더 많은 폭력과 사회병리를 불러올 뿐만 아니라, 체벌을 더 강력하게 지지하게 된다는 결과를 제시한다.[4]

더 중요한 것은, 우리가 알건 모르건 여기에는 분명 답이 있어야 한다는 사실이다. 이는 단순히 타인의 '전통'을 존중하기로 하고, 그저 우리와 의견이 다를 뿐이라고 말할 수 있는 영역이 아니다. 과학은 점차 이런 문제의 답을 결정할 것이다. 인간관계, 정신 상태, 폭력 행위, 복잡한 법망 등의 결과에 따른 차이뿐만 아니라, 사람들이 제시하는 답의 차이가 우리 뇌의 차이, 다른 이들의 뇌의 차이, 더 넓게는 세계의 차이로 해석되기 때문이다. 나는 실제로 가치란 사실들이 상호 관련된 세계임을, 독자들에게 증명해 보일 수 있기를 바란다.

우리는 생각과 의도가 뇌에서 어떻게 발생하는지 이해해야 한다. 그리고 이러한 정신 상태가 어떻게 행동으로 나타나는지 알아야 한다. 더 나아가 이러한 행동이 세상과, 다른 의식적 존재의 경험에 어떤 영향을 주는지 알아야 한다. 이 사실들은 '선악'과 같은 용어를 써서 합리적으로 샅샅이 다루어질 것이다. 또한 이 사실들은 점차 과학의 영역으로 수용되고, 개인의 종교적 소속보다 깊이 뻗어나갈 것이다. 기독교 물리학이나 이슬람 대수학이 없는 것처럼 기독교나 이슬람의 도덕만 도덕이 아니라는 것을 보게 될 것이다. 이제는 도덕을 과학에 속하는 미개척 분야로 보아야 한다는 것이 나의 주장이다.

첫 번째 책《종교의 종말The End of Faith》이 출판된 이후 나는 '문화전쟁 culture wars'에 대해 특권적 관점을 갖게 되었다. '문화전쟁'은 미국의 세속적 자유주의와 기독교 보수주의, 유럽의 비종교 사회와 이슬람 국민 사이의 전쟁이다. 신앙과 의심 사이 연속선상의 한 지점에 서 있는 사람들이 보내온 수만 통의 편지와 이메일을 받은 뒤, 나는 어느 정도 확신이 생겼다. 즉 어느 진영이든 이 문화적 단절의 저변에는 적어도 이성의 한계에 대한 믿음이 공유되고 있다는 사실이다. 양쪽 다 인간 삶의 가장 중요한 물음에 답하기에는 이성이 무력하다고 본다. 한 개인이 사실과 가치 사이의 간극을 이해하는 방식은, 전쟁에서 교육까지 사회의 거의 모든 중대 쟁점에 대한 견해에 영향을 미친다.

이러한 사유의 분열은 정치 스펙트럼의 양극에 상이한 결과를 가져온다. 즉 종교적 보수주의자들은 의미와 도덕의 문제에 올바른 답이 있다고 믿는데, 이는 오로지 아브라함의 신이 그렇게 만들었기 때문이라고 한다.[5] 일상적 사실은 합리적 탐구로 발견할 수 있다고 인정하지만, 가치는 광야의 회오리바람 속에서 들리는 목소리로부터 와야 한다고 믿는다. 성서적 자유주의, 다양성에 대한 불관용, 과학에 대한 불신, 그리고 인간과 동물이 겪는 고통의 진짜 이유에 대한 무관심은, 자주 그렇듯이 종교적 우파가 사실과 가치를 가를 때 표현하는 방식이다.

반면 세속적 자유주의자들은 도덕적 물음에는 객관적인 답이 없다고 생각하는 경향이 있다. 그들은 존 스튜어트 밀John Stuart Mill이 오사마 빈 라덴Osama bin Laden보다는 선에 대한 '우리의' 문화적 이상에 부합한다고 여긴다. 그러나 옳고 그름에 대해서만큼은 밀이 진리에 전혀 다가가지 못했다고 의심하는 세속주의자가 대다수다. 다문화주의, 도덕적 상대주의moral relativism, 정치적 올바름, 불관용intolerance까지도 관용하기 등은 좌파가 사실과 가치를 가를 때 생기기 쉬운 쟁점들이다.

두 진영의 힘이 균형을 이루지 못한다는 점이 우려된다. 세속적 민주주의는 구시대 종교의 터무니없는 열정에 대해 갈수록 속수무책이다. 보수적 독단주의와 자유주의적 회의 때문에 미국은 배아줄기세포 분야에서 연방정부의 재정 지원 금지로 10년 이상 뒤처졌다. 이 때문에 낙태나 동성애자 결혼 등의 쟁점으로 과거 수년 동안 정치적으로 혼란스러웠을 뿐만 아니라 앞으로도 정치적 분열이 있을 것으로 보인다.

또한 유엔의 신성모독금지법안 통과를 위한 노력의 배경에도 이런 상황이 깔려 있다(법안이 통과되면 유엔 회원국 국민들은 종교를 비판하는 것이 불법이 된다). 이슬람 급진파에 반대하는 전쟁이 한 세대 이상 이어져서 서구사회를 곤경에 빠뜨렸는데, 이제 더 나아가 유럽사회를 새로운 칼리프시대로 재편하게 될지도 모른다.[6] 종교적 보수주의자는 우주의 창조주가 무엇이 옳고 그르다고 믿는지 안다고 생각하기 때문에, 어떤 대가를 치르더라도 공공영역에서 이러한 관점을 실현하려고 한다. 한편 무엇이 옳은지 알 수 없는, 혹은 무엇이든 '진짜' 옳다고 생각하는 세속적 자유주의자는 자신의 지적 수준과 정치적 자유 둘 다를 포기한다.

과학자 공동체는 대체로 세속적이고 자유주의적이다. 그래서 과학자들이 종교적 독단에 자리를 내어주는 걸 보면 놀랍다. 앞으로 살펴보겠지만, 그 문제는 국립과학원National Academies of Science과 국립보건원National Institutes of Health 같은 상위기관까지 뻗어 있다. 심지어 가장 영향력 있는 과학 잡지 〈네이처Nature〉도 이성적 담론과 신앙적 허구 사이의 경계를 제대로 지키지 못했다. 나는 지난 10년간 이 잡지에서 '종교'라는 단어가 나오는 대목을 샅샅이 뒤진 결과, 편집자들이 스티븐 J. 굴드Stephen J. Gould의 '중복되지 않는 권위nonoverlapping magisteria' 개념을 널리 수용하고 있다는 사실을 알아냈다. 과학과 종교는 전문 영역이 다르기 때문에 두 분야가 적절하게 관점을 규정하면 갈등의 여지가 있을 수 없다는 개념이다.[7] 어떤 사설에서는, 두 분야가 "상대 진영으로 발을 잘못 넣었다가 곤란을 일으키지만 않는다면 문제가 없다"고 했다.[8] 이 이면에는, 과학은 물리적 우주의 작동에, 종교는 의미, 가치, 도덕, 선한 삶에 최고의 권위를 지닌다는 뜻이 담겨 있다.

운이 좋다면 나는 이 주장이 진실이 아닐 뿐만 아니라 그럴 수도 없다는 것을 설득할 수 있을 것이다. 의미와 가치, 그리고 도덕과 선한 삶은 의식적 존재의 행복과 관련이 있다. 이들이 세상의 사건 및 뇌의 상태와 법칙적으로 의존한다는 것을 앞으로 보게 될 것이다. 합리적이고 정직하고 열려 있는 탐구만이 이런 과정을 통찰하게 해줄 진정한 원천이다. 신앙이 올바른 답을 내놓는 경우가 있다면 그건 우연일 뿐이다.

과학계는 도덕적 쟁점에 대해 이렇다 할 입장을 취하지 않고 주저함으로써 그 대가를 치러야 했다. 과학 분야는 원칙적으로 삶의 가장 중요한 문제와는 분리된 것이라는 인식을 만든 것이다. 그렇다 보니 과학은 대중문화의 관점에서 마치 기술을 개발하는 부화장孵化場 정도로 보일 뿐이다. 교양 있는 사람이라도 과학은 사실상 종교에 대해 수 세기 동안 새로운 당혹감만 안겨주었음을 인정한다. 그리하여 과학계 안팎에서 과학은 좋은 삶이란 어떤 것인가에 대해 할 말이 없다는 게 기정사실이 되었다. 어떤 신앙, 어떤 정치관을 가졌든지 종교사상가라면 신을 믿는 근거에 대해 의견이 일치한다. 신이 존재한다는 거부할 수 없는 증거가 있기 때문이 아니라, 신에 대한 믿음이 없으면 삶의 의미와 도덕 지침의 원천으로 믿을 게 없기 때문이라는 게 가장 흔한 이유다. 서로 공존할 수 없는 여러 종교적 전통이 하나같이 바로 이 비논리적 언술 뒤에서 피난처를 찾고 있다.

그러나 이제는 과학도 인생의 가장 심오한 문제에 관심을 가지지 않을 수 없게 되었다. 당연히 반발도 있을 것이다. 세계관의 충돌에 어떻게 대응하느냐에 따라 과학의 발전이 좌우되는 것은 물론이고, 가치 공유에 근거한 전 지구적 문명 건설의 성패도 엇갈린다. 21세기에 어떻게 살아야 할 것인가 하는 문제를 둘러싼 대안은 여럿 있지만, 대부분 명백히 틀린 답이다. 행복에 대한 합리적 이해가 있어야만 전 세계 수십억 인구가 평화롭게 공존하면서, 사회적, 정치적으로 그리고 경제적, 환경적으로 하나의 목적을 향해 나아갈 수 있다. 일종의 인간 번영의 과학이라는 것이 아직까지는 요원해 보이지만, 이를 위해 우선 할 일은 그런 지식 분야가 실제로 존재함을 인정하는 것이다.[9]

이 책에서 나는 '도덕의 풍경the moral landscape'이라고 부르는 가설적 공간을 자주 거론할 것이다. 이 공간은 실제적, 잠재적 결과의 공간으로, 봉우리의 높이는 잠재적 행복의 높이에 해당하고, 계곡의 깊이는 잠재적 고통의 크기에 해당한다. 서로 다른 사고방식과 행동방식, 즉 다양한 문화적 관습, 윤리 규정, 정부의 양태 등은 이 풍경에서 지점 사이의 좌표 이동으로 표현되고, 이것은 또한 인간 번영의 정도 차이로 나타난다. 모든 도덕적 문제에 대한 하나의 정답 또는 좋은 삶을 살기 위한 최선의 방식을 반드시 발견할 수 있다는 말은 아니다. 어떤 문제에서는 대동소이한 다수의 답을 인정할 것이다. 그러나 도덕의 풍경에 봉우리가 여러 개 있다고 해서 봉우리의 실재성이나 가치가 줄어들지는 않는다. 그뿐 아니라 봉우리와 계곡의 차이에서 보이는 대조가 흐려지거나 그러한 귀결의 필연성이 줄어들지도 않는다.

도덕적 물음에 대한 답이 여러 개라고 해서, 이 책의 논의에 문제가 되지는 않을 것이다. 이 점을 이해하기 위해 음식에 대한 우리의 사고방식을 잠시 살펴보자. 건강에 좋은 음식이 단 '하나'라고 주장할 사람은 없다. 그러나 여전히 건강식과 독소 사이에는 객관적 차이가 존재하고, 땅콩을 먹고 사망하기도 하므로 예외도 있다. 그러나 이 문제는 합리적 논의의 맥락에서 화학, 생물학, 건강의 삼자관계로 설명할 수 있다. 식량이 풍부해졌다고 해서 영양에 대해 몰라도 된다거나, 요리방식은 원칙적으로 건강과 상관없다고 말할 사람은 아무도 없다.

도덕의 풍경에서의 좌표 이동은 생화학에서 경제학에 이르는 여러 수준에서 분석 가능하다. 그런데 인간에 관한 한, 그 변화는 뇌의 상태와 역량에 필연적으로 의존한다. 나 역시 과학 내의 '통섭consilience'10 개념을 전적으로 지지한다. 따라서 과학의 전문 분야들 간의 경계 문제를 우선 대학의 구조와, 일생 동안 한 사람이 감당할 수 있는 배움의 한계에 대한 함수로 본다. 그러나 인간의 경험에 대해서만큼은 신경과학과 기타 정신과학이 우선이라는 점도 부인하지 않는다. 인간의 경험이 보여주는 존재의 징표는 뇌 상태에 따라 결정되고 그 안에서 구현되기 때문이다.

도덕의 보편적 개념이 성립하려면 예외가 전혀 허용되지 않는 도덕 원칙이 필요하다고 생각하는 사람이 많다. 이를테면 거짓말이 진짜 나쁘다면 '언제나' 나쁜 일이어야 하는데, 예외가 하나라도 있다면 도덕적 진리를 운운하는 모든 개념은 파기되어야 한다는 식이다. 그러나 생각과 행동 및 행복의 관계로 볼 때, 도덕적 진리는 도덕을 정의할 때 불변의 도덕적 인식이 필요하다고 강요하지 않는다.

도덕은 체스와 상당히 유사하다. 분명 일반적으로 적용되는 원칙들이 있지만 중요한 예외들도 인정하기 때문이다. 체스를 잘하고 싶으면 '퀸을 잃지 말라'는 규칙은 따를 만한 가치가 있으나, 어떨 때는 퀸을 희생하는 것이 매우 재치 있는 방법이라는 예외도 인정한다. 또 불가피하게 퀸을 희생할 수밖에 없는 경우도 있다. 그러나 체스에서는 어떤 위치에서건 객관적으로 유리한 수와 불리한 수가 있다는 것은 여전히 사실이다. 행복에 대해 객관적 진실이 알려지면, 예를 들어 친절이 학대보다 일반적으로 행복에 도움이 된다면, 어떤 행동과 배려가 도덕적으로 좋은지 혹은 중립적인지, 아니면 피해야 하는지를 과학이 정확하게 주장할 날이 올 것이다.

인간이 어떻게 번영할 수 있는지 완전히 이해한다고 말하기엔 아직 너무 이르지만, 단편적인 설명들은 속속 나오고 있다. 예를 들어 아동기의 경험 및 정서적 애착과 이후의 건강한 관계 형성 능력 사이의 관련성을 살펴보자. 정서적 방치나 학대가 심리적으로나 사회적으로 좋지 않다는 것은 잘 알려져 있다. 아동기의 경험이 뇌에 반드시 구현된다는 것도 마찬가지다. 설치류를 이용한 실험 결과, 부모의 보살핌, 사회적 애착, 그리고 스트레스 통제가 부분적으로는 바소프레신과 옥시토신이라는 호르몬에 좌우됨이 밝혀졌다.[11] 이런 호르몬이 뇌의 보상 시스템 활동에 영향을 주기 때문이다. 따라서 아동기에 방치되면 보상 시스템이 교란되면서 심리적 사회적으로 발달이 저해된다고 말할 수 있을 것이다.

실험을 목적으로 아이들에게 일부러 적당한 관심을 쏟지 않는 일은 비윤리적이지만 이런 실험은 날마다 벌어진다. 아동기의 정서적 박탈 효과를 알아보기 위해 두 그룹의 아이들을 실험한 후 바소프레신과 옥시토신 혈중농도를 측정한 연구가 있다. 한 그룹은 집에서 평소처럼 보살핌을 받은 아이들이었고 다른 그룹은 생후 몇 년 동안 고아원에서 지낸 아이들이었다.[12] 예상대로 국가기관에서 자란 아이들은 보통의 양육을 제대로 받을 수 없다. 이들은 인생 후반기에도 사회적 정서적으로 어려움을 겪는 경향이 있으며, 또 예측한 대로 이 아이들은 양어머니와 신체 접촉을 해도 옥시토신과 바소프레신이 정상 수준으로 증가하지 않았다.

관련 신경과학은 아직 초기 단계에 있지만, 우리는 정서, 사회적 상호작용, 도덕적 직관이 서로 영향을 준다고 알고 있다. 이 세 체계에 힘입어 동료에게 자기 자신을 맞추어나가고 그 과정에서 문화를 만들어낸다. 문화는 사회적, 정서적, 도덕적 발달을 촉진한다. 뇌는 틀림없이 사회적 정서적 상호작용, 도덕, 문화, 이 세 가지 요소의 영향을 받는다. 문화적 규범은 뇌의 구조와 기능을 변화시킴으로써 생각과 행동에 영향을 미친다. 당신은 아들이 딸보다 낫다고 여기는 편인가? 또 솔직하게 묻는 것보다 부모의 권위에 순종하는 것이 더 중요하다고 보는가? 만일 당신의 자녀가 동성애자라는 것을 알게 된다면 자식을 더 이상 사랑하지 않겠는가? 부모가 이런 문제를 바라보는 방식과 이것이 자녀의 인생에 끼칠 영향은 뇌와 관련된 사실로 해석해야만 한다.

인간의 지식과 가치가 더는 별개 영역이 될 수 없다는 점을 확신시키는 것이 내 목표다. 측정의 세계와 의미의 세계는 결국 조화를 이루어야 한다. 그리고 종교와 과학이 동일한 현실을 정반대로 사유하는 한 타협은 결코 일어나지 않을 것이다. 사실에 관한 모든 문제들과 마찬가지로, 도덕에 대한 의견 차이 역시 우리의 지식이 불완전함을 드러낼 뿐이다. 따라서 무조건 의견의 다양성을 존중할 의무는 없다.

✿ 사실과 가치

18세기 스코틀랜드 철학자 데이비드 흄David Hume은, 세계가 존재하는 방식(사실)은 우리가 어떻게 행동해야 하는가(도덕)에 대해 아무 말도 하지 않는다는 주장으로 유명하다.[13] 흄에 이어 철학자 무어G. E. Moore

는 도덕적 진리를 자연 세계에서 찾으려는 시도는 전부 '자연주의적 오류naturalistic fallacy'를 범하는 일이라고 선언했다.[14] 무어에 의하면 좋음 goodness은 인간 경험의 그 어떤 속성(예를 들어 쾌락, 행복, 진화론적 적합성)과도 동등한 것이 될 수 없다. 어떤 속성을 제시하든 그것이 '좋은' 것인가라는 물음을 피할 수 없기 때문이다.

예를 들어 좋음이란 쾌락을 주는 것이라고 하자. 이때 쾌락의 구체적 사례가 실제 '좋은지' 아닌지에 대해서는 여전히 의문의 여지가 있는데, 이것이 무어의 '미결 문제 논증open question argument'이다. 이런 말속임 정도는 행복에 초점을 맞추면 쉽게 해결된다고 생각하는데, 여태까지 대다수 과학자와 유명한 지식인들이 이 속임수에 걸려든 것 같다. 칼 포퍼Karl Popper[15]를 포함한 영향력 있는 철학자들이 이 점에서 흄과 무어와 같은 입장을 되풀이하고 있기 때문에, 그 결과 지적 담론에서 사실과 가치 사이에 방화벽이 생겼다.[16]

현재 심리학자나 신경과학자는 늘 인간의 행복이나 적극적인 정서, 그리고 도덕 추론을 연구하긴 하지만, 발견한 사실에 비추어 어떻게 생각하고 행동해야 하는가에 대한 결론을 끌어내는 경우는 거의 없다. 사실 어떤 과학자가 자신의 연구가 어떻게 살아야 하는가라는 문제에 중요한 지침을 제공한다고 말한다면, 지적으로 논란이 되거나 자칫 권위적으로 보일 게 뻔하다. 철학자이자 심리학자인 제리 포더Jerry Fodor는 다음과 같이 견해를 밝혔다.

과학은 사실에 관한 것이지 규범에 관한 것이 아니다. 과학은 우리가 누구인지 알려줄 수 있다. 그러나 우리의 존재 양태에 대해 무엇이 잘못인지는 알려줄 수 없다. 인간의 조건에 관한 과학은 있을 수 없다.[17]

이렇게 분명하게 입장을 밝히는 경우가 드물 뿐이지, 이성에 본질적으로 한계가 있다는 믿음은 이제 학계에서 정평이 나 있다.

선과 악에 대해 대다수 과학자가 말을 아끼지만, 도덕과 행복에 대한 과학적 연구는 계속 진행 중이다. 이런 연구는 필연적으로 과학을 종교의 정통적 견해나 대중적 견해와의 갈등 속으로 내몰게 될 것이다. 진화론도 마찬가지였다. 사실과 가치의 이분법은 적어도 세 가지 의미에서 의심스럽다.

첫째, 나는 합당하게 가치를 둘 만한 유일한 것이 행복이라고 생각한다. 의식적 존재의 행복을 극대화할 수 있는 것은 무엇이든, 어떤 지점에서는 반드시 뇌와 관련된 사실이나 혹은 뇌와 세계 전체와의 상호작용에 대한 사실로 설명될 것이다. 둘째, '객관적' 지식(즉 정직한 관찰과 추론에 따르는 지식)이라는 개념은 그 자체로 가치가 있다. 우선적으로 가치를 두어야 하는 원칙에 따라 사실을 논하려고 노력하기 때문이다(예를 들어 논리적 일관성, 증거에 의존하기, 단순성의 원칙 등). 셋째, 사실과 가치에 대한 믿음은, 뇌의 수준에서는 유사한 과정을 통해 도출되는 듯하다. 사실과 가치 양쪽 영역에서 인간의 뇌는 참과 거짓을 판단하는 시스템을 분명 공유하는 것 같기 때문이다.

세 가지 사항은 뒤에서 자세히 논의할 것이다. 세상에 대해 알아야 할 것과 그것을 알려주는 뇌의 메커니즘 차원에서, 사실과 가치의 명확한 경계란 존재하지 않음을 쉽게 알 수 있을 것이다.

　많은 독자들이, 어떻게 '행복well-being'과 같이 정의하기 어려운 문제에 가치를 둘 수 있는지 궁금해할지 모른다. 내 생각에 행복 개념은 신체적 건강 개념과 유사하다. 행복도 건강처럼 정확한 정의를 내리기는 어려우나, 용어 정의는 반드시 필요한 일이다.[18] 사실상 두 용어의 의미는 과학이 발전함에 따라 계속해서 개정해야 할 것이다. 오늘날에는 질병이 없고 운동 능력이 있으며 눈에 띄게 노쇠하지 않고 팔순까지 산다면 신체적으로 건강하다고 할 수 있다. 그러나 이 기준도 변할 것이다. 생노년학자biogerontologist인 오브리 드 그레이Aubrey de Grey는, 노화는 완전한 해결책이 있는 공학적 문제가 될 거라고 말했다.[19] 그의 말이 옳다면 100세에 2킬로미터를 걷는 정도로도 반드시 '건강하다'고 단정할 수 없을지 모른다. 또한 500세에 마라톤을 하지 못하는 것을 심한 장애라고 생각할 날이 올 수도 있다.

　건강에 이런 급진적인 변화를 예상한다고 해서, 지금의 건강과 질병 개념이 그저 자의적이고 주관적이며, 문화적인 구성물일 뿐이라는 뜻은 아니다. 건강한 사람과 죽은 사람의 구분은 그간의 과학적인 구분만큼 명확하고 필연적이다. 그런데 앞으로 인간의 성취도와 불행의 깊이 사이에 새로운 경계가 생긴다 해도, 그 차이 역시 건강과 죽음의 구분만큼 불분명하지는 않을 것이다.

　내가 앞으로 주장할 것처럼 행복을 지지하는 것이 '좋다'고 정의한다면, 무어의 '미결 문제 논증'에서 시작된 무한 후퇴infinite regress(결코 끝날 수 없는 추론이나 정당화를 일컫는다. 명제 1이 참이 되는 요건으로 명제 2의 지지가 필요하고, 명제 2가 참이 되려면 다시 명제 3의 뒷받침이 필요하다. 이런 식으로 무한히 계속되는 일련의 명제들을 말한다. 모든 전제에 앞선 제1의 전제를 알 수도 그 참을 보증할 수도 없기 때문에 과학적 지식이란 없다는 주장에 대해, 모든 지식이 다 입증에 의한 것이 아니고 직접적 전제에 대한 지식은 입증과 별개로 이루어진다는 것이 아리스토텔레스의 주장이다-옮긴이)가 멈춘다. 어떤 상황에서 쾌락을 극대화하는 것이 '좋은지' 아닌지 묻는 게 합리적인가라는 문제에 대해서는 나도 무어에게 동의한다. 그러나 쾌락이 아니라 행복의 극대화가 '좋은지'를 묻는 것은 무의미하다. 어떤 쾌락이 '좋은지' 아닌지 잘 모르겠을 때, 우리는 실질적으로 그 쾌락이 보다 복잡한 형태의 행복에 도움이 되는지 아니면 해가 되는지를 묻고 있는 것이다. 이 물음 자체는 논리적으로 완벽하게 합당하며 답도 분명히 존재한다(우리가 답할 위치에 있는가라는 문제는 차치하고라도). 그뿐만 아니라 '좋다'는 개념이 지각 있는 존재의 경험에 지속적으로 뿌리내릴 수 있게 해준다.[20]

좋음을 이런 식으로 정의한다고 해서 가치 문제가 다 해결되는 것은 아니다. 단지 실제적인 가치로 주의를 돌리게 해줄 뿐이다. 실제적인 가치란 우리와 다른 의식적 존재의 행복에 잠재적으로 영향을 미치는 일련의 태도와 선택, 그리고 행동이다. 그렇다면 무엇이 진정 열린 행복인가에 관한 물음이 남지만, 이에 대한 답은 당연히 한정된 범위 안에 있을 것이라 생각한다. 의식적 존재의 행복의 변화는 반드시 자연법칙의 산물이므로 이 가능성의 공간, 즉 도덕의 풍경은 과학에 의해 점차 환히 밝혀질 것이다.

인간의 가치를 과학적으로 설명하면 그 가치들은, 정확히 세계와 인간 뇌의 상태를 연결하는 그물망의 영향을 받는다. 따라서 이 설명은 '진화론적인' 설명과는 같지 않다는 점을 강조하는 것이 중요하겠다. 지금 이 순간 인간의 행복을 구성하는 것은 대부분 편협한 다윈식 계산법을 벗어난다. 진화 과정을 거친 우리의 뇌에 인간 경험의 가능성이 구현되리라는 것은 확실하지만, 인간의 궁극적 완성을 염두에 두고 뇌가 디자인된 것은 아니기 때문이다. 안정된 민주사회, 기후변화의 완화, 종의 멸종 방지, 핵무기 확산 억제 등을 생각해보라. 이러한 사안의 필요성이나 이를 위한 지혜를 진화가 예견했을 리 없다.

심리학자 스티븐 핑커Steven Pinker가 말했듯이[21] 진화의 명령에 순응하는 것이 주관적 행복의 토대라면, 대부분의 남성은 지역 정자은행에 매일 정자를 기부하는 일보다 고귀한 삶의 다른 사명을 발견하지 못할 것이다. 결국 유전자의 관점에서 보면, 비용이나 책임을 발생시키지 않고 수천 명의 아이를 낳는 것보다 나은 계산은 없다. 그러나 우리의 정신은 단순히 자연선택의 논리에 순응하지 않는다. 사실 안경을 쓰거나 자외선 차단제를 바르는 사람은 유전자가 자신에게 부여한 삶을 그대로 살기는 싫다고 표현하는 것이다.

우리는 소규모 수렵생활 공동체에서 우리 조상의 생존과 생식을 도운 다양한 열망을 물려받았다. 그러나 솔직히 우리의 정신생활은 대부분 오늘날의 세계에서 행복을 찾지 못한다. 어떤 사람은 달콤한 시럽을 입힌 도넛 몇 개로 아침을 시작해서, 배우자가 아닌 사람과의 정사로

하루를 끝내고픈 유혹을 뿌리치기 힘들 것이다. 진화론이라면 그 원인을 설명하기 쉬울지 모르지만, 장기적인 행복을 극대화하는 더 나은 방식은 분명 많이 있다. 내가 주장하는 '좋고 나쁨'의 개념이 현재의 생물학에서는 완전히 부자연스럽더라도(미래의 생물학도 마찬가지더라도), 그것이 본능적인 욕구나 진화론적인 명령으로 환원될 수 없다는 사실을 분명하게 밝히고 싶다. 수학이나 과학, 예술, 여타 흥미를 끄는 것이 다 그렇듯 의미와 도덕에 대한 현대적 관심 역시 진화가 구축한 위상을 날려버리고 있다.

✤ 믿음의 중요성

인간의 뇌는 믿음의 엔진이다. 우리의 뇌는 계속적으로 우리 자신과 세상에 대한 생각을 소비하고 생산하고 통합한다. '이란은 핵무기를 개발 중이다. 가벼운 접촉만으로도 계절성 독감이 전염될 수 있다. 회색 머리가 나한테 어울린다.' 이런 진술을 믿기 위해 뇌는 무엇을 해야 하는가? 이런 명제를 '참'이라고 받아들이기 위해 뇌는 무엇을 해야 하는가? 이 질문은 심리학, 신경과학, 철학, 경제학, 정치과학, 심지어 법학에 이르기까지 다양한 분야가 교차하는 지점이다.[22]

믿음은 사실과 가치의 교량 역할도 한다. 우리는 사실을 믿는다. 이런 의미의 믿음은 대부분 과학이나 역사, 언론을 통해 세상에 대해 알게 된 사실들이다. 그런데 우리는 가치를 믿기도 한다. 도덕, 의미, 개인적 목적, 삶의 보다 큰 목표 등에 대한 판단이 가치에 대한 믿음이다. 여러 측면에서 다르긴 하겠지만 두 영역의 믿음은 중요한 특성들을 공유한다. 둘 다 옳고 그름에 대해 암묵적으로 주장한다. 우리가 어떻게 생각하고 행동하는가에 대한 주장과 우리가 어떻게 생각'해야' 하고 행동'해야' 하는가에 대한 주장이다.

'물은 두 개의 수소와 한 개의 산소로 구성된다'는 사실적 믿음이나, '학대는 나쁘다'라는 윤리적 믿음 둘 다 단순한 선호의 표현이 아니다. 어느 쪽이든 '실제로' 믿는다는 것은 합당한 이유가 있어서 그 명제를 수용했다고 믿는 것이다. 그 말은 당신이 분별력 있고 합리적이며, 자신을 속이지 않고 혼란스러워 하지 않으며, 편견에 치우치지 않는 등 모종의 규범을 따른다고 믿는 것이다. 어떤 것이 실제 참이고 도덕적으로 좋다고 믿는 것은, 나와 비슷한 입장에 있는 타인도 그렇게 생각한다고 믿는 것이다. 이런 논리는 별로 바뀌는 일이 없다. 이 책 3장에서 믿음의 논리적 속성과 신경학적 속성을 살펴보면 사실과 가치의 구분이 착각에 불과하다는 것을 알게 될 것이다.

✤ 나쁜 삶과 좋은 삶

도덕의 풍경에 대한 주장이 유효하려면, 적어도 두 가지 사항을 받아들일 수 있어야 한다. 첫째, 어떤 사람은 다른 사람보다 더 나은 삶을 산다. 둘째, 앞의 차이는, 어느 정도 합법적이고 전적으로 비자의적인 방식으로 인간 뇌와 세상의 상태와 관련된다. 이런 전제는 추상적이므로, 삶의 양극단에 있는 나쁜 삶과 좋은 삶의 예를 구체적으로 살펴보자.

나쁜 삶

당신은 평생을 내전 속에서 산 젊은 과부다. 오늘 일곱 살 난 딸이 당신 눈앞에서 강간을 당한 후 사지를 절단당했다. 더 비참한 것은 열네 살 난 아들이 그 범인인데, 약에 찌든 강제징집 병사에게 벌목 칼로 협박을 받아 이런 일을 자행했다는 사실이다. 당신은 지금 맨발로 나가 정글에서 살인마를 쫓고 있다. 당신 평생 최악의 날이지만, 다른 날이라고 나을 것도 없었다. 태어난 순간 이후 당신이 속한 세계는 잔인함과 폭력이 난무한 곳이었기 때문이다. 당신은 읽기를 배운 적도, 뜨거운 물로 샤워를 해본 적도 없고, 정글 밖으로 여행을 가는 건 꿈꿔본 적도 없다. 가장 운 좋은 경우라고 해 봐야 늘 겪는 굶주림과 공포와 냉담함, 혼란으로부터 가끔씩 벗어나는 정도다. 안타깝게도 당신은 이 최악의 기준으로 봐도 아주 운 나쁜 축에 낀다. 인생이 온통 위급상황의 연속이었는데 이제 그마저도 끝나가는 중이다.

좋은 삶

당신은 이제까지 만난 사람들 중에서도 가장 사랑스럽고 지적이며 카리스마 넘치는 사람과 결혼했다. 둘 다 지적으로 활기차고 보수도 상당한 경력을 쌓아왔다. 지난 10여 년간 당신은 부와 인맥 덕분에 개인적으로 굉장히 만족스러운 활동에 전념할 수 있었다. 행복의 가장 큰 원천은 당신 같은 행운을 평생 누리지 못한 사람을 돕는 창조적인 방법을 찾아내는 일이다. 사실 최근 수십억 달러의 후원금을 얻어서 개발도상국의 어린이들을 도울 수 있게 되었다. 내가 묻는다면 당신은 이보다 더 시간을 잘 활용할 수는 없을 거라고 답할 것이다. 좋은 유전자와 최적의 여건 덕분에 당신과 가족, 친한 친구들은 다 건강하게 오래 살 것이고, 범죄에 노출되거나 갑작스런 사별을 겪거나 여타 불행한 일도 겪지 않을 것이다.

두 사례는 가공의 이야기 같지만 사실 실화다. 이 이야기 속의 등장인물들은 지금 이 순간에도 그런 삶을 사는 누군가를 재현한 것이다. 이 같은 고통과 행복의 범위는 분명 확장될 여지가 있지만, 이 정도면 대다수가 접근할 수 있는 경험의 일반적 범위를 대체로 다룰 수 있다고 생각한다. 또한 적어도 우리 자신이나 가까운 친구의 경우, 우리가 살아가면서 행하는 대부분의 일이 바로 이 '나쁜 삶'과 '좋은 삶'의 차이보다 더 중요하지 않다는 사실은 명백하다.

당신이 두 삶에 가치를 매길 만한 차이가 없다고 본다면(전제 1), 나 역시 도덕의 풍경에 대한 내 관점을 당신에게 설득해 봐야 소용없으리란 걸 깔끔하게 인정하겠다. 그런데 당신이 보기에 이 두 삶이 다르고, 좋은 삶이 나쁜 삶보다 확실히 낫긴 하지만 이런 차이가 인간의 행위나 사회적 조건, 뇌의 상태와 관계가 없다고 한다면(전제 2), 당신은 여전히 나와 입장이 다르다. 전제 1과 2 둘 중 하나를 어떻게 합리적으로 의심할 수 있을지 나는 모르겠다. 그러나 이런 문제에 대해 토론해본 경험상, 억지스러워 보이더라도 그런 회의적인 입장을 다루지 않을 수는 없는 노릇이다.

그런데 실제로 '나쁜 삶'과 '좋은 삶'의 차이를 별로 대수롭지 않게 생각한다고 주장하는 사람들이 있다. 심지어 차이 자체를 부인하는 사람도 보았다. 그들은 한쪽에는 '불행, 공포, 고통, 광기' 등의 단어가 있고, 다른 한쪽에는 '행복, 평화, 축복' 따위의 단어가 있는 연속적인 경험이 존재하는 것처럼 평상시에는 그렇게 말하고 행동한다는 점을 인정할 것이다. 그러던 사람들이 철학이나 과학의 문제로 화제가 바뀌는 순간, 갑자기 이렇게 말한다. "그래도 그건 언어 게임의 문제가 아니겠습니까. 그게 '실제로' 차이가 있다는 뜻은 아니니까요." 누군가는 이런 사람들이 삶의 어려움 앞에서 침착하게 대처하기를 바랄 것이다. 그들도 '사랑'이나 '행복' 같은 단어들을 이따금 사용할 텐데, 이런 단어가 '나쁜 삶'보다 '좋은 삶'을 선호한다는 의미가 아니라면 대체 무얼 뜻하는지 의심스러울 수밖에 없다. 위의 두 가지 존재 상태(그리고 그에 상응하는 두 세계) 사이에 차이가 없다고 주장하는 사람은, 자기 자신이나 '사랑하는' 사람을 이 두 상태 중 아무 데나 놓고, 그 결과를 그냥 '행복'이라고 부를 것이다.

'나쁜 삶'과 '좋은 삶'의 차이가 아무런 문제가 안 된다면 대체 이 사람에게는 무엇이 중요하다는 말인가. 두 삶은 드러낼 수 있는 가장 커다란 차이를 보이는데, 그보다 '더' 중요한 것을 상상할 수 있을까? 이렇게 말하는 사람도 있을지 모르겠다. "글쎄요. 지구 상 70억 인구를

'좋은 삶' 쪽으로 다 옮겨놓는다 해도 내겐 여전히 더 중요한 일이 있을 겁니다." 어떻게 다른 중요한 일이 '있을 수' 있을까? '좋은 삶'이 제공하는 자유와 기회가 있어야 정말 더 중요한 어떤 일도 최선을 다해 할 수 있지 않을까? 당신이 가끔 벌목 칼의 위협을 상상하는 가학증 환자라고 해보자. 그렇더라도 이 욕구 역시 '좋은 삶'의 맥락에서 더 잘 충족되지 않을까?

최대한 많은 사람을 '나쁜 삶'으로 내치려고 전력을 다하는 사람이 있고, 반대 방향으로 동일한 노력을 기울이는 사람이 있다고 상상해보자. 당신이나 당신의 친구들이 두 시도의 차이를 무시할 수 있다는 게 상상이나 될 법한가? 어떻게 이 둘이나 그 근본적인 동기를 혼동한단 말인가. 두 시도의 차이를 말해주는 객관적 조건이 반드시 존재하지 않을까? 예를 들어 누구든지 전체 인구를 '좋은 삶' 쪽으로 안전하게 이끌려는 목표가 있다면, 좀 더 효과적인 방법이 있지 않을까? 여성 친척들을 강간하고 살해하라고 소년들을 협박하는 일이 어떻게 '좋은 삶'의 그림에 적합한 소재가 되겠는가.

이에 대해 상세히 논할 생각은 없지만, 이것은 중대한 문제다. 지식인 가운데에서도 이 둘 사이에 실제로 차이가 없다거나, 그 문제는 워낙 복잡하고 변화무쌍하며 문화적으로 특수한 사안이라서 일반적인 가치 판단이 어렵다고 가정하는 사람이 많다. 그러나 '좋은 삶'과 '나쁜 삶'의 차이가 뇌의 상태, 인간의 행동, 세계의 상태와 논리적으로 연관됨을 인정한다면, 도덕의 물음에도 옳고 그른 답이 존재한다는 것을 받아들인 셈이 된다. 이 점을 확실히 못 박기 전에 몇 가지 반론을 짚고 넘어가자.

> 더 큰 맥락에서 볼 때 '나쁜 삶'이 '좋은 삶'보다 실제로 더 나은 것이
> 된다면 어떨까. 예를 들어 그 소년병들이 죄를 용서받거나 신을 올바
> 로 섬기게 되어 사후에 더 행복하다면? 생전에 '좋은 삶'을 산 사람이
> 오히려 지옥에서 영원히 신체적 고통을 당한다면?

진정 우주가 이렇게 돌아간다면 내가 믿는 많은 것들이 심판의 날에
바로잡힐 것이다. 그래도 사실과 가치의 연관성에 대한 나의 기본적인
주장은 바뀌지 않을 것이다. 사후의 보상과 처벌은 도덕의 풍경에서 시
간적 특성만 바꿀 뿐이다. '나쁜 삶'이 당신에게 영원한 행복을 얻게 해
주기 때문에 장기적으로 '좋은 삶'보다 실제로 낫다고 가정해보자. 반
면 '좋은 삶'은 영원한 고통 직전에 잠시 허용된 것이라면 '나쁜 삶'은
분명 '좋은 삶'보다 나은 것이다.

우주가 이렇게 작동한다면 당신에겐 최대한 많은 사람들이 이 적당
히 신성한 '나쁜 삶'을 살도록 만들 도덕적 의무가 있다. 이런 책략 속
에서도 도덕 문제에는 여전히 옳고 그른 답이 있고, 이 답은 의식적 존
재의 경험에 따라 평가될 것이다. 그렇다면 유일하게 남은 문제는 우주
가 이렇게 이상하게 돌아갈지도 모른다고 염려하는 것이 얼마나 합당
한가를 결정하는 것이다. 내 생각에 이것은 전혀 합당하지 않지만, 그
건 또 다른 논의다.

'좋은 삶'보다 '나쁜 삶'을 선호하는 사람들이 실제 있다면 어떨까? 아마도 그들은 '나쁜 삶'을 살고 싶어 하거나, 오로지 벌목 칼로 남을 죽이는 일에서 기쁨을 느끼는 사이코패스나 가학증 환자일 것이다.

이런 우려는 반대 의견에 어떤 가치를 두어야 하는가라는 문제만을 야기한다. 연쇄살인범 제프리 다머Jeffrey Dahmer에게 잘사는 삶이란 젊은 남자를 죽이고 그 사체와 성관계를 가진 다음, 사체를 절단하고 신체 부위를 전리품으로 간직하는 것이다. 2장에서 이런 사이코패스 문제를 보다 상세히 다룰 것이다. 우선 지금은, 어떤 지식 영역에서 특정 의견은 중요치 않다고 자유롭게 말할 수 있다는 사실만 알면 될 것 같다. 사실 우리는 중요한 지식과 전문성에 대해서 바로 이렇게 말해야 한다. 인간의 '행복'이라는 주제라고 무엇이 다르겠는가?

'좋은 삶'이 '나쁜 삶'보다 바람직하다고 생각하지 않는 사람은 행복에 대한 논의에 아무런 기여도 할 수 없을 것이다. 번영하는 문명사회에서 누리는 선행, 신뢰, 창조성 등이, 위험한 병원균을 옮기는 공격적인 곤충이 가득한 무더운 정글에 살면서 내전의 공포를 견디는 것보다 낫다고 주장해야 할까. 정글에 사는 게 더 낫다거나 혹은 '그럴 수도' 있다는 반대 의견을 진지하게 고수하는 사람이 있다. 이 사람은 용어를 잘못 사용하거나 세부사항을 살펴볼 겨를이 없는 사람인데, 이러한 주장에 대해서는 다음 장에서 살펴보겠다.

만일 내일 아마존에서 새 부족을 발견한다면, 이 부족이 틀림없이 신체적으로 건강하고 물질적으로 번영을 누릴 거라고 '연역적으로' 가정할 과학자는 하나도 없을 것이다. 오히려 이 부족의 평균 수명이나 일일 열량 섭취량, 출산 시 사망하는 여성 비율, 감염성 질환의 유행, 물질문화의 양태 등을 물을 것이다. 이런 질문에는 답이 있을 것이고, 그 답은 석기시대의 삶이 몇 가지 절충안을 수반한다는 것을 밝혀줄 것이다. 그런데 이 유쾌한 사람들이 상상 속의 신에게 맏아이를 바치는 의식을 행한다는 보도가 나왔다고 하자. 그러면 많은(심지어 대부분의) 인류학자들은 이 종족이 우리의 도덕규범에 영향을 받지 않고 어느 모로 보나 타당한 그들만의 규범을 갖고 있다고 말할 것이다.

그러나 우리가 도덕과 행복의 연관성을 끌어내는 순간, 위와 같은 인류학적 판단은 이 종족 구성원들이 지구 상 어느 집단 못지않게 심리적 사회적으로 충족된 삶을 산다는 말이 된다. 신체적, 정신적, 사회적 건강에 대한 사고방식의 불균형은 우리의 이상한 이중 잣대를 보여준다. 그 이유는 인간의 행복에 대해 무지하기 때문이기도 하지만, 오히려 모르는 '척하느라' 그런 건 아닐까.

물론 어떤 인류학자들은 낭떠러지에서 그저 동료 뒤를 쫓아가기를 거부하는 사람도 있다. 로버트 에저턴Robert Edgerton은 '문명에 오염되지 않은 야만인noble savage' 신화에 관해 거의 책 한 권 분량의 푸닥거리exorcism를 행했다. 이 책에서 그는 프란츠 보애스Franz Boas, 마거릿 미드Margaret Mead, 루스 베네딕트Ruth Benedict 등 1920년대와 1930년대의 가장 영향력 있는 인류학자들의 방식을 상세히 다룬다. 이들은 원시사회의 조화를 체계적으로 과장하고 종족들의 숱한 야만주의를 무시하면서, 야만성의 원

인을 식민주의자, 무역업자, 선교사 등의 악영향 탓으로 돌렸다.[23]

에저턴은 단순한 차이가 있는 이런 모험담이 어떻게 인류학의 전 영역을 결정하는지 상세히 설명한다. 이후 도덕 차원에서 사회들을 비교하는 것은 불가능하게 여겨졌다. 도리어 어떤 문화를 있는 그대로 이해하고 수용할 수 있을 거라는 희망 정도는 가질 수 있다는 믿음이 생겨났다. 그러한 문화상대주의가 너무나 깊숙이 자리하는 바람에, 1939년 하버드의 한 저명한 인류학자는 이러한 판단 유보를 일컬어, "인류학이 지식 일반에 끼친 가장 의미 있는 기여"라고 썼다.[24] 이것이 사실이 아니기를 바랄 뿐이다. 어쨌든 우리는 여전히 그 기여에서 벗어나려고 애쓰고 있다.

많은 사회과학자들이 오랜 세월 지속된 인류의 모든 관습을 진화론적 적응의 산물이라고 생각하는 잘못된 믿음을 가지고 있다. 그렇지 않다면 그 관습들은 이토록 오래 이어질 수 없다는 게 그 이유다. 그러다 보니 가장 기괴하고 비생산적인 행위까지, 한두 명의 눈먼 서지학자가 불빛 아래 휘갈겨 쓴 기록을 근거로 합리화되고 심지어 이상화되었다. 예를 들면 여성할례, 근친 복수, 영아 살해, 동물 고문, 피부 절개, 전족, 식인, 강간 의식, 인간 제물, 위험한 남성 성인식, 임산부 및 수유부의 금식, 노예제, 포틀래치, 노인 살해, 아내 순장, 불합리한 금식 혹은 농사 금지로 만성적인 굶주림과 영양실조에 이르게 하기, 질병 치료에 중금속 사용하기 같은 것들이 그러하다.

그러나 신념 체계나 관습이 단순히 오래 지속되었다고 해서 그것이 적응의 결과라거나, 하물며 지혜의 산물이라는 것은 아니다. 단지 그런 행위들이 사회 몰락의 직접적 원인이 되었다거나, 그런 행위를 한 사람을 공개적으로 처형하지 않았다는 뜻이다.

유전자와 밈^{meme}(예를 들어 믿음, 개념, 문화적 관습 등 비유전자적 문화 요소)의 분명한 차이도 유의해야 할 중요한 사항이다. 밈은 '전달된다.' 그러나 숙주로 삼은 인간의 생식세포를 통해 전달되지는 않는다. 그러므로 밈의 생존은 개인이나 집단에 실질적인 이익(번식되느냐 아니냐)을 가져다주느냐 아니냐에 좌우되지 않는다. 수 세기 동안 계속해서 사람들의 행복을 저하시키는 개념이나 문화적 산물에 매여 사는 일도 얼마든지 가능하다.

분명 사람들은 자신의 신체적 건강을 불필요하게 훼손하는 삶의 양식을 채택할 수 있다. 원시사회의 평균수명은 20세기 중반 이후 선진국 국민 평균수명의 3분의 1에 못 미친다.**[25]** 오지에 사는 무지한 사람들도 심리적 행복을 저하시킬 수 있고, 그들의 사회제도도 무의미한 잔인함, 절망, 미신의 엔진이 될 수 있다는 사실은 왜 분명하게 드러나지 않을까? 어떤 종족이나 사회가 품은 실재에 대한 믿음이 허위일 뿐만 아니라 명백히 해로울 수 있다고 생각하는 게 왜 논란거리가 된단 말인가?

지금까지 존재한 사회는 모두 인간본성의 일정한 측면을 사회적 메커니즘과 제도를 통해 끌어내고 억제하는 수밖에 없었다. 이를테면, 질투나 영역 다툼, 탐욕, 기만, 게으름, 사기 등이 그렇다. 규모, 지리적 위치, 역사적 위치, 구성원의 게놈^{genome}에 관계없이, 모든 사회가 똑같이 그런 기능을 잘 수행했다면 그건 기적일 것이다. 그러나 문화상대주의라는 편견이 팽배하면서 그런 기적은 한 번 일어날까 말까 한 일이 아니라 항상 일어나는 일로 가정된다.

여기서 우리 입장을 잠시 정리해두자. 사실적 관점에서 틀린 것을 믿는 일이 가능한가? 그렇다. 틀린 것에 '가치를 두는'(즉 행복에 대해 잘못된 것을 믿는) 건 가능한가? 이 질문에 대한 대답 역시 '그렇다'는 점을 강조하면서, 따라서 점차 과학이 가치에 대한 정보를 알려줄 거라는 사실을 주장하는 바다. 바라 마땅한 것을 바라지 않는 일도 가능한가? 물론 그렇다. 구체적인 사실을 파악하지 못하거나, 참인 명제를 믿지 못하는 사람이 늘 존재하는 것과 마찬가지다. 정신적 능력이나 무능력에 대한 다른 모든 진술이 그렇듯이, 이 또한 결국 뇌에 관한 진술이다.

✵ 고통이 좋은 것일 수 있는가

도덕의 풍경에서 경사면을 올라가는 일은 때로 고통을 요할 것이 분명해 보인다. 때로는 죄의식이나 분노 같은 부정적인 사회적 감정이 필요할 수도 있다. 다시 한 번 행복을 신체적 건강의 비유로 보는 게 도움이 되겠다. 우리는 가끔 더 큰 고통이나 죽음을 피하기 위해 약이나 수술 등 유쾌하지 않은 경험을 해야 하기 때문이다. 이런 원칙은 인생에도 적용되는 것 같다. 읽기나 새로 운동을 배울 때만 해도 깊은 좌절을 맛보아야 하지 않는가. 그러나 이런 기술을 습득하면 우리 삶이 대체로 나아지리라는 데는 별다른 이견이 없다. 심지어 좌절의 시기는 우리를 삶에서 더 나은 결정이나 창조적인 통찰로 이끌기도 한다.[26] 우리 정신은 이런 방식으로 움직이는 것 같다. 정말 그렇다.

물론 이 원칙은 문명 전반에도 적용된다. 단순히 도시 기반시설에 꼭 필요한 개선을 하려고 해도 수백만의 사람에게 큰 불편을 끼친다. 게다가 의도하지 않은 결과는 늘 발생할 가능성이 있다. 예를 들어 현재 이 세상에서 가장 위험한 길은 아프가니스탄의 수도 카불kabul과 잘라라바드Jalalabad 사이의 2차선 고속도로일 것이다. 그곳은 움푹 팬 데가 즐비하고 바위들이 널려 있는 비포장도로였던 때가 차라리 안전했다. 그런데 서구 기업들이 도로를 개선하고 나자, 아프가니스탄 지역 운전자들의 운전 실력은 물리 법칙에 구애받지 않게 되었다. 많은 운전자들이 시야가 좁은 커브에서 천천히 달리는 트럭을 추월하는 습성이 생겼고, 그 결과 그들은 갑작스레 1,000피트 높이의 계곡 아래로 추락할 치명적인 위험을 떠안게 되었다.[27]

이런 실수에서 발전이라는 명목으로 배울 만한 교훈이 있을까? 물론 있지만 발전의 실재를 부정할 수는 없다. 다시 한 번, 좋은 삶과 나쁜 삶의 차이를 이보다 더 명확하게 드러낼 수는 없다. 개인이나 집단이나 문제는, 어떻게 하면 좋은 삶 쪽으로 가장 확실하게 움직일 수 있는가, 그리고 어떻게 나쁜 삶을 피할 수 있는가가 아닐까?

✤ 종교의 문제

세상을 이해하고 싶다면 새로운 사실과 논증에 열려 있어야 한다. 설령 견해가 매우 잘 정립된 분야에 대해서도 그러하다. 마찬가지로 도덕, 즉 인간의 번영을 도모하는 행동 원칙에 진심으로 관심이 있다면, 행복과 고통에 관한 새로운 증거와 논증에 대해 열린 자세를 가져야만 한다. 열린 대화의 가장 큰 적은 독단주의이고, 독단주의는 과학적 추론의 장벽으로 알려져 있다. 그런데 과학자마저 자신이 과학자로서 가치에 대해 뭔가 지침이 될 것을 가지고 있다고는 상상하기조차 꺼리기 때문에, 진리와 선의 문제에서 종교의 이름으로 독단주의가 상당히 득세하고 있다.

2006년 가을, 나는 '믿음을 넘어: 과학, 종교, 이성, 그리고 생존'이라는 주제로 솔크연구소Salk Institute가 주최한 사흘간의 학회에 참석했다. 이 학회는 로저 빙엄Roger Bingham이 조직한 행사로, 초대된 청중 앞에서 타운홀미팅으로 이뤄졌다. 스티븐 와인버그Steven Weinberg, 해럴드 크로토Harold Kroto, 리처드 도킨스Richard Dawkins 외에도 많은 과학자와 철학자가 참여해서 종교적 독단주의와 미신에 맞서 열정 어린 반론을 펼쳤다. 분자생물학자, 인류학자, 물리학자, 엔지니어 등 매우 지적이고 과학 지식도 상당한 사람들이 장소를 꽉 채웠지만, 사흘간 종교와 과학사이에 '과연 갈등이 존재하는가'라는 간단한 문제에 대해서도 의견을 모으기에 역부족이었다는 사실이 놀라웠다. 산악등반이라는 스포츠에 경사면 오르기가 포함되는지 결정하지 못하는 등반가들을 가정해보자. 우리 생각이 얼마나 이상하게 보일지 감이 잡힐 것이다.

이 학회에서 나는 이때까지 들어본 중 가장 부정직하게 종교를 옹호하는 과학자들을 만났다. 그중 한 사람은 교황이 비길 데 없는 중요한 이성의 수호자이며, 배아줄기세포 연구에 대한 교황의 반대가 도덕 원칙에 입각한 것이고 종교적 독단은 털끝만큼도 없다고 말했다. 그는 대통령생명윤리위원회President's Council on Bioethics에 소속된 스탠퍼드의 물리학자였다.[28] 학회가 진행되는 내내 나는 이런 내용의 강연을 들을 수 있는 기회를 누렸다. 즉 히틀러, 스탈린, 모택동이 미친 듯이 날뛴 세속적 이성의 예라는 것, 순교주의와 지하드라는 이슬람교 교의가 이슬람 테러리즘의 원인은 아니라는 것, 우리는 지금 불합리한 세상에 살기 때문에 믿음에 대해 논박할 수 없다는 것, 과학은 여태까지 윤리적 삶에 대해 어떤 기여도 하지 않았다는 것, 그리고 고대의 신화를 훼손하는 것은 과학자의 일이 아니므로 '사람들의 희망을 앗아가는 일'은 결코 해선 안 될 일이라는 것 등이다.

나는 이 모든 것을 '무신론자'인 과학자들로부터 들었다. 그들은 회의주의적 강경론을 고집하면서도, 종교적 신념을 비판하는 일에 대해서는 뭔가 무책임하고 무모하며 또한 무례하기까지 한 일이라고 주장했다. 패널 토론 시간에는 영화 〈신체 강탈자의 침입Invasion of the Body Snatchers〉의 마지막 장면을 떠올려야 하는 순간이 몇 번 있었다. 과학자로 보이는 사람들이 과학자로서 책을 내고 곧장 실험실로 돌아가서는 종교적 반계몽주의 색채를 띤 이상한 분위기를 아주 교묘하게 자극하는 장면이 떠오른 것이다. 과거에 문화전쟁의 최전방은 거대 교회로 가는 입구가 될 거라는 상상을 한 적이 있다. 그 패널 토론에서 나는 우리가 가까운 참호에서 중요한 일을 해야 한다는 사실을 깨달았다.

나는 종교와 과학이 사실을 존중하는 문제는 제로섬 갈등관계에 있다는 사실을 이미 다른 데서 밝힌 바 있다.[29] 이 책에서는 사실과 가치의 구분이 더는 학문적으로 견지될 수 없다는 것, 특히 뇌과학의 관점에서 그러하다고 주장한다. 결과적으로 내가 도덕 문제에서 신앙과 이성 사이에 타협의 여지가 거의 없다고 본다 해도 그리 놀랄 일은 아니다. 종교에 우선적으로 초점을 두지는 않았지만, 사실과 가치의 관계, 믿음의 본성, 공적 담론에서 과학의 역할에 대해 논의할 때는 어떤 경우라도 종교적 의견이라는 부담을 지속적으로 느끼면서 작업해야 했다. 따라서 4장에서는 종교와 과학의 갈등을 더 깊이 다룰 것이다.

그러나 많은 과학자들이 왜 종교와 과학이 양립 가능한 '척해야만' 한다고 느끼는지 그 이유 역시 신비로울 게 없다. 우리는 최근 뛰거나 발을 질질 끌며 걷거나 기어서 종교적 혼란과 박해의 어두웠던 수 세기를 지나왔다. 그리고 이제 일반 대중이나 정부까지 과도하게 주류 과학을 적대시하는 시대로 들어섰다.[30] 현재 서구에서 광신도의 손에 고문이나 살해를 당할까 봐 두려워하는 과학자는 거의 없지만, 미국에서는 종교에 공격적 태도를 취했다가는 연구비를 잃을 위험이 있다고 우려하는 목소리가 종종 흘러나온다. 과학의 상대적 빈곤을 고려할 때 템플턴재단Templeton Foundation(현재 기금이 15억 달러에 달함) 같은 부유한 조직은, 지적 완전성과 구시대 환상의 차이를 구분하는 것이 현명하다고 과학자와 과학 잡지 기자들을 가까스로 설득해왔다.

사회적 불평등에 대해서는 손쉬운 처방이 없기 때문에, 대다수 과학자와 사회 참여 지식인들은 인류 태반을 비현실적 망상으로 진정시키는 것이 최선이라고 믿는다. 상상의 친구가 없어도 자기네는 잘살 수 있지만, 대다수 인간은 늘 신을 믿고 있어야 한다고 주장하는 사람도 많다. 내 경험상, 인류와 미래 세대가 볼 때 이런 의견을 고수하는 사람은 그런 관점이 얼마나 젠체하는 태도이고, 상상력이 부족하며 비관적인지 결코 알아차리지 못하는 듯하다.

개인적 위선에서부터 수백만 인구의 건강과 안전을 불필요하게 해치는 공공정책에 이르기까지 이러한 선의의 무시 전략에는 사회적, 경제적, 환경적, 지정학적 비용이 든다. 그럼에도 종교적 믿음에 대한 비판은 과학이 절대 이길 수 없는 개념 전쟁이라고 우려하는 과학자가 많다. 나는 그들이 틀렸다고 생각한다. 더욱이 나는, 결국 우리가 이 문제에 선택의 여지가 없는 시점에 도달할 것으로 확신한다. 제로섬 갈등은 명쾌하게 밝혀질 방법이 있을 것이다.

현 상황은 이렇다. 종교의 기본적인 주장이 참이라면, 과학적 세계관은 초자연적 변화에 대해 거의 웃음거리가 될 정도로 편협해지거나 예민해질 것이다. 반대로 종교의 기본적인 주장이 거짓이라면 대다수 사람은 실재의 본성에 대해 극심한 혼란에 빠질 뿐만 아니라, 불합리한 희망과 공포로 어리둥절해지고 귀한 시간과 주의를 낭비하게 될 것이다. 이는 종종 비극적 결과로 이어진다. 이런 이분법에 대해 과학이 중립적일 수 있을까?

과학자 대다수가 이 주제에 보이는 존중과 겸손은 공적 담론의 측면에서 보다 큰 문제의 일부일 뿐이다. 사람들은 믿음의 본성, 과학과 종교라는 사고방식의 불합리한 차이, 도덕적 진보의 실질적 근원에 대해서는 솔직하게 말하지 않으려는 경향이 있기 때문이다. 윤리적으로나 영적으로 인간에 관한 사실 중 어떤 것이 참인지는 당장 이 자리에서 찾아낼 수 있다. 또한 날로 늘어가는 세상에 대한 지식에 크게 배치되지 않는 선에서 그것을 말로 표현할 수 있다. 고서古書 특유의 성스러움에 대해 엇갈린 주장을 하면서, 옛 기적들에 관한 소문에 우리 삶의 가장 중요한 특징들을 묶어두는 것은 전적으로 무의미한 일이다. 인간의 가치를 어떻게 표현할 것인가, 즉 뇌의 수준에서 가치와 관련된 현상을 어떻게 연구하고 혹은 어떻게 하면 연구에 실패하게 되는가 하는 문제는 인류의 미래에 깊은 영향을 끼칠 거라는 데 의문의 여지가 없다.

1) Bilefsky, 2008 ; Mortimer & Toader, 2005.

2) 이 논의의 목적상 역사처럼 '사실'을 논하는 다른 지적인 맥락과 '과학'을 엄격히 구분하지는 않겠다. 예를 들어 존 F. 케네디 암살은 사실이다. 이런 사실은 '과학'의 맥락에 속하는데, 이때 과학이란 경험적 실재를 합리적으로 설명하려는 최선의 노력으로 광범위하게 이해된다. 그러므로 보통 암살은 '과학적' 사실로 생각되지 않지만, 케네디 대통령 암살은 어디서나 찾을 수 있는 사실로 충분히 입증된다. 이런 사실을 부인한다면 비과학적 정신을 여실히 드러내게 될 것이다. 그러므로 내가 생각하는 '과학'은 세상 사건들을 진심으로 믿으려는 광범위한 노력의 특수 분야다.

3) 건강에 대한 문화적 관점이 한 개인의 질병 경험을 결정하는 데 중요한 역할을 한다는 것을 부인할 생각은 없다. 정신건강에 대한 미국적 개념이, 다른 문화권 사람들의 정신질환 양상에 부정적 영향을 미친다는 증거가 있다(Waters, 2010). 심지어 정신분열증 같은 질환에서는, 일종의 '빙의spirit of possession' 개념이 기질성器質性 뇌질환에 대한 믿음에 비해 상태를 완화시키는 효과가 있다는 주장도 있다. 어쨌든 요지는 이러하다. 우리가 세계를 경험할 때 문화적 차이가 어떤 영향을 끼치건 간에, 원칙적으로 그것은 뇌의 수준에서 이해할 수 있다.

4) Pollard Sacks, 2009.

5) 논의를 단순화하고 연관성을 유지하기 위해, 종교 관련 참고문헌을 주로 기독교, 유대교, 이슬람교에 국한하고자 한다. 물론 신앙에 대한 언급은 거의 힌두교, 불교, 시크교 등 다른 종교에도 다 적용된다.

6) 유럽의 미래를 비관적으로 보는 데는 여러 가지 이유가 있다. Ye'or, 2005 ; Bawer, 2006 ; Caldwell, 2009.

7) Gould, 1997.

8) *Nature 432*, 657 (2004).

9) 도덕이 자연 세계를 과학적으로 이해할 수 있고 또 그래야 한다는 주장은 내가 처음 한 것이 아니다. 최근 윌리엄 케이스비어William Casebeer와 오언 플래너건Owen Flanagan이 각각 유사한 주장을 펼쳤다(Casebeer, 2003 ; Flanagan, 2007). 케이스비어와 플래너건은 아리스토텔레스의 에우다이모니아eudaimonia 개념을 부활시켰는데, 이 개념은 번영, 완성, 또는 행복으로 풀이된다. 이런 영어 번역에 의존하고 아리스토텔레스는 거론하지 않기로 한다. 아리스토텔레스가 《니코마코스 윤리학》에서 말하는 내용은 매우 중요하고 내 주장과 많이 겹치지만, 몇 가지 다른 점도 있다. 나는 위대한 철학자의 철학적 변덕에 신세 지지 않는 쪽을 택하겠다. 케이스비어나 플래너건도 기술로서, 그리고 실천적 지식의 일종으로서의 도덕에 초점을 두면서, 좋은 삶을 사는 것은 '사실적(명제적) 지식knowing that'의 문제라기보다는 '실천적(기술적) 지식knowing how'의 문제라고 주장한다. 이 구분이 유용하다고 생각하지만 아직은 도덕적 진리 추구를 포기할 생각이 없다. 예를 들면 나는 아프가니스탄에서 여성에게 베일 쓰기를 강제하는 것은 쓸데없이 여성을 비참하게 할 뿐만 아니라, 남성에게도 여성혐오증이나 지나친 엄격성만을 양산하는 일이라고 믿는다. 이것은 사실적 지식의 예이고, 옳고 그름을 가를 수 있는 명제다. 케이스비어나 플래너건도 찬성하리라 확신한다. 그러므로 이 두 철학자와 내 접근법이 다른 점은, 무엇을 강조하는가의 문제로 보인다. 어쨌든 그들은 여러 가지 점에서 나보다 훨씬 더 철학적인 세부사항으로 깊이 파고들었고 책들도 볼 만하다. 플래너건은 이 책의 초고에 큰 도움이 되는 지적도 해주었다.

10) E. O. Wilson, 1998.

11) Keverne & Curley, 2004 ; Pedersen, Ascher, Monroe, & Prange, 1982 ; Smeltzer, Curtis, Aragona, & Wang, 2006 ; Young & Wang, 2004.

12) Fries, Ziegler, Kurian, Jacoris, & Pollak, 2005.

13) 흄의 논증은 사실 신의 존재로부터 도덕을 연역하려고 하는 종교 옹호자들을 직접 겨냥한 것이다. 아이러니하게도 그의 추론은 도덕을 다른 지식과 연관 짓는 데 주된 장애 요소가 되고 말았다. 그러나 흄의 사실/당위is/ought 구분에는 늘 반대자가 생겨났다(예를 들면 Searle, 1964). 데닛의 경우를 살펴보자.

> "당위ought가 사실is로부터 도출될 수 없다면, 그것은 대체 어디서 도출'될 수' 있다는 말인가?… 윤리학은 '어떤 식으로든지' 인간 본성에 대한 인식에 근거해야 한다. 다시 말해 인간이 무엇인가 혹은 무엇이 되어야 하는가, 그리고 무엇을 소유하고자 하는가 혹은 무엇이 되기를 원하는가라는 인식에 근거해야 한다. '그것이' 자연주의라면 자연주의에는 오류가 없다."(Dennett, 468쪽)

14) Moore [1903], 2004.

15) Popper, 2002, 60~62쪽.

16) 흄과 무어를 대단히 순종적으로 따르는 과학자들의 명부는 너무 길어서 인용하기도 어렵다. 신경과학 분야에서 최근의 예시는 Edelman(2006, 84~91쪽) 참조.

17) Fodor, 2007.

18) 철학자 패트리샤 처칠랜드Patricia Churchland도 이런 비유를 한 예가 있다는 이야기를 최근에 듣고 기뻤다(저는 선생님 생각을 훔친 게 아니랍니다!).

19) De Grey & Rae, 2007.

20) '좋다'라는 절대적인 쾌락의 척도를 사용함으로써 생기는 문제는, 신경과학이 발전함에 따라 생기는 희망과 위험을 한번 살펴보면 점점 분명해진다. 예를 들어 미래에 우리가 뇌를 조작해서 어떤 행위나 심리 상태를 지금보다 더 즐겁게 할 수 있다고 가정하면, 그런 정교한 기술이 과연 '좋은지' 의심이 드는 것은 당연하다. 성적인 유혹보다 동정심에 더 많은 보상이 따른다면 좋겠지만, 증오할 때 가장 큰 쾌락을 느낀다면 그것이 과연 좋을까? 이런 경우 쾌락을 '좋다'라는 척도로 사용하자고 할 수

는 없다. 이때 선택하게 될 쾌락은 의미가 달라지기 때문이다.

21) Pinker, 2002, 53~54쪽.

22) '믿음'과 '지식'의 관례적인 구분은 분명 여기서는 통용될 수 없다. 3장에서 더 명확해지겠지만, 세상에 대한 우리의 명제적 지식은 전적으로 앞에서 말한 의미의 '믿음'의 문제에 국한된다. X를 '믿는다'라고 말할지 혹은 '안다'고 말할지는 강조의 차이에 지나지 않으며, 따라서 확신의 정도를 표현한다. 이 책에서 논의하는 대로 명제적 지식은 일종의 믿음이다. 최근 나는 뇌의 수준에서 믿음을 이해하려는 시도에 초점을 맞추고 있는데, 이런 연구에는 기능성 자기공명영상장치fMRI를 활용한다(S. Harris et al., 2009; S. Harris, Sheth, & Cohen, 2008).

23) Edgerton, 1992.

24) Edgerton, 1992, 26쪽에서 재인용.

25) 그래도 어쩌면 이런 사실조차 너무 많은 상식을 인류학 영역에 떠넘기는 일일지 모른다. 에저턴(1992, 105쪽)은 이렇게 말한다.

"소규모 전통 사회의 의료 관행을 연구하는 인류학자들은 흔히 이 집단의 건강과 영양 상태가 좋다고 가정한다… 사실 우리는, 겉보기에 비합리적인 음식 금기도 일단 충분히 이해하고 나면 적응될 수 있는 것으로 판명난다는 말을 자주 듣는다."

26) Leher, 2010.

27) Filkins, 2010.

28) 부시 행정부의 생명윤리위원회를 특히 비판적으로 본 스티븐 핑커의 555쪽 분량의 보고서 〈인간의 존엄성과 생명윤리Human Dignity and Bioethics〉 (Pinker, 2008a) 참조.

29) S. Harris, 2004, 2006a, 2006b; S. Harris, 2006c; S. Harris, 2007a, 2007b.

30) Judson, 2008; Chris Mooney, 2005.

1장

도덕적 진리

The Moral Landscape

✤ 보편적 도덕 개념과 이중 잣대

지난 몇 세기 동안의 지적 진보 탓에 '도덕적 진리'라는 말을 하기가 어렵게 되었고, 따라서 문화를 뛰어넘는 도덕 판단을 하거나 혹은 아예 도덕 판단 자체가 불가능하게 되었다고 믿는 이들이 많아졌다. 각종 공공포럼에서 이런 주제로 토론을 해본 결과, 내로라하는 지식인 상당수가 도덕은 신화라고 말했다. 또한 그들은 인간의 가치에 대한 진술에는 참 거짓이 없다느니, 행복이나 불행 같은 개념은 정의하기 어렵고 워낙 개인의 기분이나 문화 요인에 쉽게 영향을 받는다느니, 혹은 가치에 대해서는 아무것도 알 수 없다느니 하는 말을 했다.[1]

또한 이들 중 대다수는 도덕의 과학적 토대가 전혀 쓸모없다고 주장한다. 그들은 우리의 선악 개념이 전적으로 부적절하다고 생각하면서도, 인간의 사악함에 맞서는 일이 가능하다고 여긴다. 이 사람들이 구체적이고 분명하며 추악한 행동의 경우에도 비난하기를 주저한다는 사실은 늘 흥미롭다. 도덕적 상대주의는 세상을 더 나은 곳으로 만들려는 한 개인의 헌신에 전혀 해를 입히지 않는다고 발표한 지 30초도 채 안 되어, 어떤 저명한 학자가 부르카burqa(베일)나 여성할례가 '사회적 맥락으로 볼 때' 합당하다고 옹호했다. 이런 사람을 보고 나면 그가 과연 정신적 삶을 온전하게 누리고 사는지 의문이 든다.[2]

그래서 분명 도덕의 과학을 향해 나아가기 위해서는 어떻게든 철학의 붓을 깨끗이 씻어둘 필요가 있겠다. 이번 장에서 나는 그런 계획들에 대해 대부분의 독자들이 허용할 거라 생각하는 범위 내에서 이를 시도해보려 한다. 이 단락에서 지금 당장 의심을 버리지 못하는 분들은 주를 참고하기 바란다.

첫째, 이 책의 일반적 논지를 명확히 해두어야겠다. 나는 사람들이 '도덕'이라는 이름으로 행하는 것에 대해 과학이 진화론적 혹은 신경과학적 설명을 제시해줄 거라고 제안하는 것이 아니다. 살면서 얻고자 하는 것을 과학이 얻게 해준다는 의미 또한 아니다. 진화의 진실성, 뇌에 대한 정신의 의존성, 과학의 일반적 효용에 대해 의심만 하지 않는다면, 위의 이야기는 지극히 진부한 주장이 될 것이다.

오히려 나는, 우리가 해야 '하거나' 원해야 '하는' 것을 이해하는 데 과학이 원칙적으로 도움을 줄 수 있다고 주장하는 바다. 그러므로 과학은, 가능한 한 최고의 삶을 위해 '다른 이들'이 해야 하거나 원해야 하는 것에도 도움을 줄 수 있다. 물리학 문제에 정답과 오답이 있듯이 도덕 문제에도 옳고 그른 답이 있다. 그리고 그 답은 언젠가 보다 성숙한 정신과학에 다다르게 될 것이다.

우리가 이해할 수 있는 도덕과 가치의 유일한 근거가 (가능한 한 가장 심오하고 포괄적으로 정의된) 행복에 대한 관심이라는 것을 알게 되면, 성공적으로 발전시킨 적이 있건 없건, 거기에는 '반드시' 도덕의 과학이 있어야 한다는 점도 알게 될 것이다. 의식 있는 존재의 행복은 우주의 상태가 어떤가에 전적으로 의존하기 때문이다. 물리적 우주의 변화나 그 속에서 우리 경험의 변화를 이해할 수 있다면, 점차 과학은 구체적인 도덕 문제에 대해서 분명 답을 줄 것이다.

예를 들어 수십억 달러의 돈을 들여 말라리아를 박멸할 것인가, 인종차별을 없앨 것인가? 선의의 거짓말과 험담 중 인간관계에 더 해로운 것은 무엇인가? 이에 대해 당장 답하는 건 불가능해 보이지만, 곧 가능해질 것이다. 사람들이 힘들어도 타인과 협동하고, 그것을 즐기기까지 하는 게 어떻게 가능한지 알면 알수록, 최대한 많은 사람들을 가장 불행한 상황에서 조금씩 벗어나게 하고 가장 행복한 상황 쪽으로 이끄는 길도 찾을 수 있을 것이다. 물론 어떤 행위의 결과를 평가하는 데는 실제적인 장벽이 있을 것이고, 여러 갈래의 인생길이 도덕적으로 동등한 가치를 지닐 수도 있을 것이다(그러니까 도덕의 풍경에는 봉우리가 여러 개 있을 수 있다). 그러나 나는 '도덕적 진리'를 말함에는 원칙적으로 장벽이 없다고 주장하는 바다.

그러나 교육 수준이 높은 세속인들(여기에는 대다수 과학자, 학자, 언론인들이 포함된다) 중에는 도덕적 진리 따위가 존재하지 않는다고 믿는 이들이 많아 보인다. 이들에게는 오로지 도덕적 선호, 도덕에 대한 의견이 있을 뿐이며 이는 감정적 반응을 옳고 그름에 대한 진정한 앎으로 착각한 것에 불과하다. 우리는 사람들이 생각하고 행동하는 방식을 '도덕'이라는 이름으로 이해할 수 있지만, 도덕 문제에 관해 과학이 발견할 만한 답은 없다고 보는 게 대세다.

어떤 이들은 '과학'을 지나치게 편협하게 정의함으로써 이런 관점을 고수한다. 즉 과학을, 수학적 모델링이나 실험 데이터에 곧장 접근하는 것과 동일시하는 것이다. 그러나 이는 과학을 그저 도구로 보는 오류를 범하는 것이다. 단적으로 과학은 이 우주에서 무슨 일이 일어나는지 이해하기 위한 최선의 노력이다. 그래서 과학과 여타의 합리적 사고를 가르는 선을 늘 정확히 그을 수는 없다. 과학적으로 생각하기 위한 도구는 많다. 인과관계 개념, 증거와 논리적 일관성 존중, 호기심과 지적 정직성, 반증 가능한 예측 등이 그것이다. 이 도구들은 수학적 모델이나 구체적인 데이터에 관심을 두기 전부터 사용되었음이 분명하다.

인간의 조건에 대해 과학적 '객관성'을 가지고 말한다는 게 무슨 뜻인지 혼동하는 사람도 많다. 철학자 존 설John Searle의 지적에 따르면, '객관적/주관적'이라는 용어에는 매우 상반된 두 가지 의미가 있다.[3] 하나는 우리가 어떻게 아는가(인식론)와 관련되고, 다른 하나는 우리가 알기에 존재하는 것(존재론)과 관련된다. 추론과 언설의 객관성이란 일반적으로 눈에 띄는 편견이 없고 반론에 열려 있으며 관련 사실을 인지하고 있음을 뜻한다. 이것은 우리가 '어떻게' 생각하는가에 관한 주장이다. 이런 의미에서 우리가 주관적(일인칭적) 사실을 '객관적으로' 연구하는 일에는 장애가 없다.

　예를 들어 지금 이 순간 내가 이명^{耳鳴}을 겪고 있다는 말은 참이다. 이
것은 나에 관한 주관적 사실이지만, 이 사실을 진술할 때 나는 전적으
로 객관적이다. 나는 거짓말을 하는 게 아니고, 어떤 결과를 위해 과장
을 하는 것도 아니며, 단순한 선호나 개인적인 편견을 표현하는 것도
아니다. 그저 지금 이 순간 내가 듣고 있는 것을 진술할 뿐이다. 나는
이비인후과에 간 적이 있는데, 이명과 내 오른쪽 귀의 청력이 손실이
관련 있음을 확인했다. 이 이명에는 분명 객관적(삼인칭적인) 원인이 있
으므로, 그 원인을 찾아낼 수 있을 것이다(예를 들어 달팽이관의 손상). 그
러므로 과학적 객관성을 통해 이명에 관해 진술할 수 있다는 데는 의문
의 여지가 없다. 또한 정신의 과학 역시, 주관적 경험의 일인칭적 보고
를 삼인칭적 뇌 상태와 연관 지을 수 있다는 사실에 입각한다.

　그런데 도덕적 사실이 우리의 경험과 연관되므로(존재론적으로 '주관
적'이기 때문에), 도덕에 대한 말은 무엇이든 인식론적 의미에서 '주관적
(편견이 개입되거나 개인적이라는 의미에서)'이라고 보는 사람이 많은 것
같다. 그건 사실이 아니다. 내가 '객관적' 도덕 진리, 혹은 인간 행복의
'객관적' 원인들에 대해 말할 때, 논쟁의 대상이 되는 사실들의 '주관적
(경험적)' 요소를 반드시 부인하지는 않는다는 점이 명확하게 전달되기
를 바란다.

　물론 도덕적 진리가 의식적 존재의 경험, 즉 플라톤의 선의 형상^{Platonic Form}
^{of the Good}**4** 같은 것과 '독립적으로' 존재한다거나, 혹은 어떤 행위는 '본
질적으로' 그르다고 주장하지는 않겠다.**5** 의식적 존재가 최악의 불행과

최상의 행복을 어떻게 경험하는가에 대해 알려진 사실이 '실재real하는' 사실이라면, 도덕 문제에 옳고 그른 답이 있다는 말은 객관적으로 참이다. 우리가 이 문제들에 실제 답을 할 수 있는지 없는지는 상관없다.

그런데 앞서 말한 대로 여전히 사람들은 실재의 속성이라는 특수한 질문에 답할 때, '실제적인 답answers in practice'과 '원칙적인 답answers in principle'을 구분하지 못한다. 행복의 문제에 과학을 적용할 때는 이런 구분을 놓쳐선 안 된다는 점이 중요하다. 결국 주관적으로 실재하는 현상은 무한히 많고, 그것을 객관적으로(정직하고 합리적으로) 논의하는 일은 가능하지만 정확한 기술이 불가능하다는 점이 문제로 남는다.

생일 케이크의 촛불을 끌 때 사람들이 마음속으로 비는 '생일 소원' 같은 것을 떠올려보자. 말로 표현되지 않은 이 생각들을 과연 알아낼 수 있을까? 어림도 없는 일이다. 자기가 빈 소원도 기억하기 힘들 것이다. 그렇다고 과연 생일 소원이 존재하지 않는다거나, 이 소원들에 대해 참이냐 거짓이냐 하는 진술을 할 수 없는 것일까? 내가 소원 하나하나를 라틴어로 빌고, 그 소원이 태양전지판 테크놀로지의 발전에 대한 것이며, 각 사람의 뇌에서 정확히 만 개의 뉴런이 활동하여 생겨난 것이라고 한다면 어떨까? 말도 안 되는 주장일까? 물론 그건 매우 정확하지만 분명 틀린 주장이다. 정신병자나 이런 주장을 믿을 것이다.

우리는 인간의 주관성에 대해 참 거짓이 있는 주장을 할 수 있으며, 대부분 문제의 사실에 직접 접근하지 않고도 참 거짓을 평가할 수 있다. 이는 완벽하게 합당하고 과학적일 뿐만 아니라 필요한 일이다. 그런데 많은 과학자들이 도덕적 진리란 존재하지 않는다고 주장한다. 인간 경험에 대한 사실 중에는 쉽게 알 수 없거나 결코 알 수 없는 것들이 있기 때문이다. 내가 입증하고 싶은 것이 바로 이것인데, 이런 오해야말로 인간의 지식과 가치 사이에 엄청난 혼동을 만들어 왔다.

도덕적 진리라는 개념을 논의하기 어려운 이유는 합의consensus에 대한 이중 잣대 때문이기도 하다. 대부분의 사람들이 과학적으로 합의된 사항에 대해서는 과학적 진리가 실재한다는 의미로 받아들이면서, 논란이 되는 사항은 더 연구를 하면 그 논란이 해결되리라 단순하게 생각한다. 이 사람들은 도덕적 논란 자체가 애초에 도덕적 진리란 존재하지 않는다는 것을 '입증한다'고 생각하다가도, 도덕적 합의란 단순히 인간의 편견은 다 똑같다는 사실을 보여준다고 믿는다. 확실히 이런 이중 잣대야말로 보편적 도덕 개념에 반대하는 게임을 조장한다.[6]

그런데 더 중요한 쟁점은 진리가 원칙적으로는 합의와 관련이 없다는 것이다. 한 사람만 옳고 나머지 사람은 전부 틀릴 수 있다. 합의는 세상에 무슨 일이 일어나는지를 발견하는 지침이고 그게 전부다. 합의가 되고 안 되고의 문제는 무엇이 진리이고 그렇지 않은지의 문제에 전혀 제약을 받지 않는다.[7] 물리적, 화학적, 생물학적 사실 중에는 틀림없이 우리가 무지하거나 오해하는 것들이 있을 것이다. 사람과 동물의 행복에 관한 사실 중에도 '도덕적 진리'를 말할 때는 분명 무지나 오해가 있을 것이라 생각한다. 두 경우 모두 앞의 사실들을 발견하는 데 사용할 수 있는 도구가 과학, 즉 보편적으로 합리적인 사고다.

이 지점에서 진짜 논란이 시작된다. 도덕과 가치가 의식적 존재의 행복과 관련된 사실이라는 주장에 강력하게 반대하는 사람이 많기 때문이다. 내 주장을 비판하는 사람은, 의식이 가치와 관련된 일에 별다른 역할을 하지 않는다고 생각하거나, 혹은 어떤 의식 상태든 다 똑같이 가치가 있다고 생각하는 모양이다. 내 논증에 대한 가장 흔한 반론은 다음과 같다.

그런데 당신은 의식적 존재의 행복이 '왜' 중요'해야만' 하는지 말하지 않았다. 모든 의식적 존재를 미칠 정도로 고문하기를 원하는 사람이 있다면, 그 사람이 당신만큼 '도덕적'이지 않다는 게 무슨 뜻인가?

이런 식의 도덕적 회의주의가 타당하다고 진지하게 믿을 사람은 없을 거라고 생각하지만, 흔히 진지함을 가장한 흉포함으로 이렇게까지 밀어붙이는 사람도 적지 않다.

의식이라는 사실에서부터 시작해보자. 내 생각에 의식이 가치를 이해할 수 있는 유일한 영역이라는 것은 오직 이성을 통해서만 알 수 있다. 대안은 무엇일까? 의식적 존재의 (실제적 혹은 잠재적) 경험과 절대적으로 무관한 가치의 근원을 생각해보기 바란다. 대안이 무엇이든 그것은 어떤 존재의 (이승이나 저승의) 경험에도 영향을 미칠 수 없다는 말의 함축적 의미도 잠시 생각해보기 바란다. 이제 그걸 상자에 넣으면, 그 상자 안에 든 것은 우주에서 가장 재미없는 것이 될 것이다. '말 그대로' 그럴 것 같다.

도대체 우리는 가치의 초월적인 근원을 신경 쓰느라 얼마나 많은 시간을 들여야 할까? 이 한 문장을 타이핑하는 시간조차 이미 너무 길다는 생각이 든다. 초월적인 것을 제외한 가치 개념은 어떤 것이든 의식적인 존재의 실제적, 잠재적 경험과 관계가 있을 것이다. 따라서 의식이 인간의 가치와 도덕의 기반이라는 내 주장은 자의적으로 정한 출발점이 아니다.[8]

✿ 도덕과 의식적 존재의 행복

일단 의식이라는 주제를 꺼내놓았으니, 앞으로는 '행복' 개념이 우리가 쉽게 가치를 매길 수 있는 모든 것을 포함한다는 점을 주장하고자 한다. 그리고 '도덕'—이 단어를 보고 사람들이 무엇을 떠올리든지 간에—은 의식 있는 존재의 행복에 영향을 미치는 의도 및 행동과 '실제로' 관계가 있다.

이 점에 대한 반증 사례로 도덕법moral law이라는 종교적 개념이 자주 거론된다. 신의 법을 따르는 것이 왜 중요한가라는 질문에 많은 사람들이 약삭빠르게 '신의 법이니까'라고 답한다. 물론 그렇게 '말하는' 것이 가능하긴 하지만 그건 정직하지도 일관성 있는 답도 아닌 것 같다. 더 강한 신이 나타나서, 야훼의 법을 따랐다고 영원한 벌을 내린다면 어떨까? 그때도 야훼의 법이 '신의 법이라서' 따랐다는 게 통할까?

피할 수 없는 사실은 종교적인 사람도 어느 누구 못지않게 행복을 원하고 불행을 피하려 한다는 것이다. 이들 중 대다수는 의식적 경험의 가장 중요한 변화가 사후에(즉 천국이나 지옥에서) 일어난다고 믿게 되었다. 이따금 예외로 유대교가 등장하는데, 유대교는 사후에 초점을 두지 않기 때문이다. 히브리 성경이 절대적으로 명시하기를, 유대인은 '야훼의 법을 따르지 않을 경우 생길 부정적 결과를 생각해서' 그 법을 따라야 한다고 했다. 신이나 사후 세계를 믿지 않지만 여전히 종교적 전통을 따라야 한다고 생각하는 사람은 이런 식으로 사는 것이 자신과 타인의 행복에 긍정적인 기여를 하기 때문에 전통을 따를 뿐이다.[9]

따라서 도덕의 종교적 개념도 행복에 대한 우리의 보편적 관심에 예외 없이 포함된다. 철학 역시 도덕을 의무, 공정성, 정의 혹은 의식적 존재의 행복과 명백히 연관되지는 않는 원칙들의 차원에서 기술하려고 노력하지만, 결국에는 행복의 어떤 관점들을 끌어들이게 된다.[10]

이 점에 직접적으로 제기되는 의심들은 하나같이 '행복well-being'의 뜻을 이상하고 제한적인 개념으로 규정한다.[11] 나는 보통의 사람이 중요하게 생각하는 것 대부분—공정성, 정의, 동정, 세상의 현실에 대한 일반적 인식—이 전 세계적으로 번영할 문명 창출을 위해, 따라서 인류의 더 큰 행복을 위해 필요할 거라고 믿어 의심치 않는다.[12] 앞서 말했듯이 개인이나 공동체의 번영을 위한 방법은 많다. 도덕의 풍경에도 봉우리가 많다는 뜻이다. 따라서 사람들이 자아실현을 하는 다양한 방법이 실제 존재한다면 그것을 과학적 맥락에서 검토하고 수용하고 존중할 수도 있다.

'행복' 개념은 '건강'과 마찬가지로 수정과 발견의 가능성에 활짝 열려 있다. 어떻게 하면 개인적으로나 집단적으로 성취감을 느낄 수 있을까? 행복의 성취로 이끄는 삶의 조건—게놈의 변화에서부터 경제 시스템의 변화에 이르기까지—은 어떤 것들인가? 아직은 다 알지 못한다.

　그러나 '가치'나 '도덕' 따위는 행복과 전혀 관계가 없다고 주장하는 사람이 있으면 어떨까? 좀 더 현실적인 예로, 행복을 매우 특이하고 제한적으로 생각한 나머지 자신을 제외한 다른 사람의 행복에 대해서는 적대적인 사람이 있으면 어떨까? 이를테면 연쇄살인범 제프리 다머 같은 사람이 '도덕의 풍경에서 내가 관심이 가는 부분은 젊은 사람을 죽인 다음 그 시체와 성관계를 갖는 것이다'라고 한다면 어떨까? 이러한 가능성이야말로—우리의 도덕관과 전혀 다른—도덕적 진리가 의심받는 핵심적 이유다.

　여기서 다시 합의의 중요성에 관한 이중 잣대를 주시하지 않을 수 없다. 우리와 과학적 목적이 다른 사람은 어떤 종류의 과학적 담론에도 영향을 미치지 못한다. 그러나 어떤 이유로 우리와 도덕적 목적이 다른 사람은 아예 도덕적 진리라는 말을 꺼내지도 못하게 한다. 아마 성서적 창조론자Biblical Creationists라고 칭하는 숙련된 '과학자'들을 떠올려보면 도움이 될 것이다. 이들의 '과학적' 사고는 과학 데이터를 창세기에 맞게 해석해내는 데 목적이 있다. 이들도 자신들이 과학을 한다고 주장할 것이다. 그러나 진정한 과학자는 자유롭다. 자유로운 과학자는 이런 사람들에게 과학이라는 말을 잘못 쓰고 있다고 지적할 책임이 있다.

　마찬가지로 '도덕'과 '인간의 가치'에 대해 깊은 관심이 있다고 자처하는 과학자들이 있다. 그러나 만일 우리가 이들의 믿음이 엄청난 불행의 원인이라고 본다면, 이들이 '도덕'이라는 말을 잘못 사용하고 있으며 왜곡된 가치관을 갖고 있다고 지적하지 못할 이유가 전혀 없다. 삶

에서 가장 중요한 문제들에 대해 모든 견해를 동등하게 여겨야 한다고
어떻게 확신한단 말인가?

가톨릭교회를 보라. 스스로 표방하기를 이 우주를 선으로 이끄는 가장
위대한 힘이자, 우주를 악으로부터 지키는 진정 유일한 보호자라고 하지
않는가. 비非가톨릭교도들도 가톨릭 교의를 실제 '도덕'과 '인간의 가치'
의 개념으로 널리 받아들인다. 그러나 바티칸의 로마 교황청은 사제가 되
려는 여성들을 교단에서 파면시키면서도[13] 어린이를 강간한 남성 사제
들은 파면시키지 않는다.[14] 반면 여성의 생명을 살리기 위해 낙태를 하
는 의사는 파면한다. 심지어 '아홉 살 난 소녀가 의붓아버지에게 강간을
당해 쌍둥이를 임신한 경우'에도 말이다.[15] 그런데 교회는 인종 학살을
자행한 히틀러 치하의 독일 나치당원은 단 한 명도 파면하지 않았다.

이 정도로 극악무도하게 뒤집힌 우선순위가 정녕 대안적인 '도덕' 체계
의 증거라고 봐야 하는가? 아니다. 가톨릭교회는 실체변화Transubstantiation
(성찬의 빵과 포도주가 그리스도의 몸과 피로 변하는 것—옮긴이)의 '물리학'
과 마찬가지로 피임의 '도덕적' 위험을 말할 때도 분명 갈피를 못 잡는
것 같다. 두 영역에서 교회는 세상의 어떤 일에 주목해야 하는지 터무
니없이 혼동한다고 보는 게 맞다.

그런데도 여전히 많은 사람들이 도덕적 진리에 대해서는 말할 수 없
고, 도덕의 기반을 행복에 대한 보다 깊은 관심에 둘 수도 없다고 주장
할 것이다. '도덕'과 '행복'의 개념은 특수한 목적과 별도의 기준으로
규정해야 하기 때문인데, 사실 이와 달리 규정하는 사람들을 막을 방도
도 없다. 이에 맞서 나는 다음과 같이 주장한다. 진실로 도덕은 행복을

극대화하며, 행복은 넓은 범위의 심리적 미덕과 건전한 쾌락까지 함축한다. 그러나 누군가 도덕은 아스텍 신을 경배하는 문제이고, 행복은 지하에 갇혀 공포에 질린 사람이 희생 제물이 될 날만 기다리는 일이라고 한다면, 그렇게 말할 자유는 있다.

물론 목적과 개념 규정이 중요하다. 이 말은 모든 현상에 유효하고, 현상을 연구하기 위해 사용 가능한 모든 방법에 대해서도 유효하다. 예를 들어 우리 아버지는 25년 전 세상을 떠났다. 이때 내가 말한 '세상을 떠나다'라는 말은 무슨 의미일까? 나는 특수한 '목적'에 근거해서 '세상을 떠나다'라는 말을 썼을까? 반드시 목적을 제시해야 한다면 그것은 호흡, 에너지 대사, 자극에 대한 반응 등이 아닐까?

오늘날까지도 '생명'을 꼭 집어 정의하기는 어렵다. 그렇다고 생명을 과학적으로 연구할 수 없다는 말일까? 아니다. 생명과학은 이런 모호함을 무릅쓰고 번창한다. '건강' 개념도 느슨하긴 마찬가지다. 따라서 이 개념 역시 만성 통증으로 고생하지 않는다거나 구토가 계속되지 않는다는 등의 특수한 목적을 겨냥해서 그 의미를 규정해야 하는데, 이런 목적은 계속 변화한다. 언젠가 '건강'이라는 개념은 현재로서는 진지하게 생각하지도 못할 다른 목적으로 규정될 날이 올 것이다(사고로 잃은 팔다리 중 하나가 스스로 재생되는 것과 같은 목적). 그렇다고 건강을 과학적으로 연구할 수 없다는 말일까?

'질병과 요절을 피하려는 당신의 목적을 모든 사람이 공유하지 못한다면? 통증이나 질병 없이 오래 사는 것을 누가 건강이라고 말하겠는가? 치명적 괴저로 고생하는 사람이 당신보다 건강하지 않다고 어떻게 확신할 수 있는가?' 이런 질문으로 의학의 철학적 기반을 공격하고 싶은 유혹을 느끼는 사람도 있을 수 있다. 바로 이런 반론들이 내가 인간과 동물의 행복에 비추어 도덕에 대해 말할 때에 맞닥뜨리는 것이다. 인간이라면 어떻게 저런 질문을 할 수 있단 말인가? 할 수는 있다. 하지만 그 질문들을 하나하나 진지하게 다루어야 하는 것은 아니다.

　나를 비판하는 사람은 이렇게 우려를 표하기도 한다. '도덕은 도덕 현상이 발생하는 시간과 장소에 대해 상대적이다. 당신이 행복을 이미 가치로 받아들이지 않는다면, 왜 행복을 증진해야만 하는가에 대한 논쟁도 있을 수 없다.' 이 사람은 이런 주장의 근거로, 내가 탈레반을 그들의 행동이 도덕적으로 옳지 못하다고 설득할 수 없다고 할 것이다. 그런데 이 기준에 의하면 과학의 진리도 '과학이 일어난 시간과 장소에 대해 상대적이며', 경험적 증거에 가치를 두지 않는 사람에게 그것에도 가치를 '두어야 한다'고 확신시킬 방법은 없다.[16] 진화에 대해 연구한 지 150년이 지났지만, 진화가 사실이라는 것을 대다수 미국인들은 확신하지 못한다. 그렇다고 생물학이 진짜 과학이 아니란 말인가?

　누구나 직관적인 '물리학'을 갖고 있지만, 그 대부분은 (물질의 움직임을 기술한다는 목적에서 볼 때) 틀린 것이다. 오로지 물리학자들만이 우리의 우주에서 물질의 움직임을 지배하는 법칙에 대해 깊이 이해한다. 나는 지금 누구나 직관적인 '도덕'을 갖고 있는데, 그 대부분은 (개인 및 집단의 행복을 극대화하려는 목적에서 볼 때) 명백히 틀렸다고 주장하는 것이다. 오로지 도덕 전문가만이 인간과 동물의 행복의 원인과 조건에 대해 깊이 이해할 것이다.[17]

그렇다. 물리학이나 도덕에 대해 말할 때 무엇이 '옳고 그른지' 규정하고자 하는 목적이 있어야 하지만, 이 기준은 두 영역 모두에서 똑같이 중요하다. 탈레반도 분명 (저 세상에서도 마찬가지이겠지만) 이 세상에서 행복을 추구한다고 생각한다. 그러나 그들의 종교적 신념은 모든 여성과 소녀들을 예속시키고 문맹 상태로 두는 것처럼 인간의 번영에 전적으로 적대적인 문화를 양산한다. 그들이 삶에서 무엇을 원한다고 '생각'하든지, 그들은 그저 우선순위를 다른 데 두면 얼마나 더 나은 삶을 살게 될지 이해하지 못할 뿐이다.

과학은 왜 우리가 '과학적으로' 건강에 가치를 두어야 하는지 알려줄 수 없다. 그러나 일단 건강이 의학의 고유한 관심사임을 인정하면, 과학을 통해 건강을 연구하고 증진할 수 있다. 의학은 '건강'의 구체적 정의가 계속 변하더라도 인간의 특수한 건강 문제들을 해결할 수 있다. 사실 의과학의 발전으로 미래에 건강의 개념이 어떻게 바뀔지 몰라도 의과학은 눈부신 발전을 이룩할 것이다.

행복에 대한 관심은 건강보다 정당화할 필요성이 적다고 생각한다. 건강은 행복의 한 측면에 지나지 않기 때문이다. 일단 행복을 진지하게 고려하면 '행복' 개념이 달라지더라도 과학은 도덕과 인간적 가치의 구체적 문제들을 해결할 수 있을 것으로 본다.

반드시 알아둘 점은, 도덕적 회의가 거세게 요구하는 '급진적인' 도덕의 정당화는 어떤 과학 분야도 충족시킬 수 없다는 것이다. 과학은 우주의 작동 과정을 이해할 목적으로 정의되어야 한다. 이 목적을 과학적으로 정당화할 수 있을까? 물론 할 수 없다. 그렇다고 과학이 '비과학적'이 되는가? 만일 그렇다면 우리는 우리의 독자적인 힘으로는 그렇게 '할 수 없을' 것이다.

과학에 대한 우리의 정의가 옳다는 것을 증명하기란 불가능할 것이다. 증명의 기준이 우리가 제시할 증거에 포함되기 때문이다. 증거에 가치를 두어야 한다는 것을 어떤 증거로 입증할 것인가? 논리의 중요성을 어떤 논리로 입증할 것인가?[18] 물질의 움직임을 예측하는 데는 표준 과학이 창조주의자의 '과학'보다 더 낫다는 점을 알게 될 것이다. 그러나 연구 목적이 단지 신의 언어Word of God의 진위를 입증하는 것이라는 과학자에게 무슨 말을 할 수 있을까? 여기서 우리는 막다른 벽에 부딪힌 것 같다. 그러나 누구도 표준 과학이 가능한 모든 반대를 침묵시킬 수 없다는 사실에 어떤 의미가 있다고 생각하지 않을 것이다. 그런데 왜 도덕의 과학에 대해서는 더 많은 걸 요구하는가?[19]

도덕적 회의론자 중에는 흄의 사실(존재)/당위is/ought 이분법이, 마치 세상 끝나는 날까지 도덕이라는 주제에 내리는 최후의 심판이라고 굳게 믿는 경우가 많다.[20] 그들은 무엇을 해야 하고 무엇에 가치를 두어야 하는가라는 개념을 정당화하기 위해서는 세상의 존재방식에 대한 사실이 아니라 다른 '당위'에 근거해야 한다고 주장한다. 결국 물리학과 화학의 세계에 도덕적 책임과 가치 같은 것들은 어떻게 실제로 존재할 수 있을까? 예를 들어 아이들에게 친절'해야 한다'는 것이 어떻게 객관적으로 참이 될 수 있는가?

그러나 이런 '당위' 개념은 도덕적 선택에 대해 생각할 때 인위적이고 쓸데없이 혼란을 일으키는 방식이다. 사실 이것이 아브라함의 종교가 가져온 또 다른 우울한 결과가 아닌가 한다. 이상하게도 이 종교는 이제 무신론자의 생각까지 제약한다. 이런 당위 개념이 우리가 관심을 둘 수 있는 어떤 것이라면 (이승에서나 저승에서나) 이는 의식적 존재의 현실적 혹은 잠재적 경험에 대한 관심으로 해석해야 한다. 예를 들어 아이들에게 친절하게 '대해야 한다'는 말은, 그렇게 하면 모두에게 더 좋을 것이라는 뜻이다. 더 좋기를 바라지 않는다고 말하는 사람은 실제 자신이 원하는 바를 모르거나(즉 자신이 무얼 놓치고 있는지 모르거나), 거짓말을 하고 있거나, 말도 안 되는 소리를 하고 있는 것이다.

아이들을 친절하게 대하는 건 다른 사람의 행복과 아무 관련이 없다고 주장하는 것 역시 말이 안 되는 소리다. 아브라함의 신은 아이들을 친절하게 대하라는 말을 한 적이 없지만 말대답을 하면 그들을 죽이라고 했다(출애굽기 21장 15절, 레위기 20장 9절, 신명기 21장 18~21절, 마르코 7장 9~13절, 마태오 15장 4~7절). 그러나 이 말은 여기서 거론할 가치가 없다. 누구라도 이 도덕 명령이 완전히 비상식적이라고 생각할 것이다. 제아무리 기독교 근본주의자나 정통 유대교도라 해도 신의 법이 묶어놓은 도덕과 행복의 연관성을 완전히 무시할 수는 없을 것이다.[21]

✳ 모두에게 가능한 최악의 불행

나는 앞서 가치란 오로지 의식적 존재의 행복에서 일어나는 현실적이고 잠재적인 변화에 따를 때 존재한다고 주장했다. 그런데 '행복' 개념을 이상한 것과 연관 짓는 사람이 많은 것 같다. 이를테면 실제로는 그렇지 않은데도 행복은 정의, 자율성, 공정성, 과학적인 호기심 등의 원칙과는 분명 맞지 않는다고 생각하기 쉽다. 또한 그렇게 생각하는 사람들은 '행복'의 개념이 잘못 정의되었다고 우려한다. 다시 말하지만 나는 이것이 문제라고 생각하지 않는다('생명'이나 '건강' 개념에서도 문제가 안 되듯이). 그런데 보편적 도덕은 의식의 경험 끝에 있는 부정적 속성에 근거하여 규정될 수 있다는 사실도 알아두면 유용할 것이다. 이러한 극단을 '모두에게 가능한 최악의 불행the worst possible misery for everyone'이라고 부르겠다.

의식적 존재는 도덕의 풍경에서 저마다 자신만의 최악의 순간을 겪겠지만, 모두가 각자의 몫에 따라 겪을 우주의 상태도 생각해볼 수 있다. 그것을 '나쁘다'고 할 수 없다면 나는 당신이 '나쁘다'는 말을 무슨 뜻으로 생각하는지 모르겠다(또한 당신이 그 말뜻을 안다고 생각지도 않는다). '모두에게 가능한 최악의 불행'에 대해 생각해보기만 해도 점진적으로 이 심연에 빠져드는 단계를 논할 수 있을 것이다. 지상에서 전 인류의 삶이 동시에 나빠진다는 것은 무슨 뜻일까? 이것은 문화적 조건에 따르는 도덕규칙을 집행하는 사람들과는 아무 관계도 없음에 주목하자.

어쩌면 우주에서 신경독성 먼지가 지구로 떨어져서 모두를 극도로 불안하게 만들 수도 있다. 우리가 상상할 수 있는 시나리오라고는, 보상의 이익도 없고 모두가 조금 잃거나 혹은 많이 잃는 상황이다(누구도 중요한 교훈을 얻거나 다른 이의 손실로 이익을 보지 않는 상황이다). 합리성의 기준에서 어떤 변화가 모두의 상황을 악화시킨다면, '나쁘다'라는 말의 뜻이 무엇이건 간에 그 변화가 '나쁘다'고 말하는 건 논란의 여지 없이 타당해 보인다.

우리는 어떤 지점에서든 기준을 세워야 한다. 먼저 모두에게 가능한 최악의 불행을 불러오는 행동은 피하는 게 좋다고 전제한다면, 나는 도덕의 영역에서 이 전제로부터 출발하는 게 안전하다고 주장하는 바다. 우리가 모든 의식적 존재의 경험을 개인적으로 신경 쓴다는 말이 아니다. 의식적 존재가 전부 가장 불행한 상황에 처한 우주는, 모두가 행복을 경험하는 우주보다 나쁘다는 말이다. 과학의 맥락에서 '도덕적 진리'를 논한다면 무슨 말이 더 필요하겠는가. 절대적 불행과 절대적 번영의 극단—두 상태가 그에 속한 존재에게 각각 어떤 결과를 가져오든—이 서로 다르고 우주에 관한 사실에 의존한다는 점을 일단 인정하면, 도덕 문제에도 옳고 그른 답이 있음을 인정하는 셈이다.[22]

그렇다고 한다면 진짜 어려운 윤리적 문제는 다음 질문들에서 발생한다. '타인의 자녀들에 대해 얼마나 신경을 써야 하는가? 도움이 필요한 사람을 돕기 위해 얼마나 기꺼이 희생해야 하는가, 혹은 내 아이더러 얼마나 희생하라고 말해야 하는가?' 우리는 천성적으로 공정하지 못하다. 그리고 우리 자신이나 가장 가까운 사람에 대한 관심과, 다른 이를 더 열심히 돕는 게 더 낫다는 지각 사이에 존재하는 긴장 상황에서 대부분의 도덕적 추론을 해야 한다. 여전히 이런 맥락에서 '더 낫다'는 말은 지각 있는 존재의 경험에 긍정적인 변화가 생겼음을 뜻하는 게 틀림없다.

세상에 단 두 사람만 산다고 상상해보자. 이들을 아담과 이브라 불러도 상관없다. 분명 우리는 이 두 사람이 어떻게 자신들의 행복을 극대화할 것인가라는 의문을 가질 수 있다. 이 물음에 틀린 답이 있을까? 물론 있다(첫 번째 틀린 답은 '큰 돌로 상대방의 얼굴을 때린다'이다). 이들의 개인적 이익이 충돌하는 경우가 있겠지만, 이 두 사람이 어떻게 살아나갈 것인가라는 질문에 대해서 누군가는 손해를 보는 제로섬은 아니라고 답할 수 있을 것이다.

분명 '최선의' 답은 제로섬이 아니다. 물론 두 사람은 더 깊고 지속적인 협동 가능성을 모를 수 있다. 어쩌면 상대를 죽인 다음 잡아먹을 가능성도 있다. 이것이 '그른' 일인가? '그르다'는 말이, 두 사람이 더 깊고 지속적인 만족의 원천을 없애버린다는 뜻이라면 그렇다. 세상에 존재하는 유일한 남녀가 둘의 공통된 이익, 즉 먹을 것을 찾고 머물 곳을 짓고 맹수로부터 자신을 지키는 일 등을 인식한다면 더 좋을 거라는 데는 논란의 여지가 없다. 아담과 이브가 부지런하다면, 세상을 탐험하고 인간의 미래 세대를 낳고 테크놀로지와 예술과 의학을 창조하여 이익을 실현할 것이다.

이러한 가능성의 풍경으로 들어서는 데 좋고 나쁜 길이 있을까? 물론 그렇다. 사실상 이들에게는 말 그대로, 최악의 불행과 최상의 성공을 가져올 길이 있다. 이것은 그들 각자의 뇌 구조, 환경에 직접적으로 영향을 미치는 사실, 자연의 법칙에 따른다. 여기서 근본적인 사실은 실존하는 단 두 사람의 경험에 관계된 물리학적, 화학적, 생물학적 사실이다. 물리학, 화학, 생물학 원칙과 인간의 정신을 완전히 분리할 수 없다면, 아담과 이브의 주관적 경험에 대한 사실은(도덕적으로 중요하든 아니든) 우주(또는 그 일부)에 관한 사실이다.[23]

아담과 이브의 일인칭적 경험의 원인에 대해 말할 때 우리는 그들의 뇌 상태와 환경 자극 사이의 특히 복잡한 상호작용에 대해 말하는 것이다. 이 과정이 아무리 복잡해도 그럭저럭 이해하는 일은 분명 가능하다 (예를 들어 아담과 이브의 행복에 대한 물음에는 옳고 그른 답이 있다). 두 사람이 잘사는 길이 수천 가지 있듯이, 그렇지 않은 길도 여러 가지가 있을 것이다. 행복의 최고봉에서 화려하게 사는 것과 공포의 계곡에 머무는 것 사이의 차이는 과학적으로 이해할 수 있는 사실로 해석할 수 있다. 이런 실험에 67억 인구를 더한다고 해서 옳고 그른 답의 차이가 갑자기 사라질 리 없지 않겠는가?

의식 상태의 연속선—맨 끝에 '모두에게 가능한 최악의 불행'이 있고, 다른 지점들은 행복의 서로 다른 정도를 나타내는—에 우리의 가치를 두는 것은 도덕규범과 가치를 상상할 때 유일하게 합당한 맥락인 것 같다. 물론 또 다른 도덕적 공리를 가지고 그것을 개진하는 것은 자유다. '과학'을 마음대로 정의하는 것이 자유인 것과 마찬가지다. 그러나 쓸모없고 옳지 못한 정의도 있을 것이다.

사실 현재 '도덕'과 관련한 정의는 너무도 부적절해서, 정신과학이라는 돌파구가 마련되기 훨씬 이전에도 이 세상에서 어떻게 살 것인가라는 문제를 진지하게 논의할 여지가 없었다고 생각될 정도다. 미국 백인우월주의 비밀결사인 KKK단 기사들에게 입자물리학이나 세포생리학, 역학^{疫學}, 언어학, 경제정책 등에 대해 말해도 아무런 의미가 없다. 그들의 무지가 어찌 인간의 행복이라는 주제와 무관하다 하겠는가?[24]

의식이야말로 가치에 관한 어떤 논의든 통할 수 있는 맥락이라는 것을 인정하면, 의식적 존재의 경험이 어떻게 변화할 수 있는지에 관해 알려진 사실이 있다는 점도 인정해야 한다. 인간과 동물의 행복은 자연적 현상이다. 그러므로 원칙상 과학이라는 도구를 써서 연구할 수 있으며, 정확도의 차이는 있을지라도 행복 현상에 대해 이야기할 수 있다. 돼지는 도살당할 때 소보다 더 큰 고통을 느낄까? 미국이 일방적으로 핵무기를 포기하면 인류의 고통은 대체로 늘어날 것인가 줄어들 것인가? 이런 질문은 답하기가 매우 까다롭다. 그렇다고 답이 없는 건 아니다.

인간의 행복을 극대화하는 방법을 정확히 알기가 어렵거나 불가능하다고 해서, 그에 대한 옳고 그른 방법이 없다는 뜻은 아니다. 어떤 대답들을 명백히 나쁜 것으로 배제할 수 없다는 뜻도 아니다. 예를 들어 개인의 자율성과 공동선^{共同善} 사이에 긴장은 흔히 존재하며, 이 경쟁적인 가치들의 우선순위를 놓고 수많은 도덕 문제가 발생한다. 그런데 자율성은 사람들에게 명백히 이익을 가져다주므로 공동선에도 중요한 요소다. 개인의 권리와 집단의 이익이 균형을 이룰 방법을 '정확히' 결정하기 어렵다거나 균형을 이룰 천 가지 동일한 방안이 있다고 해서, 객관적으로 '굉장한' 방안이 없으리란 법은 없다.

특정 도덕 문제에 정확한 답을 얻기 어렵다고 해서 탈레반의 도덕을 비난하지 말아야 한다는 뜻은 아니다. 단지 개인적으로뿐만 아니라 '과학적 관점에서도' 마찬가지다. 인간의 행복을 과학적으로 알 수 있다는 사실을 인정하면 그에 대한 특정 개인이나 문화가 완전히 틀릴 수 있다는 점도 인정해야 한다.

관용이라는 이름의 도덕적 맹목

실제 우려할 만한 상황은 누가 무엇에 가치를 두든 그건 '자유'라는 입에 발린 생각을 따르는 데서 발생한다. 가장 중대한 사안은, 학력 수준이 높고 세속적이며 기질이 선한 사람들이 어떤 관습들을 비난하기에 앞서 너무 신중하고 때로는 너무 뜸을 들인다는 점이다. 예를 들어 베일 강제 착용, 여성할례, 신부 화형bride burning, 강제 결혼, 그리고 세상 곳곳에서 발견되는 대안적 '도덕'의 생생한 산물들이 그러한 관습이다. 흄의 사실/당위 이분법 신봉자는 상황이 얼마나 긴박한지 깨닫지 못하는 것 같다. 또한 도덕적 차이를 지적으로 '관용'하면 동정심을 갖지 못하게 됨으로써 상황이 얼마나 절망적으로 될지도 보지 못한다.

이런 쟁점들에 대한 많은 논란들이 분명 학술적인 용어로 다루어지지만 이건 학술적인 문제만은 아니다. 이 순간에도 여자가 감히 글을 배우려 한다거나, 한 번도 만난 적 없는 남자와는 결혼하지 않겠다 한다거나, 심지어 강간을 당한 '죄' 때문에 소녀들이 얼굴에 산성 물질 화상을 입는 일이 발생한다. 이런 관행을 철학적으로 옹호해야 한다는 요구에 대해 눈 하나 깜짝 않는 서양의 지식인들을 볼 때 개탄하지 않을 수 없다.

여기서 논의되는 것과 유사한 주제로 학술회의에서 강연을 한 적이 있다. 나는 강연이 끝날 무렵 내 생각에는 그다지 반론의 여지가 없을 만한 주장을 했다. 어떤 문화는 다른 문화에 비해 행복의 극대화에 적합하지 않다고 믿을 만한 합당한 이유가 있다는 주장이었다. 탈레반의 잔인한 여성 혐오증이나 종교적인 사기를 언급하면서, 이는 인간 번영을 위한 완벽한 세계관에는 못 미치는 것 같다고 말한 바 있다.

나중에 한 과학 모임에서 탈레반의 명예를 훼손한 일이 논란을 일으켰다. 내 이야기가 결론에 이를 즈음, 다른 초청 강사가 나를 토론에 끌어들였다. 언뜻 보기에는 도덕의 이해를 위한 과학의 역할에 대해 효과적으로 논증할 수 있는 최상의 위치에 있는 사람이었다. 사실 그 사람은 대통령생명윤리연구위원회President's Commission for the Study of Bioethical Issues에 임명된 적이 있으며, 현재는 오바마 대통령의 자문위원 13인 중 하나다. 이들은 '과학 연구, 의료 전달 체계, 기술 혁신이 윤리적으로 책임감 있게 이루어지도록, 과학 및 기술 관련 영역과 생의학biomedicine 발달에서 생길 수 있는 쟁점'들에 대해 조언한다.[25] 여기에 우리가 나눈 대화 한 토막을 거의 그대로 싣는다.

그녀: 과학이 여성의 베일 강제 착용이 그르다고 말할 날이 올 거라는 생각을 도대체 어떻게 하게 되었습니까?

나: 제가 볼 때 옳고 그름은 행복의 증가와 감소에 관한 문제입니다. 한 사회에 속한 절반의 구성원이 포대 같은 걸 뒤집어쓰고 살아야 하고, 그걸 거부하면 죽도록 때리는 것은 행복을 극대화하는 좋은 전략

이 아닌 게 분명하니까요.

그녀: 하지만 그건 당신의 의견일 뿐입니다.

나: 예, 좋습니다…. 그러면 좀 간단하게 생각해봅시다. 셋째 아이가 태어나면 말 그대로 눈알을 뽑아서 평생 장님으로 살게 만드는 문화가 있다고 칩시다. 이번에는 당신도 이 문화가 인간의 행복을 불필요하게 격하시킨다는 데 동의하시지요?

그녀: 그거야 그들이 왜 그렇게 하는가에 달려 있겠지요.

나(천천히 눈살을 찌푸리며): 종교적 미신 때문에 그렇게 하는 거라고 해봅시다. 그들의 경전에서 신은 "셋째 아이는 다 암흑 속에 살아야 한다"고 했답니다.

그녀: 그렇다면 그들이 잘못되었다고 말할 수는 없겠네요.

이런 의견들은 상아탑에서 드물지 않게 존재한다. 위의 대화는 최근 이룩된 신경과학의 발전이 도덕 분야에 미치는 영향을 주제로 명쾌한 강의를 마친 여성 강사(그녀가 여성이라는 점 때문에 그녀의 관점이 더 당혹스럽게 느껴졌는지도 모르겠다)와 나눈 것이다. 그녀는 미래의 정보 서비스가 뇌영상 기술을 거짓말 탐지에 사용할 날이 올 것이고, 이것이 인지의 자유를 침해할 수 있다는 우려를 표명했다. 특히 정부가 체포한 테러리스트들에게 수사 협조를 유도하기 위해 옥시토신 호르몬이 든 에어로졸을 분사했다는 루머를 들어 이야기했다.[26] 실제 이런 말을 한 건 아니지만 그녀는 이 죄수들에게 갓 구운 빵 냄새를 맡게 하는 것도 반대할 것 같다. 이 역시 비슷한 효과를 낸다고 알려져 있기 때문이다.[27]

베일 강제와 장기 적출 의식ritual enucleation에 대해 그녀가 개방적이라는 사실을 몰랐을 때는, 약간 지나치게 소심하지만 과학윤리에 대해 기본적으로 분별 있고 강연도 잘하는 권위자라고 생각했다. 그러나 그녀와 대화를 끝낸 뒤에는 고백컨대, 이 쟁점에 대해 우리 둘 사이에는 말로 표현할 수 있는 깊은 심연이 있음을 깨달았고 더 이상 아무 말도 할 수가 없었다. 사실 우리의 대화는 내가 신경학적으로 진부한 두 가지 현상을 연출함으로써 끝이 났다. 나는 그야말로 입을 쩍 벌리고 발뒤꿈치를 빙빙 돌리다가 자리를 피했던 것이다.

사람은 저마다 다른 도덕규칙을 갖고 있지만, 각 규칙 사이에는 각기 나름의 보편성이 전제된다. 이 점은 도덕적 상대주의 역시 마찬가지다. 자신을 '도덕적 상대주의자'로 여기고 질문에 답하는 철학자는 거의 없을 테지만, 과학자나 다른 학자들이 도덕적 다양성을 대할 때 이 관점이 지역적 색채를 띠는 것은 결코 드문 일이 아니다. 이를 테면 보스턴이나 팔로알토에서 여성에게 베일을 강제하는 것은 잘못된 일이지만, 카불의 이슬람교도들에게도 잘못된 일이라고 주장할 수는 없다는 식이다. 고대 문화를 자랑스럽게 전승하는 사람들에게 우리의 양성평등 문화에 순응할 것을 요구하는 것은 문화제국주의이고, 철학적으로 순진한 일이라는 것이다. 놀랍게도 이것이 통상적인 견해이며 인류학자들 사이에서는 특히 그렇다.[28]

그러나 도덕적 상대주의는 자기모순적인 경향이 있다. 상대주의자는 도덕적 진리가 특수한 문화적 범위에서 오로지 상대적으로 존재한다고 말할지 모른다. 그러나 도덕적 진리의 위상에 대한 '이 주장'은 가능한 모든 범위 내에서 참이어야 상대주의의 취지에 부합한다. 실제로 상대주의는 거의 언제나 도덕적 차이를 허용해야 한다는 주장 쪽으로 흐른다. 어떤 도덕적 진리도 다른 도덕적 진리를 대신할 수 없기 때문이다. 관용에 대한 이런 헌신적 태도는 동등하게 타당한 여러 도덕 중에서 단순히 하나를 상대적으로 선호하는 문제로 봐서는 안 된다. 불관용보다 오히려 관용이 도덕의 (보편적) 진리와 한길을 걷는다고 봐야한다. 우리가 얼마나 마음속 깊이 보편적 도덕을 주장하고자 하는지 안다면, 한결같은 도덕적 상대주의자가 존재할 수 있는지 의심하는 것이 마땅하다고 본다.

도덕적 상대주의는 서구 제국주의, 인종중심주의, 인종차별주의라는 범죄를 지적으로 보상하려는 시도임이 분명하다. 내 생각에는 이것이 도덕적 상대주의를 너그럽게 봐줄 수 있는 유일한 부분이다. 서구문화가 다른 문화보다 원칙적으로 더 개화된 것이라고 옹호하는 게 아니라는 점을 분명히 하고 싶다. 인간 번영에 관한 기본적 사실은 다른 사실들과 마찬가지로 문화를 초월한다는 게 내 입장이다. 만일 진정 문화적 사실이 있다면—특정 언어의 습득이나 얼굴에 새기는 문신이 인간 경험의 가능성을 근본적으로 바꾼다면—아마 인간 번영에 관한 사실도 문화를 초월하는 (신경생리학적인) 과정에서 생겨나는 게 아닐까 한다.

스티븐 핑커는《빈 서판The Blank Slate》이라는 놀라운 책에서, 인류학자 도널드 시먼스Donald Symons의 말을 인용하여 다문화주의 문제를 정확히 분석했다.

만약 세상에서 단 한 사람이 공포에 질려 버둥거리며 비명을 지르는 소녀를 힘으로 때려눕히고 더러운 칼로 생식기를 잘라낸 다음, 그 부위를 꿰매어 소변이나 월경혈이 겨우 나올 만큼 작은 구멍만 남겨놓는다고 하자. 그러면 그 사람을 얼마나 엄중한 벌로 다스려야 하는가, 그에게 사형이 충분히 엄한 벌이 될 것인가라는 문제만이 남는다. 그러나 이것을 수백만 배 과장하여 극악무도한 범죄 행위로 명명하는 대신, 이런 행위를 수백만 명이 자행하면 갑자기 이게 하나의 '문화'로 승격된다. 상황이 점점 악화되는데도 마치 마법에 걸린 듯 거꾸로 덜 흉악한 일이 될 뿐만 아니라, 페미니스트들을 포함한 서구의 '도덕 사상가'들의 비호를 받기에 이른다.[29]

이 사례는 정녕 학습된 혼란(솔직히 '학습된 정신병'이라고 하고픈 유혹이 생긴다)에 속한다. 바로 이 때문에 보편적 도덕은 신앙에 기초한 종교의 지지가 필요하다는 주장이 힘을 얻는다. 사실과 가치의 범주 구분은 세속적 자유주의 아래로 배수구를 열어주어, 도덕적 상대주의와 정치적 정확성의 가학적 깊이가 생겨났다.

'관용'의 챔피언들은 살만 루슈디Salman Rushdie가 파트와fatwa를 받았다고 비난하고(인도 작가 루슈디는 1988년 출간한 《악마의 시The Satanic Verses》가 이슬람을 모독했다는 이유로 이슬람법에 따른 명령인 파트와를 받았다-옮긴이), 소말리아의 여성운동가 아얀 히르시 알리Ayaan Hirsi Ali가 내내 자신의 안전을 걱정한다고 비난하며, 덴마크 만화가들이 이슬람 예언자 무하마드의 만평을 그려 '논란'을 일으켰다고 비난한다. 자유주의 지식인들이 인간의 가치에 보편적 토대가 없다고 생각할 때 무슨 일이 벌어지는지 알 수 있는 사례다. 서구 보수주의자 중에는 이성의 힘에 관한 회의주의로 말미암아 우주의 구세주 예수 그리스도 앞으로 나아가는 사람이 많아지고 있다. 이 책의 목적은 이 광야에 제3의 길을 내는 것이다.

✺ 도덕과학

머지않아 '과학주의'라는 비난이 날아들 것이다. 낯설지 않은 인간 본성에 대한 서술을 거부할 사람이 아직도 있을 것이기 때문이다. 많은 독자들은 내 주장이 모호하고 심지어 노골적으로 유토피아적이라고 하면서 유감스러울 수도 있겠다. 앞으로 더 분명해지겠지만 내 주장은 유토피아적이지 않다.

그런데 과학의 권위를 더 근본적으로 의심하는 사람들도 있다. 과학의 토대가 편견에—성차별주의, 인종차별주의, 제국주의, 북반구 중심주의 등으로—잠식당한다는 주장에 평생 목숨을 거는 학자들이다. 페미니스트 과학철학자인 샌드라 하딩Sandra Harding은 이러한 주장의 가장 유명한 지지자일 것이다. 그녀는 과학이 이런 편견 때문에 인식론적으로 '약한 객관성'이라 불리는 막다른 골목에 부딪혔다고 설명한다. 따라서 이 위기를 헤쳐 나가려면 당장 과학자들이 '페미니스트'적이고 '다문화주의적'인 인식론에 합당한 관심을 가져야 한다고 권고한다.[30]

우선 이런 정신 나간 주장을 이와 유사한 분별 있는 주장과 혼동하지 말자. 과학자가 성차별적이고 인종차별주의적인 편견을 보이는 경우가 있다는 것은 틀림없는 사실이다. 과학의 어떤 분야들은 여전히 백인과 남성 위주로 불균형하게 운영되며(요즘 어떤 분야는 불균형하게 여성이 담당하기도 하지만), 그 원인이 편견 때문인지 충분히 의심해볼 수 있다.

과학의 방향과 적용에 대해 다음과 같은 합법적 질문도 가능하다. 예를 들어 의학에서는 여성 건강이라는 이슈가 인간 전체를 남성으로 보는 탓에 분명히 무시되는 것 같다. 또한 여성과 소수 집단이 과학에 기여한 바가 가끔 등한시되거나 저평가된다고 주장할 수도 있다. DNA 이중나선구조가 밝혀졌을 때 크릭Crick이나 왓슨Watson의 그늘에 가려 로절린드 프랭클린Rosalind Franklin이라는 여성의 이름이 무시된 예가 바로 그런 것이다. 단독적, 집합적, 혹은 복합적인 이런 사실들 중 어느 것도 과학상대주의라는 개념이 인종주의나 성차별주의 때문에 폄하되었다는 뜻을 내비친 적은 없다.

페미니스트 혹은 다문화주의 인식론이라는 것이 진짜 있을까? 하딩이 마침내 페미니스트 인식론은 하나가 아니라 여러 가지라고 밝혔을 때 그녀의 주장은 실효성을 잃었다. 그렇다면 히틀러의 '유대 물리학'(또는 스탈린의 '자본주의 생물학')이라고 해서 무궁무진한 인식론에 대한 흥분되는 통찰이라고 말하지 못할 이유가 없을 것이다. 이제 우리는 유대 물리학뿐만 아니라 유대 '여성' 물리학의 가능성을 생각해야 할까? 이런 식의 과학분할주의가 어떻게 '강한 객관성'으로 나아가는 길이 될 수 있단 말인가? 만일 정치적 포괄성political inclusiveness이 우리의 일차적인 관심이라면, 도대체 과학적 진리라는 관점을 넓히려는 노력은 어디서 끝날 것인가?

흔히 물리학자들은 복잡한 수학에 비범한 적성이 있으며, 그것이 없으면 그 분야에 큰 기여를 할 수 없다. 왜 이런 상황을 바꾸지 못할까? 왜 미적분 실력이 없는 물리학자를 위한 인식론은 만들지 않는가? 왜 더 대범해지지 못하고 심각한 뇌손상으로 고생하는 사람을 위한 물리학을 만들지 못하는가? 그런 포괄적인 노력이 중력 같은 현상에 대한 이해를 높일 것이라고 누가 타당성 있는 기대를 할 수 있겠는가?[31] 이와 유사하게 과학의 객관성을 의심하면서 스티븐 와인버그Steven Weinberg는 이렇게 말했다. "너무 많이 배우면 오히려 오류를 범할 수 있다."[32] 실제로 그런 사람이 있는데, 그것도 아주 많이 있다.

그런데 부인할 수 없는 점은, 인간의 가치를 모두 생물학으로 축소시키려는 노력에서 어이없는 실수가 생길 수 있다는 것이다. 예를 들어 곤충학자 에드워드 윌슨E. O. Wilson은 (철학자 마이클 루스Michael Ruse와의 공동 연구에서) "도덕, 엄밀히 말해 도덕에 대한 우리의 믿음은 생식이라는 목적을 증진하기 위한 적응일 뿐이다"라고 적었다. 대니얼 데닛Daniel Dennett은 이를 '허튼소리'라고 정확히 비판했다.[33] 도덕적 직관 덕분에 우리 조상들이 적응이라는 이익을 누렸다고 해서 도덕의 '현재' 목적이 성공적인 생식이라는 뜻은 아니다. 혹은 '도덕에 대한 우리의 믿음'이 단지 유용한 망상이라는 뜻도 아니다(천문학의 목적이 성공적인 생식인가? 피임에 대해서는 뭐라고 할 것인가? 이 역시 생식에 대한 것일 뿐인가?). 우리 자신에 대해 더 많이 이해한다고 해서 우리의 도덕 개념이 더 깊어지고 정교해진다는 뜻 역시 아니다.

삶의 보편적 특성 중 많은 것이 반드시 선택에 의한 것일 필요는 없다. 그냥 그렇게 되었을 수 있다. 데닛이 말하듯 문화를 통해 전수된 '좋은 요령'이나, 이 세상의 규칙성에서 자연적으로 발생한 '강요된 움직임forced moves'에 불과할 수도 있다. 또한 그는 창의 '뾰족한 부분이 앞으로 향하게' 던져야 함을 알려주는 유전자가 따로 있다는 게 의심스럽다고도 말한다. 마찬가지로 우리 조상들이 이러한 지식을 후세대에 알리는 데 그렇게 많은 시간을 들여야 했을까 하는 점도 의심스럽다.**34**

'도덕'의 이름으로 행하는 많은 것들—부정sexual infidelity 비난, 사기 행위 처벌, 협동에 대한 가치평가 등—이 자연선택에 의한 무의식적 과정이라고 믿을 만한 이유는 충분하다.**35** 그렇다고 우리가 매우 만족스런 삶을 사는 것이 진화의 산물이라는 뜻은 아니다. 다시 한 번 말하지만 내가 말한 도덕의 과학이란, 사람들이 '도덕적'이라고 하면서 행하는 것들을 지배하는 모든 인지적 정서적 과정에 관한 진화론적 설명이 아니다. 그것은 우리가 경험할 수 있는 의식 전반을 지배하는 과학적 사실들의 총체다. 도덕과 인간의 가치에 관한 진리가 있다고 말하는 것은 우리가 발견해주길 기다리는 행복에 대한 사실들이 있다는 말일 뿐이다. 이것은 진화론의 역사와는 관계없다. 그 사실들이 의식적 존재의 경험과 반드시 연관이 있다고 해도, 그것이 어떤 개인이나 문화의 단순한 발명품이 될 수는 없다.

따라서 여기에는 우리가 혼동해서는 안 되는 적어도 세 가지 프로젝트가 있다.

1. '도덕'이라는 이름으로 사람들이 (대부분 분명 어리석고 해로운) 사고와 행동의 일정한 패턴을 따르는 경향의 원인을 설명할 수 있다.

2. 도덕적 진리의 본질에 대해 더 명확히 생각할 수 있고, '도덕'이라는 이름으로 어떤 사고와 행동 패턴을 따라야 하는지 결정할 수 있다.

3. 사고와 행동 패턴이 어리석고 해로운 사람들에게, '도덕'이라는 이름으로 하고 있는 그 사고와 행동을 그만두면 더 나은 삶을 살 수 있다고 설득할 수 있다.

이것들은 각기 다르고 의미 있는 노력이다. 진화론, 심리학, 신경생물학의 관점에서 도덕을 연구하는 과학자들은 대개 1번 프로젝트에 몰두한다. 그들의 목적은 도덕적으로 부각되는 분노와 혐오, 공감, 사랑, 죄의식, 수치심 등 감정적 측면에서 사람들의 생각과 행동방식을 기술하고 이해하는 것이다. 이런 연구도 매혹적이긴 하지만 내 초점은 아니다. 진화론적 공통 기원이나 그에 따른 생리학적 유사성은 인간의 행복이 과학적으로 이해 가능한 일반 원칙에 부합할 것이라는 점을 의미하지만, 1번 프로젝트는 2, 3번 프로젝트와는 무관하다고 생각한다. 과거에 나는 이 분야의 몇몇 선구자들과 의견이 다르다는 것을 깨달았다. 심리학자 조너선 하이트Jonathan Haidt 등 많은 학자들은 1번 프로젝트야말로 과학과 도덕 사이에서 유일하게 합당한 접점이라고 믿기 때문이다.

나는 3번 프로젝트, 사람들의 윤리적 믿음을 변화시키는 일이 21세기에 인류가 직면한 가장 중요한 과제라고 믿게 되었다. 기후변화에 대처하기에서 테러리즘에 대항하기, 암 치료, 고래 구하기까지 거의 모든 중요한 주제가 모두 이 과제에 포함된다. 도덕적 설득은 힘든 일이다. 도덕적 진리가 어떤 의미에서 실재하는지 모를 경우에는 특히 더 힘들 것이다. 그래서 나는 2번 프로젝트에 주로 초점을 맞출 것이다.

이 세 프로젝트의 차이를 이해하는 데는 구체적인 예시를 살펴보는 게 가장 좋은 방법일 것이다. 예를 들어 인류사회는 왜 여성을 남성의 재산 취급하는 경향을 갖게 되었는가라는 질문에 대해 진화론적으로 타당한 설명을 할 수 있다(1번 프로젝트). 그러나 인류가 더 나은 사회로 나아가기 위해서 이런 경향을 버리는 것이 나을지의 여부, 그리고 왜 혹은 얼마나 더 나을지를 과학적으로 설명하는 일은 또 다른 문제다(2번 프로젝트). 역사의 이 시점에서 어떻게 해야 사람들의 태도를 최선으로 바꾸고, 전 세계적으로 여성들에게 힘을 실어줄지 결정하는 것도 다른 문제다(3번 프로젝트).

'도덕'의 진화론적 기원을 연구한 결과 도덕은 '진리'와 아무런 관계가 없다는 결론이 도출되었는데, 그 이유는 쉽게 알 수 있다. 도덕이 단순히 인간의 사회적 행동을 조직하고 갈등을 줄이는 적응 수단에 지나지 않는다면, 우리가 현재 옳고 그름이라고 알고 있는 실재의 본성을 깊이 이해했다고 볼 수 없다. 그러므로 사람들이 왜 지금처럼 생각하고 행동하는가라는 문제로 초점을 좁힐 경우, '도덕적 진리'라는 개념은 말 그대로 알 수 없는 것이 되고 만다. 1번 프로젝트에서 '도덕'은 진화가 우리에게 주입시킨 충동과 행동(이것의 문화적 표현과 신경생물학적 기반과 더불어)의 집합체다. 2번 프로젝트에서 '도덕'은 미래에 행복을 극대화하기 위해 우리가 따를 수 있는 충동과 행동을 말한다.

구체적 예시를 살펴보자. 헬스클럽에서 잘생긴 낯선 남자가 다른 남자의 아내를 유혹하는 모습을 상상해보자. 여성은 자신을 유혹하는 이 남자에게 자신이 기혼자라고 정중하게 알렸으나, 이 상스러운 남자는 마치 행복한 결혼이 자신의 매력에 장애가 되지 않는다는 듯 집요하게 행동한다. 그러자 여성은 곧 대화를 중단했다. 그러나 그녀는 물리학 법칙보다 더 무뚝뚝하게 대응했어야 했다.

사실 나는 최근에 겪은 불쾌한 경험을 떠올리며 이 글을 쓰는 것이다. 어제 아내에게 이 사건에 대해 듣자마자, 이것은 도덕적으로 문제가 있다는 생각이 들었다. 사실 아내는 아직 뒷이야기를 하지 않은 참이었다. 만약 더 들었다면 도덕적 분노의 시커먼 액체—질투, 당혹감, 분노 등—가 내 뇌로 한두 방울 흘러들기 시작했을 것이다. 우선 나는 이 남자의 행동에 짜증이 났다. 그 장면을 직접 목격했다면 훨씬 심했을 것이다. 이 몹쓸 바람둥이가 내 앞에서도 똑같이 나를 무시했다면 어떤 신체적 폭력이 오갔을지 짐작할 수 있을 것이다.

진화론적 심리학자는 누구나 이 상황에 대한 내 반응을 어렵지 않게 설명할 것이다. 또한 '도덕'을 연구하는 과학자들은 대부분 다음의 사실들에 주목할 것이다. 내 안에 숨겨진 원숭이가 드러났고, 내가 '도덕적 진리'에 대해 품은 생각들은 훨씬 더 동물적인 관심을 숨긴 언어학적 발산이라는 사실 말이다. 나는 진화론적 역사의 산물이다. 진화론적으로 모든 동물 종의 수컷은 다른 수컷의 새끼들에게 자기 자원이 낭비될까 봐 전전긍긍한다. 내 뇌를 스캔하여 신경생리학적으로 내 주관적 감정이 어떻게 변하는지 그 상관관계를 살펴보면, 이 사건을 과학적으로 기술한 결과는 거의 완벽할 것이다. 1번 프로젝트는 이렇게 끝이 난다.

그러나 한 원숭이가, 다른 원숭이들이 자기 아내를 좋게 느낀다는 사실에 반응하는 방식은 여러 가지다. 이런 일이 전통적인 명예 중시 문화에서 생겼다면 질투에 휩싸인 남편은 아내를 구타하고, 헬스클럽으로 끌고 가서 대체 누가 치근덕거렸는지 가리켜보라고 한 뒤 확인 즉시 그의 머리에 총을 쏠 것이다. 사실 명예를 중시하는 사회라면, 헬스클럽 종업원들도 남편 편을 들며 제대로 결투를 하도록 도울 것이다. 어쩌면 남편은 좀 더 간접적인 행동에 만족할 수도 있다. 즉 결투 상대의 친족을 죽여 고전적인 친족 복수를 시작하는 것이다. 어떤 방법이든 결투 과정에서 자신이 죽임을 당하지 않으면 그때는 아내를 죽이고 아이들을 어미 없는 자식으로 만들고 말 것이다. 사실 이 세상에는 남자들이 이렇게 행동하는 공동체가 많이 있고, 지금 이 순간에도 수많은 소년들이 이 오래된 소프트웨어를 뇌 속에서 가동시킬 준비를 하고 있다.

그러나 내 정신도 문명의 불안한 몇 가지 흔적을 보여준다. 우선 나는 질투라는 감정을 의심한다. 더욱이 나는 아내를 사랑하고 진정으로 그녀가 행복하기를 바라기 때문에, 그녀의 관점을 공감하고 이해한다. 그녀의 관점에서 좀 더 생각해보면, 이 남자의 관심이 아내의 자긍심을 북돋아주었다는 사실에 나도 기쁨을 느낄 수 있다. 최근 첫아이를 낳은 후 아내의 자긍심을 어떤 식으로든 북돋아줄 필요가 있었다는 사실에는 나도 공감할 수 있기 때문이다.

또한 나는 아내가 무례하게 행동하지 않으려 했고, 그래서 대화가 잘못된 방향으로 흘러갔을 때 서두르지 않았음을 알 수 있다. 나는 그녀를 매력적으로 생각하는 혹은 그녀에게 잠시 정신을 빼앗길 수 있다고 생각하는 남자가 지구 상 유일하게 나뿐이라고 착각하지 않는다. 또한 그녀가 나만 바라보고 나한테만 헌신해야 한다고 생각지도 않는다. 그렇다면 남자에 대해서는 어떻게 생각해야 할까? 글쎄, 여전히 그의 행동이 불쾌한 건 사실이다. 우리의 결혼생활을 깨려는 그의 노력에 공감할 수 없고, 난 내가 그 남자처럼 행동하지 않을 거라는 사실을 알기 때문이다. 그러나 분명 그가 느꼈을 모든 감정에 대해서는 공감한다. 나도 아내가 아름답다고 생각하고, 원숭이가 정글에서 독신으로 지낸다는 게 어떤 건지 알기 때문이다.

그런데 가장 중요한 사실은, 내가 나 자신의 행복은 물론 아내와 딸의 행복을 소중하게 생각하며, 대체로 인간 행복의 가능성을 극대화하는 사회에서 살기를 원한다는 것이다. 여기서 2번 프로젝트가 시작된다. 행복을 극대화하는 방법에 옳고 그른 해답이 있는가? 이런 일로 내가 아내를 죽인다면 내 삶은 어떤 영향을 받을까? 신경과학이 완벽해지지 않아도 내 행복뿐만 아니라 다른 사람의 행복이 심각하게 훼손될 거라는 사실은 쉽게 알 수 있다. 이런 일로 남편이 아내를 죽이는 행동을 지지하는 명예 중시 사회에서 사람들의 집단적 행복은 어떻게 될까? 분명 이 사회 구성원 개개인의 삶은 악화될 것이다.

그런데 내가 이 문제를 잘못 생각하고 있다 해도 할 수 없다. 명예 중시 문화를, 다른 곳에서 향유되는 인간 번영과 정확히 똑같은 수준으로 조작할 수 있는 방법이 있어도 별 수 없다. 이는 도덕의 풍경에서 또 다른 봉우리를 의미한다. 다시 한 번 말하지만 봉우리가 여러 개라고 해서 도덕적 진리들을 단순히 주관적인 것으로 만들지는 않을 것이다.

도덕의 풍경이라는 틀에서는, 많은 사람들이 물리학에 대해서 잘못된 개념을 갖고 있듯이, 도덕에 대해서도 잘못된 개념을 가질 수 있다는 것을 인정한다. '물리학'이 점성술, 부두교voodoo, 동종요법homeopathy 같은 관습을 포함 또는 인정한다고 생각하는 사람들이 있다. 표면상으로 이들은 단순히 물리학에 대해서만 잘못된 개념을 갖고 있다. 미국인 대다수(57퍼센트)는 동성애자 결혼 금지가 '도덕'의 명령이라고 믿는다.[36] 그러나 이런 믿음이 행복을 극대화하는 방법을 잘못 아는 데서 비롯되었다면, 이들은 도덕에 잘못된 개념을 갖고 있는 것이다. 수백만의 사람들이 '도덕'을 종교적 독단주의, 인종차별주의, 성차별주의, 또는 통찰과 공감의 실패와 동의어로 사용한다고 해서, 영원히 그런 어법을 받아들여야 한다는 건 아니다.

인간 정신에 대한 깊이 있고, 한결같고, 완전히 과학적인 이해를 얻는다는 건 대체 무슨 뜻일까? 많은 세부사항이 여전히 불분명하지만 우리 앞에 놓인 도전은 세상에 대해 우리가 이미 알고 있는 것을 근거로, 옳고 그름, 선과 악에 대해 분별 있게 말을 시작하는 것이다. 그러한 대화가 곧 다가올 미래에 도덕과 공공정책의 기틀을 마련할 것이다.[37]

1) 2010년 2월 TED 컨퍼런스에서 나는 우리가 어떻게 하면 언젠가는 보편적이고 과학적인 언어로 도덕을 이해할 수 있을 것인가에 대해 강의했다(www.youtube.com/watch?v=Hj9oB4zpHww). 보통 컨퍼런스에서 발표를 하면 휴식 시간에 로비에서 피드백을 주고받는 정도다. 그런데 운 좋게도 마침 이 책의 집필을 거의 마무리하던 시점에 강의가 인터넷으로 방송되었고, 그 덕에 반응이 쇄도해서 저술에도 도움이 되었다.

도덕철학 관련 문헌을 더 직접적으로 다루지 않은 것에 대해 많은 비판이 있었다. 거기에는 두 가지 이유가 있다. 첫째, 꽤 시간을 들여 도덕철학 관련 문헌을 읽었으나, 그것으로는 인간의 가치와 다른 지식의 관계에 대해 내 입장을 구축할 수 없었다. 오히려 지속적으로 발전하는 정신과학에 함축된 논리들을 곰곰이 생각하는 중에 결론에 이르렀다. 둘째, '메타윤리학metaethics', '의무론deontology', '비인지주의noncognitivism', '반실재론antirealism', '정서주의emotivism' 등의 용어들이 등장할 때마다 매번 나는 우주가 점점 지루해진다고 느꼈다.

TED 강의나 이 책을 집필하면서 나는 더 많은 독자와 청중이 참여하고 도움을 얻을 수 있는 대화의 물꼬를 트는 데 목표를 두었다. 현학적인 철학자처럼 쓰고 말하는 것은 별 도움이 안 될 것이다. 물론 철학에 대한 약간의 논의는 불가피하다. 그러나 내 접근법은 혼란스럽게 너무 많은 견해를 살펴보거나 개념 구분을 세세히 하느라, 인간의 가치에 대한 학문적 논의에 가까이 가기 어렵게 만드는 일에 종지부를 찍는 것이다. 이런 방식이 어떤 사람들의 심기를 건드릴 수도 있겠지만, 내가 자문을 구한 전문 철학자들은 나를 이해하고 지지해주었다.

2) 종교비판가로서의 경험상 내 이메일과 블로그에 정기적으로 등장하는, 교육을

많이 받은 도덕적 허무주의자의 캐리커처를 볼 때마다 무척 당황스러웠다는 사실을 밝혀두어야겠다. 릭 워런Rick Warren 같은 분들이 너무 예의주시하지 않길 진심으로 바란다.

3) Searle, 1995, 8쪽.

4) 이 점에 대해서는 혼란이 많이 있었는데, 그 대부분은 여전히 철학자들 사이에 영향력이 있다. 매키J. L. Mackie는 이렇게 말한다.

"객관적인 가치가 실재한다면 그건 우주의 그 무엇과도 완전히 다른, 어떤 실체이거나 속성이거나 또는 매우 낯선 관계일 것이다. 따라서 객관적 가치를 인식하게 된다면, 그것은 세상만사에 대해 지식을 얻는 일상적 방식과는 완전히 다른, 특별한 도덕 인식 능력 혹은 직관 능력에 의해서일 것이다."(Mackie, 1977, 38쪽)

분명 매키는 '객관적'이라는 용어의 두 가지 의미를 혼용하고 있다. 도덕적 진리를 논하는데 "우주의 그 무엇과도 완전히 다른, 어떤 실체이거나 속성이거나 또는 매우 낯선 관계"를 운운할 필요는 없다. 우리는 그저 의식적 존재의 경험이 우주의 상태와 법칙적으로 관계가 있고, 따라서 행위는 이익보다 해악을 끼칠 수도 있고, 해악보다 이익을 줄 수도 있으며, 또는 도덕적으로 중립적일 수도 있다는 사실을 받아들이기만 하면 된다.

선과 악은 이 정도로 설명하면 되었다고 본다. 가해자의 행위가 모든 이에게 끼친 해악이 그럼에도 불구하고 '좋을' 수 있다는 주장은 어불성설이다. 도덕 문제에 옳고 그른 답이 존재하기 위해서 형이상학적인 옳고 그름은 필요 없다. 또한 '그 자체로' 옳거나 그른 신비로운 행위도 필요 없다. 우주의 실제 모습에 비추어, '어떤' 질서에 의해 경험할 수 있는 풍경이 필요할 뿐이다. 그러므로 가장 중요한 기준은 불행과 행복이 질서가 없이 완전히 무작위로 일어나지 않아야 한다는 것이다. 그렇지 않다는 사실은 이미 알고 있다고 여겨진다. 그러므로 한 사람이 불행에서 행복으로 혹은 그 반대로 어떻게 움직이는가에 관해서는 옳고 그름이 있을 수 있다.

5) 한 아이를 개복開腹하는 일이 항상 그른 일일까? 아니다. 응급한 맹장수술을 해야 할 경우가 있기 때문이다.

6) 과학자들이 과학에 대해 합의하는 정도보다 일반인들이 도덕에 대해 합의하는 정도가 더 크다고 반론할 사람들이 있을지 모르겠다(사실 여부에 대해서는 나도 확신할 수 없다). 그러나 이 주장은 적어도 두 가지 이유에서 무의미하다. 첫째, 이는 순환논법이다. 어떤 과학 영역에서든 내부의 다수와 의견 일치가 불충분하다면 과학자로 불리기 어렵다(그래서 '과학자'의 정의에 선결문제의 오류가 있다). 둘째, 정의하자면 과학자는 엘리트 집단으로 분류된다. '도덕 전문가'도 엘리트 집단이 될 것이며, 그런 전문가가 존재한다는 것은 내 논증에도 꼭 들어맞는다.

7) '사회적으로 구성된' 현상은 분명한 예외다. 이런 현상이 실재하려면 일정 정도의 합의가 있어야 한다. 내 주머니에 있는 종이는 '돈'이다. 충분한 수의 사람이 이 종이를 돈으로 생각하는 데 기꺼이 합의했기 때문에 돈이 될 수 있는 것이다(Searle, 1995).

8) 이 점에 실질적으로 매우 유용한 몇 가지 직관이 있다. 우리는 고통과 행복을 더 크게 경험할 수 있는 존재들에 더 많이 신경 쓴다. 그리고 이렇게 하는 것이 옳다. 우리가 신경을 쓸 수 있는 것이라고는 (가장 넓게 정의된 의미에서) 고통과 행복이 전부이기 때문이다. 동물들의 삶은 다 같을까? 그렇지 않다. 의학 실험을 할 때 원숭이는 쥐보다 더 많이 고통스러워할까? 그렇다면 다른 조건이 같다고 할 때 쥐보다 원숭이에게 하는 실험이 더 나쁘다.

사람들의 삶은 모두 같을까? 그렇지 않다. 어떤 사람들이 나보다 더 가치 있는 삶은 산다는 사실을 받아들이는 건 문제가 안 된다(어떤 사람에겐 죽음이 더 고통스럽고 그에게서 더 큰 행복을 앗아갈 수 있다는 점을 상상해보기만 하면 된다). 그러나 모든 사람의 삶이 동등한 가치를 지닌다는 '듯이' 집단적으로 행동하는 것은 꽤 합리적으로 보인다. 따라서 대부분의 법이나 사회제도는 일반적으로 사람들 사이의 차이를 무시한다. 이게 정말 좋은지는 의심스럽다. 물론 이 점에 대해서는 내가 틀릴 수도 있다.

그리고 정확하게는 그게 요점이다. 그런데 우리가 이렇게 행동하지 않으면 이 세상은 달라질 것이고, 이 차이들은 행복 전체에 영향을 미치거나 그렇지 않거나 둘 중 하나다. 다시 한 번 말하지만 실제로 우리가 답을 할 수 있건 없건, 그런 문제에 답은 있다.

9) 결국 이것은 의미론적 관점이다. 따라서 나는 '종교가 왜 중요한가?'라는 질문에 어떤 답을 하든지, 이 질문은 누군가의 행복에 대한 관심(그것이 부적절하든 아니든)으로 표현될 수 있다고 주장하는 바다.

10) 임마누엘 칸트의 도덕철학도 예외라고 생각하지 않는다. 칸트의 정언명령이라는 것도 일반적 이익에 부합한다는 전제하에서만 합리적 기준으로서의 자격을 갖는다(J. S. 밀도 《공리주의Utilitarianism》에서 지적했다). 그러므로 칸트 도덕철학의 유용성은 결과주의의 은밀한 형태라고 주장할 수 있겠다. 뒤에서 칸트의 정언명령에 대해 몇 가지 더 언급할 것이다.

11) 예를 들어 행복을 강조하다 보면, 노예제 부활, 빈민층의 장기 매매, 개도국에 대한 정기적인 핵 공격, 아동에게 지속적으로 헤로인 공급하기 등 끔찍한 방향으로 이끌려가는 게 아닌가 하고 짐작하는 사람이 많다. 이런 문제들을 진지하게 생각해보지 않았기 때문에 결과적으로 이런 예상을 할 수밖에 없는 것이다. 이런 짓을 해서는 안 되는 보다 분명한 이유가 있다. 이런 행위들은 전부 막대한 고통을 낳거나, 더 큰 행복의 가능성을 차단한다는 것이다. 노예제나 장기 매매, 집단 학살 등이 만연한 상태에서 인간이 '가장 크게' 번영할 수 있다고 믿을 사람이 대체 어디 있겠는가?

12) 여기에 균형이나 예외가 있을까. 물론 있다. 공동체의 절실한 생존을 위해 앞의 원칙들 중 어떤 것을 위반해야 하는 경우도 있다. 그렇다고 그 원칙이 인류의 행복에 보편적으로 기여하는 가치임을 부인하지는 못한다.

13) Stewart, 2008.

14) 종교비판가로서 나는 가톨릭교회의 성적학대 관련 스캔들에 거의 관심이 없었

음을 고백한다. 솔직히 아주 작은 총으로 유유히 헤엄치는 큰 물고기를 쏘는 일처럼 정당하지 못한 일로 느껴졌다고나 할까. 이런 스캔들은 종교사에서 가장 극적인 '자살골'의 하나였고, 신앙의 가장 천박하고 부끄러운 모습을 조롱할 필요도 없어 보였다. 조금만 과거로 돌아가도 눈을 돌리고 싶은 충동을 쉽게 이해할 수 있을 것이다. 독실한 신자인 부모가 영적 교육을 위해 사랑하는 아이를 교회에 보냈는데, 결국 아이는 강간을 당하고도 지옥에 떨어질 거라는 협박 때문에 겁을 먹고 입을 다물어버린 상황을 상상해보자. 우리 시대 수만 명의 아이들에게, 더 나아가 수천 년 동안 셀 수 없이 많은 아이들에게 이런 일이 일어났다고 상상해보자. 너무도 부적절하고 완전히 배신당한 신앙의 이런 모습은 생각만 해도 우울해질 지경이다.

그러나 이 현상에서 주목을 끈 점이 더 있었다. 터무니없는 이데올로기가 가능할 수밖에 없던 상황을 생각해보자. 가톨릭교회는 가장 기본적이고 건전하며 성숙하고 합의된 행위를 금기로 선언함으로써 2,000년 동안 다른 어떤 종교보다 심하게 인간의 성을 악으로 규정했다. 사실 이 조직은 '여전히' 피임을 반대한다. 대신 세상에서 가장 가난한 사람들에게는 가장 규모가 큰 가족과 가장 짧게 사는 것이 축복이라며 선호한다. 고집스럽고 고치기 힘든 이런 어리석음 때문에 가톨릭교회는 훌륭한 사람들을 수치스럽고 위선적이라 비난거나, 신석기시대적 다산, 빈곤, 에이즈로 인한 죽음으로 내몰았다. 이런 비인간성에다 독신의 은둔생활이란 책략까지 가세한다. 그래서 이제 지상에서 가장 부유한 이 종교는, 남색꾼들, 소아성애증 환자, 가학성 변태성욕자들을 높은 지위로 끌어올리고 이들에게 권위 있는 자리를 제공하며 아이들에게 접근할 특권을 부여했다.

마지막으로, 가톨릭교회의 가르침이 있는 곳이면 어디든 수없이 많은 아이들이 혼외로 태어나 미혼모들은 비방을 받는 상황을 생각해보자. 수천 명의 소년소녀들이 교회가 운영하는 고아원으로 버려져, 그곳에서 성직자들에게 강간당하고 위협받는다. 오랜 시간 동안 수치와 가학의 소용돌이에 의해 혼란스러워진 이 병적 조직에서,

유한한 존재인 우리는 결국 신의 길이 얼마나 기이한 완벽성을 지니고 있는지를 엿볼 수 있다.

2009년, 아일랜드의 아동학대조사위원회Commission to Inquire into Child Abuse, CICA는 아일랜드에서 발생한 아동학대 사건들을 조사했는데, 그 보고서는 2,600쪽에 달한다(www.childabusecommission.com/rpt/). 이 보고서의 일부만 읽어보았으나, 성직자들의 어린이 학대를 생각할 때 고대 아테네의 후미진 곳이나 "감히 입 밖에 내지 못할 사랑love that dare not to speak it name"(앨프리드 더글러스가 쓴 시의 한 구절로, '동성애'를 뜻한다-옮긴이)의 감언이설을 상상하지 않는 게 최선이다. 그렇다. 곧 열여덟 살이 될 소년을 향해 고통스런 연정을 표현하는 예의 바른 남색꾼들도 있었을 것이다. 그러나 이런 무분별함 뒤에는 절대악으로 종결되는 학대의 스펙트럼이 있다. 가톨릭교회의 스캔들—이제 가톨릭교회 자체가 스캔들이라 해도 무리가 없을—에는 조직적인 강간과, 고아나 장애아에 대한 고문이 있다. 희생자들은 벨트로 맞거나 피가 나도록 남색 행위를 당했는데, 여러 명이 가해하는 경우도 있다고 증언했다. 그 뒤에도 계속 때리고, 죽인다고 하거나 지옥 불에 떨어질 거라고 협박하면서 이 학대 사실에 대해 입도 벙긋하지 못하게 했다고 한다. 또한 절박하거나 용기가 있는 아이들이 이런 범죄를 고백해도 거짓말을 한다고 비난을 받고, 다시 동일한 가해자들로부터 강간과 고문을 당했다고 전해진다.

증거에 따르면, 이 아이들의 참상은 현직 교황을 포함하여 가톨릭교회 조직 내 지위 여하에 관계없이 조장되고 은폐되었다. 교황 베네딕토 16세는 과거 추기경 라칭거(교황의 본명은 요제프 라칭거Joseph Ratzinger이다-옮긴이)로서, 교회 내 성적학대 보고에 대해 바티칸의 대응책을 직접 담당했다. 이 현명하고 동정심 많은 사람은 자기 아랫사람들이 수천 명의 아이들을 강간하고 있다는 사실을 알면서도 어떻게 했는가? 곧장 경찰에 고발하여 아이들이 더는 고문과 학대에 희생당하는 일이 없도록 했는가? 어떤 사람은 대담하게도 교회 내에서조차 인간의 기본적인 분별력이 빛을 발할 수 있다고 여전히 상상한다. 반대로, 학대에 대한 절박한 외침이 반복되고 증가함에도 증인들은 침묵을 강요당하고 주교들은 세속적 권위에 저항했다는 이유로 칭송을 받는다. 한편 문제를 일으킨 사제들은 단지 새로운 생명들을 파괴하기 위해 의심받지 않을 만한 교구로 재배치된다. 수 세기는 아니더라도 수십 년 동안 공식적으로 바티칸이 아이들을 성적 노예로—도박, 매춘, 마약 등 (가톨릭에서 규정한) 사소한 죄가 아니라—만드는 범죄조직으로 정의되어왔다는 사실은 전혀 과장이 아니다. 다음의 CICA 보고서를 살펴보자.

7.129 한 학교에서는 네 사람이 대부분 강간을 포함한 성적학대를 상세히 증언했는데, 둘 이상의 사제에 의한 사례와 증인들보다 나이 많은 학생에 의한 사례가 한 가지 있다. 몇 건의 사례가 보고된 다른 학교에서 한 증인은 세 명의 사제에게 강간당했다고 진술했다. "나는 의무실로 불려갔다…. 그들은 나를 침대에 눕혔다. 그들은 동물이었다…. 그들은 나를 파고들어왔고, 내 몸에서는 피가 흘렀다." 다른 증인은 기숙사 화장실에서 사제 두 명한테 일주일에 이틀을 정해놓고 당했다고 보고했다.

"한 사람이 나를 [성적으로] 학대할 때 다른 사제는 줄곧 지켜보았다. 그러고는 교대로 했다. 언제나 마지막에는 심하게 두들겨 팼다. 고해성사 때 사제에게 말했더니 그는 나를 거짓말쟁이라고 했다. 그 뒤 다시는 그런 말을 하지 않았다. [사제 X가] 원할 때마다 나는 그의 방으로 가야만 했다. 가기 싫으면 숨어 있어야 했다. 그는 나에게 그 짓[수음]을 시켰다. 어느 날 밤 나는 그 짓[그에게 수음]을 해주지 않았다. 그랬더니 거기 있던 다른 사제가 나를 쓰러뜨려 몽둥이로 때렸고 손가락에 상처를 냈다…[상처를 보여줌]."

7.232 증인들은 밤에 화장실이나 공동 침실, 혹은 직원 숙소에서 친구들이 학대당할 때 들려오는 비명소리가 특히 무서웠다고 했다. 그들이 고아라고 부른 친구들이 특히 힘든 시간을 보냈다는 것을 증인들은 알고 있었다.

"고아들이 특히 고생했다. 애들 키를 보면 알 수 있다. 물어보니 어떤 시설에서 왔다고 대답을 했다. 아주 어릴 적부터 거기서 자란 애들이었다. 사제 X가 그 애들을 학대할 때 방에서 비명이 들렸다.

어느 날 밤 나는 사제 한 명이 어린애들과 침대에 있는 것을 보았다…. 나는 거기 오래 있지는 않았는데, 어린 녀석이 비명소리를 내며 우는 소리를 들었고, 사제 X는 나한테 '잠자코 있지 않으면 너도 똑같이 당할 거다'라고 말했다…. 나는 아이들이 질러대는 비명소리를 들었고, 그 애들이 학대당한다는 사실을 알았다. 그건 누구에게든 악몽이었다. 당신 같으면 도망칠 생각을 했겠지만… 내겐 그럴 도리가 없었다…. 항문에서 피를 흘리던 한 아이가 기억나는데, 나는 그때 결심했다. 내가 그 짓[항문 강간]을 당하는 일은 절대로 없을 거라고… 그 생각이 계속 맴돌았다."

이것이 아주 오래전부터 교회가 자행하고 은폐해온 학대의 한 형태다. CICA 보고서조차도 문제를 일으킨 사제들의 이름을 밝히려고 하지 않았다.

나는 최근의 언론 보도들(Goodstein and Callender, 2010; Goodstein, 2010a, 2010b; Donadio, 2010a, 2010b; Wakin and McKinley Jr., 2010)과 크리스토퍼 히친스Christopher Hitchens(2010a, 2010b, 2010c, 2010d), 리처드 도킨스(2010a, 2010b) 등 동료들의 힘찬 웅변 덕분에 이 문제에 대한 오랜 무의식의 잠에서 깨어났다.

15) 교회는 소녀의 어머니까지 파면했다(http://news.bbc.co.uk/2/hi/americas/7930380.stm).

16) 철학자 힐러리 퍼트넘Hilary Putnam(2007)은 사실과 가치는 "얽혀 있다"고 말했다. 과학적 판단은 일관성coherence이나 단순성simplicity, 미beauty, 간결성parsimony 등의 '인식론적 가치'를 전제한다. 내가 여기서 주장한 것처럼, 퍼트넘은 도덕적 진리의 존재에 대한 반론들은 과학적 진리에 대해서도 그대로 적용할 수 있다고 말했다.

17) 많은 사람들이 '도덕 전문가'라는 개념을 싫어한다. 사실 이 때문에 내 주장을 '명백히 오웰Orwell적(전체주의적)'이라느니, '파시즘을 위한 해결책'이라느니 하는

비판이 줄을 잇는다. 다시 한 번 말하지만 '행복'이라는 개념이 실제로 무엇을 함축하고, 과학이 행복의 원인과 조건을 어떻게 밝혀낼지에 대해 생각해보기를 이상하게도 다들 주저한다. 건강과 행복의 비유를 계속 염두에 둘 필요가 있음은 중요해 보인다. 흡연과 폐암의 연관성에 대한 과학적 합의가 대체 어떤 점에서 '오웰적'인가? 의학계가 담배를 피우면 안 된다고 주장하는 게 '파시즘'을 선동하는 일인가? 도덕 전문가 개념에 대해 많은 사람들이 '누가 나더러 이렇게 저렇게 살라고 하는 말을 듣고 싶지 않다'고 반응한다. 이에 대해 나는 '당신이나 당신이 좋아하는 사람들이 현재의 당신보다 훨씬 더 행복해질 수 있는 길을 알고 싶지 않은가?'라고 말할 수 있을 뿐이다.

18) 이 주제는 자주 인용되는 아인슈타인의 문장인데, 요즘도 종교 옹호자들에게 계속 재활용된다. 그는 이렇게 주장한다. "종교 없는 과학은 절름발이이고 과학 없는 종교는 맹목이다." 이 문장은 신에 대한 그의 믿음이나, 정당화되지 않은 믿음에 대한 그의 존중을 표현하는 것과는 거리가 멀다. 단지 아인슈타인은 우주를 이해하려는 원시적인 충동을, 그러한 이해가 가능할 것이라는 '신념'과 함께 강조한 것뿐이다.

"종교가 목적을 결정한다 해도, 종교는 어떤 수단들이 종교가 세운 목적을 달성하는 데 기여할 것인지 가장 넓은 의미에서 과학으로부터 배운다. 그러나 과학은 진리와 이해를 향한 열망에 완전히 몰두한 사람들이 있어야만 창출될 수 있다. 그런데 이런 감정의 원천은 종교의 영역에서 불쑥 튀어나온다. 존재의 세계에서 통용되는 규칙들이 합리적, 즉 이해할 수 있다는 가능성에 대한 믿음 역시 종교의 영역에 속한다. 그러한 깊은 신념이 없이는 진정한 과학자가 될 수 없다고 생각한다. 이러한 상황은 하나의 이미지로 표현된다. 즉 종교 없는 과학은 절름발이이고 과학 없는 종교는 맹목이다."(Einstein, 1954, 49쪽)

19) 이런 난국은 회의주의자들의 상상만큼 극복하기 어려운 것은 아니다. 예를 들어 창조론을 믿는 '과학자들'Creationists 'scientists'은 경험적 자료에 비추어 성경을 정당화하는 데 사용하는 추론의 기준들이, 성경 '속'의 수많은 모순들을 드러낸다고 본다.

이 모순들 때문에 그들의 전체 계획이 약화된다. 도덕의 난국도 마찬가지다. 그 어떤 세속적 관심과는 관계없이 신으로부터 도덕을 구해야 한다고 주장하는 사람들도 결국에는 세속적 관심에 종종 민감해진다. 가장 극단적인 사례를 살펴보자. 〈뉴욕타임스〉 특파원 토머스 프리드먼Thomas Friedman은 한 수니파 군인과 만난 일을 보도했다. 이 군인은 이라크에서 미군과 함께 알카에다를 상대로 싸웠는데, 이교도 군대가 그나마 둘 중 나은 쪽이라고 계속해서 설득당했다. 대체 무엇을 보고 그가 확신했을까? 그는 한 알카에다 조직원이 여덟 살 난 소녀를 참수하는 장면을 목격한 것이다 (Friedman, 2007). 그러니까 결국 이슬람의 광기 어린 가치와 '완전한' 광기의 경계는 소녀들이 흘린 피 속으로 빨려 들어갔을 때 구별될 수 있다고 본다. 이것이 희망의 단초라면 단초다.

사실 도덕은 결국 다른 과학 분야보다 견고한 근거 위에 서게 될 것이다. 과학적 지식은 우리의 행복에 기여한다는 이유로 가치가 있기 때문이다. 물론 우리는 과학이 기여한 내용 중에, 지식을 '지식 그 자체를 위해' 가치 있게 여기는 사람들의 주장을 포함시켜야 한다. 이들은 단순히 세계를 이해하고 문제를 해결하는 데 따르는 정신적 쾌락을 기술하기 때문이다. 분명 행복은 지식보다 우위에 서야 하는데, 진실을 모르는 게 더 낫거나 날조된 지식이 바람직한 상황들을 쉽게 상상할 수 있기 때문이다. 의심할 여지없이 종교적 망상이 바로 그런 방식으로 작용할 때가 있다. 예를 들어 전쟁터에서 군인들은 그 수가 격감했으나 자신들이 불리하다는 사실을 모른 채, 신이 자기들 편이라고 믿는다. 그럴 때 그들은 어떻게 해서든 완전한 정보와 전적으로 정당화된 믿음을 가진 사람들은 가질 수 없는 감정적 수법에 의존하려 한다. 그러나 무지와 날조된 지식이 합쳐지면 도움이 될 수도 있다고 해서 신앙의 일반적 유용성에 논의의 여지가 없는 것은 아니다(종교의 진리성은 말할 것도 없다). 종교의 최대 약점은, 그 교리를 믿기 어렵다는 것이 분명하다는 점 외에도, 전 세계적인 규모에서 비합리적이고 불화를 일으키는 믿음을 고집한 대가가 엄청나게 크다는 것이다.

20) 물리학자 숀 캐럴Sean Carroll은 사실과 가치에 대한 흄의 분석이 강한 설득력을 지니기 때문에, 수학적 진리로까지 격상시킨다.

"존재is로부터 당위ought를 도출하려는 시도들은 마치 짝수를 더해 홀수를 만들어 내려는 시도와 비슷하다고 하겠다. 만일 누가 그런 시도를 성공했다고 주장한다면 굳이 계산을 따져볼 것도 없다. 뭔가 단단히 잘못 생각했다고 알면 될 것이다."

(Carroll, 2010a)

21) 이 불필요한 '당위' 개념은 어떤 일에나 끼어들어서 의심의 치명적 씨앗을 뿌리는 것으로 보인다. 왜 '행복'에 가치를 두어야 하는가라고 묻는 것은, 왜 합리적이어야 하는가 혹은 왜 과학적이어야 하는가라고 묻는 것보다 터무니없는 소리다. '존재(사실)'에서 '당위'로 이동할 수 없다고 '말할' 수는 있지만, 우선 애초에 우리가 어떻게 '존재'에 이르렀는지에 관해서 정직해야 한다. 과학적 '존재(사실)' 진술은 줄곧 암묵적인 '당위'에 근거한다. '물은 두 개의 수소와 한 개의 산소로 구성된다'라는 문장은 본질적으로 과학적 사실이다. 그런데 누군가 이 진술을 의심한다면? 간단한 실험 결과 데이터를 근거로 댈 수 있을 것이다. 그러나 이렇게 하는 것은 암암리에 경험주의와 논리의 가치를 들먹이는 것이다. 그런데 상대방이 이런 가치를 공유하지 않으면 어떻게 할 것인가? 그때는 뭐라고 할 건가? 알다시피 질문이 잘못되었다. 올바른 질문은, '그런 사람의 화학적 견해에 우리가 왜 신경 써야 하는가?'이다.

도덕과 행복의 관계도 마찬가지다. 먼저 의식적 존재의 행복이 좋다고 전제해야 하기 때문에 도덕이 자의적(또는 문화적으로 구성된, 혹은 단순히 개인적)이라고 한다면, 과학도 자의적(또는 문화적으로 구성된, 혹은 단순히 개인적)이라고 말할 수 있다. 우주에 대한 합리적 이해는 좋다라는 전제에서 출발해야 하기 때문이다. 그렇다. 도덕과 과학 모두 이러한 가정에 근거하나(그리고 앞서 말했듯이 도덕의 기반은 보다 튼튼하다는 점이 입증될 것이다) 이것은 문제가 아니다. 그 어떤 지식의 틀도 완전히 자기정당화를 할 수 없기 때문에, 궁극적 회의주의를 견뎌낼 수 없다. 완전히 틀을 벗어나 존재할 수는 없으므로, 언제나 이런저런 비판에 노출된다. 즉 아무런 기반이 없다거나 공리가 틀렸다거나, 혹은 답하기 불가능한 근본적인 물음이 있다는 식이다. 이따금 어떤 기본적인 전제들은 오류가 있거나 범위가 제한적이라고 판명난다. 유클리드 기하학의 평행선 공리parallel postulate를 기하학 전체에 적용할 수 없다는 것이 일례다. 그러나 이런 오류들은 다른 가정들이 견고할 때에만 발견할 수 있다.

과학과 합리성은 일반적으로 축소되거나 정당화될 수 없는 직관과 개념에 기초한다. 비순환적 용어로 '인과관계'를 정의해보자. 아니면 'A=B이고 A=C이면 A=C이다' 같은 이행성 규칙transitivity in logic을 입증해보자. 그러면 어떤 회의주의자는 "이는 '같음equality'의 개념 정의에 미리 끼워둔 전제 이상 아무것도 아니다"라고 말할 수도 있겠다. '같음'을 다르게 정의하는 건 자유다. 그리고 그런 사람을 '바보'라고 부르는 것도 우리의 자유다. 이렇게 본다면 도덕적 상대주의는 옳고 그름 사이의 차이가 어느 한 문화권 내에서만 지역적으로 통용된다는 견해다. 따라서 물리적, 생물학적, 수학적, 논리적 상대주의보다 더 매력적일 것도 없다. 용어를 정의할 때 더 좋고 더 나쁜 방식이 있듯이 실재를 생각하는 방식에도 더 일관적이고 덜 일관적인 차이가 있다. 마찬가지로 삶의 완성을 추구하거나 그렇지 않은 데에도 많은 방식이 있다. 이 점을 의심할 수 있을까?

22) 따라서 우리는 이 형이상학적인 '당위' 개념을 사라지게 하고, 원인과 결과라는 과학적 그림만 남길 수 있다. 이 우주에서 모두에게 가능한 최악의 불행을 만들어내는 게 우리의 능력이라는 점에서, 모두가 그 불행을 겪지 않기를 원한다면 X 같은 행동을 해서는 안 된다고 말할 수 있다. 전혀 다른 가치를 지닌 사람이, 자신을 포함한 모든 의식적 존재가 가능한 최악의 불행 상태에 빠지기를 바라는 상황을 상상할 수 있을까? 나는 그럴 수 없다고 생각한다. 지적인 사람이라면 '모두에게 가능한 최악의 불행이 실제로는 좋다면?'과 같은 질문을 던지지는 않을 것이기 때문이다. 그런 질문은 혼란을 불러올 수 있다. '모든 완벽한 원이 실제로는 사각형이라면?'이나 '모

든 참인 진술이 사실은 다 거짓이라면?' 같은 질문도 해볼 수 있다. 그러나 이런 어법을 고집하는 사람의 견해를 진지하게 여길 의무는 없다고 본다.

23) 그리고 만일 정신이 물리학적 우주와 별개의 것이라 해도 여전히 그들의 행복에 관한 사실들을 이야기할 수 있다. 그러나 이때에는 이 사실들의 다른 근거, 즉 영혼, 육체와 분리된 의식, 심령체ectoplasm 등에 대해 말하게 될 것이다.

24) 이와 관련하여 철학자 러셀 블랙포드Russell Balckford는 내 TED 강연에 대해 다음과 같이 대응했다. "사이코패스가 세상의 어떤 사실을 필연적으로 잘못 알 수밖에 없다는 논증은 여태껏 들어본 적이 없다. 더구나 그런 논증이 대체 어떻게 가능할지 모르겠다." 다음 장에서 나는 사이코패스에 대해 굉장히 자세하게 논의할 예정이지만, 여기서 간단히 이야기해보겠다. 우리는 사이코패스가 뇌손상 때문에 개인적이나 집단에게 유익한(그래서 양쪽 모두의 행복을 증가시킬), '공감'과 같은 깊은 만족을 주는 경험을 하지 못한다는 사실을 이미 알고 있다. 따라서 사이코패스는 자신이 무엇을 이해하지 못하는지 모른다(그런데 우리는 안다). 또 어느 한 사이코패스의 입장을 일반화 할 수는 없기 때문에, 이것은 인간이 어떻게 살아야 하는가에 대한 대안적 관점이 아니다(이것이 칸트가 옳은 점 중에 하나다. 아무리 사이코패스라 해도 사이코패스로 가득 찬 세상에서 살고 싶어 하지는 않을 것이다).

실제 사이코패스는 우리의 상상과는 다르다는 점도 깨달아야 한다. 진짜 사이코패스의 인터뷰를 보면, 이들에게 대안적 도덕이 있거나 굉장히 만족스러운 삶을 산다고 내세울 만한 게 없음을 알게 될 것이다. 일반적으로 그들은 자신이 이해도 저항도 못하는 강박의 통제를 받는다. 스스로 어떤 행동을 한다고 믿는지 관계없이, 사이코패스가 어떤 형태든 행복(흥분, 황홀경, 권력을 쥐고 있다는 느낌 등)을 추구한다는 점은 절대적으로 분명하지만, 신경학적, 사회적 결함 때문에 실패하는 것이다. 연쇄 살인범 테드 번디Ted Bundy 같은 사이코패스는 잘못된 것에서 만족을 얻는다. 그것이 왜 잘못된 것인가 하면, 여성을 강간하고 죽이는 데 삶의 목적을 두는 경우라면 보다 깊고 일반화된 형태의 인간 행복을 허용하지 않기 때문이다. 번디의 결함과, 엉뚱한 곳에서 의미 있는 패턴과 수학적 의미를 찾는 망상에 사로잡힌 물리학자의 결함을 비교해보자. 정신분열증을 앓은 수학자 존 내시John Nash가 적합한 예가 될 것이다. 그의 발견 탐지 기능은 작동이 제대로 안 되어서, 동료들은 알 수 없는 의미 있는 패턴을 찾아내곤 했다. 이 패턴들은 과학에 적합한 목적을 알려주기에는(즉 물리적 세계를 이해하는 데에는) 매우 형편없는 지표였다. 그렇다면 테드 번디의 경우도 마찬가지일 것이다. 그가 좋아하는 것을 발견하는 장치는 매우 만족스런 삶을 추구할 가능성과 제대로 연결되지 못했다. 또한 강간과 살해에 대한 그의 강박은 도덕의 적합한 목적(즉 타인과 만족스러운 삶을 사는 것)을 알려주기에는 형편없는 지표였다. 이를 의심할 수 있을까?

번디 같은 사람은 기괴한 삶을 원할지 모르지만 영원히 끝나지 않을 완전한 불행을 원하는 사람은 없다. 전혀 다른 도덕규칙을 따르는 사람도 우리가 인지하는 행복—통증, 의심, 공포로부터의 자유—을 추구한다. 그러나 어떤 변명을 해도 그들의 도덕규칙이란 분명 그들의 행복을 망친다. 만약 어떤 사람이 자신은 정말 불행해지고 싶다고 '주장'한다면, 우리는 그를 '2 더하기 2는 5다'라고 믿거나 모든 일은 자기 때문이라고 생각하는 사람으로 취급해도 될 것이다. 다른 분야와 마찬가지로 도덕에 대해서도 들을 가치가 없는 말을 하는 사람들이 있는 법이다.

25) 백악관 보도자료를 통해 알 수 있다. www.bioethics.gov/about/creation.html.

26) 옥시토신은 동물의 경우 사회적 인식social recognition을 지배하고, 사람의 경우 신뢰의 경험(과 그것의 상호성reciprocation)을 지배하는 것으로 알려진 신경활성 호르몬이다(Zak, Kurzban, & Matzner, 2005 ; Zak, Stanton, & Ahmadi, 2007).

27) Appiah, 2008, 41쪽.

28) 《스탠퍼드 철학백과사전Stanford Encyclopedia of Philosophy》는 도덕적 상대주의라는 항목을 다음과 같이 설명한다.

"1947년 유엔이 보편적 인권을 논의할 무렵, 미국인류학협회American Anthropological Association에서는 도덕적 가치는 문화마다 다르고 어떤 문화권이 다른 문화권에 비해 우월함을 입증할 방법은 없다는 성명을 발표했다. 인류학자들은 이러한 주장에 만장일치를 한 적이 없으며, 최근 일부 인류학자들은 인권을 옹호하면서 인류학의 상대주의 지향성을 완화시켜왔다. 그럼에도 클리퍼드 거츠Clifford Geertz나 리처드 슈웨더Richard A. Shweder를 비롯한 당대 저명한 인류학자들은 계속해서 상대주의 입장을 옹호한다." http://plato.stanford.edu/entries/moral-relativism/.

1947년? 미국 사회과학자들이 여전히 연기를 내뿜는 아우슈비츠의 화장터에서 할 수 있는 일이라고는 이것이 최선이라는 점에 주목하기 바란다. 내 강연과 저서가 리처드 슈웨더, 스콧 아트란Scott Atran, 멜 코너Mel Konner를 비롯한 다른 인류학자들과 충돌하는 지점을 통해, 나는 도덕적 다양성의 인식이 인간의 행복에 대해 분명한 사고를 함축하지 않으며, 그것을 대신하기에는 빈약한 대체물이라고 확신했다.

29) Pinker, 2002, 273쪽.

30) Harding, 2001.

31) 서구 과학의 페미니스트적이고 다문화주의적 성향을 완전히 무너뜨린 비평은 P. R. Gross, 1991; P. R. Gross & Levitt, 1994 참조.

32) Weinberg, 2001, 105쪽.

33) Dennett, 1995.

34) 같은 책, 487쪽.

35) M. D. Hauser(2006) 참조. 생후 18개월 된 아기도 공격자가 벌 받는 모습을 보고 싶어 한다는 실험이 있다(Bloom, 2010).

36) www.gallup.com/poll/118378/Majority-Americans-Continue-Oppose-Gay-Marriage.aspx.

37) 최근 신경과학과 철학이 합쳐져 '신경윤리학'이라는 별도의 분야가 생겨났는

데, 이런 문제에 주로 관심을 보이고 있다. 뇌에 관해서는 신경윤리학이 생명윤리보다 더 큰 관심을 쏟는다(즉 신경과학을 위한 윤리 이상의 의미가 있다). 또한 윤리 자체를 생물학적 현상으로 이해하려는 노력 전체를 아우른다. 신경윤리에 관한 문헌들이 급속히 증가하고 있으며(최근 책 한 권 분량의 입문서들이 눈에 띈다. Gazzaniga, 2005; Levy, 2007), 다음의 논의와 관련하여 다른 신경윤리 쟁점들도 등장한다. 정신적 프라이버시 문제, 거짓말 탐지, 뇌영상과학 발전의 영향, 결정론적이고 무작위적인 뇌 프로세스에 비추어 본 개인의 책임 문제(어느 쪽도 '자유 의지'라는 일반적 개념에 대해서는 신빙성이 없다), 정서적 인지적 증강의 윤리, 물리적으로 '영적' 경험을 이해하는 것의 영향 등에 대한 논의다.

2장

선과 악

The Moral Landscape

🏵 이기적 유전자와 협동

인간에게 협동보다 더 중요한 건 없다. 긴급한 상황이 닥쳤을 때—치명적인 전염병의 위협이나 유성의 충돌, 전 세계적인 재앙에 직면해서—(방책이 있다면) 인간의 협동 말고는 없다. 삶을 의미 있게 만들고 사회에 활기를 부여하는 것이 협동이다. 따라서 행복의 과학을 완성시키는 데 협동만큼 중요한 주제는 거의 없을 것이다.

　오늘, 아니면 살면서 언제든 신문을 펼쳐보라. 세계 각처에서 크던 작던 인간이 협동에 실패하여 발생한 사례들을 목격하게 될 것이다. 실패의 결과가 너무 흔하다고 해서 비극성이 떨어지지는 않는다. 인간 에너지를 잘못 사용할 때 사기, 절도, 폭력, 기타 다른 사회적 불행이 발생한다. 절도와 폭력의 결과를 해결하는 것은 고사하고, 그것을 막는 데 낭비되는 시간과 자원의 비중을 생각하면, 인간 협동의 문제야말로 생각해볼 가치가 있는 유일한 문제로 보인다.[1] 이런 문제들을 신중하게 생각할 때 우리는 '윤리학'과 '도덕'(나는 두 용어를 바꿔 쓰기도 한다)이라는 명칭을 쓴다.[2] 분명한 사실은 인간의 행복이 이 분야와 가장 밀접한 관계에 있다는 점이다.

뇌를 더 깊이 이해할수록, 우방과 이방을 가리지 않고 문명의 공동 프로젝트를 위해 성공적으로 협력하게 하는 모든 힘에 대해서도 점점 더 많이 이해하게 될 것이다. 그 힘들이란 친절, 상호성, 신뢰, 논쟁에 대한 개방성, 증거 존중, 공정에 관한 직관, 충동 억제, 공격성 약화 등이다. 이런 방식으로 우리 자신을 이해하고 인간의 삶을 개선하는 데 이 지식들을 활용하는 것이야말로, 장차 수십 년간 과학이 짊어질 가장 중대한 도전이 될 것이다.

진화론이 생물학적 명령으로서 이기심을 수반한다고 생각하는 사람들이 많이 있다. 이런 대중적 오해는 과학의 명예에 매우 해롭다. 사실상 인간의 협동과 이에 수반되는 도덕 감정은 생물학적 진화와 전적으로 공존한다. '이기적인' 유전자 수준에서 선택 압력selection pressure은 확실히 우리 자신과 같은 존재가 혈연관계에 있는 존재를 위해 희생하는 성향을 지니게 한다. 단순히 혈연관계에 있는 존재가 우리와 유전자를 공유할 수 있다는 이유 때문이다. 이러한 진리는 내적 성찰introspection로는 확실히 알 수 없으나, 형제나 자매의 성공적인 생식은 부분적으로 당신의 성공이기도 하다.

혈연선택kin selection이라 불리는 이 현상은, 1960년대에 윌리엄 해밀턴William Hamilton의 저작[3]에서 다루어지기 전까지는 공식적인 분석이 없었다. 그러나 이전의 생물학자들은 이미 암묵적인 형태로나마 이것을 이해하고 있었다. 홀데인J. B. S. Haldane은 '물에 빠진 형제 하나를 살리기 위해서 목숨을 걸겠는가'라는 질문을 받았을 때 이렇게 받아쳤다고 전해진다. "아니오. 하지만 두 명의 형제나 여덟 형의 친척을 위해서라면 그렇게 할 것입니다."[4]

진화생물학자 로버트 트리버즈Robert Trivers가 제시한 호혜적 이타주의reciprocal altruism이론은, 혈연관계가 없는 친구들이나 모르는 사람들 사이의 협동을 설명하는 데도 동원된다.[5] 트리버즈의 모델은 이타주의나 상호성과 관련된 다수의 심리적 사회적 요인을 포함한다. 예를 들어 우정, 도덕적 공격(사기꾼 처벌), 죄의식, 동정, 상황을 꾸며서 남을 속이는 성향 등이다. 다윈이 처음 제안했고, 최근 심리학자 제프리 밀러Geoffrey Miller가 정교하게 발전시킨 성선택sexual selection은 도덕 행동의 발달을 더욱 부추겨왔다. 도덕적 미덕은 양성兩性 모두에 매력적이므로, 공작새의 꼬리처럼 기능한다. 만들어내고 유지하는 데는 비용이 들지만, 결국 유전자에는 이익이 되기 때문이다.[6]

분명 이기적 이익과 이타적 이익이 언제나 상충하는 것은 아니다. 실제 타인의 행복은 특히 우리와 가까운 사람일 경우, 우리의 일차적인 (대개 '이기적인') 이익에 속한다. 도덕적 충동의 생물학에 대해서는 아직도 알아낼 것이 많이 있다. 그러나 혈연선택, 호혜적 이타주의, 성선택은 우리가 단순히 자기 이익에 예속된 원자화된 자아가 아니라, 타인과의 공동 이익을 생각하는 사회적 자아로 어떻게 진화했는지를 설명해준다.[7]

어떤 생물학적 특징들은 인간의 협동 능력에 의해 만들어졌고, 그것을 더욱 증강시켜온 것으로 보인다. 예를 들어 영장류를 포함한 지구상의 다른 존재와 달리, 우리 눈의 공막sclera(유색의 홍채를 둘러싼 영역)은 하얗고 외부에 노출되어 있어서 다른 사람의 시선을 금방 알아볼 수 있다. 따라서 시선에 조금만 변화가 생겨도 금방 알아차릴 수 있다. 심리학자 마이클 토마셀로Michael Tomasello는 다음의 적응 논리를 제시한다.

> 실제로는 내가 일부러 내 시선을 드러내는 것이라면, 나는 나를 먹잇감으로 삼거나 자기는 피하고 나만 공격에 노출시킬 작정으로 내게 손해만 입히는 사람만 있는 게 아니라, 그렇지 않은 사람도 있는 사회적 환경에 살고 있음이 틀림없다. 그렇다면 나는 분명 내 시선을 따르는 사람들이 나에게 이익을 주는 협동적인 사회 환경에 있는 것이다.[8]

토마셀로는 생후 1년밖에 안된 아기들이 사람의 시선을 좇는가 하면, 침팬지가 머리의 움직임에만 관심을 가지는 경향이 있음을 발견했다. 그는 시선에 대한 독특한 민감성이 인간의 협동과 언어 발달을 촉진시켰다고 말한다.

우리는 모두 이기적이지만 단지 그렇기만 한 것도 아니다. 우리 자신의 행복을 위해서는 자기 이익의 반경을 타인에게까지 확장해야 한다. 가족, 친구, 심지어 완전히 낯선 사람이라도 그들의 기쁨과 고통은 우리에게 중요하다. 반면 사회 안에서 자기 이익이 담당하는 역할에 크게 주목한 사상가는 드물다. 애덤 스미스조차도 우리가 다른 사람의 행복에 크게 관심을 둔다는 사실을 인정했다.[9] 그러나 타인에게 관심을 두는 능력에는 한계가 있으며 이 한계야말로 우리의 개인적, 집단적 관심의 대상이라고도 지적했다.

지진이라는 재난이 대제국 중국을 모든 국민과 함께 집어삼키는 순간을 상상해보자. 그런데 중국과는 아무런 인연이 없는 한 인도적인 유럽인이 이 엄청난 재앙 소식을 접하고 측은해한다고 생각해보자. 상상컨대 우선 그는 저 불행한 사람들의 불운을 몹시 안타까워하면서, 한순간 수포로 돌아갈 수도 있는 불안정한 삶과 허무한 인간의 노력에 대해 갖가지 우울한 생각들을 할 것이다. 그가 투기 성향이 있는 사람이라면, 이 재앙이 유럽의 교역이나 세계 무역 및 비즈니스에 끼칠 영향에 대해서도 생각할 것이다.

이 모든 훌륭한 철학적 고뇌가 끝나고 인도적 감정이 한번 상당량 표출되고 나면, 그는 본업으로 돌아가 자신을 위한 즐거움을 좇을 것이다. 그런 재앙은 일어난 적이 없다는 듯 여느 때처럼 편안하고 고요하게 휴식을 취하고 취미를 즐길 것이다.

반면 극히 사소할지라도 자신에게 닥친 사고는 보다 큰 혼란을 불러올 것이다. 그가 내일 새끼손가락을 잃는 사고를 당한다면 오늘 밤에는 잠을 이루지 못할 것이다. 그러나 1억 명의 인류가 어디선가 재난을 당한다 해도 그들을 직접 보지 않았다면 그는 깊이 안심하고 코까지 골며 잠에 빠질 수 있다. 엄청난 수의 사람들에게 닥친 파괴적 재앙은 분명 자신에게 일어난 사소한 불운보다 그의 관심을 끌지 못하는 대상일 것이다.

그렇다면 이 인도주의자는 자신에게 일어날 작은 사고를 막기 위해, 한 번도 본 적이 없다는 이유로 1억 명이나 되는 사람들의 목숨을 기꺼이 희생할 것인가? 이런 생각에 대해서는 몸서리치는 게 인간의 본성이다. 그리고 세상은 극도의 타락과 부패 속에서도, 그런 끔찍한 짓을 즐길 정도의 악당을 만들어낸 적은 없었다. 그런데 무엇이 이런 차이를 만드는가?[10]

스미스는 자기중심적 이기심과 보다 넓은 도덕적 직관 사이의 긴장 관계를 정확히 포착한다. 인간에 관한 진리는 너무나 뻔하다. 대개 우리는 삶의 거의 매 순간 이기적 욕망에 강력하게 빨려 들어간다. 또한 자신의 통증과 쾌락에 대해서는 더는 예민해질 수 없을 정도로 집중한다. 모르는 사람의 고통스러운 절규는 가장 극심한 상태가 되어서야 관심을 끌고, 그마저도 곧 사라진다. 그럼에도 우리가 무엇을 '해야 하는가'에 대해 의식적으로 반성할 때는 선행과 공정성의 천사가 우리 안에 날개를 펼친다. 우리는 진정으로 공정하고 정의로운 사회를 원하며, 다른 사람들의 희망이 실현되기를 바란다. 또한 세상이 지금보다 더 나아지기를 원한다.

인간의 행복은 도덕의 그 어떤 명시적인 규칙보다 심오한 문제다. 도덕—의식적으로 정한 규칙이나 사회계약, 정의 개념 등—은 상당히 최근에 발달한 것이다. 그러한 규약은 최소한으로 모르는 이와 협력하기 위한 의지와 복잡한 언어를 요구하며, 그렇게 해서 홉스의 '자연 상태'로부터 한두 걸음 떨어져 나오게 된다. 그러나 우리 조상들이 겪은 내부적 투쟁의 참상을 줄이는 데 도움이 되는 생물학적인 변화는 어떤 것이든, 개인과 집단 행복의 지침으로서 도덕 분석의 범위 내에 있다. 이것을 극히 단순화하여 살펴보자.

1. 뇌의 유전자적 변화는 사회적 감정, 도덕적 직관, 언어 등을 발생시켰고…
2. 이로 인해 약속이나 명예 중시 등 점점 복잡한 협동 행동이 가능해졌으며…
3. 이러한 행동은 또 문화적 규범, 법, 사회제도의 기초가 되었다. 이들의 목적은 점점 발전하는 이 협동 체계가 그것을 상쇄시키는 힘에 맞닥뜨렸을 때에도 지속되게 하기 위함이다.

우리의 경우 이런 양상의 진보가 일어났는데, 각 단계는 개인적, 집단적 행복의 향상이 부인할 수 없는 사실임을 시사한다. 물론 비극적 퇴보는 언제든지 가능하다. 생물학적 문화적 진화가 수천 년에 걸쳐 이룩한 정서적 사회적 지렛대와, 힘겹게 얻은 문명의 열매를 계획적으로 혹은 부주의하게 사용하여, 누구의 도움도 받지 않는 대자연이 행한 것보다 더 완전하게 우리 자신을 비참하게 만들 수 있다. 전 세계의 상황이 북한과 같다고 상상해보라. 그곳에서는 머리카락을 부풀린 괴짜 한 명이 굶주린 인류 대다수를 노예로 만들고 있다. 이 사회는 전쟁을 벌이는 오스트랄로피테쿠스들로 가득 찬 세상보다 더 나쁠 것이다.

여기서 '더 나쁘다'는 것은 무슨 뜻인가? 우리의 직관이 뜻하는 바를 따르기만 하면 된다. 즉 더 고통스럽고 별로 만족스럽지 못하며 공포와 절망에 빠지기가 더 쉽다는 뜻이다. 정반대되는 세상의 상황과 비교하는 것이 별로 그럴듯해 보이지는 않지만, 그렇다고 비교할 만한 경험적 진실이 전혀 없다는 뜻은 아니다. 다시 한 번 말하지만 '실제적인 답'과 '원칙상의 답'은 다르다.

✿ 행복의 관점에서 도덕 보기

행복의 관점에서 도덕을 생각하면 각 인간사회 간에 도덕적 위계를 구별하기는 매우 쉬워진다. 아래 글은 루스 베네딕트의 책에서 인용한 도부Dobu 섬 주민들에 관한 이야기다.

> 도부 섬의 생활은 대개 다른 사회들이 제도를 통해 최소화한, 극단적 형태의 반목과 적의를 부추긴다. 도부 섬의 제도가 이를 찬양하는 면도 있다. 도부 주민은 우주의 나쁜 의지라는, 인간의 가장 끔찍한 악몽을 억제하지 않고 실행한다. 이들의 관점에서 미덕이란 희생자를 골라내는 것이고, 희생자에 대해서는 인간사회와 자연의 힘 탓으로 돌리는 악의를 발산해도 된다. 모든 존재는 잔인한 투쟁 상대이며, 이 속에서 살기등등한 적들은 서로 겨루어 삶에 필요한 재산을 쟁취한

다. 이때 믿을 만한 무기는 의혹과 잔인함이고, 그들은 자비를 베푸는 일도 자비를 요구하는 일도 없다.[11]

도부 주민들은 근대 과학의 진리도 몰랐겠지만, 진정한 협동 가능성에 대해서도 몰랐을 것이다. 그들의 주목을 끌 만한 많은 것들이 있었을 테지만, 도부 주민들은 너무 가난했고 몹시 무지했다. 그들은 주로 악의적인 주술에 사로잡혀 있었다. 모든 도부 주민들의 일차적 관심은 부족의 다른 주민에게 주문을 걸어, 그들을 병들게 하거나 죽임으로써 주술의 힘으로 그들의 수확물을 차지하는 데 있었다. 관련 주문은 모계쪽 삼촌으로부터 전승되는 게 보통인데, 이것은 모든 도부 사람들에게 가장 중요한 재산이었다. 말할 것도 없이 그런 유산이 없는 사람은 엄청난 불이익을 당했다. 그러나 주문은 돈으로 살 수 있었고, 도부 주민의 경제적인 삶이라는 것이 사실 거의 다 이런 환상의 상품을 거래하는 데 소모되었다.

부족의 일부 주민은 특정 질병의 원인과 치료에 대한 정보를 독점한 것으로 알려졌다. 그들은 공포의 대상이었기 때문에 끝없이 비위를 맞춰주어야 했다. 사실 가장 평범한 일조차 군이 주술 의식이 꼭 필요하다고 믿어야 했다. 심지어 중력조차도 끊임없는 신통력이 추가적으로 있어야 작용했다. 제대로 된 주문을 걸지 않으면 누군가의 채소가 땅에서 뽑혀져 나와 주술사들의 손아귀로 사라져버린다는 식이다.

설상가상으로 도부 주민들은 행운이 엄격한 열역학 법칙을 따른다고 생각했다. 한 사람이 수확한 양이 이웃의 수확량보다 많으면 주술을 써서 그걸 슬쩍 훔쳐야 했다. 이런 방법으로 모두가 다른 사람의 식량을 훔치려고 애쓰는 일이 계속되다 보니, 운 좋은 농부는 수확량이 많은 것을 주술 때문이라고 여겼다. 따라서 수확량이 많다는 건 곧 '도둑질의 고백'에 지나지 않았다.

이런 식으로 탐욕과 주술적 사고가 기이하게 결합한 결과, 도부 사회에는 비밀에 대한 완벽한 강박이 나타났다. 그나마 남아 있던 사랑과 진정한 우정의 가능성도 최후의 원칙에 의해 완전히 끝장났다. 주술의 힘은 목표로 삼은 희생자와의 친밀도에 비례해서 증가한다고 믿게 된 것이다. 이런 믿음 때문에 도부 주민들은 다른 모든 사람을 극도로 불신했고, 이것은 가장 가까운 사람에게서 최고조에 달했다. 따라서 어떤 남자가 심하게 아프거나 사망하면 비난이 당장 아내에게 쏟아졌고 반대의 경우도 마찬가지였다. 이것은 완전히 반사회적 망상에 사로잡힌 사회상이다.

도부 주민들은 우리만큼 친구나 가족을 사랑했을까? 많은 사람들이 그 대답은 원칙적으로 '그렇다'가 되어야 하거나, 그렇지 않으면 질문 자체가 공허한 것이라고 생각하는 것 같다. 그러나 나는 분명 질문 자체도 적절하고 답하기도 쉽다고 생각한다. 그 답은 '아니다'이다. 우리는 호모사피엔스의 동료가 되어, 비교라는 방식을 도입해도 무방할 만큼 도부 섬 주민들의 뇌가 우리 뇌와 수준이 비슷하다고 가정해야 한다.

도부 주민들의 이기심과 만연한 악의가 뇌의 수준에서 표현되었다는 점을 의심할 수 있을까? 그들의 뇌가 혈중 산소와 포도당을 여과하는 일 이상을 행한다고 생각할 때만 뇌의 수준에서 표현되었다고 볼 수 있다. 일단 사랑, 동정, 신뢰 같은 상태의 신경생리학을 더 완벽히 이해한다면, 우리와 도부 주민들의 차이를 매우 상세하게 설명할 수 있을 것이다. 그러나 일반 원칙을 밝히려고 뇌과학에서 어떤 돌파구가 나오기를 기다릴 필요는 없다. 개인이나 집단이 신체적 건강을 유지하는 최상의 방법을 잘못 알 수 있듯이, 개인적 사회적 행복을 극대화하는 방법을 잘 모를 수도 있다.

나는 선악과 옳고 그름을 과학적 차원에서 점점 더 잘 이해하게 될 거라고 믿는다. 도덕적 관심은, 우리의 생각과 행동이 의식적 존재의 행복에 어떤 영향을 미치는가라는 사실로 해석되기 때문이다. 그러한 존재의 행복에 대해 알려진 사실이 있다면—그러한 사실은 존재한다— 도덕적 문제에도 옳고 그른 답이 있어야 한다. 철학에 관심이 있는 사람이라면 이는 도덕실재론moral realism(도덕적 주장은 실제 참이나 거짓이 될수 있다)과 결과주의conseqentialism(행위의 옳고 그름은 의식적 존재의 행복에 어떤 영향을 주는지에 달려 있다)를 담보함을 알 수 있을 것이다. 도덕실재론과 결과주의는 둘 다 철학계에서 압박을 받고 있지만, 세상이 어떻게 돌아가는지에 대한 우리의 직관과 상당수 일치한다는 장점이 있다.[12]

나는 다음의 결과주의적 입장에서 출발한다. 옳고 그름, 선악 등 가치의 문제는 모두 그런 가치들을 경험할 가능성에 따라 달라진다. 행복, 고통, 즐거움, 절망 등의 경험에 따른 결과가 존재하지 않는다면, 가치를 논하는 건 죄다 공허한 일이 된다. 그러므로 어떤 행위가 도덕적으로 필요하다, 악하다 혹은 비난할 게 없다라고 말하는 것은, (실제적 혹은 잠재적인) 의식적 존재의 삶에서 행위의 결과를 (암묵적으로) 주장하는 것이다.

이 규칙의 예외로 흥미를 끌 만한 것이 있는지 모르겠다. 만일 누군가가 신이나 신의 천사를 기쁘게 하려고 고심 중이라면, 이는 곧 이 존재들이 (어떤 의미에서) 의식이 있으며 인간의 행위를 인식하고 있음을 상정하는 것이다. 또한 지금 이 세상에서나 앞으로 올 세상에서, 그들의 분노에 시달리거나 그들의 칭찬으로 즐거워하는 것이 가능하다고 일반적으로 가정하는 것이다. 그러므로 종교에서조차도 결과와 의식 상태는 여전히 모든 가치의 근본이다.

한 이슬람 테러리스트가 이교도들의 군중 속으로 들어가 자살을 감행하고자 결심한다고 해보자. 이것은 결과주의자의 태도를 완벽하게 거부하는 것으로 보일 것이다. 그러나 이슬람 내부에서 순교를 추구하는 이유를 살펴보면 그러한 행동의 결과—실제든 가상이든—가 중요함을 알 수 있다. 순교자가 되고 싶어 하는 사람은 신을 기쁘게 하고 사후에 영원한 행복을 누릴 것으로 기대한다. 이슬람 전통의 형이상학적 전제조건을 완전히 받아들인다면, 순교는 궁극적으로 출세하기 위한 도전으로 보아야 한다. 또한 순교자는 가장 위대한 이타주의자다. 천국에서 자기 자리를 확보할 뿐만 아니라, 가장 가까운 친척 70명을 천국으로 들어가게 해주는 입장권까지 따낼 수 있기 때문이다.

순교자가 되고 싶어 하는 사람들은 삶에 바람직한 결과를 가져옴으로써 자신들이 지상에서 신의 역사를 확장한다고 믿는다. 이들은 실로 자신의 견해와 의도를 끝없이 광고하기 때문에, 이런 사람들의 사고방식은 매우 잘 알려져 있다. 이슬람 경전 코란과 마호메트의 어록 하디스hadith에 기록된 신의 말씀은 그들의 믿음과 관계된 전부로서, 신은 그들에게 생각과 행동의 결과가 어떻게 될지 정확히 말해준다. 물론 우주는, 특정 책의 신성神性을 믿음으로써 한 개인이 다른 개인을 죽인 데 대한 보상을 해주도록 설계된 것 같지는 않다. 순교자를 자처하는 사람은 자기 행동의 결과를 잘못 해석하고 있음이 거의 확실하다. 바로 이런 사실 때문에 인간의 생명이 끔찍하고 부도덕하게 남용된다.

대개 종교는 도덕을 (대체로 초자연적 보상을 받기 위해서) 신의 말씀에 따르는 것이라고 생각하기 때문에, 종교의 규칙은 흔히 '현세'의 행복을 극대화하는 것과는 관계가 없다. 그러므로 신자들은 피임, 자위, 동성애 등의 행동이 실제로 고통을 유발한다고 주장할 의무를 느끼지 않고도 이런 행위들의 부도덕성을 주장할 수 있다. 또한 그들은 인간을 쓸데없이 계속 불행하게 만드는 몹시 부도덕한 목표를 추구할 수도 있다. 그렇게 하는 것이 도덕적 의무라고 여기는 것이다. 인간과 동물이 실제 느끼는 고통으로부터 도덕적 관심을 떼어놓는 이 경건한 행위는 엄청난 해악을 야기해왔다.

분명 인간의 보편적 행복(동정, 친절 등)에 기여하는 정신적 상태와 능력이 존재하며, 이를 감소시키는 정신적 상태(잔인함, 증오, 공포 등)와 무능력도 존재한다. 어떤 특수한 행동이나 사고방식이 개인 및 타인의 행복에 영향을 미치는지 아닌지를 묻는 것은 의미 있는 일이므로, 그러한 영향력의 생물학에 대해 궁극적으로 알아두어야 할 것이 많다.

이런 가능한 상태들의 연속선상에서 한 개인이 발견할 자신의 위치는, 유전자적, 환경적, 사회적, 인지적, 정치적, 경제적 요인 등 많은 요인에 의해 결정된다. 이러한 요인들이 미치는 영향을 결코 완전히 이해할 수는 없겠지만 그것의 효과는 뇌의 수준에서 나타난다. 그러므로 뇌에 대한 이해가 커질수록, 생각과 행동이 행복한 삶에 미치는 영향에 대한 우리의 주장도 더 많은 타당성을 얻게 될 것이다.

앞에서 내가 도덕을 언급하지 않은 점을 눈여겨보라. 나는 그럴 필요를 못 느낀다. 이 책의 서두에서 나는, 현재는 과학자나 철학자가 소심하기 그지없는 세기임에도 도덕이 의식적 존재의 행복과 고통이라는 사실과 직접 연관될 수 있다고 주장했다. 그런데 이 단계를 뛰어넘어 '행복'에 대해서만 말했을 때 어떻게 될지 생각해보는 것도 흥미롭다. 옳고 그름, 선과 악에 대한 걱정을 그만두고, 우리 자신과 다른 이들의 행복을 극대화하기 위한 행동만 한다면 이 세상은 어떻게 될까? 무언가 중요한 것을 잃게 될까? 중요하다면, 그것은 말 그대로 누군가의 행복에 관한 문제가 아니겠는가?

✳ 옳고 그름에 대해 우리는 '옳을' 수 있는가?

철학자이자 뇌과학자인 조슈아 그린Joshua Greene은 도덕에 대한 가장 영향력 있는 뇌영상을 연구한 바 있다.[13] 그는 도덕적 삶을 지배하는 뇌 프로세스를 이해하고자 하면서도, 형이상학적 바탕에서는 도덕실재론을 의심해야 한다고 믿는다. 그에게는 '당신의 도덕적 믿음이 참이라는 것을 어떻게 확실히 알 수 있는가?'가 아니라, '도덕적 믿음이라는 것이 대체 어떻게 참일 수 있는가?'가 중요하다. 다시 말해 도덕적 주장을 참이나 거짓으로 만들 수 있는 세상은 어떤 세상인가?[14] 이 질문에 대해 그는 아마 '그런 세상은 없다'고 생각할 것이다.

그런데 나라면 이 질문에 쉽게 대답할 수 있을 것 같다. '도덕적 견해 A가 도덕적 견해 B보다 더 참이다'라는 명제가 성립하려면, 우선 A가 인간의 사고/의도/행동과 인간의 행복의 관계를 더 정확히 이해하는 것이어야 한다. 여성과 소녀들에게 베일을 강제하는 것이 과연 인간의 행복에 순전히 긍정적인 기여를 할까? 그것이 소년과 소녀를 더 행복하게 하는가? 남성과 여성, 소년과 어머니, 소녀와 아버지의 관계를 더 좋게 만드는가? 나는 이 질문들에 대해 목숨을 걸고라도 모조리 '아니다'라고 답하겠다. 과학자들도 대다수 그럴 것이라고 본다.

그럼에도 우리가 앞서 살펴본 것처럼, 대부분 과학자들은 그런 도덕적 판단은 문화적 편견을 표현한 데 지나지 않으며, 따라서 원칙적으로 비과학적인 것이라고 생각하도록 훈련되어왔다. 그토록 단순한 도덕적 진리가 점차 과학적 세계관에 포함되고 있다는 사실을 기꺼이 인정하는 사람은 극소수인 것 같다. 그린은 회의주의의 우세를 다음과 같이 분명히 설명한다.

도덕 판단은 대부분 도덕적 추론이 아니라 감정적 유형의 도덕적 직관에 의해 도출된다. 도덕 판단 능력은 강도 높은 사회적 삶에 적응한 복잡한 진화의 산물이다. 사실 인간은 도덕 판단에 워낙 잘 적응했기 때문에, 우리 관점에서는 도덕적 판단을 내리는 것이 오히려 '상식'의 일부이며 보다 쉬운 일이다. 다른 '상식' 능력과 마찬가지로 도덕적 판단 능력은 인식 능력으로 느껴질 정도다. 이 경우 그 능력은 정신과 독립적인 도덕적 사실을 즉시, 그러면서도 믿을 만하게 가려내는 능력이다. 그래서 우리는 자연스럽게 도덕실재론에 대한 잘못된 믿음으로 기울게 된다.

이런 잘못된 믿음을 조장하는 심리적 경향은 생물학의 중요한 목적에 기여하기 때문에, 도덕실재론에 오류가 있음에도 그토록 매력적인 이유가 납득된다. 다시 한 번 말하지만 도덕실재론은 우리가 저지를 수밖에 없는 타고난 실수다.[15]

그린은 도덕실재론이 다음 사실을 가정한다고 주장한다. "사람들의 근본적 도덕 관점에는 충분히 획일적인 면이 있다. 그래서 사람들은 옳고 그름, 정의와 부당함이 무엇인지에 관해 하나의 사실이 있는 것처럼 말함으로써 상황을 정당화한다."[16] 그런데 도덕 문제에 옳은 답이 존재하기 위해서는 반드시 그런 획일성을 가정해야만 할까? 물리적 혹은 생물학적 실재론은 "사람들의 근본적(물리학적 또는 생물학적) 관점의 충분한 획일성"에 근거를 두는가?

인류 전체로 볼 때 '잔인함은 나쁘다(상식적 도덕규칙)'라는 말이 '시간의 흐름은 속도에 따라 변한다(특수상대성)' 혹은 '인간과 바닷가재의 조상은 같다(진화)'라는 말보다 훨씬 큰 합의를 얻어낼 수 있다고 확신한다. 이러한 물리학적, 생물학적 진리를 주장할 때도 '사실' 여부를 의심해야만 할까? 일반인들이 특수상대성이론을 잘 모른다고 해서, 또 대다수 미국인들이 진화에 대한 과학적 합의를 받아들이지 않는 경향이 있다고 해서, 우리의 과학적 세계관에 조금이라도 문제가 생길까?[17]

그린은 사람들이 도덕적 진리에 관해 합의를 이루기 어렵다는 것과, 한 개인이라도 맥락이 달라지면 같은 판단을 내리기 어렵다는 점을 지적한다. 이런 갈등 때문에 그는 다음의 결론을 내릴 수밖에 없었다.

> 도덕의 이론화가 실패하는 이유는 첫째, 우리의 직관이 일관된 도덕적 진리를 반영하지 않기 때문이다. 둘째, 우리의 직관은 자연선택 및 다른 무언가에 의해 그렇게… 설계된 것이 아니기 때문이다. 만일 자신의 도덕관념을 이해하고 싶다면 규범윤리학이 아니라 생물학, 심리학, 사회학으로 눈을 돌리기 바란다.[18]

도덕실재론에 대한 이런 반론은 처음에는 합당해 보인다. 그러나 그런 반론이 어떤 지식 영역에서도 똑같이 적용될 수 있음을 알고 나면 생각이 달라진다. 예를 들어 자연선택은 우리의 논리적, 수학적, 물리학적 직관이 '진리'를 좇도록 설계한 게 아니라는 점 역시 사실이다.[19] 그런 의미라면 우리는 이제 물리적 사실과 관련하여 실재론자가 되기를 그만두어야 할까? 과학에서 쉬운 통합을 거부하는 사상이나 의견을 찾으려고 그리 멀리 볼 필요는 없다. 많은 과학 체계(와 기술description 수준)가 통합을 거부하기 때문에 우리의 담론은 여러 전문 영역으로 나뉜다. 심지어 같은 분야의 노벨상 수상자들끼리 서로 맞붙기도 한다. 그렇다고 세상에서 실제 일어나는 일을 이해하는 게 결코 꿈도 못 꿀 일일까? 아니다. 그것은 오히려 대화가 지속되어야 함을 의미한다.[20]

도덕 영역에서 이론적 통일성은 한 개인 내에서나 개인들 사이에서나 바라기 어려운 일이다. 그래서 뭐 어떻다는 것인가? 그 이유는 정확히 여기에 있다. 인간의 지식 전 영역에서 우리는 종결 욕구를 결여lack of closure하고 있기 때문이다. 과학의 목적으로서의 완전한 합의는 제한적으로, 즉 탐구를 위한 가상의 목적에서나 기대할 수 있는 것이다. 인간의 행복을 생각할 때는 왜 이러한 미결정성open-endedness을 허용하지 않는가?

다시 한 번 말하지만 그렇다고 도덕에 대한 견해들이 모두 정당화되는 것은 아니다. 그와 반대로 인간의 행복 문제에는 옳고 그른 답이 있다고 받아들이면 도덕을 잘못 생각하는 사람이 많다는 사실도 인정해야 한다.

중국의 자금성에서 황족을 섬기는 환관들은 왕조 대대로 자신들이 궁에서 영향력을 얻으면, 성장이 억제되고 격리된 채 보낸 세월을 그만큼 보상받는다고 대체로 느꼈던 것 같다. 이는 그들이 거세 이후 내내 병안에 보관되어온 자신의 생식기가 사후에 그들과 합장되고, 내세에 다시 인간으로 환생할 것을 보장해준다고 알고 있었기 때문이기도 했다.

이런 특이한 관점에 맞닥뜨리면 도덕실재론자는 이것이 단순한 의견 차이 이상의 것이라 말하고 싶을 것이다. 그러나 지금 우리 앞에 있는 것은 도덕적 오류다. 내 생각에 우리는 "매운 고추소스만을 국소마

취제로 사용해서" 생식기를 절제하려는 나라에 아들을 내시로 팔아넘기는 부모는 나쁘다고 정당하게 확신할 수 있다.[21] 1996년 94세를 일기로 사망한 제국의 마지막 환관 쑨야오팅孫耀庭이 "그가 섬기고자 열망했던 제국의 몰락"을 가장 큰 회환으로 여긴 것이 잘못일 수도 있다는 말이다. 개인의 도덕적 신조가 아무리 자기학대적인 부적응의 산물이라도, 무엇이 좋은 삶인지에 대해 그가 잘못 생각했다고 말할 수는 없다는 게 과학자들의 생각인 것 같다.

✿ 도덕의 역설

결과주의와 관련하여 실제 발생하는 문제 가운데 하나는, 어떤 행동의 결과가 좋을지 나쁠지를 늘 판단할 수는 없다는 점이다. 나중에 돌이켜봐도 좋고 나쁨을 판가름하기가 어렵다는 점은 실로 놀랍다. 데닛은 이 문제를 '스리마일 섬 효과the Three Mile Island Effect'[22]라고 불렀다. 1979년 미국 펜실베이니아 주 스리마일 섬에서 발생한 원자로 노심爐心 용융 사고의 결과는 나쁜 것일까 좋은 것일까?

첫눈에는 분명 나쁜 일로 '보일' 것이다. 그러나 이 사고는 핵 안전을 보다 강화할 수 있는 방향으로 유도할 것이고, 결과적으로 더 많은 인명을 구할 수 있을 것이다. 아니면 오염을 발생시키는 기술에 대한 의존도를 높임으로써 암 발생률이나 지구 기후변화를 증가시키는 원인이 될 수도 있다. 혹은 상호 강화시키기도 하고 상쇄시키기도 하는 여러 결과를 만들어낼 것이다. 이렇듯 분석하기 쉬운 사건의 결과조차도 깔끔하게 판단하기 어렵다면, 하물며 일생 동안 해야 하는 셀 수 없는 결정들의 결과를 판단하는 일은 어떻겠는가?

어떤 사건의 도덕적 중요성을 판가름하기 어려운 이유 중 하나는, 누구의 행복을 가장 신경 써야 하는지 결정하기가 종종 불가능해 보이기 때문이다. 서로 이해관계가 엇갈리고 행복의 개념이 대립되기 때문에, 전 인구의 행복을 생각하기 시작한 순간에도 유명한 역설들이 우리 앞에 뛰어든다. 앞으로 살펴보겠지만 인구윤리학population ethics이 바로 악명 높은 역설의 주요 원인이다. 철학자 패트리샤 처칠랜드Patricia Churchland가 말했듯이 "다리가 부러진 두 사람과 경미한 두통을 앓는 500만 명을 어떻게 비교해야 할지, 혹은 자신의 두 아이의 요구와 자신과 아무 관련 없는 뇌손상을 입은 500만 명의 세르비아 어린이를 어떻게 비교해야 할지에 대해 하찮은 생각이나마 내놓는 사람이 없다."**23**

이런 곤혹스런 문제가 조금이나마 학계의 관심을 끄는 것처럼 보인 후에야, 우리는 인구윤리학이야말로 사회가 선택해온 가장 중요한 결정을 좌지우지한다는 사실을 깨닫는다. 전쟁이 발생하고 질병이 만연하며 수백만 명이 기아로 허덕이고 지구의 자원이 부족할 때 우리의 도덕적 책임은 무엇일까? 이때가 바로 합리적이고 윤리적임을 자처하는 방식이 집단의 복지에 가져온 변화를 평가해야 할 때다. 아이티 섬에 발생한 지진으로 25만 명이 목숨을 잃을 때 우리는 어떤 행동으로 동기부여를 받아야 할까? 전체 인구의 행복에 대한 직관은 이런 문제들에 대한 우리의 생각을 알게 모르게 결정한다.

단순히 인구윤리학을 무시할 때는 예외다. 우리는 심리학적으로 그러고 싶은 마음이 있는 것 같다. 심리학자 폴 슬로빅Paul Slovic과 동료들은 규모가 큰 집단, 즉 적어도 한 사람 이상의 집단에 대해 생각할 때 우리의 도덕적 능력이 다소 놀라울 정도로 제한을 받는다는 연구 결과를 얻었다.[24] 슬로빅이 관찰한 것처럼 인간의 생명이 위협받을 때, 생사의 기로에 선 생명의 수가 많아질수록 우리의 걱정이 커지는 것은 합리적이고 도덕적이다. 생명을 많이 잃으면 부정적 결과(문명의 붕괴 같은)가 뒤따른다고 생각할 때 우려를 나타내는 곡선은 가파르게 치솟을 것이다. 그러나 우리가 타인의 고통에 대해 반응하는 방식의 특징은 이렇지 않다.

슬로빅의 실험 연구는, 직관적으로 우리가 누군지 아는 단 한 사람에게 가장 많이 신경을 쓰고, 둘일 때는 그보다 덜 신경 쓰며, 그 수가 늘어날수록 점점 생각이 무뎌진다는 사실을 보여준다. 이런 '심리적 마비psychologic numbing'는 집단학살보다 아기 '한 명'이 고통받는 일에 더 마음 아파하는 일반적 현상을 설명한다. 슬로빅은 이를 '집단학살 무시genoicide neglect'라 불렀는데, 가장 끔찍하고 필요 없는 고통에 실천적으로나 정서적으로 대응하지 못하는 것을 의미한다. 이는 대표적으로 도덕적 직관의 가장 당혹스러우면서도 결과적 파장이 큰 실패 중 하나다.

슬로빅은 상황이 어려운 아이들에게 기부할 기회가 왔을 때 사람들이 가장 관대하게 지갑을 열고 더 큰 공감을 느끼는 경우는, 단 '한 명'의 아이의 고통에 대해 들을 때라고 한다. 두 아이의 사정을 들으면 동정이 줄어든다. 이런 악한 경향은 계속되어서, 필요가 커질수록 사람들은 정서적으로 덜 영향을 받고 기부도 줄어드는 경향을 보인다.

　물론 자선단체들은 오래전부터, 자료에 기부 받을 사람의 사진을 넣는 것이 기부자들과 현실적 고통을 연결시키고 기부를 증가시킨다는 사실을 알고 있었다. 슬로빅의 연구는 이런 불확실함을 확인해주었고, 이를 가리켜 '누구인지 확인 가능한 희생자 효과identifiable victim effect'라고 한다.[25] 그런데 놀랍게도, 이런 개인적 호소에 한 가지 문제에 대한 정보만 추가해도, 그 결과는 생산적이지 않은 것으로 나타났다. 슬로빅은 단 한 사람의 필요에 대한 이야기를, 보다 큰 범위의 인간의 필요라는 맥락에서 이야기할 때 오히려 이타주의가 줄어든다는 것을 보여주었다.

　고통이 증가되는 상황에 직면했을 때 확실히 사람들이 '덜' 관심을 가진다는 사실은 도덕규범을 명백히 위반한다는 뜻이다. 그러나 일단 관심을 가지면, 이런 식으로 감정과 물질을 분배한다는 것이 얼마나 변명의 여지가 없는 일인지 곧 깨닫는다는 사실이 중요하다. 이런 실험적 발견이 놀라운 이유는 그것이 명백히 모순되기 때문이다. 한 소녀에게 일어난 일에 마음을 쓴다면, 그리고 그녀의 오빠에게 일어난 일에도 마음을 쓴다면 당신은 적어도 둘의 공동 운명에 대해서도 그만큼 마음을 써야 한다. (어떤 의미에서) 당신은 복합적인 관심을 보여야만 한다.[26]

　당신이 이 원칙을 위반한 사실이 밝혀지면 도덕적인 오류를 범했다고 느낄 것이다. 이러한 느낌은 왜 이런 결과가 오직 실험 대상자들 '사이에서만'(한 집단은 아이 한 명을 도우라는 요청을 받았고, 다른 집단은 두 명을 도우라는 요청을 받았을 때) 나타나는가를 설명한다. 만약 각 연구 참여자에게 두 경우 모두를 제시했다면 (도덕 추론의 규범을 위반했을 때 그

걸 알아차리게 내버려두면) 그 결과가 사라질 거라는 점은 확실하다.

분명 문명의 중대한 과제는, 매 순간 윤리적 직관이 실패하지 않도록 우리를 보호하는 문화적 메커니즘을 만들어내는 것이다. 우리는 더 나은 자아를 법, 세금 규정, 제도 속에 새겨넣어야 한다. 또한 아이 한 명보다 두 명의 가치를 더 크게 계산하는 것이 일반적으로 불가능하다는 사실을 알았기 때문에, 인간의 행복에 대한 깊은 이해를 반영하고 강화할 수 있는 구조를 세워야 한다. 이 지점에서 도덕의 과학이 반드시 필요하다. 인간 행복의 원인과 구성요소를 더 많이 이해하고 동료의 경험을 더 많이 알게 될수록, 우리는 사회정책을 채택할 때 보다 지적인 결정을 내릴 수 있을 것이다.

예를 들어보자. 로스앤젤레스에는 거리에 사는 사람 수가 9만 명으로 추산된다고 한다. 그들은 왜 홈리스가 되었을까? 그중 몇 명이나 정신질환을 앓고 있고, 또 마약이나 알코올에 중독되어 있을까? 얼마나 많은 사람들이 경제 균열로 인해 그렇게 쉽게 무너졌을까? 이 질문들에는 답이 있고, 이 질문들 모두 가짜 해결책이나 무시를 포함해 다양한 범위의 답변을 수용한다. 어떤 정책들을 채택하면, 미국의 모든 국민이 자기가 사는 지역사회에서 홈리스 문제 해결에 도움을 주기 쉬워질까? 텔레비전 시청이나 비디오게임보다 홈리스 문제 해결에 관심을 갖게 할, 참신하고도 훌륭한 아이디어가 없을까? 현실 세계에서 홈리스 문제의 해결을 도울 비디오게임을 디자인하는 것이 가능할까?[27] 다시 한 번 말하지만 우리가 관련 사실들을 밖으로 드러낼 수 있는지 여부에 관계없이 이러한 문제들은 사실의 세계에 대해 열려 있다.

분명 도덕은 상당 부분 문화적 규범에 의해 형성되고, 자신이 옳다고 믿는 것을 행하기는 어려울 수도 있다. 한 친구의 네 살배기 딸은 최근 사회적 지지가 도덕적 결정에 어떤 역할을 하는지를 관찰했다.

아이는 새끼 양 갈빗살 요리를 게걸스레 먹으며 말했다. "새끼 양을 먹다니 슬퍼요."

아이의 아빠가 물었다. "그러면 그만 먹지 그러니?"

"왜 사람들은 이렇게 어린 동물을 죽일까요? 왜 다른 동물을 대신 죽이지 않는 거예요?"

아빠가 대답했다. "왜냐하면 사람들이 고기를 좋아하기 때문이지. 지금 너처럼 말이다."

그의 딸은 여전히 양고기를 씹으면서 잠시 골똘히 생각을 하더니 대답했다.

"그건 좋지 않아요. 하지만 사람들이 계속 새끼 양을 죽이면 나도 계속 먹을 수밖에 없어요."

결과주의로 인해 실제 발생하는 어려움은 여기서 끝이 아니다. 집단 행복의 극대화를 생각할 때, 전체의 행복을 고려할 것인가 평균적 행복을 고려할 것인가? 철학자 데릭 파핏Derek Parfit은 두 경우 모두를 추정의 토대로 삼을 경우 골치 아픈 역설에 봉착한다는 점을 증명했다.[28] 전체의 복지에만 관심을 둔다면, 70억 명이 완벽하게 희열을 느끼는 삶보다 1,000억 명이 간신히 먹고살 만한 삶을 더 낫다고 여겨야 한다. 이것이

파핏의 '당혹스러운 결론The Repugnant Conclusion'으로 알려진 유명한 논증의 결과다.[29]

한편 집단의 평균적 행복에 관심을 가지면, 수십억 명이 약간 덜 행복한 세상보다 행복한 사람 하나가 사는 세상을 더 낫다고 여겨야 한다. 심지어 행복의 평균치를 상승시키기 위해서 현재 살아 있는 사람 가운데 가장 행복하지 않은 많은 사람들을 고통 없이 죽이자는 제안이 나올지도 모른다. 평균적 행복이 우위를 점하게 되면, 단 한 사람이 약간 더 고통스러운 삶보다 수십억 명이 계속 고통을 받으며 비참하게 사는 삶이 더 낫다고 여기게 될 것이다. 이런 논리는 무엇에도 영향을 받지 않는 사람들의 경험이 어떤 행동의 도덕성을 좌우하게 할 수도 있다.

파핏이 지적하듯 시간적 평균치를 고려한다면 아이를 가지는 것이 잘못된 일이라고 여길지 모른다. 아이의 삶은 대단히 살 만한 가치가 있지만 고대 이집트인에 비해 낮지 않을 것이기 때문이다.[30] 파핏은 모든 사람의 삶의 질이 더 낮음에도 평균적으로는 질이 더 높아진 시나리오까지 구상했다. 분명한 것은 복지의 단순 총합이나 평균을 유일한 기준으로 삼을 수는 없다는 것이다. 그러나 극단적인 경우 인간의 행복은 '어떤' 식으로든 총합을 따져봐야 한다는 사실도 알 수 있다. 모두가 절대 고통 속에 사느니, 모두가 매우 만족스럽게 사는 게 진정 더 낫기 때문이다.

우리의 도덕적 저울 위에 결과만을 올려놓아도 난처한 문제가 발생한다. 예를 들어 우리에게는 가난하고 병들고 아둔한 사람보다, 부유하고 건강하고 지적인 인질을 먼저 도와야 할 도덕적 의무가 있을까? 결국 후자는 풀려났을 때 사회에 긍정적으로 기여할 확률이 더 높다. 또 친구나 가족을 편애하는 것은 어떤가? 모르는 사람의 아이 여덟 명을 구하지 않고 내 외자식을 구한다고 해서 내가 잘못한 걸까? 이런 문제와 씨름하다 보면, 많은 사람이 도덕은 단순한 산술법칙을 따르지 않는다는 사실을 확신하게 된다.

그러나 이런 난제들은 단순히 어떤 도덕적 물음들이 실제로는 답하기 곤란하거나 불가능하다는 점을 알려줄 뿐이다. 그렇다고 도덕이 우리의 행위와 의도의 결과가 아닌 다른 것에 의존한다는 뜻은 아니다. 이 점에서 혼란이 자주 발생한다. 결과주의가 도덕적 질문에 답하는 방법인 것은 맞지만, 그보다는 도덕적 진리의 위상을 주장하는 역할이 중요하기 때문이다. 도덕 영역에서 결과를 평가하는 방식은 다른 영역과 같은 방식으로 진행되어야 한다. 불확실성의 그늘 아래서는 이론, 데이터, 진실한 대화를 따라야 하는 것이다. 우리의 사고와 행위의 결과가 어떻게 될지 알기 힘들거나 불가능하다고 해서 인간의 가치를 고심할 다른 근거가 있다는 뜻은 아니다.

✿ 모든 구성원의 행복을 극대화하는 세상

이런 어려움들이 있지만 내 생각에는 종종 답이 없다고 생각되는 도덕적 문제들도 언젠가는 해결될 것 같다. 예를 들어 어떤 결과가 누적되느냐에 관해 전혀 무관심한 경우보다는, 친한 사람들을 위한 어느 한

가지를 선호하는 편이 (일반적인 행복이 증가되기 때문에) 더 낫다는 데 동의할 것이다. 말하자면 우리가 어떤 한 집단에 특별한 방식으로 연결되어 있기 때문에 최선으로 베풀 수 있는 몇몇 형태의 사랑과 행복이 있을 수 있다. 현재 기술적記述的으로는 이것이 분명 사실인 것 같다.

예를 들어 자기 자식에 대한 부모들의 특별한 애착을 무시하는 공동체 실험은 제대로 진행되지 못하는 것 같다. 이스라엘의 생활 공동체 키부츠kibutzim도 이 사실을 어렵게 배웠다. 공동체 양육이 아이와 부모 모두를 덜 행복하게 한다는 사실을 알고 나서야 핵가족제도를 회복한 것이다.[31] 대부분의 사람들은 당연히 자기 자식을 편애해도 되는 세상이 더 행복할 것이다. 아마도 이런 환경에서는 법과 사회규범이 편애를 묵인할 것이다. 딸을 병원에 데리고 갈 때 나는 당연히 다른 아이보다 내 아이에게 더 많은 관심을 쏟는다. 그렇다고 병원 직원들까지 내 편애를 공유하길 바라는 건 아니다. 사실 조금만 시간을 두고 생각해보면, 그 사람들이 그래 주길 바라지도 않는다는 걸 깨닫게 된다. 어떻게 내 자기 이익을 거부하는 것이 실제로는 내 자기 이익을 위한 일이 될 수 있을까?

우선 한 시스템에는 나에게 유리하기보다는 그렇지 않은 방향으로 기울 가능성이 더 많다. 그리고 나는 쉽게 잘못될 수 있는 시스템보다는 공정한 시스템에서 훨씬 더 많은 이익을 얻으리란 걸 잘 안다. 그러면 다른 사람에게 더 많은 관심을 두게 되고, 이런 공감의 경험은 내게 깊은 영향을 미칠 것이다. 나는 공정성에 가치를 두는 사람이 될 때 더 기분이 좋아진다. 또한 내 딸아이도 이런 가치를 공유하는 사람이 되길

원한다. 그런데 내 아이를 치료하는 의사가 실제로 나처럼 내 딸을 편애하고, 다른 환자들보다 내 딸을 훨씬 중요하게 여긴다면 어떤 기분이 들까? 솔직히 약간 소름이 끼칠 것이다.

그러나 아마도 정확히 같은 정도로 구성원의 행복을 극대화하는 두 가지 가능한 세상이 있을 수 있다. 첫 번째 세계에서는 모두가 아무런 편견 없이 다른 사람들의 행복에 초점을 맞춘다. 반면 두 번째 세계에서는 모두들 일정 정도는 자기 친구나 가족을 도덕적으로 선호하는 성향을 보인다. 구성원들이 정확히 똑같은 수준의 행복을 향유한다는 점에서 어쩌면 두 세계 모두 똑같이 좋다고 할 수 있을 것이다. 이 세계들은 도덕의 풍경의 두 산봉우리일 수도 있고 어쩌면 다른 것일 수도 있다. 이것이 도덕실재론이나 결과주의에 위협이 될까? 아닐 것이다. 왜냐하면 도덕의 풍경의 현 지점에서 다른 봉우리로 옮겨가는 방법에도 여전히 옳고 그른 길이 있을 것이기 때문이다. 그리고 그러한 이동은 결국 여전히 행복의 증진에 관한 문제가 될 것이다.

가장 쉽게 이해할 수 있는 보수적 이슬람교로 논의를 되돌려보자. 동성애자들을 악마 취급하고 간통한 자를 돌로 치며, 여성에게 베일을 강제하고 예술가나 지식인을 청부 살해하며, 자살폭탄 테러리스트의 공적을 찬양하는 일 등이 인류를 도덕의 풍경 꼭대기로 데려다 줄 거라고 생각할 이유는 절대로 없다. 내 생각에 이것은 과학에서 해온 것만큼이나 '객관적'인 주장이다.

덴마크 만평 논란을 보자. 이것은 요즘도 여전히 진행 중인 종교적 광기의 분출이다. 덴마크의 만평가 쿠르트 베스테르고르Kurt Westergaard

는 2005년 한 일간지에 이슬람교의 창시자 마호메트의 터번에 폭탄을 그린 만평을 실었다. 주장컨대 극히 온건한 이 만평의 선동성 때문에 그는 2006년 첫 번째 암살 시도를 당한 이후로 줄곧 은둔생활을 하고 있다. 처음 논란이 시작된 지 3년 이상 지난 2010년에는 한 소말리아인이 도끼를 들고 베스테르고르의 집에 침입했다. 그는 특수 고안된 '패닉 룸panic room' 덕분에 신의 영광을 위한 살해를 모면할 수 있었다(다섯 살 난 손녀도 이 공격을 목격했다고 한다). 현재 그는 계속해서 경찰의 경호를 받고 있으며, 불행히도 덴마크에서는 '쿠르트 베스테르고르'라는 이름을 가진 87명의 다른 남성들도 마찬가지로 경호를 받고 있다.[32]

이슬람은 독특하게도 전 세계 거의 모든 사회에 그들의 공동체를 탄생시켰고, 이들은 이슬람교 비판에 대해 극히 예민해서, 폭동이나 대사관 방화, 심지어 '만평' 때문에 무고한 사람을 죽이려 드는 일까지 벌인다. 이슬람 내부에서라면 자기 동료들이 자행하는 끝없는 잔혹행위에 저항하기 위해서라도 여간해서 벌이지 않을 일들이다.

이렇게 대내외적으로 끔찍하게 역전되는 상황이 인간의 행복을 극대화하기 어려운 이유는 생화학에서 경제학에 이르기까지 다양한 수준에서 분석 가능하다. 이 경우에 더 많은 정보가 있어야 할까? 신성모독이라는 이유로 만평가들을 죽인다면 도덕의 풍경에서 우리가 가볼 만한 곳은 없다. 이런 사실을 아는 것만으로도 우리는 인간의 조건에 대해 이미 알 만큼 안다고 생각한다.

심리학이나 행동경제학behavior economics의 또 다른 연구 결과들은 인간 행복의 변화들을 평가하기 어렵게 만든다. 즉 사람들은 포기한 이익보다 손실을 훨씬 더 크게 생각하는 경향이 있다. 이는 최종적인 결과가 같아도 마찬가지다. 예를 들어 어떤 도박판에서 100달러를 잃을 확률이 50퍼센트일 때, 잠재 이익이 200달러 이하이면 별 유혹을 느끼지 못한다. 이런 성향은 이른바 '소유 효과endowment effect'와 연관이 있다. 이것은 어떤 물건을 소유한 사람이 그것을 교환할 때, 처음에 산 가격보다 더 높은 가격을 요구하는 현상이다.

심리학자 대니얼 카네만Daniel Kahneman의 말을 빌리면, "동일한 상품이라도 잠재적으로 이익이 되리라고 생각하는 시점의 가치보다, 잃어버리거나 포기해야 할 수도 있다고 생각하는 시점의 가치가 더 크다."[33] 바로 이 손실 회피 때문에 사람들은 실수를 하는 한이 있어도, 현 상태를 유지하는 쪽으로 행동한다. 이것은 갈등을 타협으로 해결하는 데도 장애로 작용하기 때문에 중요하다. 이해 당사자들이 상대의 양보를 이익으로, 자신의 양보를 손실로 볼 때 자신의 희생을 더 크게 인식하기 때문이다.[34]

손실 회피는 기능성 자기공명영상장치fMRI로 연구해왔다. 이런 성향이 잠재적 손실과 관련된 부정적 감정의 결과라면, 부정적 정서를 지배하는 뇌 영역이 관여할 것으로 예상할 수 있다. 그러나 손실이 증가함에 따라 활성화되는 뇌 영역을 발견할 수 없었다. 대신 이익을 볼 때 활성화되는 영역은 잠재적 손실이 증가할수록 활성이 감소했다. 사실 이 뇌 구조 자체가 '신경적인 손실 회피neural loss aversion'의 패턴을 보인다. 잠재적 이익의 증가에 따른 활성 증가보다 잠재적 손실에 따른 활성 감소

가 더 급격하다.**35**

이런 성향이 도덕적 착각을 불러일으킨다고 생각되는 경우가 분명히 있다. 여기서 옳고 그름에 대한 관점은 결과를 이익과 손실 중 어떤 것을 기준으로 기술했는가에 따라 달라진다. 어떤 착각들은 완전히 고치기 불가능한 것도 있다. 인식의 착각perceptual illusion의 대부분 그렇듯이, 두 상황이 도덕적으로 동등한 가치를 지닌다고 '아는' 경우에도 그렇게 '보기는' 불가능할 수 있기 때문이다. 그런 경우 상황의 겉모습을 무시하는 게 윤리적일 수 있다. 혹은 이상적인 결과에 도달하는 과정이 실제로 문제가 될 수도 있다. 따라서 손실과 이익은 비교할 수 없게 될 것이다.

예를 들어 당신이 민사소송의 배심원단으로, 해당 병원이 기준 이하의 치료를 받은 아이의 부모에게 배상금을 얼마 지급해야 하는지 결정하라는 요청을 받았다고 해보자. 여기 두 개의 시나리오가 있다.

A 부부는 병원 직원이 세 살짜리 딸아이에게 무심코 신경독성 물질을 주었다는 것을 알게 되었다. 입원 전 아이는 IQ 195의 음악신동이었는데, 입원 이후 지적 천재성을 잃어버린 것이다. 더는 연주를 능숙하게 할 수 없을 뿐만 아니라 IQ도 100미만으로 떨어졌다.

B 부부는 원래 IQ가 100인 세 살배기 딸아이에게, 매우 안전하고 비용도 저렴한 유전자 치료를 해서 음악적 재능을 키우고 IQ도 두 배로 늘리고자 했다. 하지만 병원 측이 부주의했다는 사실을 알게 되었다.

아이의 지능은 여전히 평균에 머물렀고, 눈에 띄는 음악적 재능도 보이지 않았다. 게다가 이러한 유전자 치료를 할 수 있는 결정적인 시기도 놓쳐버렸다.

두 시나리오에서 최종 결과는 분명 거의 동일하다. 그러나 손실로 인한 정신적인 고통이, 놓쳐버린 이익 때문에 생긴 정신적 고통보다 더 클 수밖에 없다면 어떤가? 그렇다면 비록 무언가를 잃는 것이 그것을 얻지 못하는 것보다 왜 더 나쁜지 합리적 설명을 할 수 없더라도, 이 차이를 감안하는 것이 적절할 것이다. 이것이 도덕 영역에서 어려운 점의 하나다. 행동경제학의 딜레마와는 달리, 두 가지 결과를 동등하게 판단할 기준을 정립하기 어려운 경우가 많기 때문이다.**36**

그런데 이 사례에서는 어쩌면 또 다른 원칙이 작동할지도 모른다. 사람들은 부작위omission의 죄보다 작위commission의 죄를 더 심하게 묻는 경향이 있다. 이런 성향을 어떻게 설명해야 할지도 분명치 않다. 그러나다시 한 번 말하건대 인간 행복의 극대화라는 방법에 옳은 답이 있다고말한다 해서, 늘 그런 문제에 답할 수 있는 입장에 있다는 뜻은 아니다. 도덕의 풍경에는 정상과 계곡이 있을 것이다. 어떤 길로 가야 올라갈수 있는지 우리가 항상 아는 건 아니지만, 두 지점 사이를 왔다 갔다 하는 건 분명 가능하다.

주관성의 또 다른 특징들 가운데 대다수가 도덕적 함의를 지닌다. 이를테면 사람들은 (긍정적이든 부정적이든) 최고 강도의 경험과 종결기의특징으로 상황을 평가하는 경향이 있는데, 심리학에서는 이를 '절정-

종결 규칙peak-end rule'이라 한다. 대장내시경 검사(실험 당시에는 마취 없이 검사가 진행되었다)를 받은 환자들의 임상실험 결과, 그럴 필요가 없는 데도 의사가 검사 마지막 몇 분 동안 가장 덜 불편하게끔 내시경을 빼지 않고 있은 경우, 고통의 지각이 뚜렷하게 감소하고 다음번 검사를 다시 받으러 올 가능성이 커질 수 있다고 한다.[37]

이 원칙은 혐오스러운 소리 자극[38]이나 추위에 노출되었을 때도 똑같이 적용된다고 한다.[39] 이러한 소견들은 일정한 조건에서는 '불필요하게(최고 강도보다 아주 약간 낮은 강도의) 고통을 연장하는 것'이 나중에 고통에 대한 기억을 약화시키는 데 긍정적으로 작용한다는 점을 시사한다. 이렇게 하지 않는다면 오히려 비윤리적일 수 있다. 말할 것도 없이 이는 극히 반직관적인 결과다. 그런데 이것이야말로 과학에서는 매우 중요하다. 과학은 겉모습 이면의 것을 보는 방식으로 세상과 그 속에서 우리의 위치를 탐구하게 해주기 때문이다. 그렇다면 보편적으로 도덕과 인간의 가치에 대해서도 이렇게 하지 못할 이유가 있을까?

✳ 공정성과 위계

행동의 결과에 초점을 맞추는 것은 윤리에 대한 몇 가지 접근방법 중 하나일 뿐이라는 믿음이 우세하다. 이는 역설이 뒤따르고 종종 시행하기가 불가능하기 때문이다. 가상의 대안들이란, 매우 합리적인 경우와 결정적으로 불합리한 경우로 나뉜다. 전자의 예는 존 롤스John Rawls 같은 현대 철학자의 업적에서 나온 것이고[40] 후자의 예는 세계 주요 종교에서 공표한 이질적이고 흔히 모순적인 규율들이다.

계시종교revealed religion를 도덕 지침의 근원으로 제외한 이유는 다른 데서 언급했다.[41] 그래서 여기서는 그런 이야기는 접어두고 분명한 요점만 제시하겠다. 첫째, 우리에게는 많은 계시종교가 있는데, 그들은 서로 공존할 수 없는 교리를 제시한다. 둘째, 기독교나 이슬람교를 포함하여 가장 많은 사람들이 보는 종교 경전들 대부분이 노예제 같은 명백히 비윤리적인 관행을 용인한다. 셋째, 지혜롭게 황금률을 사용할 것인가 혹은 어리석게 배교자를 죽일 것인가를 판단할 때, 종교 규율의 타당성을 입증하는 능력은 우리가 경전'에' 적용하는 것이다. 즉 경전'에서' 나온 게 아니라는 말이다. 넷째, 세상의 어떤 종교가 우리 조상들에게 '계시된' 것이라고 믿는 이유는(21세기 교육의 혜택을 받지 못한 남녀들이 만들어낸 것이 아니라) 웃어넘길 만한 것이거나 혹은 존재하지 않는다. 이런 상호 모순적인 교리들에는 오류가 없다는 생각은 여전히 논리적으로 불가능하기 때문이다. 여기서 버트런드 러셀의 유명한 말을 피난처로 삼을 수 있다. "세상의 종교 중 어느 하나가 완벽하게 참이라 해도, 서로 충돌하는 신앙의 수를 헤아려볼 때 각 신도들은 천벌을 순전히 확률의 문제로 보아야 한다."

결과주의에 대한 합리적 도전들 가운데 존 롤스의 '계약주의contractualism'는 최근 수십 년 동안 가장 큰 영향력을 보여왔다. 그는 《정의론A Theory of Justice》에서 행복의 극대화라는 목표의 대안으로서, 공정사회 구축에 접근할 것을 제안했다.[42] 롤스를 유명하게 해준 주요 접근방법은 바로,

어떤 사람이 사회 구성원이 될지 모르는 상황에서 합리적인 사람들은 이해타산에 따라 어떻게 사회를 구축할 것인가라는 질문법이다. 롤스는 자신의 이 새로운 출발점을 '원초적 입장original position'이라고 불렀고, 각자는 이 입장에서 '무지의 베일veil of ignorance'을 쓰고 모든 법과 사회제도의 공정성fairness을 판단해야 한다고 주장했다. 다시 말해 우리가 흑인인지 백인인지, 남성인지 여성인지, 젊은이인지 노인인지, 건강한지 아픈지, 지능이 높은지 낮은지, 잘생겼는지 못생겼는지 등, 우리의 입장을 미리 알 수 없을 때는 어떤 사회든 우리가 바라는 모습으로 만들 수 있다는 것이다.

공정의 문제를 판단하는 방법으로서, 이 사고실험thought experiment은 부인할 수 없을 만큼 명쾌하다. 그러나 정말로 이것이 우리 행동의 실제 결과를 생각한 대안일까? 무지의 베일을 쓰고 이상적인 사회를 구성했는데, 전지전능한 존재가 이런 말을 한다면 어떤 기분이 들까? 즉 그 사회가 대단히 공정하기는 하지만 몇 가지 선택은 수많은 사람들에게 불필요한 고통을 가져다준 반면, 또 어떤 선택은 아주 조금 불공정하기는 해도 공정한 선택만큼 큰 고통이 따르지 않는다면 말이다. 이런 사실에 개의치 않을 수 있을까?

정의가 인간의 행복과 '완전히' 동떨어진 것이라고 생각하면, 도덕적으로 '옳은' 행위와 사회 시스템들이 그것의 영향을 받는 모든 사람들의 행복에 해가 될 가능성에 맞닥뜨리게 된다. 롤스가 그런 것처럼 이 점에 대해 "정의로운 제도가 선을 극대화할 것이라고 생각할 이유는 없다"[43]고 이를 악물고 말한다면, 도덕적이고 철학적인 패배를 인정하는 격이다.

어떤 사람들은 사회적 행복을 극대화하는 데 집중하면, 소수의 권리와 자유를 희생해야 하고 이러한 희생은 다수의 더 큰 이익으로 상쇄될 거라고 우려한다. 소수의 노예가 나머지 사람들의 쾌락을 위해 죽도록 일하는 사회는 왜 나쁜가? 이러한 우려의 핵심은 집단의 행복에 초점을 맞추다 보면 사람을 목적 그 자체로 존중하지 못하게 된다는 점에 있다. 그러면 우리는 누구의 행복에 신경 써야 하는가? 예를 들어 한 인종주의자가 소수 집단을 착취하여 얻는 쾌락은, 한 성자가 자신의 목숨을 담보로 낯선 이를 돕는 데서 얻는 쾌락과 완전히 일치하는 것 같다. 성자보다 인종주의자가 더 많을 경우 인종주의자가 이길 것이고, 우리는 부당한 사람들의 쾌락을 극대화하는 사회를 건설해야만 할 것이다.

그러나 이런 우려는 분명히 인간의 행복에 대한 불완전한 그림에 근거한다. 사람을 목적 그 자체로 대하는 것이 인간의 행복을 보호하는 좋은 방법인 한, 우리는 꼭 그렇게 해야 한다. 공정성은 한낱 추상적인 원리에 불과한 것이 아니다. 그것은 경험으로 느껴지는 것이다. 물론 우리는 이런 사실을 마음속으로는 알고 있다. 그런데 뇌영상 관찰 결과에 따르면, 공정성은 뇌에서 보상과 관련된 활성을 이끌어내는 반면, 불공정한 제안을 받아들일 때는 뇌에서 부정적 감정을 통제하라고 요구한다는 것이다.[44]

타인의 이익을 배려하거나 공정한 결정을 내리는 일(그리고 다른 사람들도 그렇게 할 거라고 생각하는 일), 가난한 사람을 돕는 일 등은 우리의 심리학적, 사회적 행복에 기여하는 경험들이다. 결과주의자의 사고방식 안에서 우리 각자가 정의로운 시스템을 따르는 것은 완벽하게 합리적으로 보인다. 그 안에서 우리의 즉각적이고 이기적인 이익은 종종 공정성에 대한 생각으로 바뀔 것이다. 단, 그것은 공정한 시스템 안에서 모두가 더 나은 생활을 할 거라는 가정하에서만 합당하다. 그리고 아마그 가정은 참일 것이다.[45]

개인의 행복 추구가 정의로운 사회를 건설하려는 노력과 매 순간 공존할 수는 없다 해도, 고통받는 것은 사회가 아니라 사람이라는 사실을 간과해서는 안 된다. 불공정이 잘못된 것이라면 그것은 오직 어떤 수준에서 그것이 실제로 혹은 잠재적으로 사람들에게 나쁘기 때문이다.[46] 불공정은 그로 인한 희생자를 명백히 불행하게 만든다. 또한 타인의 행복을 배려한 경우보다 부당한 짓을 저질렀을 때 가해자도 불행해지기가 쉽다고 주장할 수 있다. 불공정은 신뢰를 파괴하여 낯선 사람들끼리 협동하기 어렵게 만든다.

물론 여기서 말하는 것은 의식적 경험의 일이므로, 이는 필연적으로 뇌의 작동 과정에 대해 말하는 셈이다. 도덕과 사회적 감정의 뇌과학은 아직은 시작 단계에 불과하다. 그러나 언젠가 우리의 행복과 고통의 실질적인 원인에 대해 도덕적으로 의미 있는 통찰을 제공하리라는 데에는 의문의 여지가 없어 보인다. 이 여정에는 다소 놀라운 것들도 있겠지만, 친절, 동정, 공정성, 그리고 고전적인 '좋음'의 특징들이 뇌과학적으로 입증될 거라고 기대할 만한 충분한 이유가 있다. 이 말은 단지 이런 특징들이 삶의 질을 높인다는 점에서 그것이 좋다고 믿을 더 큰 이유를 찾아내게 될 거라는 뜻일 뿐이다.

우리는 이미 전부터 합리성과 마찬가지로 도덕도 특정 규범의 존재를 함축한다고 보기 시작했다. 즉 도덕은 어떻게 생각하고 행동하는가를 단순히 기술하는 데 그치지 않고, 어떻게 생각하고 행동'해야만' 하는가를 알려준다. 도덕과 합리성이 공유하는 하나의 규범은 관점의 교환가능성interchangeability이다.**47** 당신이 남편인가 아내인가, 고용인인가 피고용인인가, 혹은 채무자인가 채권자인가 등에 따라 문제 해결 방법이 달라져서는 안 된다. 단순히 무엇을 선호하느냐에 근거하여 어떤 사람의 관점이 옳은지 여부를 주장할 수 없는 이유가 바로 이것이다. 도덕의 영역에서 이 요건은 우리가 의도한 '공정성'의 핵심이다. 우방이냐 이방이냐에 따라 다른 윤리를 적용하는 것이 일반적으로 좋지 않은 이유 또한 이를 통해 드러난다.

우리는 사생활과 비즈니스에서 전혀 딴판인 사람들을 많이 볼 수 있다. 이런 사람들은 친구한테는 절대 거짓말을 하지 않지만, 고객은 전혀 아무렇지도 않게 속인다. 이것이 왜 도덕적 결함이 될까? 적어도 그것은 '불쾌한 놀라움의 원칙principle of the unpleasant surprise'이라 부를 수 있는 것에 쉽게 무너진다. 고객 중 한 사람이 친구라는 것을 알게 되었다고 해보자. 그는 이렇게 말할 것이다. '제니퍼 동생이라고 왜 말 안 했어요! 그래요. 그 제품은 사지 말아요. 이게 더 나아요.'

이런 순간들은 한 개인의 윤리에서 언제나 상황에 어울리지 않는 균열을 드러낸다. 윤리적으로 이중 잣대를 지닌 사람들은 이런 당혹스러움에 늘 예민하다. 또한 이들은 신뢰가 떨어진다. 신뢰란 한 개인이 타인의 행복을 보장하는 데 그에게 얼마만큼 기대할 수 있는가를 가늠하는 척도이기 때문이다. 그런 사람의 친구가 되더라도, 즉 당신이 그의 윤리적 이중 잣대 중 옳은 편에 있더라도 당신은 당신이 좋아하는 사람들을 그에게 믿고 맡길 수 없을 것이다("난 그 애가 '네' 딸인 줄 몰랐어. 미안해").

아니면 히틀러 치하의 나치당원을 생각해보자. 전 세계 유대인을 척결하는 데 온몸을 바치던 사람이 그 와중에 자신도 유대인임을 알게 되었다고 하자. 실제로 이런 사람들이 많았다고 한다. 도덕적으로 그가 스스로 목숨을 끊어야 마땅하다는 주장이 제기되지 않는 한, 우리의 주인공이 그의 진짜 정체성과 나치 윤리를 일치시키기 어려웠을 거라는 건 쉽게 상상할 수 있다. 분명한 것은 그가 자신의 정체성에 대한 거짓된 믿음에 입각해 옳고 그름을 판단했다는 점이다. 진정한 윤리는 그런 '불쾌한 놀라움'에 쉽게 무너져서는 안 된다.

이것은 아마도 롤스의 '원초적 입장'에 이르는 또 다른 길이 될 수 있을 것이다. 특정 집단에 소속되어 있다는 사실 때문에 옳고 그름을 판단하는 기준이 달라져서는 안 된다. 소속을 잘못 알 수도 있다는 것 말고 다른 이유가 없더라도 이는 마찬가지다.

아마도 모든 도덕철학에서 가장 유명한 처방일 칸트의 '정언명령 categorical imperative'은 이러한 동일한 우려를 정확히 잡아낸다.

그래서 정언명령은 오로지 하나이며 다음과 같다. "그대가 세운 준칙이 동시에 보편적인 법이 되리라고 합리적으로 의지할 수 있을 때에만 그 준칙에 따라 행동하라."[48]

칸트는 이 보편화 가능성이라는 기준이 순수이성의 산물이라고 믿은데 반해, 우리는 그 기준이 공정성과 정당화에 관한 기본적 직관에 의거하기 때문에 호소력이 있다고 느낀다.[49] 이성의 문제건 윤리의 문제건 자신의 견해가 다른 사람들에게 일반화될 수 없다면, 그 어떤 것에 대해서도 '옳다'고 주장할 수 없다.[50]

✿ 좋은 사람이 되는 것이 그렇게 어려운가

살다 보면 세상 사람들이 그래야 할 정당한 이유 없이 굶어 죽는다는 사실에 어떤 반응을 보여야 할지(혹은 반응할지 말지) 생각할 때가 있다. 또한 집이나 자주 찾는 음식점에서 어떤 맛좋은 음식을 먹을까 생각할 때도 있다. 1년을 기준으로 할 때 두 생각 중 어느 쪽이 당신의 시간과 물질적 자원을 더 많이 빼앗는가? 당신이 선진국에 사는 대부분의 사람들과 비슷한 수준이라면, 이런 비교가 당신에게 성자가 될 것을 권하는 것은 아닐 것이다.

내 이기적인 욕구 충족을 위해 노력하는 것과, 다수의 겪지 않아도 될 고통과 죽음을 줄이려고 노력하는 것 사이의 격차는 도덕적으로 정당화될 수 있을까? 물론 아니다. 이렇듯 윤리적으로 일관하지 못하는 행동은 종종 결과주의에 반대하는 공격으로 여겨진다. 하지만 그렇게 생각해서는 안 된다. 정말 좋은 사람이 되는 것 혹은 윤리적 일관성을 지니는 것이 쉬운 일이어야 한다고 누가 말했던가?

나는 더 좋은 사람이 될 수도 있지만 실제로는 그보다 덜 좋은 사람이라는 것을 잘 안다. 타인의 행복을 진심으로 극대화하는 삶을 살지 않는다는 말이다. 그런데 거의 확신하는 것은, 나 자신의 행복을 극대화하는 삶을 살지도 못한다는 점이다. 이것은 인간 심리학의 역설 중 하나다. 우리는 표면상 원하는 것과 가장 이익이 될 만한 것을 행하는 데 종종 실패하기 때문이다. 특히 '가장 하고 싶은' 일을 못하는 경우가 흔하다. 혹은 적어도 하루(1년, 일생)의 마지막에 가장 하고 싶었던 일을 못하는 경우가 많다.

쉽게 금연이나 다이어트 때문에 많은 사람들이 겪는 영웅적 분투를 생각해보자. 올바른 행동 방침이란 대체로 명백하다. 하루에 담배를 두 갑 피운다거나 25킬로그램 정도 과체중이라면 당신은 당신의 행복을 극대화하고 있지 않은 게 분명하다. 어쩌면 지금은 분명하게 와 닿지 않을 수도 있지만 한번 상상해보자. 금연과 다이어트에 성공한다면 1년 뒤 당신이 이러한 결정을 후회할 확률은 얼마일까? 아마 확률은 0일 것이다. 그런데 대부분의 사람들처럼 당신도 원하는 것을 얻기 위해 작은 행동 하나를 바꾸는 것이 얼마나 어려운지 알게 될 것이다.[51]

도덕적 차원에서 이런 곤경에 처한 사람들이 부지기수다. 나는 굶주린 사람들을 돕는 게 내가 하는 대부분의 일보다 훨씬 중요하다는 사실을 알고 있다. 오직 쾌락과 정서적 만족을 찾으려고 하는 일에서 얻는 것보다, 가장 중요한 일을 하는 것이 더 큰 쾌락과 정서적 만족을 준다는 사실도 의심할 바가 없다. 그러나 이런 사실을 안다고 해서 내가 바뀌지는 않는다. 나는 굶주린 사람들을 돕기보다 여전히 내 즐거움을 위한 일을 하고 싶다.

굶주린 사람들을 돕고 싶은 마음이 더 많이 생긴다면 내가 더 행복해질 거라고 굳게 믿는다. 또한 내가 그들을 돕는 데 더 많은 시간을 투자한다면 그들이 더 행복해질 거라는 데도 의심의 여지가 없다. 그러나 이런 믿음도 나를 바꾸기엔 충분치 않다. 내가 달라진다면 나는 더 행복해질 것이고, 세상도 (조금이나마) 더 나은 곳이 될 거라는 걸 나는 안다. 그러므로 내가 그렇게 도덕적이지도 행복하지도 않다는 사실은 거의 확실하다.[52] 나는 이 모든 사실을 잘 알고 내 행복을 극대화하길 바라지만, 지금보다 나를 더 행복하게 해줄 믿음을 대체로 행동으로 옮기지는 않는다.

사실상 이것은 내 정신의 구조와 이 세상의 사회적 구조 양쪽 모두에 해당하는 주장이다. 내 현재 정신 상태, 즉 내 행동과 주의력의 활용이 내 인생에 어떤 영향을 끼치는가를 고려할 때, 나는 덜 이기적일 때 더 행복해질 것이다. 내가 덜 이기적으로 행동하면 더 현명하고 효과적으로 이기적일 수 있다는 뜻이다. 이건 역설이 아니다.

정신 구조를 바꿀 수 있다면 어떨까? 주의를 기울이는 모든 것, 선택한 모든 규율 혹은 습득한 단편적인 지식이 우리 마음을 변화시키는 것처럼, 어느 정도의 변화는 과거에도 지금도 항상 가능하다. 또한 현재는 기분이나 집중력, 각성 상태를 조절하는 약품들에 쉽게 접근할 수 있다. 정신적인 능력에 훨씬 더 전면적인(또한 더 정확한) 변화를 일으킬 가능성도 눈앞에 있다. 옳고 그름에 대한 인식에 영향을 미치는 우리 마음에 변화를 일으키는 것이 좋을까? 도덕적 인식을 바꾸는 능력은 내가 주장하는 도덕실재론을 약화시킬까? 예를 들어 아이스크림을 먹는 게 극도의 쾌감을 줄 뿐만 아니라 내가 할 수 있는 가장 '중요한' 일이라고 느끼게끔 뇌를 바꿀 수 있다면?

아이스크림을 쉽게 구할 수 있다 해도, 내 새로운 성향은 자아실현에 도전이 될 것으로 보인다. 체중이 불어날 것이고, 사회적 책임이나 지적 추구도 무시하게 될 것이다. 아마 이런 이상한 성향은 곧 다른 사람들을 분노하게 만들 것이 틀림없다. 그러나 결국 뇌과학의 발전으로 뇌 전체에서 도덕적으로 의미 있는 경험에 반응하는 방식을 변화시킬 수 있다면 어떨까? 종種 전체가 공정성을 거부하고 속임수를 선호하며, 잔인함을 좋아하고 동정을 경멸하도록 프로그래밍 한다면? 과연 도덕적으로 좋을까?

다시 한 번, 문제는 세부사항에 존재한다. 이것이 진짜 동등하고 진정한 행복의 세상, 즉 '행복'이라는 개념이 지금 우리 세상에서처럼 민감하게 지속적으로 검토되고 개선되는 세상일까? 그렇다고 해두자. '진정한' 행복보다 무엇이 더 중요할 수 있을까? 그러나 이 세상에서 '행복'이라는 개념에 수반되는 모든 것을 고려하면, 우리가 도덕의 풍경으로 이동할 때 그 속성들이 완전히 대체 가능하다고 상상하기는 극히 어렵다.

이 딜레마의 축소판은 곧 수면 위로 떠오를 것이 확실하다. 점차 정신적 고통을 줄이기 위한 약물 사용 윤리를 생각할 필요가 생길 것이기 때문이다. 예를 들어 어머니가 자식의 죽음을 무심하게 여기기 위한 목적으로 약을 먹는 게 좋은 일일까? 부모로서의 책임감이 있다면 물론 그렇지 않을 것이다. 그러나 하나뿐인 자식을 잃은 슬픔이 영영 치유되지 않는다면? 그녀의 주치의는 그녀를 얼마만큼 위로해주어야 할까? 또 그녀는 얼마나 기분이 나아지길 '바라야' 할까? 이런 상황에서는 누구도 완벽한 행복을 느끼고 싶어 하지 않을 것이다.

한 가지 선택—이런 선택은 어떤 형태로든 반드시 해야 한다—을 해야 한다면, 내 생각에 대부분은 우리의 정신 상태가 느슨하게나마 삶의 현실과 연결되기를 바랄 것이다. 다른 사람과의 유대가 어떻게 다른 식으로 유지될 수 있겠는가? 예를 들어 우리는 자식을 사랑하면서 그들의 고통과 죽음에 전적으로 무심할 수 있을까? 그럴 수 없을 거라고 생각한다. 그런데 약국에서 진짜 슬픔 해독제를 갖다 놓고 팔기 시작한다면 과연 어떨까.

이런 문제들이 언제나 풀 수 없는 것이라면 우리는 앞으로 어떻게 나아가야 하는가. 수많은 사람들의 상충하는 필요를 완벽하게 평가하고 조화시키기는 불가능하다. 우리 자신 안에서도 종종 어떤 것이 더 필요한지 우선순위를 매기기가 어렵다. 우리가 할 수 있는 일은 실질적인 범위 내에서 우리 자신과 타인의 행복을 극대화할 수 있는 길을 따르려고 노력하는 것뿐이다. 이런 게 바로 현명하고 윤리적으로 산다는 뜻이다. 앞으로 살펴보겠지만, 이런 삶을 가능하게 하는 뇌 영역에 대한 발견은 이미 시작되었다. 그래도 도덕적 삶에 수반되는 것이 무엇인지 완전하게 이해하려면 도덕의 과학이 필요할 것이다.

✖ 다양성 때문에 당황하다

심리학자 조너선 하이트는 도덕적 판단에 대해 이른바 '사회적 직관주의 모델social-intuitionist model'이라는 매우 영향력 있는 논문을 냈다. 널리 인용되는 이 논문 〈정서적인 개와 이성적인 꼬리The Emotional Dog and Its Rational Tail〉에서 하이트는 우리가 처한 곤경을 다음과 같이 요약했다.

> 우리의 도덕적 삶은 두 가지 착각으로 곤란을 겪는다. 하나는 '개 꼬리가 몸통을 흔든다wag-the-dog'는 착각으로, 우리 자신의 도덕적 판단(개)은 우리 자신의 도덕적 추론(꼬리)에서 비롯된다고 믿는 것이다. 다른 하나는 '다른 개의 꼬리를 흔든다wag-the-other-dog's-tail'는 착각으로, 도덕 논쟁에서 반대자의 주장을 반박하는 데 성공하면 그들의 마음을 바꿀 수 있을 거라고 기대하는 것이다. 비유하자면 이런 믿음은, 손으로 개 꼬리를 잡고 흔들면 개가 틀림없이 행복해질 거라고 믿는 것이나 마찬가지다.**53**

하이트는 추론으로 '결코' 도덕적 판단을 할 수 없다는 데까지 나아가지는 않는다. 그저 생각보다는 이런 일이 훨씬 적게 발생한다고 말하는 데 그친다. 하이트는 옳고 그름, 선과 악을 실재론적으로 주장하는 것에 비관적이다. 인간이란 정서에 근거해 도덕적 결정을 내리고, 이 결정을 임시방편의 추론으로 정당화한 다음, 그 추론이 명백히 틀렸더라도 그것에 집착하는 경향이 있기 때문이다. 그는 사람들에게 구체적인 도덕적(유사 도덕적pseudo-moral) 딜레마에 대해 타당한 답변을 해달라고 요구하면, '도덕적으로 아무 말도 못 하는' 경우가 흔하다는 사실을 지적한다. 실험 대상자들은 '정당한 이유를 찾지 못한 데 대해 중얼거리거나 피식 웃거나 놀라움을 표현하면서도 애초의 판단을 바꾸려들지는 않는다⋯.'

그런데 효과적인 추론의 실패에 대해서도 같은 말을 할 수 있다. '몬티 홀 문제Monty Hall Problem(〈내기합시다Let's Make a Deal〉라는 텔레비전 게임쇼에 나온 것)'를 생각해보자. 당신이 게임쇼의 참가자이며, 당신 앞에는 닫혀 있는 세 개의 문이 있다고 가정하자. 하나의 문 뒤에는 새 차가 세워져 있고, 나머지 두 개의 문에는 염소가 숨겨져 있다. 문 하나를 선택하고 차가 나오면 그것은 당신 것이 된다.

게임은 다음의 방식으로 진행된다. 당신이 1번 문을 골랐다고 하자. 그러면 진행자는 2번 문을 열고 염소를 보여준다. 이제 진행자는 당신에게 1번에서 3번으로 바꿀 기회를 준다. 선택을 바꿔야만 할까? 정답은 '그렇다'이다. 그러나 대개 사람들은 이 '그렇다'라는 답을 굉장히 어렵게 생각한다. 이것이 보통의 직관에 위배되기 때문이다. 즉 닫힌 문이 두 개 남아 있으므로 둘 중 어느 한쪽에 차가 있을 확률은 2분의 1이어야 한다고 생각하는 것이다. 그런데 당신이 처음의 선택을 바꾸지 않으

면, 차를 고를 확률은 실제로 3분의 1이 된다. 선택을 바꾸면 확률은 3분의 2로 높아진다.**54**

몬티 홀 문제는 이 게임의 수많은 희생자들을 '논리적으로 곤란한' 입장에 처하게 한다. 사람들은 왜 문을 바꾸어야 하는지 개념적으로 이해를 해도, 각 문이 2분의 1의 성공 확률을 지닌다는 처음의 직관을 바꾸지 못한다. 인간이 하는 추론의 이 신빙성 있는 실패란 그저 추론의 '실패'일 뿐이다. 몬티 홀 문제에 반드시 정답이 있다는 말이 아니다.

그런데 조슈아 그린이나 조너선 하이트 같은 과학자들은 도덕적 논란이 존재한다는 자체가 도덕적 진리의 가능성이 없다고 생각하는 모양이다. 따라서 그들은 당장 할 수 있는 일이라고는 그저 사람들이 '도덕'이라는 이름으로 행하는 행위들을 연구하는 것뿐이라고 생각한다. 이를테면 종교적 보수주의자가 동성 간 결혼 가능성을 혐오스러워하고 세속적 자유주의자들은 그것을 전적으로 받아들일 수 있다고 하자. 이때 우리 앞에 놓인 상황은 그저 도덕적으로 어떤 것을 선호하느냐의 단순한 차이이지, 인간 삶의 좀 더 심오한 진리와 관련된 차이는 아닌 것이다.

자유주의 도덕의 개념은 '사람들끼리 어떻게 관계를 맺어야 하는가와 관련하여 정의, 권리, 복지 판단을 규정하는' 하나의 체계다. 하이트는 이 개념에 반대하면서 우리에게 아래와 같은 불가사의한 문제들을 곰곰이 생각해보라고 한다.

도덕이 우리가 서로를 대하는 방법에 관한 것이라면, 왜 수많은 고전

문헌들은 월경이나, 누가 무엇을 먹을 수 있고, 누가 누구와 섹스를 할 수 있는가 등에 대한 규칙에 그토록 많은 지면을 할애했을까?**55**

실로 흥미로운 질문이다. 이 문헌들은 노예제가 도덕적으로 문제가 없다고 보는 고전 문헌들과 같은 걸까? 아마 노예제에는 도덕적인 의미가 전혀 없었던 모양이다. 그렇지 않다면 이 고전 문헌들에는 노예제에 반대하는 중요한 무언가가 분명히 적혀 있었을 테니까 말이다. 노예제 폐지가 자유주의적 편견을 보여주는 근본적 사례였을까? 그게 아니라면 하이트의 논리대로 왜 이렇게 묻지 않았을까? '물리학이 우주의 구조를 질량과 에너지로 설명하는 법칙 체계에 지나지 않는다면, 왜 숱한 고전 문헌에는 신의 비물질적 영향력과 기적 행위에 그토록 많은 지면을 할애했을까?' 도대체 왜 그랬을까?

하이트가 보기에는 그가 다루는 주제들의 도덕적 범주를 비판 없이 수용하는 것이 지적 미덕인 모양이다. 그런데 '도덕'이라는 이름으로 사람들이 행동하고 결정하는 모든 것을 도덕의 일부로 볼 가치가 있다고, 대체 어디에 적혀 있단 말인가? 대다수 미국인들은 성경이야말로 고대 세계에 대해 정확한 설명을 제시한다고 믿는다. 또한 수많은 미국인들은 암의 주요 원인이 '억압된 분노'라고 믿는다. 다행히 우리는 역사나 종양학에 대해 진지하게 논의할 때 이런 의견에 얽매이지 않는다.

많은 사람들이 물리학, 생물학, 역사, 그리고 이해할 가치가 있는 모든 것에 대해 잘못 알 수 있는 것처럼, 분명 도덕에 대해서도 단순히 잘못된 지식을 가질 수 있다고 본다. 이런 사실로부터 우리 눈을 돌리게 해주는 과학의 목적은 무엇인가? 도덕이 우리와 같은 의식적인 존재의 행복을 생각하는 (그리고 극대화하는) 하나의 체계라면, 대다수 사람들의 도덕적 관심은 비도덕적임에 틀림없다.

하이트와 같은 도덕적 회의주의자들은 일반적으로 도덕적 의견 차이를 해소할 수 없다고 본다.

> 도덕 논쟁은 대개 격렬하고 무익하며 독선적인데, 그 이유는 설명 가능하다. 낙태, 정치, 합의에 의한 근친상간 혹은 내 친구가 당신 친구에게 한 짓과 관련된 논쟁을 보자. 논쟁 양측 모두 자신들은 사실과 관련 사안에 대한 추론에 근거한다고 믿는다('개 꼬리가 몸통을 흔든다'는 착각). 양쪽 다 자신들의 입장을 옹호하는 최고의 논변을 제시하면서, 각자 상대편이 그러한 논변에 빠르게 반응하길 기대한다('다른 개의 꼬리를 흔든다'는 착각). 그러한 논변에도 상대편이 영향을 받지 않으면, 폐쇄적이라느니 불성실하다느니 하면서 상대편에 대해 결론을 내려버린다. 이런 식이다 보니 동성애나 낙태 문제로 문화전쟁을 벌여도, 자신들은 도덕적으로 동기부여가 된다고 믿는 반면, 상대편은 그렇지 않다고 믿는 형국이 되고 만다.**56**

그런데 하이트가 기술한 심리역동dynamic은 어떤 주제로 논쟁을 벌이든지 누구에게나 친숙할 것이다. 설령 이런 식으로 설득에 실패한다고 해서 논쟁 양측을 똑같이 신뢰할 수 있다는 뜻은 아니다. 예를 들어 위의 인용문은 내가 9·11 음모론자들과 가끔씩 충돌을 빚는 경우와 완벽히 들어맞는다. 오하이오대학교 스크립스조사연구소Scripps Survey Research Center에서 실시한 전국 여론조사 결과, 미국인의 3분의 1 이상이 연방 정부를 의심했다. 즉 정부가 "9·11 테러리스트의 공격을 도왔거나 저지하려고 하지 않았으며, 이를 빌미로 중동전쟁에 가담했다"고 믿는다는 것이다. 또한 16퍼센트는 이 가설이 참일 확률이 '매우 높다'고 답했다.[57] 이들 중 대다수가 쌍둥이빌딩이 무너진 것은 연료를 가득 채운 여객기가 돌진했기 때문이 아니라, 부시 행정부의 요원들이 비밀리에 폭발물을 장치해두었기 때문이라고 믿는다(이것이 사실일 가능성에 대해 모든 응답자의 6퍼센트가 '매우 높다', 10퍼센트가 '대체로 높다'고 답했다).

이런 확신을 지닌 사람을 마주할 때마다 하이트가 표현한 막다른 골목에 있음을 느낀다. "논쟁 양측 모두 자신들은 사실과 관련 사안에 대한 추론에 근거한다고 믿는다('개 꼬리가 몸통을 흔든다'는 착각). 양쪽 다자신들의 입장을 옹호하는 최고의 논변을 제시하면서, 각자 상대편이 그러한 논변에 빠르게 반응하길 기대한다('다른 개의 꼬리를 흔든다'는 착각). 그러한 논변에도 상대편이 영향을 받지 않으면, 폐쇄적이라느니 불성실하다느니 하면서 상대편에 대해 결론을 내려버린다." 그러나 부인할 수 없는 것은 논쟁의 어느 한쪽이 2001년 9월 11일에 실제 일어난 일에 대해 옳다면 상대편은 확실히 틀려야 한다는 사실이다.

물론 객관적으로 추론한다고 느끼는 게 종종 착각에 불과하다는 사실은 현재 잘 알려져 있다.[58] 그렇다고 더 효과적으로 추론하고 증거에 보다 집중하며, 상존하는 오류 가능성에 더욱 유념할 방법을 배울 수 없는 건 아니다. 뇌의 정서회로가 종종 도덕적 직관을 통제하며, 느낌이 판단을 이끌어내는 방식은 분명 연구할 가치가 있다는 점을 지적한 면에서는 하이트가 옳다. 그래도 결론적으로 도덕 문제에 옳고 그른 답이 없다는 뜻은 아니다. 사람은 자신이 이성적이라고 주장할 때 종종 덜 이성적일 수 있듯이, 도덕적이라고 주장할 때 도덕적이지 못한 경우가 흔히 있다.

하이트는 우리가 접근할 수 있는 다양한 형태의 도덕을 기술하면서, '계약주의적contractual' 접근과 '벌집beehive' 접근 중 하나를 선택하라고 제안한다. 전자는 자유주의자들의 영역으로 일컬어지며, 주로 해악이나 공정성에 주목한다. 후자는 보수적인(대체로 종교적인) 사회질서를 대변하는데, 이는 집단에 대한 충성이나 권위에 대한 존경, 종교적 순수성에 대한 더 큰 관심까지 포함한다. 좋은 삶을 놓고 대립하는 이 두 개념은 논의할 가치가 있고, 자유주의와 보수주의의 차이에 대한 하이트의 자료도 흥미롭다. 그러나 그의 해석이 옳은가는 다른 문제다. 예를 들어 그가 제시한 도덕의 다섯 가지 토대는 단지 해악에 대한 보다 일반적인 관심의 양상일 수 있다.

결국 코란 사본을 모독하는 게 무슨 문제가 될까? 코란을 신이 만든 책이라고 믿는 사람들이 있다는 사실을 제외하면, 아무 문제가 없을 것이다. 이런 사람들은 그 신성모독 행위 때문에 이승에서가 아니라면 저승에서라도 자신들이나 자기 민족에게 나쁜 일이 일어날 것이라고 거의 확신한다. 좀 더 비밀스런 견해에 따르면 경전을 모독한 자는 그 자신이 직접 해를 입는다고 한다. 신앙의 눈을 어둡게 하는 경외심 부족은 그 자체로 일종의 처벌이기 때문이다. 어떤 해석을 선호하든 종교적 권위를 존중하고 신성시하는 것은 해악에 대한 관심을 끌어내리는 것 같다.

반대편에 대해서도 같은 말을 할 수 있다. 심지어 나 같은 자유주의자도 해악이나 공정성에 비추어 생각하는 데 골몰한 나머지, 좋은 삶에 대한 내 관점이 다른 이들의 공격적인 동족의식으로부터 안전하게 지켜진다고 쉽게 생각할 수 있다. 내 마음을 잘 들여다보면, 보수주의자들과 마찬가지로 야만인들을 도시의 성곽 안으로 들어오지 못하게 하고픈 욕구가 있다. 그래서 이런 목적을 위해서라면 내 자유의 희생도 정당하다고 인정한다.

나는 앞으로 이런 식의 계시가 상당히 증가할 것으로 예상한다. 예를 들어 핵 테러 사건 이후 자유주의자들이 이슬람의 위협을 어떻게 생각하려고 할지 상상해보자. 행복과 자유를 갈망하는 자유주의자가 어느 날 더 엄격한 법과 동족에 대한 충성을 매우 단호하게 요구할지도 모른다. 이것을 자유주의자들이 벌집을 그리워하는 종교적 보수주의자가 된 것이라고 볼 수 있을까? 아니면 해악을 피하는 자유주의적 개념이 집단 안팎의 차이와 질서의 필요를 아우르기에 충분할 만큼 유연한 것일까?

사회적 보수주의자들의 용납될 수 없는 행동으로 극히 자주 그들의 도덕적 확신이 거짓으로 판명나기 때문에, 보수주의란 것이 지나친 인지적 편견 혹은 뻔뻔스러운 위선을 내포한 것은 아닌지 하는 의문도 있다. 미국의 가장 보수적인 지역에서 포르노를 가장 많이 보는 것은 물론, 가장 높은 이혼율과 10대 임신율을 보인다.[59] 물론 사회적 보수주가 주변의 너무나 많은 범죄 행위의 결과라고 주장할 수도 있다. 그러나 이는 믿음직한 설명이 아닌 것 같다. 특히 굉장히 보수적인 도덕주의와 죄를 짓고 싶어 하는 성향 둘 다가 한 개인에게서 나타날 때 그런 설명을 적용할 수 없다. 이런 위선의 사례를 찾아보고 싶다면 복음주의 목사들이나 보수적 정치가들을 보라. 당신을 거의 실망시키지 않을 것이다.

언제쯤이면 신념 체계가 거짓일 뿐만 아니라 거짓과 불필요한 고통을 심하게 부추겨서 우리의 비난을 받아 마땅한 것이 될까? 최근의 여론조사에 따르면 영국 무슬림의 36퍼센트(16세에서 24세까지)가 변절자는 불신앙의 죄로 사형에 처해야 한다고 생각한다.**60** 이들은 하이트의 말대로 '도덕적인 동기 때문에' 그러는 것일까, 아니면 그저 도덕적으로 혼란스러운 것일까?

우리가 해악, 공정성, 집단 충성, 권위 존중, 정신적 순수성이라는 하이트의 다섯 가지 변수를 어떻게 망쳐놓든지 간에, 만약 어떤 문화들이 끔찍해 보이는 도덕규범을 품고 있다면 어떨까? 어떤 집단이 특히 해악과 공정성에 민감하지 않거나 신성함을 인식하지 못하거나, 어떤 방식으로든 도덕적으로 무감각하다는 것을 알게 된다면? 그때는 하이트의 도덕 개념이 우리로 하여금 이 무지한 인간들이 자기 자식을 학대하는 걸 막게끔 허용할까? 아니면 그것은 비과학적인 일이 될까?

✸ 도덕적인 뇌

당신이 레스토랑에서 저녁 식사를 하던 중에, 조금 떨어진 자리에 친한 친구의 아내가 앉아 있는 걸 보았다고 하자. 일어서서 인사를 하려고 하는데, 그녀의 앞자리에 앉은 사람이 당신 친구가 아니라 잘 모르는 멋진 남성이었다고 하자. 당신은 좀 주저한다. 직장 동료일까? 다른 동네 사는 남동생인가? 그 상황의 무언가가 할 말을 잃게 한다. 그들이 나누는 대화를 들을 수는 없지만, 두 사람 사이에 성적인 화학반응이 일고 있다는 건 틀림없다. 문득 당신 친구가 학회 때문에 부재중이라는 것이 기억난다. 친구의 아내가 혹시 바람을 피우는 건가? 당신은 어떻게 해야 할까?

뇌의 몇몇 영역들이 도덕적 특징이라는 인상을 심어줄 것이고, 도덕적 정서에 혼란도 뒤따를 것이다. 상황 감지, 타인의 신념 추론, 표정과 몸짓 해석, 의혹, 분노, 충동의 억제 등 수많은 인지와 감정의 분리된 줄기들이 여기서 교차된다. 이런 이질적 과정들이 어느 지점에서 한 가지 도덕적 인지의 사례로 구성될까? 말로 하기 어려운 부분이다. 최소한 우리가 알 수 있는 건 도덕과 관련된 몇 가지 사건(예를 들어 친구의 배신 가능성)이 의식에서 활성화되는 순간 도덕의 영역으로 들어가게 된다는 것이다. 이 논의를 이끌어가려면 좀 더 정확하게 선을 그을 필요가 있다.

도덕적 인지와 관련된 뇌의 영역은 전전두엽피질과 측두엽의 많은 부분에 해당한다. 뇌과학자 조르주 몰Jorge Moll, 리카르도 데 올리베이라—수자Ricardo de Oliveira-Souza와 그 동료들이 이 분야에서 가장 종합적인 연구 리뷰를 발표해왔다.[61] 그들은 인간의 행위를 네 범주로 구분한다.

1. 다른 사람들에게 영향을 미치지 않으면서 자신을 위한 행위.

2. 다른 사람들에게 부정적인 영향을 미치면서 자신을 위한 행위.

3. 다른 사람들에게 이로우면서 보상 가능성이 높은 행위('상호적 이타주의').

4. 다른 사람들에게 이로우면서 내게 직접적인 이익(물질적 혹은 명예에 대한 이익)이 없는 행위('진정한 이타주의'). 여기에는 대가를 치르고서라도 규칙 위반자를 처벌하는 것('이타적 처벌')뿐만 아니라 이타적인 돕기가 포함된다.[62]

몰과 동료들에 따르면, 사회성이 있는 다른 포유동물도 1~3번의 행동을 보이지만, 4번 경우는 인간에 국한된 행위라고 한다(벌, 개미, 흰개미 같은 진사회적eusocial 곤충들도 실제 영웅적 자기희생을 보이므로, 이를 제외하기 위해 4번의 이타주의는 의도적/의식적인 것에 국한해야 한다는 점을 덧붙여야 한다). 몰과 동료들은 진정한 이타주의의 보상적 요소(흔히 협동과 연관된 '훈훈한 감정warm glow'을 말한다)를 무시하지만, 우리는 뇌영상 연구를 통해 협동을 할 때 뇌의 보상 영역이 급격히 활성화된다는 점을 알 수 있다.[63] 이 지점에서 다시 한 번 이기적 동기와 이타적 동기의 전통적 대립이 무너지는 것 같다. 타인을 도울 때 단순히 수고스러운 게 아니라 보상을 받을 수 있다면, 이는 또 다른 방식의 자신을 위한 행위로 생각되어야 한다.

도덕 영역에서 부정적 동기와 긍정적 동기가 하는 역할을 보기는 어렵지 않다. 타인의 도덕적 위반에 대해서는 경멸/분노를, 우리 자신의 도덕적 실패에 대해서는 죄책감/수치심을, 타인과 원만히 지내는 자신을 볼 때는 보상이라는 훈훈한 감정을 느낀다. 이러한 동기부여의 메커니즘이 관련되지 않고는 도덕적 방안들(순수하게 이성적인 '당위' 개념)이 실제 행동으로 전환될 가능성은 매우 떨어질 것이다. 동기부여가 별개의 변수라는 사실은, 앞에서 잠깐 살펴본 까다로운 문제를 설명한다. 즉 우리는 우리를 행복하게 하는 것, 혹은 세상을 더 나은 곳으로 만드는 것이 무엇인지 알지만 이런 목적을 추구할 동기는 찾지 못한다. 반대로 나중에 후회할 걸 알면서도 뻔히 어떤 행동방식을 선택한다. 분명 도덕적 동기부여는 도덕 추론의 결과와 분리될 수 있다. 도덕의 과학은 필히 인간의 동기를 더 깊이 이해하게 할 것이다.

옳고 그름의 판단을 통제하는 뇌의 영역은 피질 및 피질 하부 구조의 광범위한 네트워크를 포함한다. 도덕적 사고와 행동에 관계된 영역은 감정적 분위기에 따라 달라진다. 전두엽 외측은 극악무도한 범죄자에 대한 분노를, 전두엽 내측은 신뢰 및 상호성과 관련된 보상의 감정을 만들어낸다.[64] 뒤에서 살펴보겠지만, 개인적personal 도덕 결정과 비개인적impersonal 도덕 결정의 구분도 있다. 그러므로 전체 구도는 복잡하다. 도덕적 감수성, 도덕적 동기부여, 도덕적 판단, 그리고 도덕적 추론 등의 요인이 제각기 별개의 과정 혹은 상호 중첩된 과정에 따라 움직이기 때문이다.

내측전전두피질medial prefrontal cortex, MPFC은 도덕과 뇌에 관한 논의에서 거의 언제나 중심에 놓인다. 3장과 4장에서 논의하겠지만 이 영역은 정서와 보상, 자기연관성self-relevance 판단과 관련되며, 신뢰와 불신의 차이를 인식하는 데에도 관계하는 것으로 보인다. 이 영역이 손상되면 충동 조절이 어렵고 정서가 둔감해지며, 공감이나 수치심, 어색함의 감지나 죄책감 등의 사회적 감정이 쇠퇴하는 결함을 보인다. 전전두엽 손상이 내측전전두피질에 국한된 경우 도덕규범에 대한 개념적 지식은 물론 추론 능력도 대체로 손상을 입지 않는데 반해, 대인관계에서 적절하게 행동하는 능력은 떨어지는 경향을 보인다.

흥미로운 것은, 내측전전두피질 손상을 입은 환자들이 특정 도덕적 딜레마를 평가할 때, 정상인과 비교하여 결과주의적 추론으로 이끌리는 경향을 보인는 점이다. 예를 들어 다수를 구하기 위해 한 사람을 희생시키는 것은 비개인적이기보다 개인적인 의미를 지닌다.[65] 다음 두 예시를 보자.

1. 당신이 탄 전차는 현재 통제 불가능한 상태로 선로의 갈림길을 향해 달린다. 갈림길의 왼쪽에는 인부 다섯이 선로에서 일하고 있고, 오른쪽에는 단 한 명이 일하고 있다.
당신이 아무 조치도 취하지 않으면 전차는 왼쪽으로 달려 인부 다섯이 죽게 될 것이다. 이들의 죽음을 막는 유일한 방법은 계기판의 스위치를 눌러 전차 진행 방향을 오른쪽으로 돌림으로써 한 명을 희생시키는 것이다.

인부 다섯을 살리기 위해 스위치를 누르는 당신의 행동은 적절한 것
일까?

2. 전차가 현재 상태로 계속 달린다면 인부 다섯을 치여 죽게 할 것이
다. 전차와 다섯 인부 사이에는 육교가 있고, 당신은 지금 육교 위에
있다. 그리고 당신 옆에는 우연히 몸집이 매우 큰 낯선 사람이 있다.
다섯 인부를 구할 유일한 길은 이 낯선 사람을 육교 아래로 밀어 떨어
뜨려서 전차를 막는 방법뿐이다. 이렇게 하면 이 사람은 죽겠지만 다
섯 인부는 목숨을 구할 것이다.

다섯 인부를 살리려고 낯선 사람을 밀어뜨린 당신의 행동은 적절한
것일까?[66]

대다수가 다섯 명을 구하기 위해 한 명을 희생시킨다는 첫 번째 예시
를 강하게 지지한 반면, 두 번째 예시에서는 그런 희생이 도덕적으로
혐오스럽다고 생각한다. 수년 동안 이 역설은 철학계에서 유명했다.[67]
조슈아 그린과 동료들은 처음으로 fMRI를 이용해 이 딜레마에 뇌가 어
떻게 반응하는지를 살펴보았다.[68] 이들은 두 번째 예시에서처럼 딜레마
가 개인적인 경우 정서와 관련된 뇌 영역이 보다 강하게 활성화된다는
사실을 발견했다. 이후 다른 연구진은 정서적인 맥락을 이용해 두 예시
에 대한 사람들의 반응차를 약간이나마 변화시킬 수 있음을 밝혀냈다.
육교 딜레마를 접하기 전 몇 분간 재미있는 비디오를 본 피험자들은 몸
집이 큰 남자를 밀쳐 죽게 만드는 것을 좀 더 쉽게 생각했다.[69]

내측전전두피질 손상을 입은 환자들이 다수를 위해 한 사람을 희생

시키는 일을 쉽게 생각한다는 사실은 다른 해석의 여지가 있다. 그린은 이런 결과를 정서적 과정과 인지적 과정이 흔히 서로 대립한다는 증거로 제시했다.[70] 그러나 결과주의적 사고와 부정적 정서의 단순한 대립이 자료를 충분히 설명하지 못한다고 우려할 만한 이유가 있다.[71]

이런 종류의 도덕 판단을 만들어내는 뇌 프로세스에 대한 더 깊은 이해가, 옳고 그름을 판단하는 데 영향을 미칠지는 의심스럽다. 그렇다 해도 도덕적 딜레마들의 표면적 차이는 우리의 추론 활동에 계속해서 어떤 역할을 할 것 같다. 이익을 포기하는 것보다 손실이 항상 고통스럽다면, 혹은 전차의 방향 전환 스위치를 던져버리면 그렇지 않겠지만 사람을 밀쳐서 죽게 하면 정신적 외상이 남을 게 확실하다면, 이러한 차이들은 우리가 도덕의 풍경을 건너 행복의 보다 높은 상태로 이동할 때 제약을 가하는 변수가 될 것이다. 그러나 도덕의 과학은 이런 자잘한 사항들을 다 흡수할 것으로 본다. 즉 이론상 같은 결과를 가져올 것으로 보이는 예시들(예를 들어 한 사람이 죽으면 다섯 사람을 살릴 수 있는 경우)이 현실 세계에서는 다른 결과를 보여줄 수도 있다는 것이다.

✲ 사이코패스

정신과 뇌의 관계를 이해하기 위해 자주 연구 대상이 되는 피험자들은 질병이나 손상으로 인해 특정 정신 능력이 결여된 사람들이다. 공교롭게도 대자연은 평범한 도덕에 대한 거의 완벽한 분석을 제시해주었다.

대개 이런 사람들은 '사이코패스' 혹은 반사회적 인격장애자인 '소시오패스sociopath'라 불리는데[72], 대다수가 알아차리지 못할 뿐 우리 주변에는 이런 사람들이 많다. 이들의 뇌에 대한 연구는 평범한 도덕의 신경 기반을 상당히 깊이 이해할 수 있게 해주었다.

인격장애인 사이코패스는 미디어에서 하도 선정적으로 다루어서, 연구자 자신이나 미디어에서 그들을 보는 사람들 둘 다에게 외설적 상업광고 같은 느낌을 지우지 않고서는 연구가 어려울 정도다. 그러나 사이코패스가 존재한다는 점은 논의의 여지가 없으며, 이들 대다수는 무고한 사람들을 위협하고 고문하면서 얻는 쾌락을 공공연히 발설한다. 우리는 연쇄살인범이나 가학성애자를 포함한 극단적인 사례들에 대해 어떤 동정적 이해도 거부한다. 실제 이와 관련된 문건들에 몰입하면, 각 사례는 끔찍하고 이해할 수 없는 것이 되기 시작한다.

이런 범죄들의 진상을 들추어내는 게 꺼림칙하지만, 너무 추상적으로 말하면 근본적인 실상을 흐려버릴까 봐 두렵기도 하다. 날마다 인간의 악을 상기시켜주는 수많은 뉴스들을 접하면서도 막상 어떤 사람들이 자기 주변 사람들을 배려하는 능력이 진짜 없다는 사실을 기억하기는 어려울 수 있다. 자신의 아홉 살 난 의붓아들을 반복적으로 강간하고 고문한 혐의로 유죄판결을 받은 한 남자의 진술을 살펴보자.

나는 내 아들을 2년간 성추행한 뒤 온갖 포르노를 사고 빌리고 바꿔보면서, 마침내 '신체 결박bondage discipline' 행위가 나오는 아동 포르노에 손을 댔다. 내가 읽은 책이나 본 비디오는 완전한 굴종을 보여주었다. 원하는 것을 아이들에게 강제로 시키는 것이다.

결국 나도 내 아들에게 신체 결박 행위를 시작했고, 나중에는 아들의 머리에 비닐봉지를 씌우고 목 부분에 강력 접착테이프나 절연 테이프를 감은 뒤 강간이나 성추행을… 아이 얼굴이 퍼렇게 변하고 기절할 때까지 했다. 그 정도가 되면 비닐을 벗겨주었는데, 그건 아이가 다칠까 봐서가 아니라 흥분 때문이었다.

나는 고통을 가함으로써 굉장한 흥분을 느꼈다. 아들이 의식을 잃고 얼굴색이 변하는 걸 보면 너무 흥분되고 격해져서, 머리에서 비닐을 벗기고 가슴에 올라탄 뒤 그 애의 얼굴에 대고 자위를 했다. 그리고 아들이 정신을 차리면… 내 성기를 빨게 했다. 아이가 숨이 막혀 기침을 하는 동안 나는 그 애의 입에다 강간을 했다.

일주일에 두세 번 비닐봉지와 테이프로 이런 가학 행위를 했는데, 1년 남짓 계속한 것 같다.**73**

한 남성의 은밀한 욕정을 이렇게 잠깐 살펴본다고 해서 충분히 요점을 짚을 수 있을지는 모르겠다. 한 남자나 여자가 단순히 장난으로 한 아이에게 가해온 학대 중에 이것이 최악이 아니라는 점만은 확실히 덧붙여두겠다. 사이코패스에 관한 문건들의 한 가지 두드러진 특징은 가장 극악한 사람이라도 협조자들을 쉽게 구한다는 점이다. 예를 들어 이런 경우 폭력적인 포르노가 담당하는 역할을 간과하기는 쉽지 않다. 많은 이들이 지적하듯 '아동 포르노'는 실제 일어나는 범죄의 시각적 기록에 지나지 않는다. 아동 포르노 하나만 보더라도 현재 전 세계적으로 수십억 달러 가치의 산업이 되었으며, 그 이면에는 납치, '섹스 관광', 조직범죄, 인터넷을 이용한 굉장한 고도의 기술이 관련되어 있다. 분명히 아동들이—그리고 점점 영아와 유아까지—강간과 고문을 당하는 걸 보려고 혈안이 된 인간들이 넘쳐나고, 이는 완전한 저급문화를 만들어 낼 정도에 이르렀다.[74]

사이코패스들은 특히 감옥에서 많이 볼 수 있지만,[75] 명백한 범죄의 경계에 살고 있는 자들도 많다. 아이를 살해한 사이코패스 한 명당, 보통 수준 이상의 피해를 입히는 범죄를 저지른 자 수만 명이 존재한다고 보면 된다. 로버트 헤어Robert Hare는 사이코패스 진단 표준검사인 '사이코패스 테스트Psychopathy Checklist-Revised, PCL-R'를 개발했다. 그가 추정한 바에 따르면 미국에는 100명 미만의 연쇄살인범이 항시 존재하겠지만, 사이코패스의 수는 (전체 인구의 1퍼센트에 해당하는) 300만 명에 이른다.[76] 헤어의 말이 옳다면 우리는 언제 어디서나 사이코패스와 마주칠 수 있다.

최근에 한 남자를 만났는데, 그는 아내에게 들키지 않고 바람피우는 걸 상당히 자랑스러워했다. 사실 그는 여러 여자들을 속여 바람을 피우고 있었고, 그들 모두가 그는 절대 그럴 리 없다고 믿었다. 이 용감한 남자는 가명과 가짜 직업을 끌어들였을 테고 거짓말을 일삼았을 것은 말할 필요도 없을 것이다. 이 사람을 사이코패스라고 단정하긴 어렵지만, 사람들이 말하는 양심이라는 것이 이 사람에게는 없다는 것은 극히 분명하다. 사기와 이기적인 음모를 일삼으면서도 그는 아무런 불편을 느끼지 못하는 것 같다.[77]

사이코패스는 유별나게 자기중심적이고 타인의 고통을 전혀 배려하지 못한다는 특징이 있다. 그들에게 가장 빈번히 나타나는 특징들을 나열해보면 마치 지옥에서 만든 인간 광고 같다. 즉 그들은 냉담하고 타인을 조종하는 데 능하며, 기만적이고 충동적이고 비밀스럽고 실없이 거창하다. 또한 스릴에 탐닉하고 성적으로 문란하며, 바람둥이에다 무책임하고, 툭하면 발끈하고 계획적인 공격성을 보이며[78] 정서적 깊이도 없다. 처벌에 대해서도 정서적인 감각이 떨어짐을 보여준다(실제 처벌이든 처벌받을 것을 예상한 경우든). 사이코패스는 정상적인 불안과 공포를 경험하지 못하는데 이것으로 양심의 부재를 설명할 수 있다.

사이코패스를 대상으로 한 첫 번째 뇌영상 실험은, 비非사이코패스 범죄자나 비非범죄자 대조군과 비교했을 때 대체로 정서적 자극에 반응하는 뇌 영역의 활동성이 현저하게 떨어짐을 보여준다.[79] 우리 대부분은 불안과 공포 없이 살기를 바라지만, 이런 감정들은 사회적 도덕적 규범의 정신적 기반을 제공한다.[80] 실제냐 상상이냐에 관계없이 자신의 범죄를 불안하게 느낄 능력이 없다면, 규범은 한낱 '남들이 만들어놓은 규율'에 지나지 않을 것이다.[81]

성장에 관한 문헌도 이런 해석을 뒷받침한다. 공포를 잘 느끼는 아이일수록 도덕에 관해서도 이해가 빠르다고 한다.[82] 그러므로 우리가 얼마만큼 불안할 자유를 원하는 게 타당한지 하는 문제가 여전히 남아 있다. 다시 한 번 이것은 도덕의 경험적 과학만이 결정할 수 있는 문제다. 불안에 대한 보다 효과적인 처방이 나올 때, 우리가 어떤 식으로 대응해야 할 것인지는 중대한 문제다.

이후의 뇌영상 연구에 따르면 사이코패스는 병리적 흥분 및 보상의 산물이기도 하다.[83] 사이코패스 인성검사psychopathic personality inventory, PPI에서 높은 점수를 얻은 사람은 암페타민에 반응하거나 금전적 보상을 기대할 때, 뇌의 보상 영역(특히 측핵)이 비정상적으로 높은 활성을 보인다. 이 뇌회로의 과민성은 사이코패스의 충동적-반사회적 측면impulsive-antisocial과 긴밀하게 연관되며, 위험하고 잔인한 행동으로 이어질 수 있다. 연구자들은 보상에 과민반응을 보이는 것은 타인의 부정적 감정을 학습하지 못하게 할 수 있다고 추측한다.

정신질환이나 감정장애mood disorders를 앓는 사람들과는 달리 사이코패스는 일반적으로 자신들에게 무언가 잘못된 점이 있음을 전혀 느끼지 못한다. 또한 그들의 정신 상태는 법적 정의상 '정상'이므로, 그런 점에서 옳고 그름의 차이를 분별하는 지적 이해력도 갖추고 있다. 그럼에도 사이코패스는 일반적으로 평범한 범죄와 도덕적 범죄의 차이를 구분하지 못한다. '선생님이 괜찮다고 하면 네 책상에서 음식을 먹어도 될까?'와 '선생님이 괜찮다고 하면 다른 친구의 얼굴을 때려도 괜찮을까?'라는 질문을 받았을 때, 39개월 이상의 정상 아동들은 이 두 질문이 근본적으로 다르다고 보며, 두 번째 질문의 행위가 본질적으로 잘못이라고 생각한다. 이 경우 아이들은 잠재적 고통에 대한 의식에 이끌리는 것으로 보인다. 사이코패스가 될 위험이 있는 아이들은 이 두 가지 질문을 도덕적으로 구분할 수 없다고 보는 경향이 있다.

사람의 눈만 찍은 사진들을 보여주고 그들의 기분을 맞혀보라는 질문을 받으면, 사이코패스들도 보통 장애를 보이지 않는다.[84] 그들은

'마음이론theory of mind' 처리 과정(일반적으로 타인의 기분을 이해하는 능력으로 알려진 과정)에서 타인이 어떻게 느낄지 단순히 신경 쓰지 않기 때문에 미묘한 결함이 있긴 하지만, 그 처리 과정은 기본적으로 정상이다.[85] 그럼에도 결정적인 한 가지 예외가 있다면 사이코패스들은 흔히 타인이 드러내는 공포와 슬픔을 인지하지 못한다는 점이다.[86] 바로 이 차이가 사이코패스냐 아니냐를 결정짓는 모든 차이를 만드는 것으로 보인다.

신경과학자 제임스 블레어James Blair와 동료들은 감정 처리에 필수적인 영역인 편도체amygdala와 안와전두피질orbitofrontal cortex의 유전자적 장애 때문에 감정을 학습하지 못한 경우 사이코패스가 된다고 보고했다.[87] 부모의 훈육보다는 타인의 부정적 감정이 정상적 사회화를 겪도록 자극하는 것 같다. 따라서 사이코패스는 타인의 공포와 슬픔을 배우지 못한 결과일 수 있다.[88]

사이코패스가 될 소지가 있는 아이는 자신이 야기한 고통을 감정적으로 보지 못하기 때문에, 청소년기에서 성인기로 갈수록 어떤 목적을 달성하려 할 때 반사회적 행동에 점점 더 의존할 수 있다.[89] 블레어가 지적하듯, 건강한 아이는 공감을 증가시키는 양육법을 쓰면 반사회적 행동을 성공적으로 줄일 수 있다. 그러나 사이코패스의 특징인 냉담/무정함callousness/unemotional, CU을 보이는 아이한테는 이런 양육법도 실패할 수밖에 없다. 받아들이기 어려운 사실이지만, 이런 연구가 강하게 암시하는 바에 따르면 어떤 사람들은 타인을 배려하는 방법을 끝내 배울 수 없다.[90]

어쩌면 언젠가는 이런 사실을 바꿀 중재안이 개발될 것이다. 그러나 여기서는 논의의 목적상, 이제 우리가 가장 지독한 악의 형태를 보여줄 뇌의 병리학을 이해하기 시작했다는 점을 지적하는 것으로 충분해 보인다. 명백히 도덕적 결함을 보이는 사람들이 있는 것처럼, 도덕적 재능, 도덕적 전문성, 심지어 도덕적 천재성을 지닌 사람들도 분명 있을 것이다. 인간의 다른 능력처럼 이런 단계적 차이는 분명 뇌의 수준에서 설명될 수 있다.

게임이론Game theory(흔한 예로 '죄수의 딜레마'가 있다. 경제적 행위자 사이의 전략적 상호작용에 의해 행위자들의 선호에 따른 결과가 나오는 방식에 대한 연구로 행위자 중 아무도 의도하지 않은 결과가 나올 수 있다. 칸트의 도덕철학에 따라 어떤 경우에도 진실을 말해야 한다는 규칙을 따르고, 상대가 어떻게 나오든지 상관없이―즉 상황을 전략적 상황이라고 생각지 않고―자백을 했어도 상황은 동일할 것이다. 여러 가지 딜레마 상황이 있을 수 있는데, 행위자의 수나 게임의 빈도도 결과를 좌우할 것이다-옮긴이)은 진화가 인간의 협동을 향한 두 가지 안정적 성향을 선택했다고 말한다. 하나는 (흔히 '강한 상호성'이라 불리는) '맞대응tit for tat'이고, 다른 하나는 '영구적 배신permanent defection'이다.[91] 맞대응은 우리가 사회에서 일반적으로 보는 것이다. 당신이 내게 친절을 베풀면 나도 그 호의에 보답하고 싶어진다. 당신이 내게 무례하게 굴거나 상처를 주면 나도 똑같이 되돌려주고 싶은 유혹을 떨치기 어렵다. 그러면 영구적 배신은 인간관계에서 어떻게 나타나는지 생각해보자. 배신자는 사기와 조작을 일삼으며 도덕주의자를 가장한 공격성을 드러내고(죄의식과 이타적 감정을 부추기려고), 동정과 같은 긍정적 사회감정(뿐만 아니라 죄의식 같은 부정적 감정)을 전략적으로 꾸며낸다.

이렇게 되면 흔해 빠진 사이코패스처럼 들리기 시작한다. 사이코패스라는 존재는 신비롭게 보이기도 하지만 게임이론으로 예측할 수 있을 것이다. 그러나 사이코패스가 평생 작은 마을에서 산다면 틀림없이 엄청난 불이익을 감수해야 할 것이다. 영구적 배신이 전략적 안정성을 가지려면, 배신자는 자신의 끔찍한 평판을 아직 알지 못하는 사람 중에서 바가지를 씌울 만한 사람을 찾아야 하기 때문이다. 도시의 성장으로 이렇게 살기가 그 어느 때보다 훨씬 수월해졌음은 말할 것도 없다.

✿ 악의 문제

가장 극악무도한 사이코패스를 앞에 놓고 선악의 차원에서 생각하지 않기란 어려울 것이다. 그러나 우리가 보다 자연주의적인 관점을 택한다면 어떨까? 회색곰과 한 우리에 갇혀 있다고 해보자. 이것이 왜 문제가 될까? 분명 이 야생 회색곰은 다소 뚜렷한 인지적 정서적 결함이 있을 것이다. 또한 당신의 이 새 룸메이트는 설득하거나 달래기가 쉽지 않을 것이다. 회색곰은 당신이 자기와 유사한 관심사를 가졌다거나 둘이 공통 관심사가 있다는 사실을 알 턱이 없기 때문이다. 회색곰이 그런 걸 이해한다면 아마 그에게 정서가 있는지 없는지 신경 쓰지 않아도 될 것이다. 그의 관점에서 당신은 기껏해야 기분전환거리나 공포에 질린 골칫거리 혹은 이빨로 물어뜯기 부드러운 먹이 정도일 것이다. 이 야생곰을 사이코패스와 마찬가지로 도덕적으로 제정신이 아니라고 말할 수도 있다. 그러나 그의 상태를 '악'의 일종이라고 말할 일은 거의 없을 것이다.

인간의 악은 자연적 현상이며, 어느 정도 잔인한 폭력은 우리 안에 내재해 있다. 인간과 침팬지는 낯선 자에게 비슷한 정도로 적대감을 표현하는 경향이 있으나, 침팬지는 집단 내에서 인간보다 훨씬 더 공격적이다(거의 200배나 된다).[92] 그러므로 우리 인간은 침팬지가 갖고 있지 않은 친사회적인 능력을 가진 것으로 보인다. 또한 겉보기와 달리 인간은 꾸준히 덜 폭력적으로 변해왔다. 제레드 다이아몬드Jared Diamond는 아래와 같이 설명한다.

> 물론 20세기 국가사회state societies는 대량살상이 가능한 강력한 테크놀로지를 개발하고, 폭력에 의한 사상자 수에서 모든 역사적 기록을 깬 것이 사실이다. 그러나 이것은 인간의 역사상 잠재적 희생자가 될 인구 규모가 매우 커서 그런 것이다. 폭력으로 사망한 실제 인구비율은 제2차 세계대전 중의 폴란드나 폴 포트 정권하의 캄보디아에서보다 전통적인 전-국가사회pre-state societies에서 평균적으로 더 높았다.[93]

우리는 자연적인 것과 우리에게 실제로 좋은 것 사이에는 차이가 있음을 계속 기억하고 있어야 한다. 암은 완전히 자연 발생적인 것이지만 암 근절은 현대 의학의 최우선 목적이다. 진화는 유전자를 전파하기 위해 영역 다툼, 강간, 그리고 여타 명백히 비윤리적인 행동을 선택해왔다. 그러나 집단의 행복은 분명 우리가 이러한 자연의 습성에 맞설 수 있느냐 없느냐에 따라 달라진다.

영역 다툼은 이타주의의 발전을 위해서도 필요했을 것이다. 경제학자 새뮤얼 볼스Samuel Bowles의 주장에 따르면, '외집단out-group'에 대한 치명적 적대감과 '내집단in-group'의 이타주의는 동전의 양면이다.[94] 그의 컴퓨터 모형들은 집단 사이의 갈등 없이는 이타주의가 나타날 수 없음을 보여준다. 이 데이터가 사실이라면 이것은 우리가 이성을 통해 진화의 압력을 넘어서야만 하는 많은 지점들 중의 하나다. 우주로부터의 공격을 제외하고 우리는 이제 더 큰 이타주의를 갖게 해줄 적절한 '외집단'이 없기 때문이다.

사실 볼스의 연구는 도덕의 풍경에 대한 내 설명에 흥미로운 영향을 준다. 패트리샤 처칠랜드는 이렇게 말한다.

> 침팬지나 남아메리카의 일부 부족들이 여전히 그렇듯이, 숲에 사는 유인원의 조상들뿐만 아니라 인간의 조상이 외집단을 공격했다고 할 때, 우리는 자신 있게 '그들의' 행동을 도덕적으로 비난할 수 있을까? 실제로 그렇게 판단할 근거는 없다고 본다. 새뮤얼 볼스가 주장하듯, 현대 인류의 전형적 이타주의가 외집단과의 치명적 경쟁과 공진화한 것이 타당하다면, 그런 판단은 문제가 있다.[95]

물론 내 논의의 목적은 가치의 보편적 판단에 대한 '실제 근거'를 제시하는 것이다. 그러나 처칠랜드가 지적하는 바와 같이, 단순히 외집단에 대한 적대감을 발전시키지 않고서는 우리 조상들이 이타주의 쪽으로 진보할 다른 길이 없었다 해도 어쩔 수 없다. 이타주의의 발전이 도덕적 관점에서 이례적으로 중요한 진전을 상징한다고 가정하자(나는 그렇게 믿고 있다). 그러면 이것은 우리 조상이 도덕의 풍경에서 단지 더 높은 봉우리로 올라가기 위해 불쾌한 골짜기로 내려갔다고 비유할 수 있을 것이다.

그러나 재차 강조하지만 그러한 진화적 제약은 더는 유지될 수 없다는 것이 중요하다. 사실 최근 생물학의 발전을 고려하면 우리는 이제 앞으로의 진화를 의식적으로 조작할 준비가 다 되어 있다. 만일 그렇게 된다면 조작을 해야만 할까? 한다면 어떤 방법으로 해야 할까? 인간 행복의 가능성을 과학적으로 이해하는 것만이 우리가 갈 길을 알려줄 것이다.

자유 의지라는 환상

뇌는 유기체가 행동과 내적 상태를 바꾸어 환경 변화에 적응하게 해준다. 이러한 구조적 진화는 그 규모와 복잡성이 증가하는 쪽으로 진행되어서 지구 상 종의 생활방식에 엄청난 차이를 가져왔다.

인간의 뇌는 외부 세계, 신체의 내적 상태 등 몇 가지 영역에서 오는 정보에 반응한다. 그 범위는 점차 구어와 문어, 사회적 신호social cues, 문화규범, 의례적 상호작용, 타인이 합리적일 것이라는 가정, 취향과 스타일에 대한 판단 등 의미 영역으로까지 확대된다. 일반적으로 이 영역들은 우리 경험 속에서는 통일된 것처럼 보인다. 당신의 단짝 친구가 이상하게 단정치 못한 차림새로 거리 모퉁이에 서 있는 걸 보았다고 하자. 그녀는 울면서 미친 듯이 휴대전화의 번호를 누르고 있다. 누구한테 폭행이라도 당한 걸까? 당신은 당장이라도 뛰어가서 그녀를 도와주고 싶은 강렬한 욕구를 느낄 것이다.

당신의 '자아'는 이 노선에서 유입input과 산출output의 교차로에 놓여 있는 듯하다. 이런 관점에서 당신은 자신이 당신의 생각과 행동의 근원이라고 느끼는 경향이 있다. 무엇을 할지 말지는 '당신이' 결정하는 것이다. 당신은 자유 의지에 따라 행동하는 행위자로 보인다. 그러나 앞으로 이런 관점은 우리가 뇌에 대해 알고 있는 사실과 양립할 수 없음을 확인하게 될 것이다.

우리는 뇌가 매 순간 처리하는 정보의 극히 일부만을 의식한다. 생각, 기분, 인식, 행동 등 경험의 변화를 계속 느끼고는 있지만, 이런 변화를 일으키는 신경 수준의 사건들에 대해서는 거의 아무것도 모른다. 사실 당신 얼굴을 슬쩍 보거나 목소리만 들어보아도, 다른 사람들은 당신의 내적 상태나 동기를 당신보다 더 잘 알아차리는 경우가 많다. 그런데도 여전히 대부분은 자신이 생각과 행동의 주인이라고 느낀다.

우리의 행동은 전부 의식적으로 알 수 없는 생물학적 사건을 통해 그 원인을 추적할 수 있다. 이 때문에 자유 의지가 실은 환상에 불과한 것이 아닐까라는 의문이 늘 제기되어 왔다. 예를 들어 생리학자 벤저민 리벳Benjamin Libet은 다음과 같은 유명한 사실을 입증했다. 즉 어떤 사람이 움직여야겠다고 느끼기 약 35만 분의 1초 전에 뇌의 운동피질에서 활동이 감지된다는 것이다.**96** 다른 실험실에서는 최근 fMRI 데이터를 이용하여, '의식적' 결정은 인식의 단계로 들어서기 '10초' 전까지 예측될 수 있음을 알아냈다(리벳이 발견한, 운동피질의 사전 활성화보다 훨씬 앞선다).**97** 분명 이런 결과들은 인간이 행동의 의식적 근원이라는 생각과 양립하기 어렵다.

뇌를 '상위' 체계와 '하위' 체계로 구분하는 것은 아무런 의미가 없다는 점을 기억하자. 나는 전전두피질의 실행 영역에서 사건들을 만들어 내기보다, 내 변연계를 창조적으로 흥분시키기 때문이다. 진실을 회피하기는 어려울 것 같다. 나는 내 경험의 주체이지만, 어떤 생각이나 의도가 떠오르기 전까지는 다음에 무슨 생각을 할지, 어떤 행동을 할지 알 수 없기 때문이다. 그런데 생각과 의도는 내가 의식하지 못하는 신체적 사건이나 정신적 움직임에 의해 발생한다.

많은 과학자와 철학자들은 오래전부터 물리적인 세계에 대한 지식이 증가한다고 해서 자유 의지를 더 잘 이해할 수 있는 건 아니라는 사실을 깨달았다.**98** 그럼에도 여전히 많은 사람들이 이를 거부한다.**99** 최근 생물학자 마르틴 하이젠베르크Martin Heisenberg는 다음과 같은 사실을 관찰했다. 이온 통로ion channels의 계폐나 시냅스 소포synaptic vesicles의 방출 같은, 뇌의 일부 기본 프로세스는 임의로 발생하기 때문에 환경 자극으로는 결정될 수 없다는 것이다. 따라서 우리의 많은 행동이 '자기발생self-generated'한다고 생각될 수 있고, 하이젠베르크는 여기에 자유 의지의 근거가 있다고 생각하는 것 같다.**100** 그러나 이런 경우 '자기발생'이라함은 이런 사건들이 뇌에서 비롯된다는 뜻이다. 닭의 뇌 상태에 대해서도 같은 말을 할 수 있다.

무작위로 방출된 신경전달물질 때문에 내가 아침에 석 잔째 커피를 마시려고 했다는 걸 알았다면, 어떤 일을 할지 말지 알 수 없다는 불확정성을 어떻게 내 의지의 자유로운 활동이라고 여기겠는가? 그런 불확정성이 일반적으로 뇌를 통해 발현되는 것이라면, 그것은 인간이라는 행위자와 유사한 그 어떤 것도 다 없애버릴 것이다. 당신의 행동, 의도, 믿음, 욕구가 전부 이런 식으로 '자기발생'하는 것이라면 당신의 삶이 어떤 모습이 될까? 당신은 정신을 가졌다고 보기가 거의 어려울 것이고, 당신 내면에서 부는 바람에 따라 사는 존재가 될 것이다.

행위, 의도, 믿음, 욕구는 행동 패턴과 자극-반응 법칙에 상당한 제약을 받는 체계 안에서만 존재할 수 있다. 사실 타인을 설득할 가능성, 혹은 적어도 실제 그들의 행동이나 발언을 이해할 수 있다고 생각할 가능성은, 그들과 행동 및 생각을 순순히 공유할 수 있다는 가정에 의존한다. 이러한 한계 상황에서 하이젠베르크가 말한 '자기발생'하는 정신적 사건은 완전한 광기와 진배없다.[101]

문제는 인과관계라는 것이 자유 의지의 여지를 남기지 않는다는 점이다. 종류에 관계없이 생각, 기분, 욕구는 단순히 그냥 나타나는 것이며, 우리를 움직이게 하거나 또는 움직이게 하지 못하기도 한다. 주관적 관점에서 보면 그 이유는 완전히 불가해inscrutable하다. 왜 나는 '불가해하다'라는 말을 썼을까? 사실 나도 그 이유를 모른다. 다른 말을 쓸 자유가 내게 있었을까? 그런 주장에는 어떤 의미가 있을 수 있을까?

어쨌든 왜 '불투명한opaque'이라는 말은 떠오르지 않았을까? 글쎄, 그냥 떠오르지 않은 것이다. 이제 둘 중 어떤 단어를 쓸까 비교해보아도 여전히 나는 애초의 선택 쪽에 마음이 간다. 나는 이런 선택에 대해 자유로울까? '불투명한이라는 말이 더 낫다고 생각하지 않는데도' 이 단어가 더 좋은 단어라고 생각할 자유가 있을까? 결정을 바꿀 자유는 있을까? 물론 아니다. 오직 내 마음이 '나'를 바꿀 뿐이다.

다른 걸 선택했다면 그 일을 할 수 있었을 거라고 한들 아무 의미가 없다. 사람의 '선택'이란 허공에 툭 나타나듯 생각의 흐름 속에 나타나기 때문이다. 이런 의미에서 우리는 보이지 않는 손이 연주하는 현상학적 실로폰과도 같다. 당신의 의식적 마음에 비추어 보면 당신은 앞으로 할 생각이나 '행동'에 아무런 책임이 없다. 당신이 이 세상에 태어난 건 당신 책임이 아닌 것과 마찬가지다.**102**

우리가 자유 의지를 믿는 이유는 직전의 구체적 원인을 순간순간 잊어버리는 데서 비롯된다. '자유 의지'라는 표현은 어떤 생각을 의식할 때마다 그 내용이 우리의 느낌과 일치하는 것을 말한다. '딸아이에게 생일 선물로 뭘 주지? 그래, 애완동물 가게에 데리고 가서 열대어를 고르게 하면 되겠다'와 같은 생각의 연쇄는 자유롭게 결정한 선택의 실제 모습을 전달한다. 그러나 (주관적으로나 객관적으로 말해서) 자세히 살펴보면 생각은 누구의 허락도 받지 않고 생기지만(달리 어떻게 생기겠는가?) 우리의 행동을 만들어내기도 한다.

대니얼 데닛이 지적했듯, 사람들은 결정론determinism과 운명론fatalism

을 혼동하는 경우가 많다.**103** 그래서 '모든 게 결정되어 있다면 왜 내가 뭔가를 해야 하는 것인가? 그저 앉아서 일이 어떻게 돌아가는지 보고 있으면 안 될까?'라고 묻기도 한다. 우리의 선택이 선행하는 원인에 의존한다고 해서 그 선택이 중요하지 않다는 건 아니다. 내가 이 책을 쓰기로 마음먹지 않았다면 이 책은 나오지 않았을 것이다. 이 책을 쓰기로 한 내 선택은 분명 이 책이 나온 일차적 원인인 것이다.

결정, 의도, 노력, 목적, 의지력 등은 뇌의 인과적 상태causal state이며, 이것이 우리를 구체적인 행동으로 이끌고 이 행동들은 세상에 어떤 결과들을 내놓는다. 그러므로 인간의 선택은 자유 의지의 애호가들이 믿는 것만큼 중요하다. '그저 앉아서 일이 어떻게 돌아가는지 보는 것'도 나름대로 결과가 따르는 하나의 선택이다. 그런데 이러기도 무척 어려운 일이다. 온종일 침대에 누워 무슨 일이 생기길 가만히 기다리기만 한다고 생각해보라. 당신은 자리를 박차고 일어나 무슨 일이라도 하고 싶은 충동에 시달릴 것이고, 이를 억누르려면 점점 굉장한 노력이 필요할 것이다.

물론 자발적 행위와 비자발적 행위에는 차이가 있지만, 그것이 자유 의지라는 통상적 개념을 지지하는 건 아니다(그 차이는 자유 의지라는 개념에 좌우되지도 않는다). 자발적 행위는 의도적인 느낌(욕망, 목표, 기대 등)과 관련되지만 비자발적 행위는 그렇지 않다. '외계인손증후군alien hand syndrome'**104**같이 기이한 신경학적인 이상에서부터 저격수의 계산된 행동까지 우리는 의도하는 정도에 따라 흔히 관습적인 구분을 한다. 이런 구분들은 어떤 행동을 하는 시점에 마음속에서 일어나는 것을 기술하는 데 불과하기 때문에 그대로 유지될 수 있다.

자발적인 행동에는 그렇게 행동하고자 하는 의도적인 느낌이 뒤따르지만, 비자발적 행동은 그렇지 않다. 그러나 그 의도 자체가 어디에서 왔는지, 매 순간 이 의도의 특징을 결정하는 건 무엇인지에 대해서는 주관적 차원에서 볼 때 여전히 전혀 알 수 없는 수수께끼다. 자유 의지를 느끼는 건 다음의 사실을 제대로 인식하지 못하기 때문이다. 즉 우리는 의도가 발생하기 전에 앞으로 의도할 것을 알 수 없다. 이런 사실을 보면 사람들이 대체로 생각하는 것처럼 당신은 당신 행동과 생각의 주체가 아니다. 그렇다고 이런 통찰이 사회적 정치적 자유를 덜 중요하게 만들지는 않는다. 의도한 바를 행할 자유와 행하지 않을 자유는 전과 마찬가지로 가치 있는 것이다.

도덕적 책임

자유 의지의 문제는 이제 철학 세미나에서나 볼 수 있는 희귀한 골동품 같은 것이 아니다. 자유 의지에 대한 믿음은 종교의 '죄' 개념과 인과응보적 정의에 대한 영원한 믿음을 모두 인정한다.[105]

연방대법원은 자유 의지를 우리 법 체계의 '보편적이고 지속적인' 기초라고 하면서, '우리의 형사사법제도가 근거로 삼는 규칙과 일치하지 않는 인간 행동에 대한 결정론적 관점'과는 구별해야 한다고 밝혔다(미합중국 대對 그레이슨 공판, 1978).[106] 자유 의지 개념을 위협하는 과학적

발전은 어느 것이든지 사람을 그의 나쁜 행동으로 처벌하는 윤리를 문제 삼는 것으로 보인다.[107]

그러나 인간의 선악은 자연적 사건의 산물임이 당연하다. 심히 우려되는 바는 인간 행동의 근본적 원인에 대한 정직한 논의가 도덕적 책임이라는 개념을 약화시킬지 모른다는 점이다. 사람의 신경이 기후 패턴처럼 변한다고 본다면 도덕에 대해 어떻게 논리적으로 말할 수 있겠는가? 또한 사람을 바라보는 관점을 설득될 수 있는 사람과 그렇지 않은 사람으로 보기를 고수한다면, 사실을 개인의 책임에 끼워 맞출 어떤 개념이 있어야만 할 것이다.

어떤 행동에 책임을 진다는 말은 실제 무슨 의미일까? 예를 들어 나는 어제 상점에 갔는데, 정장을 하고 아무것도 훔치지 않고 안초비도 사지 않았다는 사실을 알았다. 내가 내 행동에 책임이 있다는 말은, 단순히 내가 한 행동 속에 내 생각, 의도, 믿음, 그리고 이런 것들을 확대시킨다고 생각되는 욕구들이 충분히 유지된다는 뜻이다. 반대로 내가 상점에서 옷을 입지 않은 채, 가지고 올 수 있을 만큼 안초비를 잔뜩 훔치려는 의도가 있었다면, 이것은 완전히 비논리적인 행동일 것이다. 이런 상황에서 나는 제정신이 아니라거나 아니면 내 행동에 책임이 없다고 느낄 것이다. 그러므로 책임의식에 대한 판단은 정신적 인과관계의 형이상학이 아니라 정신의 종합적 양상에 따라 달라진다.

인간 폭력에 대한 다음의 사례를 생각해보자.

1. 네 살배기 사내아이가 아버지의 총을 갖고 놀다가 어떤 젊은 여자를

쏘아 죽였다. 그 총은 장전된 채 잠금 장치 없는 서랍에 들어 있었다.

2. 신체적·감정적 학대를 지속적으로 받았던 열두 살짜리 사내아이가 아버지의 총을 갖고 의도적으로 어떤 젊은 여자를 쏘아 죽였다. 그녀가 그 사내아이를 괴롭히고 있었기 때문이다.

3. 유년기 동안 지속적 학대를 받았던 스물다섯 살짜리 청년이 자기 여자친구를 의도적으로 쏘아 죽였다. 그녀가 자기를 버리고 딴 남자에게 갔기 때문이었다.

4. 훌륭한 부모 슬하에서 한 번도 학대를 받지 않고 자란 스물다섯 살짜리 청년이 '그저 재미있다는 이유에서' 여태 한 번도 본 적 없는 젊은 여자를 의도적으로 쏘아 죽였다.

5. 훌륭한 부모 슬하에서 한 번도 학대를 받지 않고 자란 스물다섯 살짜리 청년이 '그저 재미있다는 이유에서' 여태한 번도 본 적 없는 젊은 여자를 의도적으로 쏘아 죽였다. 그 청년의 뇌를 MRI로 검사해보니 내측전전두피질(감정 및 행동 충동 조절을 담당하는 영역)에 골프공만 한 종양이 발견되었다.

위의 각 사례마다 한 여성이 죽었고, 죽음의 원인은 타인의 뇌에서 일어난 사건의 결과다. 우리가 느끼는 도덕적 분노는 분명 각 사례에서 언급된 배경 조건에 따라 달라질 것이다. 설마 네 살짜리 아이가 진짜 다른 사람을 죽일 의도가 있었을지, 또 열두 살짜리 소년이 성인만큼의 고의적 살해 의도를 갖고 있었을지 의심스럽다.

1번과 2번 사례에서는 살인자의 뇌가 미성숙했기 때문에 아직 개인적 책임을 지울 수 없다는 사실을 알 수 있다. 3번 사례의 경우 학대받은 경험과 급박한 상황이 청년의 죄를 약화시키는 것 같다. 이것은 타인의 손에 고통을 받은 사람이 저지른 치정 범죄이기 때문이다. 4번 사례에서는 학대받은 사실이 없기 때문에 동기가 범죄자를 사이코패스로 낙인찍는다. 5번 사례에서도 사이코패스적 행동과 동기를 볼 수 있지만 뇌종양 때문에 완전한 도덕적 결함은 어느 정도 달라질 수 있다. 종양의 위치가 내측전전두피질에 있기 때문에, 살인자는 모든 책임이 면제되는 것으로 보인다. 모든 사례에서 정확히 같은 정도로 뇌와 그것의 배경적 영향이 여성이 죽은 진짜 원인이라고 할 때, 도덕적 책임의 이러한 단계들을 어떻게 납득할 수 있을까?

더 큰 해악을 일으킬 수도 있는 부도덕, 부주의, 심지어 사악함 같은 인간 마음을 단죄하기 위해 그 속에 살아 있는 인과적 주체causal agent에 대해 어떤 환상을 가질 필요는 없는 것 같다. 타인을 비난할 때 우리는 사람 자체가 아니라 '해를 입히려는 의도'를 비난한다. 그러니까 그런 의도를 품을 수는 없을 거라고 생각하게 만들 만한 상황이나 조건(사고, 정신질환 혹은 아직 어리다는 것)은, 자유 의지라는 개념에 의존하지 않고서도 죄를 저지른 사람이 유죄라는 점을 약화시킬 것이다.

마찬가지로, 죄의 정도는 사건의 사실관계를 근거로 판단될 수 있다. 즉 피의자의 성격, 이전에 저지른 범행, 타인과 유대를 맺는 방식, 독극물 사용, 희생자와 관련하여 그가 자백한 의도 등이 현재 그들이 어떤 사람인지를 말해주는 것이다. 어떤 사람의 행동이 그의 성격과 완전히 괴리되었다면, 현재 그가 타인에게 가하는 위협을 우리가 인지할 때 영향을 미칠 것이다. 또 피의자가 죄를 뉘우치지 않고 다시 살인을 저지르지 못해 안달이라면, 그를 사회에 위험한 자로 여기기 위해 굳이 자유 의지라는 개념을 들먹일 이유가 전혀 없다.

물론 우리는 의식적으로 계획하지 않은 행동에 대해서도 서로 책임을 묻는다. 대개 자발적 행위들은 뚜렷한 계획 없이 발생하기 때문이다.[108] 그런데 다른 사람에게 해를 입히려는 의식적 결정은 왜 특히 비난을 받아야 할까? 다른 무엇보다 의식consciousness을 가진 상태야말로 우리의 의도를 완전히 마음대로 사용할 수 있기 때문이다. 의식적인 계획에 이어서 우리가 하는 일은, 정신의 전반적 속성, 즉 믿음, 욕구, 목표, 편견 따위를 있는 그대로 반영하는 경향이 있다. 만일 당신이 왕을 살해하기로 결정했다고 하자. 몇 주 동안 심사숙고하고 도서관을 뒤지고 친구들과 토론을 벌이고 나서도 당신이 여전히 왕을 죽이려고 한다면, 그런 행동은 당신이 어떤 사람인지를 진정으로 반영한다. 그러므로 사회는 당연히 당신을 우려할 수밖에 없다.

인간을 자연계의 힘forces of nature으로 본다고 해서, 도덕적 책임의 차원에서 생각하는 일을 막지는 못하지만, 보복의 논리는 문제가 된다. 타인을 해칠 의도가 있는 사람들 때문에 우리는 분명 감옥을 지어야 한다. 그러나 지진이나 태풍도 그 죄를 물어 투옥할 수 있다면, 마찬가지로 그것들 때문에 감옥을 지을 것이다.[109]

사형수들은 나쁜 유전자, 나쁜 부모, 나쁜 생각, 나쁜 운이 이렇게 저렇게 조합된 요소들을 가진다. 이에 대해 그들은 정확히 어느 정도의 책임이 있을까? 어느 누구도 자신이 자기 유전자나 양육에 책임이 있다고 나서지 않는다. 그러나 이런 요인들이 평생 그의 성격을 결정한다고 믿을 만한 이유는 얼마든지 있다. 우리의 사법 체계는 삶이라는 게임에서 각자가 분명 다른 카드를 받았을 수도 있을 거라는 사실을 반영하여야 한다. 사실 도덕 자체에 얼마나 운이 개입되었을까를 알아보지 않는 것도 비도덕적인 일 같다.

악의 치료법을 발견한다면 어떤 일이 생길지 생각해보자. 논의의 편의상, 값싸고 통증도 없고 안전한 방법으로 인간의 뇌에 적절한 변화를 일으킬 수 있다고 상상해보자. 사이코패스는 비타민 D 같은 영양소를 직접 공급하면 치료될 수도 있다. 그러면 악은 이제 영양결핍증에 지나지 않을 것이다.

악의 치료법이 존재한다고 상상하면 보복의 충동에는 커다란 결함이 있음을 알 수 있다. 예를 들어 살인자를 처벌할 한 방법으로 치료를 '보류할' 가능성을 고려해보자. 이것이 대체 도덕적으로 말이 되는 일일까? 이런 치료를 받을 만한 '자격이 없다'는 말은 무슨 뜻일까? 죄를 짓기 전에 그런 치료를 받을 수 있었다면 어떨까? 그래도 그는 자신의 행동에 책임이 있을까? 이런 일을 미리 알고 있었던 사람이 부주의로 기소될 확률이 훨씬 높을 것 같다. 앞의 5번 사례에서 젊은이가 저지른 폭력의 근본적 원인이 뇌종양임을 알면서도, 그를 '처벌하기' 위해 수술을 거부한다는 것이 도대체 말이 될까? 물론 아닐 것이다. 그러므로 보복의 충동은 인간 행동의 근본적 원인을 알지 못하는 것에 좌우되는 것 같다.

우리는 자유 의지에 애착을 갖고 있으면서도, 뇌의 기능 이상이 우리가 가진 최선의 의도를 짓눌러버릴 수 있다는 사실도 안다. 이처럼 이해의 관점을 바꾸는 것은 보편적 인간성에 대한 더 깊고 더 일관되며 더 동정적인 관점을 향해 나아가는 것을 뜻한다. 이것이 바로 종교적 형이상학으로부터 벗어나는 진보라는 점에 주목해야 할 것이다. 몇몇 개념들은, 유전자에서부터 경제 체계에 이르기까지 모든 물질적 영향으로부터 독립적인 불멸의 영혼이라는 개념보다 인간의 잔인성에 보다 큰 기회를 제공해왔다.

그런데 뇌과학의 발전을 둘러싸고 이런 지식이 우리를 비인간화할 거라는 공포가 존재한다. 정신을 물리적 뇌의 산물이라고 생각하는 것이 타인에 대한 동정심을 감소시킬까? 이런 질문 자체는 합당하나, 모든 것을 감안할 때 영혼/육체 이원론이야말로 동정심의 적이라는 생각이 든다. 예를 들어 여전히 감정장애나 인지장애를 도덕적으로 낙인찍는 것은, 크게 보면 정신을 뇌와 별개의 것으로 여긴 결과인 것 같다. 췌장이 인슐린을 만들어내지 못할 때 기능상실을 보완하기 위해 합성 인슐린을 복용하는 것은 부끄러운 일이 아니다. 그런데 항우울제로 감정을 안정시키는 것에 대해서는 그렇게 생각하지 않는 경우가 많다(부작용에 대한 염려와는 전혀 다른 이유에서). 이런 편견은 뇌를 신체기관으로 보는 인식의 증가로 최근 감소하는 추세다.

그러나 보복이라는 사안은 진짜 까다로운 문제다. 제레드 다이아몬드는 최근 〈뉴요커The New Yorker〉에 기고한 놀라운 글에서, 보복을 국가에 맡김으로써 우리가 종종 높은 대가를 지불한다고 썼다.[110] 그는 뉴기니 하이랜드에 사는 친구 대니얼의 경험과 자신의 장인이 겪은 비극적 경험을 비교한다. 대니얼은 친가 쪽 삼촌의 죽음에 대해 보복하고 분노가 상당히 가라앉았다. 그러나 다이아몬드의 장인은 홀로코스트 당시 자신의 가족을 몰살한 사람을 죽일 기회가 있었으나 대신 그를 경찰에 넘겼다. 그는 수감된 지 겨우 1년 만에 풀려났고, 다이아몬드의 장인은 남은 육십 평생을 '회한과 죄책감으로 고통스러워하며' 살았다. 뉴기니 하이랜드의 근친복수 문화에 대해 반박할 말이 많겠지만, 복수의 관행은 보편적인 심리적 필요에 대한 답이라는 점은 분명하다.

우리는 사람이 자기 행동의 주체라는 뿌리 깊은 생각을 갖고 있다. 그래서 잘못을 저지른 사람에게 책임을 묻고, 이런 빚은 반드시 갚아야 한다고 생각한다. 범죄자가 받아 마땅한 보상이란 흔히 고통을 받거나 삶을 빼앗기는 것이 전부다. 최선의 사법 체계가 이런 충동을 관리하는 방법에 대한 문제가 여전히 남아 있다. 분명 인간 행위의 원인을 충분히 설명하면 부정의에 대한 우리의 자연적 반응이 적어도 어느 정도는 약화될 것이 틀림없다.

예를 들어 다이아몬드의 장인은 그의 가족이 코끼리한테 밟혀 죽거나 콜레라로 죽었다면, 복수를 하지 못했을 때와 똑같은 고통을 느꼈을 것인가에 대해서는 의심의 여지가 있다. 마찬가지로 자신의 가족을 죽인 자가 내측전전두피질에 바이러스 공격을 당하기 전까지만 해도 도덕적으로 흠잡을 데 없이 살았다는 사실을 알았다면, 장인의 고뇌도 상당히 줄어들었을 것이라고 예상할 수 있다.

가상의 보복이라도 그것이 아무것도 하지 않는 것보다 사람들의 행동을 훨씬 낫게 만든다면 여전히 도덕적일 수 있다. 특정 범죄인을 처벌하는 것이―투옥이나 교정 재활보다―유용한지는 사회과학과 심리과학이 결정할 문제다. 보복의 충동은 각자가 생각과 행동의 자유로운 주인이라는 생각에 근거한다. 그러나 이것은 인지적, 정서적 환상이며, 끊임없이 도덕적 환상을 불러일으킨다는 점은 극히 분명해 보인다.

자유 의지는 눈을 뗄 수 없게 만드는 수수께끼라는 것이 일반적인 견해다. 한편으로는 그것이 인과관계의 차원에서는 이해할 수 없기 때문이고, 다른 한편으로는 우리가 행동의 주체라는 강력한 주관적 감각이 있기 때문이다.[111] 그러나 내 생각에는 이 수수께끼 자체가 혼란의 한 증상인 것 같다. 자유 의지는 단순히 환상이 아니다. 우리의 경험은 단순히 실제의 왜곡된 관점만을 전달하지는 않기 때문이다. 오히려 우리가 경험의 본질을 잘못 인식하는 것이다.

우리는 생각만큼 자유롭다고 느끼지 못한다. 자유에 대한 인지는 실제 우리의 상태가 어떤지 주의 깊게 생각하지 않은 데서 비롯한다. 자신에게 주의를 기울이는 순간 자유 의지는 어디에도 없으며, 우리의 주관성은 바로 이 사실과 완벽하게 공존함을 알게 될 것이다. 생각과 의도는 의식에서 그냥 떠오른다. 그것이 달리 어떻게 생길 수 있겠는가? 우리에 대한 진실은 대다수가 생각하는 것보다 낯설다. '자유 의지라는 환상은 그 자체가 환상이다.'

1) 예를 들어 집, 직장, 차에 아무나 들어오지 못하게 하는 데(그리고 열쇠를 잃어버려서 전문가에게 의뢰하는 데) 드는 시간과 비용을 생각해보자. 인터넷과 신용카드 보안, 패스워드를 사용하거나 바꾸는 데 소모되는 시간을 생각해보자. 현대사회에서는 전화 서비스가 5분만 중단되어도 수십억 달러의 대가를 치러야 한다. 절도를 막는 데는 훨씬 더 큰 비용이 든다고 말해도 무리는 없을 거라고 생각한다. 거기다 문을 잠그는 데 드는 비용과 공식적인 계약을 준비하는 데에 드는 수고—이것은 또 다른 형태의 자물쇠다—를 덧붙이면, 비용은 계산이 불가능할 정도로 치솟는다. 이렇게 절도를 방비할 필요가 없는 사회를 상상해보자(사실상 어려운 일이다). 시간으로든 화폐가치로든 가처분 재산이 훨씬 큰 세상이 될 것이다.

2) 정치나 법을 포함해 인간의 협동을 다른 식으로 생각할 수 있다. 그러나 나는 윤리의 규범적 주장이 더 근본적이라고 생각한다.

3) Hamilton, 1964a, 1964b.

4) McElreath & Boyd, 2007, 82쪽.

5) Trivers, 1971.

6) G. F. Miller, 2007.

7) 간접적 상호성indirect reciprocity(즉 A는 B에게 주고, B는 C에게 주고, C는 A에게 주는 것) 현상도 살펴본 최근의 리뷰는 Nowak, 2005 참조. 혈연선택이나 호혜적 이타주의가 특히 진사회적 곤충들 사이의 협동을 설명하기에 충분한가라는 의심에 대해서는 D. S. Wilson & Wilson, 2007; E. O. Wilson, 2005 참조.

8) Tomasello, 2007.

9) Smith, [1759] 1853, 3쪽.

10) 앞의 책, 192~193쪽.

11) Benedict, 1934, 172쪽.

12) 결과주의는 제러미 벤담Jeremy Bentham과 그 후의 존 스튜어트 밀이 주장한 애초의 '공리주의' 이후 많이 개선되었다. 그러나 그 점은 대체로 학계의 철학자들이나 관심을 가질 것이므로, 여기서는 개선된 사항을 일일이 고려하지 않을 생각이다. 《Stanford Encyclopedia of Philosophy》에 잘 요약된 항목이 있다(Sinnott-Armstrong, 2006).

13) J. D. Greene, 2007; J. D. Greene, Nystrom, Engell, Darley, & Cohen, 2004; J. D. Greene, Sommerville, Nystrom, Darley, & Cohen, 2001.

14) J. D. Greene, 2002, 59~60쪽.

15) 앞의 책, 204~205쪽.

16) 앞의 책, 264쪽.

17) 몇 가지 철학적 근거들을 짧게나마 더 살펴보자. 여성의 베일 강제가 객관적으로 잘못된 관습이려면 무엇이 참이어야 할까? 이 관습이 '모든 가능 세계'에서 불필요한 고통을 야기해야 할까? 아니다. 지금 이 세계에 불필요한 고통을 야기하기만 해도 된다. 베일 강제가 부도덕하다는 사실이 '분석적으로' 참이어야 하는가? 즉 '베일'이라는 단어의 의미 속에 이 행위의 그릇됨이라는 의미가 들어 있어야 할까? 아니다. 그러면 연역적으로 참이어야 할까? 즉 이 관습이 인간의 경험과는 별개로 그른 일이어야 할까? 아니다. 행위의 그름은 인간의 경험에 상당히 많이 좌우된다.

여성과 소녀에게 베일을 강요하는 관습은 세 가지 이유에서 잘못된 것이다. 첫째, 온몸에 베일을 덮어쓰고 생활하는 것은 매우 불쾌하고 비실용적이다. 둘째, 이 관습은 여성이 남성의 재산이라는 관점을 영원히 지속시킨다. 셋째, 이 관습을 잔인하게 강제하는 남성들을 남녀평등 및 소통의 가능성에 대해 지속적으로 둔감하게 만든다. 곤경에 처한 인구의 절반이 한 사회의 경제적, 사회적, 지적 풍요를 직접적으로 누리지 못하고 있는 것이다. 각 사회가 직면한 도전들을 생각하면 이는 거의 모든 경우 나쁜 관습이다. 그렇다면 이 세상에서는 '단 하나의 예외도 없이' 베일 강제가 윤리적으로 수용할 수 없는 것이어야 할까? 아니다. 아프가니스탄의 농촌을 여행할 때 폭력배들의 주의를 끌지 않기 위해 딸에게 베일을 쓰게 하는 것처럼 완벽하게 도덕적인 경우를 쉽게 상상할 수 있다.

　그렇다면 적나라하고 분석적이며 선험적이고 필연적인 진리로부터, 종합적이고 귀납적이며 우연적이고 예외가 넘쳐나는 진리로 슬며시 옮겨가는 것이 도덕실재론에 문제가 되는가? 앞서 도덕과 체스의 비유관계에 대한 언급한 것을 기억해보자. 체스 게임에서 당신의 여왕을 넘겨주는 것이 '항상' 잘못된 방법일까? 그렇지는 않지만 일반적으로는 형편없는 수다. 체스의 법칙에 수많은 예외가 있다고는 해도 체스 게임에는 엄연히 객관적으로 좋은 수와 나쁜 수가 존재한다. 우리는 전통 이슬람 사회가 여성을 대하는 방식이 일반적으로 나쁘다고 말할 수 있는 입장인가? 절대적으로 그렇다. 의심스러운 점이 있다면 이 문제를 다룬 아얀 히르시 알리의 훌륭한 저서들을 참조하기 바란다(A. Hirsi Ali, 2006, 2007, 2010).

18) J. D. Greene, 2002, 287~288쪽.

19) 철학자 리처드 조이스Richard Joyce(2006)는 수학과 과학적 믿음의 진화론적 기원은 수학과 과학의 기반을 약화시키지 않지만, 도덕적 믿음의 경우에는 진화론적 기원 때문에 도덕적 믿음이 약화된다고 주장했다. 그러나 나는 그의 추론이 설득력 있다고 생각하지 않는다. 예를 들어 조이스는 우리의 수학적, 과학적 직관은 단지 정확성이라는 장점 때문에 선택될 수 있다고 주장한다. 반면 도덕적 직관은 전혀 다른 기준 때문에 선택되었다는 것이다. (그가 모델로 삼은) 산술에서는 이 주장이 그럴듯해 보일지 모른다. 그러나 과학은 실재의 본질에 대한 과학 이전의 학문proto-science의 직관이나 본유적 직관을 (다는 아니어도) 상당수 위반함으로써 발전해왔다. 조이스의 추론에 의한다면 이러한 위반은 '진리'로부터 한 발자국 멀어진 것으로 보아야 한다.

20) 그린의 주장은 실제로 다소 특이하다. 결과주의가 참이 아닌 이유는 단지 도덕에 대한 의견이 너무 다양하기 때문이다. 그런데 그는 생각할 시간만 충분하다면 대부분의 사람들이 결과주의 원칙 쪽으로 의견이 모아질 것이라고 믿는 것 같다.

21) Faison, 1996.

22) Dennett, 1995, 498쪽.

23) Churchland, 2008a.

24) Slovic, 2007.

25) 이것은 추론 관련 문헌에서 좀 더 일반적으로 발견되는 사실들과 관계가 있는 것 같다. 이 문헌들을 보면 사람들은 흔히 통계 수치가 큰 자료보다는 가장 눈에 띄는 일화에 무게를 둔다는 것을 알 수 있다(Fong, Krantz, & Nisbett, 1986/07 ; Stanovich & West, 2000). 이것은 또한 대니얼 카네만과 셰인 프레더릭Shane Frederick이 '확장 무시extension neglect'라고 부른 것의 특히 나쁜 버전으로 보인다(Kahneman & Frederick, 2005). 확장 무시란 우리의 가치평가가 문제의 규모에 맞게 확장되지 못하는 현상이다. 예를 들어 2,000명의 목숨을 구하는 데 두는 가치는 1,000명의 목숨을 구하는 데 드는 가치의 두 배에 못 미친다는 것이다. 그러나 슬로빅의 결론은 (더 큰 집단이 더 작은 집단을 포함한다 해도) 실제로 가치가 '더 적을' 수도 있다고 말한다. 도덕 심리학에 비규범적인 결과가 있을 수 있다면, 이것이 바로 그 예다.

26) 이 원칙에는 몇 가지 예외가 있을 수 있다. 예를 들어 한 아이가 죽으면 남은 아이는 견딜 수 없이 고통스러워할 거라고 생각한다면 둘 다 죽는 편이 한쪽만 죽는 것보다 낫다고 믿을 수도 있는 것이다. 이런 사례가 실제 있든 없든, 이 사례는 부정적인 결과가 반드시 합산되어야 한다는 일반 규칙에 대한 분명한 예외다.

27) 이것이 헛소리라고 생각하는가? 제인 맥고니걸Jane McGonigal은 그러한 실제 세계의 결과를 염두에 두고 게임을 고안했다. www.iftf.org/user/46.

28) Parfit, 1984.

29) 파핏의 주장은 칭송받아 마땅하고 그의 책《이유와 사람Reasons and Persons》도 철학서로서 걸작이지만, 매우 유사한 관찰이 롤스의 책에 처음 등장한다([1971] 1999, 140~141쪽).

30) 예를 들어보자.

"〈어떻게 프랑스만 살아남았는가How Only France Survives〉. 어떤 미래에 그 세계의 가장 가난한 사람들이 살 만한 삶을 살기 시작한다. 그때 다른 나라의 삶의 질도 계속해서 높아진다. 각 나라는 세계의 자원을 공정하게 나누고 있지만 기후나 문화적 전통 같은 것 때문에 어떤 나라들은 더 높은 삶의 질을 누린다. 수 세기 동안 가장 부유한 사람들은 프랑스인들이었다.

또 다른 어떤 미래에, 새로운 전염병이 창궐하여 거의 모든 사람을 불임으로 만들었다. 프랑스의 과학자들은 프랑스 인구수에 딱 맞게 해독제를 만들었다. 다른 나라들은 모두 망했는데, 이것이 생존한 프랑스인들의 삶의 질에도 나쁜 영향을 미쳤다. 프랑스인들은 이제 새로운 외국의 예술품이나 문학, 기술을 수입할 수 없다. 이를 비롯해 다른 나쁜 결과들이 좋은 결과들을 넘어섰다. 결국 이 두 번째 미래 세계에서 프랑스인들은 첫 번째 미래 세계보다 조금 낮은 수준의 삶의 질을 누렸다."(파핏, 앞의 책, 421쪽)

31) P. Singer, 2009, 139쪽.

32) Graham Holm, 2010.

33) Kahneman, 2003.

34) LaBoeuf & Shafir, 2005.

35) Tom, Fox, Trepel, & Poldrack, 2007. 그러나 앞의 저자들이 지적하는 것처럼 이 프로토콜은 경험한 손실이 아니라 뇌가 판단한 잠재적 손실(즉 판단 사용)을 검사한 것이다. 다른 연구들은 부정적 감정과 관련해서 편도체amygdala의 활성이 예상될 수 있다고 말한다.

36) 피자로와 울만이 비슷한 관찰을 한 바 있다(D. A. Pizzaro & Uhlmann, 2008).

37) Redelmeier, Katz, & Kahneman, 2003.

38) Schreiber & Kahenman, 2000.

39) Kahneman, 2003.

40) Rawls, [1971] 1999 ; Rawls & Kelly, 2001.

41) S. Harris, 2004, 2006a, 2006d.

42) 그는 이후 자신의 견해를 개선하면서, 공정함으로서의 정의는 "포괄적인 도덕적 교리가 아니라, 정치적으로서의 정의 개념"으로 봐야 한다고 했다(Rawls & Kelly, 2001, p. xvi).

43) Rawls, [1971] 1999, 27쪽.

44) Tabibnia, Satpute, & Lieberman, 2008.

45) 그러므로 자신의 행복을 극대화하고자 하는 사람들이 공정함에도 가치를 두기 바라는 것이 비논리적인 일은 아니다. 공정함에 가치를 둠으로써 그들은 공정함을 위반하는 것이 비윤리적, 즉 집단의 행복에 좋지 않다고 생각하게 될 것이다. 그러나 그렇게 생각하지 않는다면? 자연의 법칙이 도덕의 풍경에서 서로 다르고 눈에 띄게 상반된 봉우리들을 허용한다면? 어떤 세상에서는 황금률이 확고부동한 본능인 반면, 또 어떤 세상에서는 그곳에 사는 사람들이 일부러 그 황금률을 어긴다면? 아마도 후자의 세상은 사디스트와 마조히스트가 완벽한 짝을 이루는 세상일 것이다.

이런 세상의 모든 사람들이 첫 번째 세상의 성인聖人들과 각각 짝을 이루고 있다고 가정해보자. 또한 다른 면에서는 전부 다르지만, 행복과 관련된 면에서는 각기 동일하다고 해보자. 이런 조건들이 전부 충족된다면 결과주의자들은 이 두 세상이 도덕적으로 동일하다고 말해야만 할 것이다. 이것이 문제가 될까? 나는 그렇게 생각하지 않는다. 문제는 이 지점에 도달하는 과정에서 우리가 얼마나 많은 세부사항들을 무시해야만 하는가에 있다. 인간 행복의 원칙들이 이렇게 탄력적이라고 염려해야 할 이유라도 있을까? 이것은 물리학 법칙들이 우리 세상만큼 일관적이지만, 이 법칙들이 존재하는 세상은 우리가 알고 있는 물리학과는 정반대되는 세상에서나 하는 염려다. 좋다, 그렇다면 어떻게 할 것인가? 우리 세상의 문제 행동들을 예측하려고 하는 마당에, 이런 가능성을 얼마나 정확히 염려해야 한단 말인가?

사람을 그 자체로 목적으로 봐야 한다는 칸트의 신념은 매우 유용한 도덕 원칙이지만, 그것을 정확히 그려내기는 어렵다. 우선 자아와 세계의 경계를 규정하는 일이 어려울 뿐만 아니라, 과거 및 미래와 관련하여 한 사람의 개성을 설명하기가 다소 까다롭기 때문이다. 한 예로 우리는 우리가 한 행동의 상속자이며, 그 행동이 실패했을 경우도 마찬가지다. 여기에 어떤 도덕적 의미가 있을까? 잘 먹고, 정기적으로 병원과 치과를 방문하고, 위험한 운동을 피하고, 안전벨트를 매고, 저축을 하는 등 꼭 필요하고 유익한 일을 하고 싶은 마음이 현재 들지 않는다 해도 어떤가. 이런 태만함의 결과로 미래의 내 자아가 고통을 겪는다면 나는 '범죄'를 저지른 것일까? 왜 아니겠는가. 고통이 따른다 해도 미래의 내 자아에 이익이 될 것을 감안하여 신중하게 산다면, 이것이 바로 '내' 존재가 다른 누군가의 목적에 대한 수단으로 이용되는 경우가 아닐까? 결국 나는 미래에 내가 될 그 사람을 위한 한낱 자원에 불과하다는 말인가?

46) 롤스의 '일차재primary goods' 개념은 어떤 정의로운 사회라도 그것이 공정하게 분배되어야 한다는 입장을 취한다. 이것은 인간의 행복이라는 일반 개념에 기생하는 것 같다. 롤스는 일차재로서 '기본적 권리와 자유, 직업 선택과 그것을 바꿀 자유, 직위의 권력과 특권 그리고 권위의 위치, 소득과 부, 자기존중의 사회적 기반' 등을 꼽았다. 이런 것들이 인간의 삶을 행복하게 하는 요소가 아니라면 도대체 우리에게 어떤 이익이 있겠는가? 물론 롤스는 자신의 '선' 개념이 부분적이고 단순히 정치적이라고 말하고자 애쓴다. 그러나 어쨌든 그것이 좋다라는 점에서는 인간 행복의 보다 넓은 개념에 빛을 지고 있다고 본다. Rawls, 2001, 58~60쪽 참조.

47) Cf. Pinker, 2008b.

48) Kant, 〔1785〕 1995, 30쪽.

49) 패트리샤 처칠랜드는 다음과 지적한다. "칸트는 도덕적 의무의 특징이 반드시 정서로부터 거리를 두어야만 나타난다고 확신했다. 이는 우리가 우리의 생물학적 본성에 대해 알고 있는 바와 확연히 엇갈린다. 생물학적 관점에 따르면 기본적 정서야말로 대자연이 우리가 해야 할 바를 신중하게 행하게 하는 방식이다. 사회적 정서는 우리가 사회적으로 해야 할 바를 행하게 하는 방식이고, 보상체계reward system는 기본적 정서와 사회적 정서 두 영역에서 과거의 경험을 이용하여 수행능력을 키우는 방법이다."(Churchland, 2008b)

50) 그러나 결과주의와 관련하여 흔히 발생하는 한 가지 문제점은 결과주의에는 도덕적 위계가 뒤따른다는 점이다. 즉 행복의 어떤 영역, 예를 들어 정신적 측면은 다른 영역에 비해 더 중요하다는 식이다. 철학자 로버트 노직Robert Nozick은 이것이 '효용 괴물utility monster'에게 문을 열어준다는 유명한 말을 했다. 즉 이 가상의 생명체는 우리를 파괴함으로써 우리가 잃는 것보다 엄청나게 더 큰 만족을 얻을 수 있다는 것이다(Nozick, 1974, 41쪽). 그러나 노직이 말하듯 바로 '우리'가 그런 효용 괴물이다.

대다수가 경제적 불평등 때문에 타인의 고역으로부터 이익을 얻는다는 사실은 제쳐두더라도, 많은 이들이 동물들을 '먹기' 위해 그것을 기르고 죽이는 일에 돈을 지불한다. 이런 방식은 오히려 동물들에게 좋지 않게 작용한다. 실제 이 동물들은 얼마나 고통을 겪을까? 공장식 축산 농장에 갇힌 소, 돼지, 닭은 가장 행복한 상태에 있는 그 동물들과 얼마나 다를까? 모든 점을 고려할 때 우리는 특정 종의 행복은 우리를 위해 완전히 희생되어도 괜찮다고 결정해버린 것 같다. 우리는 옳을 수도 있고 아닐 수도 있다. 많은 사람들에게 육식은 순간적 쾌락을 주지만 몸을 해롭게 하는 근원일 뿐이다. 그러므로 우리가 주변의 생물들에게 가하는 고통과 죽음이 전부 윤리적으로 옹호될 수 있다고 믿기는 매우 어렵다. 그러나 논의를 위해, '특정' 사람들에게 '특정' 동물들을 먹게 하는 것이 결과적으로 지구 상의 행복을 증가시킨다고 가정해보자.

이런 맥락에서 도살장으로 끌려가던 소들이 기회를 틈타, 즉 사람에게 우르르 몰려가 도망침으로써 자신들을 방어하는 것은 윤리적일까? 어부가 물고기를 먹는 것이 정당한 욕구라면 물고기가 낚싯바늘을 빼내려고 사투를 벌이는 것은 윤리적일까? 어느 정도는 동물을 먹는 것이 윤리적으로 바람직하다고(또는 적어도 윤리적으로 허용된다고) 판단해버린다면, 동물들 편에서 타당한 저항 가능성을 배제하는 게 될 것이다. 그러므로 우리는 동물들의 '효용 괴물'인 것이다.

노직은 명쾌한 비유를 통해 이렇게 묻는다. "과연 우리 종이 어떤 초월적 존재의 상상할 수 없을 정도로 어마어마한 행복에 희생된다면 그것은 윤리적인가?" 실제 그런 세부적인 것을 시간을 들여 상상해본다면(쉬운 일은 아니지만) 그 답은 분명 '그렇다'라고 확신한다. 우리가 도덕의 풍경에서 가장 높은 봉우리를 차지해야 한다고 생각하는 데 다른 이유는 없어 보인다. 인간이 박테리아를 대하듯 인간을 대하는 존재가 있다면 그들의 이익은 상상할 수 없을 정도로 우리의 이익을 능가할 게 틀림없다고 생각하기가 쉽다. 그런 도덕적 위계가 있다고 해서 우리의 윤리에 어떤 문제가 생긴다고 생각하지는 않는다. 그런 초월적 존재가 있다고 생각할 이유가 없을 뿐더러, 그들은 우리를 먹으려 하지 않을 것이다.

51) 전통적인 효용이론은 사람들이 나중에 후회할 걸 알면서도 왜 그렇게 행동하는지를 설명할 수 없었다. 인간이 가장 만족스러운 선택을 하는 습성이 있다면 의지력은 필요 없을 것이고, 자멸적 행동이라는 말도 없을 것이다. 정신과의사 조지 에인슬리George Ainslie는 《의지의 몰락Breakdown of Will》이라는 대단히 흥미로운 책에서, 서로 선호하는 것이 충돌할 때 인간이 내리는 결정의 역학을 검토한다. 의지의 필요성과 그것의 예측 가능한 실패를 설명하기 위해 그는 한 가지 의사결정 모델을 제시한다. 여기서 각 인간은 현재와 미래에서 서로 경쟁하는 '자아들'의 집합체로 간주되며, '자아'는 엄격하게 합리적으로 보이는 것보다 미래에 받을 보상을 더 심하게 무

시한다고 한다.

인간의 정신은 상충하는 이해관계로 복잡하게 얽혀 있기 때문에 평소에는 그 이해관계들이 각각 느슨하게 결합하여 기능하다가, 자원이 제한적일 때만 통합된다. 예를 들어 매 순간 우리는 오직 신체 하나로만 욕구를 표현할 수 있다. 상호 양립할 수 없는 목적을 달성하기에는 제약이 너무 분명하므로, 우리는 계속해서 '자아'와 타협할 수밖에 없다. "사이렌들에 대해 계획을 세우는 율리시즈와 사이렌들의 노래를 듣는 율리시즈를 별개의 사람으로 보아야 한다. 그렇게 해서 가능하다면 두 사람 사이의 협조관계에서처럼 자기편으로 이끌고, 그렇지 않다면 경쟁관계에서처럼 사전에 제지할 작전을 세워야 한다는 말이다."(Ainslie, 2001, 40쪽)

미래의 보상에 대한 과장된 무시는 '선호 역전preference reversal' 같은 현상에 궁금증을 갖게 한다. 예를 들어 대개 사람들은 3년 뒤의 1만 5,000달러보다는 현재의 1만 달러를 원한다. 그러나 10년 뒤의 1만 달러보다는 13년 뒤의 1만 5,000달러를 원한다. 첫 번째와 두 번째 예시가 단순히 10년이라는 간격을 두고 본 것이라 할 때, 사람들의 선호는 지연되는 기간에 따라 역전되는 것이 분명해 보인다. 보상을 누릴 가능성에 가까워질수록 보상이 지체되면 더 견딜 수 없게 되는 것이다.

52) 게다가 나는 그렇게 건강하지도 교육을 많이 받지도 않았다. 나는 이런 진술들이 '객관적으로' 참이라고 믿는다(심지어 이것이 나와 관련된 주관적 사실이라 해도 마찬가지다).

53) Haidt, 2001, 821쪽.

54) 문을 바꾸는 게 현명한 방법이라는 사실을 쉽게 이해하려면, 문 세 개보다는 문 1,000개에서 첫 번째 선택을 했다고 상상하는 게 더 낫다. 17번 문을 택했다고 가정하면 몬티 홀은 562번을 제외하고 모든 문을 열어 당신이 볼 수 있는 만큼의 숨겨진 양을 보여줄 것이다. 그러면 다음에 당신은 어떻게 해야 할까? 17번 문을 고수할 것인가 아니면 562번으로 바꿀 것인가? 당신의 첫 번째 선택은 1,000분의 1의 성공확

률과 1,000분의 999의 실패확률이라는 불확실성이 큰 조건에서 행해진 게 분명하다. 998개의 문을 열어 보여줌으로써 당신은 엄청난 정보를 얻은 것이다. 즉 562번 문에 대한 1,000분의 999라는 확률을 무너뜨린 것이다.

55) Haidt, 2008.

56) Haidt, 2001, 823쪽.

57) http://newspolls.org/question.php?question_id=716. 공교롭게도 같은 연구에서 미국인의 16퍼센트는 '정부가 다른 행성에도 지능을 갖춘 생명체가 있는데 이 증거를 알리지 않고 있을 가능성이 매우 높다'고 믿는다는 사실을 밝혀냈다(http://newspolls.org/question.php?question_id=715).

58) 이는 대뇌반구 연구에서 분명하게 확인된다. 좌뇌반구의 언어 영역은 보통 우뇌반구의 행동에 대한 설명을 지어내곤 한다(Gazzaniga, 1998; M. S. Gazzaniga, 2005; Gazzaniga, 2008; Gazzaniga, Bogen, & Sperry, 1962).

59) Blow, 2009.

60) "다문화주의가 '무슬림 청년들이 영국적 가치를 피하게 만든다'." 〈데일리 메일 The Daily Mail〉(January 29, 2007).

61) Moll, de Oliveira-Souza, & Zahn, 2008; 2005.

62) Moll et al., 2008, 162쪽.

63) 측좌핵nucleus accumbens, 미상핵caudate nucleus, 배쪽내측피질ventromedical cortex과 안와전두피질orbitofrontal cortex, 입쪽전측대상 부위rostral anterior cingulate 등을 포함한다(Rilling et al., 2002).

64) 그렇다 해도 뇌영상 연구에서 흔히 나타나는 경우처럼, 결과들이 그렇게 확연히 구분되지는 않는다. 실제로 몰은 혐오와 도덕적 분노에 대한 초기 연구를 통해 내측 영역이 이러한 부정적 감정과도 관련된다는 점을 밝혀냈다(Moll, de Oliveira-Souza et al., 2005).

65) Koenigs et al., 2007.

66) J. D. Greene et al., 2001.

67) 이 사고실험은 풋Foot이 1967년에 처음 소개했고, 1976년에 톰슨Thompson이 더 자세히 기술했다.

68) J. D. Greene et al., 2001.

69) Valdesolo & DeSteno, 2006.

70) J. D. Greene, 2007.

71) Moll et al., 2008, 168쪽. 뇌영상 연구를 매우 어렵게 하는 또 한 가지 우려가 있다. 그린과 동료들이 '정서'를 담당한다고 이름 붙인 영역은 이전에는 기억과 언어 같은 다른 종류의 프로세스에 관여한다고 알려져왔다(G. Miller, 2008b). 이는 '역추지설reverse inference' 문제의 한 예이며, 폴드랙Poldrack(2006)이 제기했고, 뒤에 나오는 믿음에 관한 내 연구에서도 논의했다.

72) 두 용어를 구분하려는 저자들도 있긴 하지만 대개 구별 없이 사용한다.

73) Salter, 2003, 98~99쪽. Stone, 2009도 참조.

74) www.missingkids.com.

75) 남녀 수감자의 20퍼센트가 사이코패스로, 중범죄의 반 이상을 이들이 저지른 것이다(Hare, 1999, 87쪽). 사이코패스가 상습범이 될 비율은 다른 범죄자들에 비해서 세 배 이상(폭력 상습범이 될 비율은3~5배 이상) 높다(Blair, Mitchell, & Blair, 2005, 16쪽).

76) Nunez, Casey, Egner, Hare, & Hirsch, 2005. 앞서 언급한 선정성과 관련된 이유 때문에 사이코패스는 〈정신장애의 진단 및 통계 편람Diagnostic and Statistical Manual of Mental Disorders, DSM-IV〉에서 색인은커녕 진단 범주에도 존재하지 않는다. DSM-IV에는 사이코패스의 행동과 관련된 두 가지 진단이 있는데, 반사회적 인격장애antisocial personality disorder, ASPD와 행동장애conduct disorder가 그것이다. 그러나 이는 사이코패스의 대인관계와 정서적 요소를 전혀 파악하지 못한다. 반사회적 행동

은 몇 가지 장애에 공통되기 때문에 ASPD 환자라 해도 PCL-R 점수가 높지 않을 수 있다(de Oliveira-Souza et al., 2008; Narayan et al., 2007). DSM-IV가 이런 증상을 다루는 데 적합하지 않다는 점은 블레어가 잘 보여주었다(Blair et al., 2005). 반사회적 행동의 동기는 다양하고 폭력적인 흉악범이 되는 경로도 많다. 사이코패스의 전형적인 특징은 나쁜 행동 자체가 아니라, 그 행동의 기저에 있는 정서적 장애와 대인관계 장애의 스펙트럼에 있다. 하나의 구조물로서 사이코패스는 DSM-IV의 기준보다 상습적 범행 같은 특정 행동을 훨씬 잘 예측할 수 있다.

77) 그런데 이것은 위대한 물리학자 에르빈 슈뢰딩거Erwin Schrödinger의 경우에도 해당되는 것 같다(Teresi, 2010).

78) 전두엽이 손상되면 '후천성 소시오패스acquired sociopathy'로 알려진 질환이 생기는데, 이는 발달성 사이코패스developmental psychopathy의 특성을 일부 공유한다. 두 질환이 같은 맥락으로 언급되는 경우가 종종 있지만, 후천성 소시오패스와 사이코패스는 특히 공격성의 양상으로 구분된다. '반응성 공격reactive aggression'은 귀찮게 하거나 위협을 가하는 자극에 의해 촉발되며, 보통 분노와 연관된다. '수단적 공격instrumental aggression'은 겨냥하는 목표가 존재한다. 길거리에서 누가 밀쳤을 때 상대방을 사정없이 폭행하는 사람은 반응성 공격을 표출하는 부류이고, 지갑을 훔치거나 소속 갱단에 눈도장을 찍으려고 다른 사람을 공격하는 사람은 수단적 공격을 표출하는 부류다. 후천성 소시오패스 환자들은 대체로 안와전두엽에 손상이 있으며, 충동 조절을 어려워하고 반응성 공격의 정도가 점점 심해진다. 그러나 수단적 공격 성향을 심하게 보이지는 않는다. 사이코패스는 반응성, 수단적 공격 양쪽 모두를 쉽게 드러낸다. 가장 중요한 것은 수단적 공격이 사이코패스의 특징인 '냉담/무정함callousness/unemotional, CU'과 가장 밀접한 관련이 있다는 점이다. 동성 쌍생아 연구는 CU 특징이 반사회적 행동의 유전자적 원인들과 매우 밀접한 관련이 있음을 시사한다(Viding, Jones, Frick, Moffitt, & Plomin, 2008).

몰과 데 올리베이라-수자와 동료들은 회백질gray matter 감소가 전두피질 영역을 넘어 사이코패스와 상관성이 있음을 밝혀냈는데, 이로부터 후천성 소시오패스와 사이코패스는 각기 다른 질환이라는 것이 설명된다. 사이코패스는 보다 넓은 연결 구조 속에서 회백질의 감소와 연관된다. 이 구조 속에는 양측섬뇌도bilateral insula, 상측두구superior temporal sulci, 연상회/각회supramarginal/angular gyri, 미상핵caudate(head), 방추모양 피질fusiform cortex, 중전두회middle frontal gyri와 다른 부위들이 포함된다. 이렇게 넓은 영역이 선별적으로 손상을 입지는 않을 것으로 보인다.

79) Kiehl et al., 2001 ; Glenn, Raine, & Schug, 2009. 그런데 개인적 혹은 비개인적 딜레마를 제시했을 때 내측전전두피질 환자들과 달리 사이코패스들은 비록 정서적 반응은 다를지라도 정상 대조군과 같은 답을 하는 성향을 보인다(Glenn, Raine, Schug, Young, & Hauser, 2009).

80) Hare, 1999, 76쪽.

81) 같은 책, 132쪽.

82) Blair et al., 2005.

83) Buckholtz et al., 2010.

84) Richell et al., 2003.

85) Dolan & Fullam, 2004.

86) Dolan & Fullam, 2006 ; Blair et al., 2005.

87) Blair et al., 2005. 사이코패스를 처음 다룬 책은 허비 클레클리Hervey Cleckley의 《건강한 자의 가면The Mask of Sanity》인 것 같다. 현재 절판된 책이지만 여전히 널리 인용될 뿐만 아니라 많은 찬사를 받고 있다. 오직 저자의 우스갯소리(대부분은 무심코 한 말이지만) 때문이라면 읽어볼 만하다. 보다 최근의 논의는 Hare, 1999, Blair et al., 2005, Babiak & Hare, 2006 참조.

88) Blair et al., 2005. 발달 관련 문헌을 보면 체벌에 뒤따르는 '혐오 조건 형성

aversive conditioning'은 교정이 필요한 행동보다는 체벌을 가한 사람과 연관되는 경향이 있다. 이는 처벌(무조건적 자극)이 특정 일탈(조건적 자극)에 바로 뒤따르는 경우가 드물기 때문이다. 또한 블레어는 처벌이 도덕교육의 일차적 수단이 되면 아이들은 평범한 일탈(수업시간에 잡담하기)과 도덕적 일탈(다른 학생 때리기) 모두 처벌을 받게 되므로 둘을 구분하지 못할 수 있다는 사실도 언급했다. 그래도 건강한 아이들은 이런 종류의 잘못된 행동들을 쉽게 구분할 수 있다. 그러므로 이 아이들은 실제 도덕적 경계들이 교차되는 지점에서 상대방이 드러내는 고통을 통해 직접 행동 교정을 받는 것으로 보인다. 다른 포유동물들 역시 동종의 개체가 고통받는 것을 극도로 싫어한다고 한다. 이러한 사실은 원숭이 연구(Masserman, Wechkin, & Terris, 1964)와 쥐 연구(Church, 1959)를 통해 알려졌는데, 요즘 이런 연구는 비윤리적인 것으로 본다. 예를 들어 원숭이 연구의 결과에는 이렇게 적혀 있다. "대다수 붉은털원숭이rhesus monkey는 동료가 전기충격을 받는 대가로 음식을 챙기기보다는 차라리 배고픔을 견딘다."

89) 뇌영상 관련 문헌을 계속 보다 보면 사이코패스의 근본적 신경학에 대해 혼란스러운 생각을 갖게 된다(Raine & Yaling, 2006). 개별 연구들은 편도체, 해마hippocampus, 뇌량corpus callosum, 피각putamen 등 다양한 뇌 영역에서 해부학적이고 기능적인 이상을 발견해왔는데, 모든 연구의 단 한 가지 공통된 결론은 사이코패스가 전전두피질prefrontal cortex, PFC의 회백질이 감소되는 경향이 있다는 것이다. PFC의 세 부위인 내외측안와 부위와 전두frontal poles에서의 회백질 감소는 사이코패스 점수와 관련되는데, 다른 연구는 이 부위들이 사회적 행동 통제에 직접 관여함을 보여주었다(de Oliveira-Souza et al., 2008). 최근의 연구는 피질이 얇아지는 현상과 사이코패스의 상관성은 우뇌에만 해당된다고 말한다(Yang, Raine, Colletti, Toga, & Narr, 2009). 사이코패스의 뇌는 안와전두 부위와 편도체를 연결하는 백질이 감소된 것도 보여준다(M. C. Craig et al., 2009). 실제로 안와전두 부위 회백질의 평균 부피 차는 남

녀 간 반사회적 행동의 다양성을 절반 정도 설명해주는 것 같다. 분노를 경험할 때는 남녀 차이가 없지만, 여성은 공포와 공감 둘 다 남성보다 더 잘 느끼는 성향이 있다. 따라서 여성은 반사회적 충동을 더 잘 통제할 수 있다(Jones, 2008).

90) 블레어 등은 사이코패스의 안와전두 결손은 반응성 공격 성향의 근본 원인이고, 반면 편도체 기능 부전은 정상적 사회화를 불가능하게 하고 학습된 수단적 공격성을 불러일으키는 '혐오 조건 형성, 도구적 학습, 공포와 슬픔의 표현'에 장애를 가져온다고 가정했다. 사이코패스 fMRI 연구 결과를 처음 저술한 켄트 키엘Kent Kiehl은 이제 사이코패스의 기능적 신경해부학에 포함되는 부위가 하나의 연결망을 이룬다고 믿는다. 이에 속하는 부위는, 안와전두피질, 뇌도insula, 전후측대상회anterior and posterior cingulate, 편도체, 해마방회parahippocampal gyrus, 그리고 전측상측두회anterior superior temporal gyrus다(Kiehl et al., 2001). 그는 이 연결망을 '부변연계paralimbic system'라 부른다(Kiehl et al., 2006). 키엘은 현재 수감된 사이코패스들을 대상으로 지속적이고 대대적인 fMRI 연구를 하고 있는데, 감옥을 오갈 수 있는 견인 트레일러에 1.5 테슬라 스캐너Tesla scanner를 장착해 사용한다. 그의 희망은 1만 명의 사이코패스 뇌 영상 데이터베이스를 구축하는 것이다(G. Miller , 2008a; Seabrook, 2008).

91) Trivers, 2002, 53쪽. 세부사항에 대한 폭넓은 논의는 Dawkins, (1976) 2006, 202~233쪽 참조.

92) Jones, 2008.

93) Diamond, 2008. Pinker, 2007에도 같은 주장이 나온다. "20세기의 전쟁에서 전형적인 부족사회 전쟁 때 사망한 인구와 같은 비율로 사람들이 죽었다면 1억 명이 아니라 20억 명이 죽었을 것이다."

복수와 동해 복수법('눈에는 눈 이에는 이')이 존재하는 명예 문화에서는 목숨의 값어치가 낮다는 결론을 내리기 쉽다. 그러나 윌리엄 이안 밀러William Ian Miller도 말했듯 적어도 하나의 척도로 보면 이런 사회들은 우리보다 생명의 가치를 크게 여긴다.

근대 경제가 번창한 이유는 개인의 법적 책임을 제한하는 경향이 있기 때문이다. 내가 당신에게 망가진 사다리를 팔았고, 당신이 거기서 떨어져 목을 다쳤다면 나는 얼마간의 보상을 해야 할 것이다. 그러나 보상액은 내 목이 부러지지 않게 하는 데 내가 지불하고 싶은 액수에 못 미쳐도 상관없다. 이 사회에서 우리는 법정이 타인의 목에 매긴 가치의 통제를 받기 때문이다. 동해 복수법이 지배하는 문화에서라면 우리가 자신에게 매기는 가치의 통제를 받을 것이다(W. I. Miller, 2006).

94) Bowles, 2006, 2008, 2009.

95) Churchland, 2008a.

96) Libet, Gleason, Wright, & Pearl, 1983.

97) Soon, Brass, Heinze, & Haynes, 2008. 리베트는 나중에, 우리는 행동을 개시하는 것에 대해서는 자유 의지가 없지만, 의도가 발효되기 전에 그 의도를 거부할 자유 의지는 있을 수 있다고 주장했다(Libet, 1999, 2003). 나는 이 추론에 명백히 결함이 있다고 생각한다. 의식적 거부는 무의식적 신경 작용에 의해 일어날 수도 있다고 생각할 충분한 이유가 있기 때문이다.

98) Fisher, 2001 ; Wegner, 2002 ; Wegner, 2004.

99) Heisenberg, 2009 ; Kandel, 2008 ; Karczmar, 2001 ; Libet, 1999 ; McCrone, 2003 ; Planck & Murphy, 1932 ; Searle, 2001 ; Sperry, 1976.

100) Heisenberg, 2009.

101) 이러한 접근법의 한 가지 문제점은, 하나의 일반 법칙으로서 양자역학적 효과는 생물학적으로는 두드러지지 않는다는 것이다. 우주선cosmic rays 같은 고에너지 입자가 DNA에 점돌연변이point mutation를 일으키고, 세포핵을 관통하는 그 입자들의 움직임이 양자역학 법칙에 따르듯이 양자 효과quantum effects는 진화를 추진시킨다. 그러므로 진화는 원칙적으로 예측 불가능하다(Silver, 2006).

102) 대부분은 자연법칙이 자유 의지와 공존할 수 없다는 생각을 갖고 있다. 인과

관계가 낱낱이 밝혀지면 인간의 행동이 어떻게 나타날지 상상해본 적이 없기 때문이다. 그런데 어떤 정신 나간 과학자가 원거리에서 뇌를 통제하는 방법을 개발했다고 상상해보자. 그가 어떤 사람을 그 사람의 '의지'의 날개 위로 이리저리 보내는 것을 본다면 어떨까? 그 사람에게 자유라는 속성을 부여하고픈 마음이 조금이라도 생길까? 아니다. 그러나 이 정신 나간 과학자는 인과적 결정론의 화신이다. 그의 존재가 자유 의지라는 개념에 지극히 해로운 이유는 무엇일까? 그가 세포의 전극작용 electrical potentials을 바꾸고 신경전달물질을 만들며 유전자를 제어하는 등 어떤 사람의 생각과 행동 뒤에 숨어 있다고 상상할 때, 우리는 자유 의지와 책임의 개념을 꼭 두각시를 조정하는 손에 맡겨버린 듯한 느낌을 가질 수밖에 없다. 무작위성을 덧붙인다고 해서 이런 상황이 달라질 리는 없다. 기계의 입력장치를 빠르게 돌아가는 룰렛 회전판 방식으로 만드는 과학자를 상상해보기만 하며 된다. 인간 뇌 상태에서 일어나는 예측 불가능한 변화가 어떻게 자유의 구성요소가 된다는 말인가?

정신 나간 과학자가 자연법칙과 무작위성의 어떤 조합을 바꾼다면 우리는 개인의 삶에서 거의 모든 유의미한 특징들이 보존될 것이라고 볼 수 있다. 즉 생각, 기분, 의도는 여전히 행동을 하게 만들 것이다. 그러나 의식이 의식 자체의 생각과 의도의 근원이 될 수는 없다는 사실을 부인할 수는 없다. 이것이 자유 의지의 정말 놀라운 면을 드러낸다. 우리의 경험이 경험의 완전한 '부재'와 양립할 수 있다면, 우선 경험에 대한 증거가 있다는 말을 어떻게 하겠는가?

103) Dennett, 2003.

104) '외계인손증후군'은 다양한 신경학적 장애를 지칭한다. 이런 장애를 겪는 사람은 자기 손이 자기 것이라는 사실을 더는 인지하지 못한다. 분할 뇌 환자split-brain patients의 경우 오른손잡이는 왼손에, 왼손잡이는 오른손에 이런 특성이 생기며, 수술 후 급성기에 양손의 갈등이 뚜렷하다. 자이델 등은 '자동으로 움직이는 손 autonomous hand'이라는 말을 선호한다(Zaidel et al., 2003). 환자가 자기 손을 마음대로

움직일 수 없는 증상을 겪는 것은 전형적인 현상이지만, 그것을 남의 손이라고 하지는 않기 때문이다. 이와 비슷한 이상 증상은 다른 신경학적 원인 때문에 발생할 수도 있다. 예를 들어 '감각외계인손증후군sensory alien hand syndrome'(우측후대뇌동맥의 뇌졸중으로 인한)에서는 오른팔이 신체의 왼쪽을 조르거나 때린다(Pryse-Philips, 2003).

105) S. Harris, 2004, 272~274쪽.

106) Burns & Bechara, 2007, 264쪽.

107) 다른 사람들도 이와 유사한 주장을 했다. Burns & Bechara, 2007, 264쪽; J. Greene & Cohen, 2004, 1776쪽.

108) Cf. Levy, 2007.

109) 뇌과학자 마이클 가자니가Michael Gazzaniga는 다음과 같이 적고 있다.

"뇌과학은 결코 뇌를 책임과 관련짓지 않을 것이다. 책임은 뇌가 아닌 사람에게 해당되는 것이기 때문이다. 책임은 동료, 즉 규칙을 따르는 인간에게 요구하는 도덕적 가치다. 검안사는 어떤 사람의 시력이 얼마(20/20 혹은 20/200)라고 말해줄 수는 있지만, 그 사람이 사실상 맹인이며 스쿨버스를 운전하기에는 시력이 너무 낮다고 말해줄 수는 없다. 마찬가지로 정신과의사나 뇌과학자는 어떤 사람의 정신 상태와 뇌 조건이 어떻다고 말할 수는 있지만, (자의적이 되지 않고서는) 어떤 책임을 질 만큼 통제력이 떨어진다고 말할 수 없다. 책임이라는 사안은 (누가 스쿨버스를 운전할 수 있는지와 같은 사안처럼) 사회적인 선택이다. 뇌과학적인 면에서는 어떤 행동에 더 책임이 있거나 덜 책임이 있는 사람은 없다. 우리는 모두 결정론적 체계의 일부이며, 언젠가는 이론적으로 이런 사실을 완전히 이해하게 될 것이다. 그러나 책임의 개념은 사회적 구성물로서 사회의 규칙 안에 존재하는 것이지, 뇌의 신경학적 구조 속에 존재하는 게 아니다."(Gazzaniga, 2005, 101~102쪽)

책임이 뇌가 아닌 사람에게 해당하는 사회적 구성물인 것은 맞지만, 뇌와 관련해서도 의미가 있는 사회적 구성물이다. 뇌과학 분야에서는 뇌영상 기술뿐 아니라 더 많은 발견들이 가능할 것이라 쉽게 상상할 수 있는데, 이는 지금보다 훨씬 정교한 방식으로 책임을 인간과 관련지을 수 있을 것이다. 트윙키Twinkie는 가운데 크림이 들어 있는 작은 케이크다. 그 크림 속에 무언가가 들어 있다는 사실로 인해 전두엽이 변연계를 억제하는 기능을 없애버린다는 것이 알려진다면 '트윙키 변론Twinkie defense'에 대한 논란도 완전히 종식될지 모른다.

그러나 어쩌면 '책임'은 단순히 잘못된 생각일지 모른다. "뇌과학적인 면에서는 어떤 행동에 더 책임이 있거나 덜 책임이 있는 사람은 없다"라는 가자니가의 말은 분명 맞는 말이기 때문이다. 의식적 행동은 우리가 의식할 수 없는 신경학적 사건을 근거로 발생한다. 그런 행동이 예측할 수 있건 없건 우리가 그 행동의 원인이 되는 것은 아니다.

110) Diamond, 2008.

111) 철학 문헌들에서 우리는 결정론determinism, 자유론libertarianism, 양립가능론compatibilism이라는 세 가지 접근방식을 찾아볼 수 있다. 결정론과 자유론은 흔히 '양립불가능론incompatibilism'이라고도 하는데, 둘 다 인간의 행동이 배경적 원인에 의해 전적으로 결정된다면 자유 의지는 착각이라는 입장을 견지하기 때문이다. 결정론자들은 우리가 정확히 그런 세상에 산다고 믿는다. 자유론자들(정치적 자유론자와는 관련 없다)은 행위자가 행위의 사전 원인prior causes 영역 위로 나타난다고 믿는다. 그래서 이들에게는 우리가 자유롭게 행동할 의지를 실어 나를 수단으로서 영혼과 같은 형이상학적 실체가 필요할 수밖에 없다. 대니얼 데닛 같은 양립가능론자들은 자유 의지가 인과적 결정론과 공존할 수 있다는 입장을 고수한다(Dennett, 2003; 다른 양립가능론자들의 의견은 Ayer, Chisholm, Strawson, Frankfurt, Dennett, Watson 참조. 이들 모두의 의견은 Watson, 1982 참조). 양립가능론의 문제는, 사람들의 도덕적 직관이 자유 의지라는 더 심오하고 형이상학적인 개념으로부터 나온다는 것을 간과하는 경향에서 비롯된다고 본다. 즉 사람들은 자유 의지가 자기 것이라고 추정하고, 기꺼이

다른 사람도 자유 의지가 있다고 생각하는데(이 자유가 데닛이 말한 의미에서 '원할 만한 것'인지는 별개로 하고), 이때의 자유는 비개인적인 영향과 배경적 원인에서 벗어나는 것이다. 이런 원인들이 유효함—인간의 생각과 행동에 대한 어떤 신경생리학적 설명이라도 그러할 것이다—을 당신이 입증하는 순간, 자유 의지 지지자들은 도덕적 책임이라는 개념을 걸었던 그럴듯한 고리를 이제 어디다 걸어야 할지 더는 알 수 없게 될 것이다. 조슈아 그린이나 조너선 코헨Jonathan Cohen도 같은 점을 지적했다.

"대부분의 사람들은 정신에 대해 알게 모르게 이원론자나 자유론자이고, 유물론자이거나 양립가능론자인 경우는 드물다…. 직관적 자유 의지는 자유주의적인 것이지 양립가능주의적인 게 아니다. 즉 자유 의지는 결정론을 거부하라고 하면서 암암리에 모종의 마법적 정신적 인과관계에 집중하라고 한다…. 이는 법적 철학적 정설에 반대된다. 결정론은 자유 의지와, 우리가 직관적으로 이해하는 책임 개념을 실제 위협한다."(J. Greene & Cohen, 2004, 1779~1780쪽)

3장

믿음

The Moral Landscap

✳ 믿음이란 무엇인가

미국의 한 대통령 후보가 부유한 후원자의 집에서 미래의 지지자들과 만난 일이 있었다. 간단히 자기소개를 끝낸 그의 눈에 옆 테이블에 놓인 포푸리 그릇이 보였다. 이것을 말린 과일로 착각한 그는 이 장식용 부스러기들—나무껍질, 꽃, 솔방울, 숲에서 나는 먹을 수 없는 것들—을 한 움큼 쥐더니 탐욕스럽게 입으로 가져갔다.

이 이야기의 주인공이 훗날 어떻게 됐는지는 알려진 바 없다(그저 미국의 차기 대통령이 되지는 못했다는 사실을 언급하는 것으로 충분할 것이다). 어쨌든 이 장면의 심리적 측면은 상상해봄 직하다. 이 후보자는 눈이 휘둥그레진 채 집주인의 얼굴에 나타난 끔찍한 표정과 마주하며 자기 혀에 느껴지는 공포에 사로잡혀, 사람들이 다 보는 가운데 입에 든 불쾌한 물질을 삼켜야 할지 아니면 뱉어야 할지 재빨리 판단해야 했을 것이다.

이 대단한 인물의 실수를 못 본 체하며 벽과 천장, 바닥에 갑자기 관심을 보이는 유명 인사들과 영화제작자들의 모습도 상상할 수 있다. 분명 배려심이 적은 사람도 몇 명 있었을 것이다. 후보자의 관점에서 이들의 표정을 상상해볼 수도 있다. 경악을 금치 못하는 얼굴에서부터 고소해하는 얼굴까지 그는 감추기 힘든 감정의 가면극을 보아야 했을 것이다.

이 모든 반응들과 그것의 개인적 사회적 의미, 그것에서 비롯된 순간적인 생리학적 효과들은 특히 인간에게만 있는 정신적 능력에서 나온 것이다. 정신적 능력이란 타인의 의도와 정신 상태의 자각, 물리적 사회적 공간에서 자기표현, 체면을 지키려는 충동(혹은 다른 사람 체면을 지켜주려는 충동) 등이다. 이러한 정신 상태는 분명 다른 동물들의 삶에도 유사한 형태로 존재하지만, 우리 인간은 그것을 유독 예리하게 경험한다. 이유야 많지만 한 가지는 특히 주목할 만하다. 지구 상의 생물들 중에서 우리 인간만이 복잡한 언어로 사고하고 소통할 수 있는 능력을 갖추었다는 점이다.

인류학자, 고인류학자, 유전학자, 뇌과학자의 연구를 보면, 상대적으로 말수가 적은 인류의 영장류 사촌들은 물론이고, 인간의 언어는 매우 최근에 출현한 적응의 산물인 것 같다.[1] 인간 종은 침팬지와의 공통 조상으로부터 단 630만 년 전에 분화되었다. 지금으로 보아서는 침팬지와의 분리는 그다지 결정적인 것 같지 않다. 주로 두 종의 X 염색체에서 나타나는 기대 이상의 유사성에 초점을 맞추어 두 종의 게놈을 비교한 결과, 우리 종은 분화 이후에도 한동안 종간교배를 하다가 나중에 영원히 분화되었기 때문이다.**2** 도중에 이런 짧은 교류가 있었지만, 현생 인류는 모두 기원전 5만 년경 아프리카에 살았던 단일한 수렵-채집 집단의 후손으로 보인다. 이들은 언어를 가능케 한 기술적, 사회적 혁신을 보여준 최초의 인류였다.**3**

유전자적 증거에 따르면 이들 가운데 약 150명이 무리를 지어 아프리카를 떠나 점차 다른 지역에 이주 정착했다. 그러나 이주에는 분명 고난이 따랐을 것이다. 그들이 이주한 지역에는 다른 집단이 있었기 때문이다. 네안데르탈인은 유럽과 중동에, 호모 에렉투스는 아시아에 거주하고 있었다. 양쪽 다 한두 차례 아프리카로부터 이주한 후 서로 다른 진화 경로를 따라 발달한 고대 인종이다. 두 인종 모두 뇌가 크고 호모 사피엔스의 석기와 유사한 석기를 사용했으며 무기도 발달했다. 이후 2,000년 동안 이 인류의 조상들은 모든 라이벌을 서서히 자신의 영역에서 쫓아내고 말살했다.**4** 네안데르탈인이 우리 종에 비해 두뇌가 더 크고 체구가 건장하다는 점으로 볼 때, 극히 상징적이고 복잡한 언어 능력의 혜택을 입은 것은 우리 종뿐이라고 해도 무리가 없어 보인다.**5**

인간 언어의 생물학적 기원은 다른 동물의 소통 행위에서 보이는 인간 언어의 이전 형태와 더불어 여전히 논란의 여지가 있다.**6** 그러나 구문 언어syntactic language는 우주를 이해하고 생각을 나누는 능력, 복잡한 사회에서 서로 협력하고 (우리가 희망하는) 지속 가능한 세계 문명을 건설하는 능력에 뿌리를 두고 있다는 데는 의문의 여지가 없다.**7** 하지만 왜 언어가 그런 차이를 만들었을까? 말하는 능력(그리고 최근의 읽고 쓰는 능력)은 어떻게 현대 인류가 세상을 쥐락펴락하게 만들었을까? 지난

5,000년간 도대체 무엇이 소통할 가치가 있었을까?

'픽션'을 창조하는 능력이 그 원동력은 아니었을 거라고 말한다 해서, 나를 몰상식한 사람으로 생각하지는 않길 바란다. 언어의 힘은 다음 두 가지 사실의 소산이 분명하다. 첫째, 언어는 아무리 사소한 것이라도 직접적인 경험을 대신할 수 있다. 둘째, 언어는 단순한 생각이라도 세상의 가능한 상황들을 시뮬레이션 할 수 있게 해준다. '어제 그 동굴 앞에서 무시무시한 남자를 몇 명 봤어'와 같은 발화는 5만 년 전이라면 매우 유용한 말이었을 것이다. 이러한 진술을 '참'으로 받아들이는 뇌의 능력은 말의 변형 능력을 설명해준다. 여기서 '참'이란 미래의 결과를 예측할 수 있게 함으로써 행동과 감정의 지침으로서 타당하다는 뜻이다. 이러한 종류의 수용을 일컬을 때 우리가 흔히 쓰는 단어가 있다. 바로 '믿음'이다.[8]

믿음에 대한 연구가 거의 없다는 사실은 실로 놀랍다. 인간의 삶에 전면적인 영향을 미치는 정신 상태는 별로 없기 때문이다. 우리는 흔히 '믿음'과 '지식'을 전통적인 방식으로 구분하지만, 이런 식의 구분은 실제로 오해를 부르기 쉽다. 조지 워싱턴이 미국 초대 대통령임을 아는 것과, '조지 워싱턴은 미국 초대 대통령이다'라는 진술을 믿는 것은 같은 일이다. 일상적인 대화에서 믿음과 지식을 구분하는 것은 대체로 확실함의 정도에 주목하게 하는 데 목적이 있다. 세상에 대한 내 믿음이 참이라고 정말 확신할 때 나는 '안다'고 말하는 경향이 있기 때문이다. 그러나 덜 확실한 경우에는 '아마 참일 거라고 믿어'라고 말할 것이다.

세상에 대한 우리의 지식 대부분은 이 두 극단 사이에 존재한다. 그런 확신의 전체 영역은—'고작해야 동전 던지기보다 나은 정도인 것'에서부터 '목숨을 걸고라도 주장하고 싶은 것'에 이르기까지—'믿음'의 단계적 차이를 나타낸다.

하지만 '믿음'이 정말 뇌에서 일어나는 하나의 현상인지 아닌지에 대해 의문을 가져볼 필요도 있다. 인간의 기억에 대한 이해가 늘면서 더 조심스러워지는 건 틀림없다. 지난 50년간 '기억'이라는 개념은 몇 가지 형태의 인지로 분화되었는데, 이것이 현재 신경학적으로나 진화론적으로 구별된다고 알려졌기 때문이다.[9] 이 때문에 뇌 지도를 그렸을 때 '믿음' 같은 개념이 몇 가지 분리된 과정 속에 흩어져 있는 건 아닌지 의문이 들게 된다. 실제로 믿음은 특정 형태의 기억과 겹치는 부분이 있다. 기억은 과거에 대한 믿음(예를 들어 '지난주에는 거의 매일 아침을 먹었어')[10]과 동일할 수 있고, 또 어떤 믿음들은 흔히 '의미론적 기억'(예를 들어 '지구는 태양에서 세 번째 떨어져 있는 행성이다')이라 일컫는 것과 구분할 수 없기 때문이다.

세상에 대한 믿음이 뇌 속에서 명제로 저장되거나 별개의 구조 속에 있다고 생각할 이유는 없다.[11] 단순 명제를 이해하는 데에도 때로는 상당한 배경 지식이 무의식적으로 활성화되어야 하고[12] 가설 검증이라는 능동적인 과정[13]이 필요하다. 예를 들어 '그 팀은 두 번째 단계에서 발사에 실패해서 무척 실망했다'라는 문장은, 읽기는 쉽지만 로켓 발사와 엔지니어 팀에 대한 상식이 없으면 이해할 수 없다. 그러므로 기본적인 의사소통을 할 때도 단순히 단어를 해석하는 것만으로는 부족하다. 어떤 믿음을 갖게 된 데에는 그 믿음을 연상시킨 유사한 반그림자가 있을 것이라고 예상해야 한다.

그러나 믿음은 별개의 진술로 표현될 수도 있다. 지금 믿을 만한 친구로부터 다음의 주장을 듣고 있다고 상상해보라.

1. 미국 질병관리본부에서 방금 발표한 건데, 휴대전화가 진짜로 뇌종양을 일으킨대.
2. 우리 형이 지난 주말에 라스베이거스에서 10만 달러를 땄어.
3. 네 차가 지금 견인되는 중이야.

우리는 세상사를 이렇게 표현하는 말들을 늘 주고받으면 살아간다. 이런 진술들을 참이라고(혹은 참일 가능성이 있다고) 받아들이는 메커니즘에 의해 우리는 세상에 대한 대부분의 지식을 획득한다. 뇌에서 특정 문장을 주고받는 구조를 찾아보는 것은 말도 안 되는 일이겠지만, 그 문장을 참이라고 받아들이게 해주는 뇌 상태를 이해할 수는 있을 것이다.[14] 누군가 '네 차가 지금 견인되는 중이야'라고 말했을 때, 당신이 문밖으로 달려 나온 것은 그 문장을 참이라고 받아들였기 때문이다. 그러므로 '믿음'은 현재 일어나고 있는 과정이라고 생각할 수 있다. 즉 믿음은 파악된 것이 아니라 파악하는 행위다.

옥스퍼드 영어사전은 '믿음'이라는 단어를 다음과 같이 정의한다.

1. 사람 또는 물건에 대해 신뢰하거나 확신하는 정신적 행동, 상황 또

는 습관. 신뢰trust, 의존dependence, 의지reliance, 확신confidence, 신앙faith.

2. 명제, 진술, 혹은 사실을 권위나 증거를 바탕으로 참이라고 마음으로 받아들이는 것. 타인의 증언을 바탕으로 어떤 진술이나 관찰할 수 없는 사실에 대해, 또는 의식의 증거를 토대로 사실이나 진술에 대해 마음으로 동의하는 행위. 이런 동의와 관련된 정신의 상황.

3. 믿어지는 것. 사실로 여겨지는 명제 또는 명제의 집합.

우리는 바로 두 번째 뜻을 따르고 있고, 첫 번째 뜻도 해당될 수 있다. 이 두 정의는 정보 중심으로 정의된 세 번째 뜻과는 상당히 다르다.

다음의 주장에 대해 생각해보자. '스타벅스에서는 플루토늄을 팔지 않는다.' 이 진술이 대체로 참이라는 데에 대다수가 기꺼이 상당한 돈을 걸고 내기를 할지, 즉 우리가 이 진술을 '믿는다'고 말할 수 있을지 조금 의심스럽다. 그러나 이 문장을 읽기 전 당신은, 세상에서 가장 유명한 커피 체인이 세상에서 가장 위험한 물질을 거래할 수도 있다는 예상을 거의 하지 않았을 확률이 매우 높다. 그러므로 이런 믿음에 상응하는 구조가 이미 당신의 뇌 속에 있었을 가능성은 없어 보인다. 그러나 분명 이러한 믿음에 '거의 상응하는' 세상에 대한 어떤 표상이 있었을 것이다.

정보를 처리하는 다양한 방식들이 위의 진술을 '참'이라고 판단하게 해주는 기초작업을 하는 게 틀림없다. 우리 대다수는 명백히 혹은 암묵적으로 스타벅스가 핵물질의 확산자일 가능성은 없다는 사실을 안다.

에피소드를 기억하는 능력, 의미론적 지식, 인간 행동과 경제적 인센티브에 대한 가장, 귀납적 추론 등 몇 가지 서로 다른 능력들이 다 함께 위의 진술을 받아들이게 만든다. 스타벅스에서는 플루토늄을 살 수 없다는 사실을 '이미 믿고 있었다'고 말하는 것은, 이런 과정들 전체에 지금 당장 '믿음'이라는 이름을 붙이는 것과 다름없다. 즉 이 경우 '믿음'은 어떤 진술을 참이라고 받아들이는 성향이다.

그러나 이 수용 과정은 종종 우리가 믿어온 것을 표현하는 것 이상일 때가 있다. 이런 순간에 우리의 세계관이 바뀔 수도 있다. 내일 〈뉴욕타임스〉 헤드라인에 이런 기사가 실린다고 가정해보자. '전 세계 커피의 대부분이 플루토늄에 오염되어 있다.' 이 말을 믿으면 여러 영역에 걸친 당신의 생각뿐만 아니라, '스타벅스에서는 플루토늄을 팔지 않는다'라는 진술을 사실이라고 판단했던 것에도 즉각 영향을 미칠 것이다. 우리의 믿음은 대부분 이런 형태로 생겨난다. 즉 출처가 믿을 만하다는 가정하에 진술을 받아들이거나, 어떤 출처들은 오류의 큰 가능성을 배제하기 때문에 믿는 것이다.

사실 실제 경험하지 않은 것에 대해 우리가 아는 것은 전부 구체적 언어 명제를 본 적이 있고 굳이 의심할 이유도 없기 때문에 가능한 것이다. 즉 '태양은 항성이다, 율리우스 카이사르는 로마의 황제다, 브로콜리는 몸에 좋다' 등의 문장이 그런 경우에 해당한다. 내가 뇌과학 연구를 통해 좀 더 깊이 이해하고자 했던 것이 바로 하나의 수용 행위인 이런 형태의 '믿음'이다.[15]

✤ 뇌에서 믿음 찾기

신체 시스템이 복잡한 행동을 수행하려면 인풋과 아웃풋input and output 사이에 의미 있는 분리가 반드시 필요하다. 이러한 분리는 전두엽에서 가장 잘 수행되는 것으로 알려져 있다. 전두엽은 우리가 가진 주요한 목표와 현재의 추론을 배경으로, 들어오는 정보에 대한 다양한 반응을 선택하게 한다. 감정과 행동에 대한 이와 같은 '고차원적' 통제가 사람의 성격을 형성한다. 사실의 진술들—'너, 술집에 지갑을 두고 나왔더라, 그 하얀 분말은 탄저균이야, 네 보스가 너를 사랑한대'—을 믿거나 믿지 않을 수 있는 뇌의 능력이야말로 우리가 복잡한 행동을 시작하고 조직하고 통제할 수 있게 하는 핵심적인 능력임이 분명하다.

그러나 오로지 믿음만 관할하는 뇌 영역을 찾기는 불가능할 것 같다. 뇌는 진화된 기관이고, 전혀 새로운 행동방식이나 인지방식을 위한 새로운 구조를 창조하는 과정은 사실상 뇌에는 없는 것으로 보인다. 따라서 뇌의 고차원적인 기능들은 보다 저차원적인 메커니즘으로부터 나와야만 했다. 예를 들어 뇌도insula 같은 원시 구조는 배고픔이나 역겨움 등의 기본적인 감정을 지배함으로써 소화기관에서 일어나는 일들을 감시한다. 또한 통증의 인식, 공감, 자존심, 모욕감, 신뢰, 음악 감상, 중독성 있는 행동 등에도 관계한다.[16] 그뿐 아니라 믿음 형성과 도덕적 추론 모두에도 중요한 역할을 한다. 이런 식으로 여러 가지 기능이 혼재되는 일은 뇌의 여러 영역에서 나타나는 공통된 특징이고, 특히 전두엽에서 그러하다.[17]

뇌의 어떤 영역도 신경의 공백이나, 게놈에서 동시 발생하는 다른 돌연변이들과 분리되어 진화하지 않았다. 그러므로 인간의 정신은 망망대해에서 널빤지를 이어 붙여 만들고 고치기를 거듭한 한 척의 배와 같다. 파도가 배 곳곳에 부딪힐 때마다 배의 돛과 용골, 방향타에 이르기까지 변화가 생겨나는 것이다. 행동과 인지, 그리고 지금 인류에게 필수적인 것으로 보이는 많은 것들은 전혀 자연선택에 의해 만들어진 게 아니다. 뇌에는 민주적 선거를 고수하고, 금융기관을 운영하며, 아이들에게 읽는 법을 가르치도록 진화된 기능적 측면이 없다.

우리는 세포 하나하나마다 자연의 산물이다. 그러나 또한 문화를 통해 거듭 다시 태어난다. 이러한 문화유산의 상당수가 개인의 뇌마다 다르게 구현되는 것이 분명하다. 주식시장을 생각하고, 크리스마스가 공휴일임을 기억하며, 하노이타워 퍼즐을 푸는 방식은 단 두 사람 사이에서도 차이가 날 것이다. 이렇게 볼 때 특정 두뇌 상태와 정신 상태를 같은 것으로 보려는 시도는 분명 하나의 도전이 될 것이다.[18]

어떤 정신 상태를 뇌의 특정 영역에 엄격히 지정하기 어려운 또 다른 요인은, 인간의 뇌가 광범위하게 상호 연결되어 있다는 특징이 있기 때문이다. 뇌는 대개 스스로에게 말을 건다.[19] 또한 뇌가 저장하는 정보는 개념, 상징, 객체 혹은 우리의 주관적 경험보다 분명 더 세밀할 것이다. 표상은 신경망을 가로지르는 활성화 패턴에서 기인하므로, 세상의 사건들이나 마음속 개념들을 뇌의 각 구조들에 안정적으로 일대일 대응시키기는 대체로 불가능하다.[20] 예를 들어 '제이크는 기혼자다' 같은 단순한 생각조차 신경망의 결절 하나에서 생길 수는 없고, 수많은 결절 사이에서 일정한 패턴의 연결이 일어났을 때에만 생긴다. 어느 결절 하나를 들여다봐도 뇌에서 믿음의 '중추'가 어디인지 찾아내기엔 역부족일 것이다.

UCLA 시절 박사과정 연구의 일부로, 나는 믿음과 불신, 불확실성을 fMRI로 연구했다.[21] 이때 지원자들에게 다양한 범주에 속한 문항을 읽게 하고 뇌를 스캔했다. '캘리포니아는 미국에 속한 지역이다, 당신의 머리카락은 갈색이다' 같은 문장을 읽은 후 버튼을 눌러 '참, 거짓, 판단불가' 가운데 답을 선택하게 했다. 내가 아는 한 이 실험은 신경과학을 도구로 믿음과 불신을 연구한 최초의 시도다. 결과적으로 우리는 뇌의 어느 영역이 이런 정신 상태를 제어하는지에 관해 자세한 가설을 수립할 만한 근거를 찾아내지는 못했다.[22] 그래도 전전두피질prefrontal cortex, PFC이 관련되었을 수 있다고 예상하기에 무리가 없었다. 이 영역은 복잡한 행동과 감정을 제어하는 데 보다 큰 역할을 하기 때문이다.[23]

17세기 철학자 스피노자는, 어떤 진술을 이해하는 것은 단지 그것이 참이라는 암묵적 동의를 수반하지만, 불신에는 연속적인 거부 과정이 필요하다고 생각했다.[24] 몇몇 심리학 연구들은 이러한 추측을 지지하기도 하는 것 같다.[25] 어떤 명제를 이해하는 것은 물리적 공간에서 한 사물을 인식하는 것과 비슷하다. 다르다고 판명 날 때까지는 겉모습 그대로를 실제라고 받아들일 수 있기 때문이다. 연구에서 얻은 행동 관련 데이터가 이 가설을 뒷받침한다. 즉 피험자들은 '참'이라고 판단할 때는 '거짓' 혹은 '판단불가'로 판단할 때보다 훨씬 빨리 버튼을 눌렀다.[26]

믿음과 불신이라는 정신 상태를 비교한 결과, 믿음은 내측전전두피질MPFC의 보다 큰 활성화와 관련됨이 밝혀졌다.[27] 전두엽의 이 부위는 사실적 지식과 이와 관련된 정서적 연상과의 연결[28], 보상에 따른 행동의 변화[29], 목표 지향적 활동[30]에 관여한다. MPFC는 지속적인 현실 감시와도 관련되며, 이곳에 손상을 입으면 지어낸 이야기를 하게 된다. 즉 자신이 진실을 말하지 않는다는 것을 인식하지 못한 채 공공연히 거짓말을 하는 것이다.[31] 뇌에 어떤 원인이 있든지, 이야기를 지어내는 증상은 믿음의 과정이 맹렬하게 활성화되는 상황에 있는 것 같다. MPFC는 흔히 자기표현과 관련되며[32], 피실험자들은 남을 생각할 때보다 자신을 생각할 때 MPFC의 활성이 더 커지는 현상을 보인다.[33]

불신에 비해 믿음이 MPFC의 활성을 높인다는 사실은, 참인 진술이 보다 큰 자기관련성과 보상가치, 혹은 둘 다를 반영하는지도 모른다. 어떤 명제를 참이라고 믿는 것은 마치 그 명제를 확장된 자아의 일부로 받아들이는 것과 같다. 즉 '이건 바로 내 생각이네. 이걸 써먹을 수 있겠군. 내 세계관과도 잘 맞아'라고 말하는 셈이다. 이러한 인지적 수용은 분명 정서적으로 양의 값을 가지는 것 같다. 실제로 우리는 진실을 '좋아하고' 거짓을 싫어한다.[34]

믿음에 MPFC가 관여한다는 점은 믿음과 감정/보상의 순전히 인지적 측면 사이에 해부학적 관련성이 있음을 암시한다. 심지어 감정적으로 중립적인 명제의 진위를 판단할 때도, 긍정적 감정과 부정적 감정을 지배하는 변연계와 단단히 연결된 뇌 영역이 관여한다. 실제로 수학적 믿음(2+6+8=16)은 윤리적 믿음(당신이 아이들을 사랑한다는 사실을 알려주는 게 좋다)과 유사한 패턴을 보였는데, 이 두 믿음은 우리가 실험에 사용한 자극들 중에 가장 상반된 것이었다. 이런 사실은 믿음의 생리학이 명제의 내용에 관계없이 동일할 것임을 시사한다. 또한 사실과 가치의 구별도 기본적인 뇌 기능 면에서는 큰 의미가 없음을 시사한다.[35]

물론 우리는 도덕의 풍경에 대한 내 주장과 믿음에 대한 내 fMRI 연구를 구분 지을 수 있다. 가치는 특정한 사실로 환원되기 때문에, 나는 사실과 가치 사이에 큰 차이가 없다고 주장한 바 있다. 이것은 철학적 주장이며, 내가 연구에 뛰어들기 전이라 해도 나는 그런 주장을 할 수 있다. 그런데 믿음을 연구해보니 사실과 가치의 구분이 미심쩍게 보였다. 그 이유는 첫째, MPFC는 믿음을 광범위하게 조정하며, 이미 추론과 가치 사이에서 해부학적인 교량 역할을 하는 것으로 보이기 때문이다. 둘째, MPFC는 믿음의 내용과 관계없이 비슷하게 관여하는 것 같다. 내용과 관계없다는 이 사실은 사실과 가치의 구분에 매우 직접적으로 도전한다. 뇌의 관점에서 '태양은 항성이다'라고 믿는 것이 '잔인함은 그르다'라고 믿는 것과 매우 비슷하다면, 과학적 판단과 윤리적 판단은 전혀 다르다고 어떻게 말할 수 있겠는가?

우리는 다른 방법으로 사실과 가치의 경계를 건널 수 있다. 앞으로 살펴볼 것처럼 추론의 규범은 사실에 대한 믿음이나 가치에 대한 믿음에 똑같이 적용되는 것으로 보인다. 일관성 없는 증거나 편견은 두 영역 모두에 언제나 어울리지 않는다. 이러한 유사성은 두 영역 사이에 동일성은 아닐지라도 깊은 유사성이 존재함을 암시한다.

✤ 편견의 물결

다른 사람이 어떻게 생각하는지 알고 싶을 때, 그가 특수한 명제들을 믿는지 알아보는 것만으로는 충분하지 않다. 이유가 극히 달라도 두 사람이 같은 믿음을 가질 수 있으며, 대체로 이러한 차이는 중요하다. 2003년에 사람들은 '미국은 이라크를 침공해서는 안 된다'고 믿었다. 그 한 가지 이유는 현재 진행 중인 아프가니스탄과의 전쟁이 더 중요하기 때문이었으나, 비이슬람교도들이 무슬림의 영토로 무단 침입하는 게 혐오스럽다는 또 다른 이유가 있었다. 어떤 사람이 특정 주제에 대해 무엇을 믿는지 아는 것은, 그 사람의 사고방식이 어떤지를 아는 것과는 다르다.

수십 년간의 심리학적 연구 결과, 무의식적인 과정이 믿음의 형성에 영향을 미치기는 하지만, 그 과정 전체가 진리 추구에 도움이 되지는 않는다는 사실이 드러났다. 어떤 사건이 발생할 확률이나 한 사건이 다른 사건을 일으킬 가능성을 판단하라는 요구를 받으면, 사람들은 관련 없는 정보가 무의식적인 영향을 미치는 등, 다양한 요인들 때문에 오판을 하게 된다. 예를 들어 사회보장번호의 마지막 네 자리를 외워보라는 요구를 받은 직후, 샌프란시스코 시에서 활동하는 의사의 수를 예상해보라는 요구를 받으면, 이 두 질문의 답은 서로 통계적 유사성을 보인다. 그러나 질문의 순서가 바뀌면 이러한 효과도 사라지는 게 당연하다.[36]

이처럼 합리성에서 벗어난 것을 우연히 일어난 행동의 실수로 보거나, 실험 대상자들이 그들 앞에 놓인 과제를 잘못 안 표시로 여김으로써, 그러한 일탈에 애써 태연한 척하려는 태도들이 있었다. 심지어 이를 연구 주체인 심리학자 자신들이 잘못된 추론 규칙에 이끌린 증거라 하기도 했다. 그러나 인간의 정신적 한계를 해방하려는 노력은 대개 실패로 끝났다. 그저 우리가 본디 잘하지 못하는 것이 있기 때문이다. 추론 과제의 범위가 넓을 때 사람들이 흔히 저지르는 실수는 단순한 실수가 아니다. 이것은 과제 자체나 과제들끼리 서로 단단히 연결된 '체계적인' 실수다. 인지 능력이 증가할수록 이런 실수가 줄어든다는 사실은 예상할 수 있는 바다.[37] 예시나 형식적 규칙을 토대로 훈련하면 이런 문제점들을 대다수 줄이고 사고력을 개선할 수 있다는 사실도 우리는 알고 있다.[38]

추론의 오류는 제쳐두고, 우리는 사람들이 엄밀하게 인지적인 이유보다 감정적이고 사회적인 이유로 흔히 세상에 대한 믿음을 얻는다고 알고 있다. 희망사항을 사실로 생각하기, 자기본위 편향, 조직 충성도, 솔직한 자기기만 등은 합리적 규범에서 심하게 벗어나게 만들 수도 있다. 대부분의 믿음은 다른 믿음의 배경과 반대로 평가되고, 때로는 한 사람이 다른 이들과 공유한 이데올로기를 바탕으로 평가된다. 그 결과, 사람들은 이성이 지시하는 만큼 자신의 관점을 수정하려고 하지 않는다.

이런 점에서 인터넷은 믿음에 두 가지 상반된 영향을 동시에 미칠 수 있다. 우선 인터넷은 어떤 주제에 다양한 의견이 있음을 모르고 지나치기 어렵게 함으로써, 지적 소외를 줄인다. 반대로 인터넷은 나쁜 아이디어가 넘쳐나게 만들기도 했다. 컴퓨터가 있고 여유 시간이 많아지면서 누구나 자기 생각을 널리, 그것도 지나치게 많이 알릴 수 있고, 얼마든지 청중을 찾을 수 있게 되었다. 그래서 지식은 점차 누구에게나 열려 있는 자원이 되었지만, 무지 역시 그렇게 되었다.

또한 어떤 영역에서 능력이 적을수록 자신의 능력을 과대평가하기 쉬운 경향이 있다. 이는 결국 치료가 어려운, 자신감과 무지의 추한 결합을 양산한다.[39] 반대로 한 주제에 대해 보다 많은 지식을 갖춘 사람들은 다른 사람의 훌륭한 전문성을 더 정확하게 알아본다. 이것은 공적 담론에서 보기 싫은 불균형을 초래하는데, 과학자들이 종교 옹호자들과 논쟁할 때 이런 현상이 일반적으로 나타난다. 예를 들어 과학자가 자기 분야에서 발생하는 논란이나 자신의 이해의 한계에 대해 신중하게 말했을 때, 상대방은 종교적 교리가 들어설 공간을 제공하는, 공인되지 않은 주장을 자꾸 할 것이다. 때문에 양자역학이나 우주론, 혹은 분자생물학의 신학적 함의에 대해 분명히 확실하게 말할 훈련을 받지 못한 사람들을 보게 되는 것이다.

이 점은 조금 더 이야기할 만한 주제다. 이런 논쟁에서 과학자들을 '오만하다'고 비난하는 것은 일상적인 수사학적 태도인데, 과학적 담론에서 보이는 겸손의 정도는 사실, 가장 두드러진 특성에 속한다. 내 경험을 생각해보면, 과학 컨퍼런스에서는 무례가 나체만큼 드문 현상이다. 과학 관련 모임의 발표자들은 하나같이 조심스러운 태도가 몸에 배어 있고, 사과도 자주 하는 것을 볼 수 있다. 자신의 전문 분야에서 한쪽 칼날에 해당하는 뭔가에 대한 코멘트를 부탁받았을 때, 노벨상 수상자도 이런 말을 할 것이다. '글쎄요, 이 분야는 사실 제 분야가 아니라서요. 하지만 X가 정말 그런지 의심해볼 수는 있을 겁니다.' 또는 이렇게 말할 수도 있다. '여기에 이 문제에 대해 더 잘 아시는 분들이 계실 겁니다. 하지만 제가 아는 한에서 X는….' 과학적 지식의 총량은 매년 두 배로 불어나고 있다. 과학자들은 앞으로도 알아야 할 것이 얼마나 많을지 잘 알고 있으며, 다른 과학자들 앞에서 입을 열 때마다 청중 가운데 누군가는 그 주제에 대해 자신보다 더 잘 알 것이라는 사실을 늘 인지하고 있다.

　인지적 편견은 공적 담론에 영향을 줄 수밖에 없다. 정치적 보수주의를 생각해보자. 이것은 일반적으로 사회 변화를 불편해하고 사회적 불평등을 쉽게 수용하는, 공정하게 잘 정의된 관점이다. 정치적 보수주의란 이처럼 설명하기는 간단하지만, 우리는 그것이 여러 가지 요인에 좌우된다고 알고 있다. 심리학자 존 조스트John Jost의 연구팀은 12개 국가, 2만 3,000명을 대상으로 얻은 데이터를 분석했는데, 그 결과 정치적 보수주의는 독단주의, 융통성 없음, 죽음에 대한 불안, 종결 욕구need for closure (need for cognitive closure라고도 하며, 애매하고 불확정적인 쟁점에 대해 결론을 내리게 해줄 확실한 정보에 대한 필요나 욕구를 말한다. 'closure'라고 한 것은 결론에 도달한 상태를 인식적으로 종결 상태로 보기 때문이다. 심리학에서는 애매함을 견디기보다는 확고한 해결책을 원하는 개인의 속성을 이 용어로 표현한다. 1993년에 아리 크루글란스키Arie Kruglanski 등이 개발한 종결 욕구 척도The Need for Closure Scale, NFCS의 항목 중에는 '업무에 분명한 규칙과 질서가 성공의 필수요건이라고 생각한다', '불확실한 상황을 싫어한다', '결정을 내리고 나서도 계속 뭔가 다른 대안에 대해 골몰한다' 같은 것들이 있다. 이 척도에

서 높은 점수는 정치적, 사회적 보수주의를 측정하는 다른 척도의 높은 점수와
도 일관된 상관성을 보인다는 연구 결과가 있다-옮긴이)와는 양의 상관성을
보이며, 경험에 대한 개방성, 인지적 복잡성, 자존감, 그리고 사회적 안
정과는 음의 상관성을 보이는 것으로 나타났다.[40] 이 변수들 중에 하나
만 조작해도 정치적 의견과 행동에 영향을 미칠 수 있다. 예를 들어 사
람들에게 죽음이라는 사실만을 상기시켜도, 범죄자를 벌하고 문화적 규
범을 준수하는 자들에게 보상하려는 경향이 증가된다. 한 실험 결과에
따르면, 판사들에게 숙의 직전에 죽음을 생각하게 하기만 해도 매춘부
들에게 아주 가혹한 형을 선고할 수 있다.[41]

그러나 정치적 보수주의와 다양한 편견의 근원을 관련지은 문헌을
고찰하고 나서 조스트와 공저자들은 다음과 같은 결론에 도달했다.

실질적으로 다른 모든 믿음 체계와 같이, 보수적 이데올로기를 채택
하는 부분적 이유는 그것들이 심리학적 요구를 만족시켜주기 때문이
다. 이데올로기적 믿음 체계가 강력한 동기 기반을 갖고 있다고 해서
그 체계가 원칙과 정당성이 없거나 이성과 증거에 대해 무디다는 말
은 아니다.[42]

이것은 믿음에 대한 완곡한 표현을 넘어선다. 특히 독단주의, 융통성
없음, 죽음에 대한 불안, 종결 욕구 등의 도움을 받는다고 알려진 믿음
체계가 '덜' 원칙적이고, '덜' 검증되었으며, 다른 것보다 이성과 증거
에 '덜' 민감하다고는 분명히 말할 수 있기 때문이다.

그렇다고 자유주의에는 아무런 편견이 개입되지 않는다는 말은 아니다. 최근의 도덕적 추론에 대한 연구에서[43], 피험자들은 100명의 목숨을 살리기 위해 한 사람의 목숨을 희생하는 것이 도덕적으로 옳은 것인지 판단하라는 질문을 받았다. 질문을 받기 전 피험자들에게는 인종에 대한 극히 사소한 단서가 주어졌다. 그러자 보수주의자들이 자유주의자들에 비해 인종에 대한 편견이 적은 것으로, 즉 심지어 더 공평한 것으로 드러났다. 자유주의자들은 100명의 유색인종들을 구하기 위해 한 명의 백인이 희생하는 데에는 매우 적극적이었으나 그 반대는 아니었다. 그들은 시종일관 인종에 대한 사고방식을 고수함으로써 다른 생각을 시도하지 못했다. 물론 요지는, 사실적 추론과 도덕적 추론의 각종 규범 즉, 공공연히 제시하면 누구나 타당하다고 할 규범으로부터 이탈하게 되는 요인을 과학이 점차 밝혀내고 있다는 점이다.

어떤 의미에서는 모든 인지에 동기가 있다고 말할 수 있다. 어떤 인지는 세상을 이해하기 위한 동기가 있고, 또 어떤 인지는 실재와 접촉을 유지하거나 의문을 없애는 등의 동기로 촉발된다. 혹은 동기부여를 인지 그 자체의 한 측면으로 볼 수 있다는 사람도 있다.[44] 그러나 다른 노력과 달리 진실을 찾고자 원하는 것이나 실수하기를 원치 않는 것과 같은 동기는 인식적 목표epistemic goal와 같은 노선에 있는 듯하다.

우리가 이미 보아온 것처럼 모든 추론은 감정과 분리되지 못할 수 있다. 그러나 만약 한 사람이 어떤 믿음을 가지는 일차적 동기가 걱정, 당황, 혹은 죄의식을 덜어내려는 것과 같은 긍정적인 마음을 지니기 위한 것이라면, 이것은 정확히 '바라는 것을 사실로 생각하기'나 '자기기만'과 같은 것이다. 당연히 그런 사람은 자신이 유지하려는 믿음과 대치되는 일련의 유효한 증거와 논쟁에 대해 시들한 반응을 보일 것이다. 그러므로 다른 이의 세계관에서 비인식적인 동기를 가려내는 것은 언제나 비평이 된다. 그것은 한 사람이 있는 그대로의 세상과 맺는 관계에 의문을 던지는 역할을 하기 때문이다.[45]

✤ 한계를 오해하기

주로 안토니오 다마지오Antonio Damasio와 동료들이 내놓은 신경학 연구를 통해, 우리는 어떤 추론들은 감정과 불가분의 관계에 있다는 사실을 오래전부터 알고 있었다.[46] 효과적으로 추론을 하려면 반드시 진실을 구하는 감정이 있어야 한다. 최초로 믿음과 불신을 fMRI로 연구한 결과는 이런 사실을 입증한다.[47] 어떤 수학 공식을 믿는 것(vs. 다른 공식을 믿지 않는 것)과 윤리적 제안을 믿는 것(vs. 다른 제안을 믿지 않는 것)이 신경 생리학에 동일한 변화를 가져온다면, 과학적 냉철함과 가치 판단 사이의 경계는 점점 흐려질 것이다.

그러나 이러한 결론은 이성의 중요성을 전혀 깎아내리지 않으면서도, 정당화된 믿음과 정당화되지 못한 믿음 사이의 구분을 모호하게 만들지도 않는다. 반대로 이성과 감정의 불가분성inseparability은 믿음의 타당성이 그 믿음을 가진 사람의 확신에만 근거하는 게 아니라, 그 믿음의 현실성과 관련된 일련의 증거와 논증에 근거함을 확인시켜준다. 감정은 사실 여부를 판단하는 데 필요할 수는 있지만 그것만으로는 충분하지 않다.

신경학자 로버트 버튼Robert Burton은 '안다는 느낌feeling of knowing'(즉 누군가의 판단이 옳다는 확신)은 합리적 과정에서 쉽게 벗어나는 기본적으로 긍정적인 감정이며, 때로는 논리적이고 감각적인 증거와는 완전히 동떨어진 것일 수 있다고 주장한다.[48] 그는 병리학적 확실성(정신분열증이나, 자신이 죽었다고 생각하는 코타르망상증후군Cotard's delusion)과 병리학적 불확실성(강박장애)을 보이는 신경학적 장애로부터 이를 추론해냈다. 버튼은 인간의 합리성에 너무 많은 기대를 하는 것은 비합리적이라는 결론을 내린다. 그에 따르면 합리성은 특성상 대개 무언가를 열망하며, 흔히 순수하고 원칙 없는 감정을 가리는 껍데기일 뿐 그 이상도 이하도 아니다.

같은 주장을 하는 다른 신경학자들도 있다. 기능성 뇌영상의 개척자인 크리스 프리스Chris Frith는 최근에 다음과 같이 말했다.

의식적 추론conscious reasoning은 어디서 나타나는가? 의식적 추론은 선택을 한 후에 그 선택을 정당화하기 위한 시도다. 그것은 결국 왜 그런 선택을 했는지 다른 사람들에게 설명할 때 시도해야 하는 유일한 방법이다. 그러나 그와 관련된 뇌 프로세스에 접근이 어렵다는 점을 고려할 때 우리의 선택에 대한 정당화는 흔히 비논리적인 것이 된다. 즉 그것은 사후 합리화이거나 심지어 지어낸 이야기, 그러니까 상상

과 기억을 혼동한 데서 비롯된 '이야기'일 수 있다.**49**

나는 프리스가 의사결정에서 이성이 '무슨' 역할을 하는지 부정할 의
도는 없었다고 생각한다(물론 그의 논문 제목이 〈아무도 실제로는 이성을 사
용하지 않는다No One Really Uses Reason〉이긴 하지만 말이다). 그런데 사실 그는
정신과 관련된 두 가지 사실을 통합해버렸다. 어떤 것이건 추론해보려
는 노력을 포함한 모든 의식적 과정이 우리가 의식하지 않은 사건에 의
존한다는 건 사실이지만, 그렇다고 추론이 날것 그대로의 감정을 사후
정당화하는 것과 다름없다는 뜻은 아니다.

우리는 대수학 공식을 따르게 하는 신경학적 과정에 대해서는 알 수
없지만, 그렇다고 우리가 그 규칙들을 따르지 않는다거나 수학 계산에
서 규칙의 역할이 대개 사후적인 것이라는 뜻은 아니다. 뇌에서 일어나
는 일을 전부 알지 못한다고 해서, 믿음에 대한 좋고 나쁜 이유를 구분
하는 일이 덜 분명하거나 덜 중대해지지는 않는다. 또한 내적 일관성,
정보에 대한 개방성, 자기비판 및 여타 인지적 미덕이 우리가 일반적으
로 가정하는 것보다 가치가 없다는 것도 아니다.

인간 생각의 무의식적인 기반을 만드는 방법은 여러 가지가 있다. 예
를 들어 버튼은 지구온난화에서 사형에 이르기까지 수많은 도덕적 쟁
점들에 대한 한 사람의 생각은 위험에 대한 내성tolerance of risk에 영향을
받을 것이라고 본다. 지구온난화 문제를 판단할 때는 반드시 극지방 빙
하가 녹을 위험을 따져봐야 하고, 사형제도의 윤리를 판단할 때는 무
고한 사람들을 죽게 할 수 있는 위험을 고려해야 한다. 하지만 위험 내

성 수준은 사람마다 각기 다르며, 이러한 차이는 다양한 유전자에 의해 지배되는 것으로 보인다. 해당 유전자로는 D4 도파민 수용체dopamine receptor와 단백질 스타스민protein stathmin (주로 편도체에서 표현되는) 유전자 등이 있다.

버튼은 위험을 회피하려는 경향에는 최적의 수준이 없다고 믿기 때문에, 그러한 윤리적 문제에 대해서는 결코 정확히 추론할 수 없다고 결론 내린다. '이성'은 우리가 무의식적 (그리고 유전자적으로 결정된) 편견에 붙이는 이름일 뿐이다. 그러나 우리가 전 지구적 문명을 건설하려고 고군분투할 때 저마다 다른 위험 내성은 우리의 목적에 도움이 될 거라고 말하는 게 과연 사실일까? 버튼은 정말로, 위험을 대하는 건강한 태도와 건강하지 않은, 혹은 자기파괴적이기까지 한 태도를 구분할 근거는 없다고 말하는 걸까?

이미 입증되었듯이, 도파민 수용체 유전자는 종교적 믿음에도 관여하는 듯하다. 가장 활성이 높은 형태의 D4 수용체를 물려받은 사람들은 과학에 대해 회의적이고 기적을 믿을 확률이 더 높다. 가장 활성이 낮은 형태는 '합리적 유물론'과 연관된다.[50] 도파민 농도를 높이는 약물인 L-도파를 회의주의자들에게 투입하면 새로운 현상에 대한 신비주의적인 설명을 수용하는 경향이 증가된다.[51] 종교적 믿음이 문화적 보편이자 게놈에 속한 것으로 보인다는 사실은, 버튼과 같은 과학자들이 믿음에 근거한 사고를 간단히 없앨 수 없다는 결론을 내리게 만들었다.

내가 보기에 버튼과 프리스는 무의식적 인지 과정의 중요성을 오해한 것 같다. 버튼에 따르면 세계관은 계속해서 각각 기이하고 서로 비교할 수 없을 정도로 완전히 다른 것으로 남을 것이다. 그리하여 합리적 논증을 통해 서로를 설득하여 인지적 지평을 융합하고자 하는 희망은 공허할 뿐만 아니라, 극히 무의식적인 과정들과 우리가 버리고 싶은 비합리성의 징후를 보인다. 그래서 버튼은 종교적 비합리성에 대한 어떤 합리적 비판도 부적절한 시간 낭비라는 결론을 내리게 된다.

> 과학-종교 논쟁은 사라질 수 없을 것이다. 이 논쟁은 생물학에 뿌리를 두고 있으며… 전갈의 침과 같다. 우리는 종교, 내세, 영혼, 신, 뮤즈, 목적, 이성, 객관성, 무목적성, 무작위성 등에 대해 이야기한다. 우리는 우리 자신을 도울 수 없다…. 세속과 과학이 보편적으로 통합될 수 있다는 주장은, 서로 다른 성격이 서로 다른 세계관을 만든다는 뇌과학의 주장과 정면으로 배치된다…. 유전학적 차이와 기질의 차이, 그리고 경험의 차이가 대조적 세계관을 만든다. 이성은 신앙인과 비신앙인과의 거리를 메우지 못할 것이다.[52]

그러나 문제는 같은 말을 마법(주술)에 대해서도 할 수 있다는 사실이다. 역사적으로 주술에 대한 집착은 보편적 문화 현상이었다. 하지만 주술에 대한 믿음은 현재 선진국 어디에서나 나쁜 평가를 받는다. 지구상에서 악마의 눈에 대한 믿음이나, 간질이 악마에서 기원한다는 믿음이 여전히 이성의 영향을 받지 않는다고 주장하려는 과학자가 있을까?

종교와 주술의 유사성을 신기하게 여기지 않으려면, 주술이나 악령에 사로잡히는 것을 믿는 일이 지금도 아프리카에서는 성행한다는 점을 기억할 필요가 있다. 케냐에서는 나이든 남녀가 악마로 몰려 산 채로 화형에 처해지고 있다.[53] 앙골라, 콩고, 나이지리아에서는 그러한 광기가 주로 아이들을 표적으로 삼는다. 수천 명의 불운한 소년 소녀들이 시력을 잃고 배터리 에시드battery acid 주사를 맞는다(배터리에 쓰이는 산성물질로, 피부에 닿으면 화상을 입히는 황산이 가장 흔히 쓰인다. 황산을 들이마시면 폐와 장기는 물론 눈이 상하며, 척수와 중추신경계에 영구적인 손상을 입힐 수 있다-옮긴이). 또한 악령을 쫓아낸다는 명목으로 고문을 당하는 아이들도 있는데, 결국에는 죽임을 당하기도 한다. 이보다 더 많은 아이들이 가족에게 버림받고 떠돌이가 된다.[54]

두말할 필요도 없이 이러한 광기의 상당수가 기독교의 이름으로 전파되었다. 문제는 이것을 해결할 수 없는 이유가, 악마로 의심받는 사람을 보호해야 할 정부 관료들도 주술을 믿기 때문이라는 것이다. 유럽에서 주술에 대한 믿음이 성행했던 중세시대처럼, 질병이나 흉작, 삶의 여러 치욕들의 물리적 원인에 대한 총체적 무지가 이러한 망상을 추구하게 만든다.

만일 주술에 대한 두려움이 특정 종류의 뇌 수용체와 관련된 것이라면 어떨까? 이 상황에서도 주술에 대한 믿음이 뿌리 뽑을 수 없는 거라고 말할 사람이 있겠는가?

아브라함의 하느님을 믿지 않기로 한 사람들로부터 수천 통의 편지와 이메일을 받은 사람과 같이, 나도 이성의 힘에 대한 비관주의는 근거가 없다고 생각한다. 사람들은 신앙의 모순, 자기기만, 같은 신자들의 희망사항뿐 아니라, 성경의 주장과 현대 과학의 발견 사이에 증폭되는 갈등에 대해 자각하게 될 것이다. 이런 생각이 들면 교리에 대한 믿음에 의문이 생기게 되는데, 대개 교리는 어머니 슬하에서 주입된 것이다. 사실 사람들은 단순한 감상을 초월해서 모든 주제에 대해 자신의 생각을 명확히 밝힐 수 있다. 그러기 위해서는 공개토론이나 비판에 대한 수용적 자세 등을 통해 경쟁적인 의견이 서로 충돌하게 해야 한다. 이는 흔히 믿음 체계의 모순을 드러냄으로써 그것을 믿는 사람들이 마음 깊이 불편함을 느끼게 만든다.

의견이 서로 다르더라도 우리를 이끄는 기준은 존재하며, 그 기준을 위반하면 관련된 사람들 모두에게 두루 영향을 미친다. 예를 들어 자기모순은 무엇에 대해 말하는 경우라도 문제가 아닐 수 없다. 혹시 이를 미덕이라고 생각하는 사람이 있다면 아무도 그를 진지하게 생각하지 않을 것이다. 이 영역에서는 이성이 감정과 극명하게 맞서지 않는다. 이성은 진실을 향한 느낌을 함축하기 때문이다.

반대로 제아무리 실눈을 뜨고 보거나 머리를 잘 끄덕거리는 사람이라도, 참인 명제를 옳지 않게 '보는' 경우가 있을 것이다. 그런데 그에 필요한 지적인 노력을 한다면 누구라도 그 명제가 옳다는 것을 인정하게 될 것이다. 미량의 물질에 엄청난 양의 폭발적 에너지가 들어 있다는 사실을 이해하기는 매우 어렵다. 그러나 물리학 공식이나 핵폭탄의 파괴력은 그것이 사실임을 말해준다. 마찬가지로 우리는, 대부분의 사람들은 통계에서 무작위성 테스트를 충족시키는 숫자들이나 동전 던지기 결과를 만들기는커녕 이해하기도 어렵다는 것을 알고 있다. 그러나 우리가 수학적으로 무작위성을 이해하는 데는 문제가 없다. 또한 무작위성에 대한 우리의 태생적인 무지 때문에 인지 행동과 경제 행동에 대한 이해를 넓히지 못할 일도 없다.**55**

이성이 생물학에 근거를 둔 것이 틀림없다 해도 이성의 원칙이 무의미해지는 건 아니다. 비트겐슈타인Wittgenstein은 우리가 "그건 총성이었나?"라고 묻지, "그건 소음이었나?"라고 묻지 않는 것은, 언어 논리 때문이라고 했다.**56** 이것은 논리에 대한 절대적 제약이라기보다 신경학의 우연적 사실로 보인다. 예를 들어 자신의 일차 감각 사이의 혼선(소리를 보고 색을 맛보는 등)을 경험한 공감각의 소유자는 어떤 모순도 없이 뒤의 질문을 던질 수 있을지 모른다. 세상이 어떻게 보이는지(그리고 세상의 모습을 논리적으로 어떻게 말할 수 있을지)는 뇌에 관한 사실에 좌우된다. 우리가 어떤 대상이 '전부 빨갛고 푸르다'라고 말할 수 없는 것은, 논리적 사실이기 이전에 시각 생물학적 사실이다. 그렇다고 해서 바로 이 우연성 너머를 볼 수 없는 것도 아니다. 과학이 진보함에 따라, 이해력의 자연적 한계에 대한 우리의 이해도 늘어나기 때문이다.

🏵 믿음과 추론

믿음과 추론은 밀접한 관계가 있다. 우리가 가진 믿음의 대부분은 특정한 사례로부터 끌어낸 추론의 산물이거나(귀납induction) 혹은 일반 원칙으로부터 끌어낸 추론의 산물이거나(연역deduction) 혹은 양쪽 모두의 산물이다. 귀납은 우리가 과거의 관찰로부터 새로운 사례에 이르기까지 추정하는 과정이고, 세상의 미래를 예측하며, 한 영역에서 다른 영역으로 비유를 끌어내는 과정이다.[57] 자신에게 췌장이 있다고 믿는 것이나 (일반적으로 사람들은 췌장이 있기 때문에), 또는 표정을 보고 아들이 마마이트 잼(이스트 추출물 잼-옮긴이)을 별로 좋아하지 않는가 보다고 해석하는 것은 귀납의 예다. 이 사고 방법은 특히 일상적 인지나 과학의 수행에 중요하며, 이를 컴퓨터 모형으로 만들기 위한 노력도 많이 있었다.[58]

삶에서는 덜 중요하지만 연역도 논리적 논증에서 필수적인 요소다.[59] 만일 금이 은보다 비싸고 은이 주석보다 비싸다고 믿는다면, 연역 과정이 금이 주석보다 비싸다고 믿게 한다. 귀납은 이미 알고 있는 확실한 사실 너머로 우리를 이끌어준다. 연역은 현재 믿음의 의미를 더 명료하게 해주고 반증을 탐색하게 해주며, 우리의 관점이 논리적으로 일관성 있는지 알게 해준다. 물론 귀납과 연역, 그리고 다른 추론법을 확실히 구분하기는 쉽지 않으며, 사람들은 귀납과 연역에 널려 있는 편견을 모르고 지나친다.

추론의 편견이 실제 어떤 것인지 살펴볼 만하다. 편견은 단순히 오류의 근거만이 아니다. 그것은 오류의 '믿을 만한 패턴'이다. 그러므로 모든 편견은 인간 정신의 구조에 대한 중요한 사실을 드러낸다. 또한 오류의 패턴은 특정 규범을 기준으로 삼을 때만 '편견'으로 진단할 수 있다. 이때 규범들은 때로 서로 갈등을 빚기도 한다. 예를 들어 논리의 규범은 실제적인 추론의 규범과 늘 일치하는 것은 아니다. 어떤 논증은 논리적으로 타당할 수 있지만, 거짓된 전제 때문에 거짓된 결론으로 이어지는 경우에는 논리적으로 건전하지는 않은 것이 된다(예를 들어, 과학자들은 똑똑하다. 똑똑한 사람은 실수를 하지 않는다. 그러므로 과학자들은 실수를 하지 않는다).[60]

연역 추론에 대한 수많은 연구는, 사람들이 건전한 결론에 대한 '편견'을 가지고 있어서 결론이 신뢰할 만하지 않으면 타당한 논증을 타당하지 않다고 판단하는 경향이 있음을 보여준다. 이러한 '믿음 편견'을 타고난 불합리성의 증후로 봐야 할지는 분명하지 않다. 그보다는 추상적 논리의 규범과 실질적 추론의 규범이 단순히 충돌할 수 있다는 한 사례로 볼 수 있다.

다양한 유형의 추론에 대해 뇌영상 연구가 수행되어왔다.[61] 하지만 앞서 본 것처럼, 그러한 추론의 산물(예를 들어 믿음)을 수용하는 것은 독립적 과정으로 보인다. 앞서 내가 수행한 뇌영상 연구에서도 나왔지만, 추론 역시 세상에 대한 우리 믿음들의 부분집합만을 설명할 뿐이라는 사실로부터 직접 도출되는 결론이다. 다음 명제를 고려해보자.

1. 알려진 모든 모래 표본에는 박테리아가 들어 있다. 그러므로 우리 집 정원의 모래에도 박테리아가 있을 것이다(귀납).
2. 댄Dan은 철학자다. 모든 철학자는 니체에 대해 자기 나름의 의견이 있다. 그러므로 댄은 니체에 대한 의견이 있을 것이다(연역).
3. 멕시코는 미국과 국경을 공유한다.
4. 당신은 지금 이 순간 글을 읽고 있다.

위의 각 명제는 각기 다른 경로의 신경 과정에 의해서 평가될 것이다 (그리고 1, 2번 명제만 추론이 필요하다). 각 명제는 동일한 인지 값cognitive valence을 가진다. 즉 참이면 믿음을 불러일으킨다(또는 믿어지면 '참'이라고 여겨진다). 그러한 인지적 수용은 표면적 진리를 사고와 행동의 경제 안에 자리 잡을 수 있게 한다. 이때 인지적 수용은 명제의 내용이 요구하는 것만큼 강력해진다.

✤ 거짓말 없는 세상?

어떤 사람이 믿는 게 무엇인지 아는 것과 그가 진실을 말하고 있는지 아는 것은 같은 가치를 지닌다. 따라서 실험 대상자가 믿는 명제가 무엇인지 결정하는 외부 수단은 사실상 '거짓말 탐지기'가 된다. 믿음과 불신에 대한 뇌영상 연구는 언젠가 이러한 등치를 활용해서 기만을 연구하게 될 것이다.[62] 이 새로운 접근방식은 과거 기만 연구에 걸림돌이 되었던 수많은 장애물을 우회하게 해줄 것이다.

기만의 사회적 비용을 평가할 때, 우리는 거짓에 의해 키워지고 강화되는 것이 분명한 모든 악행, 즉 사전 모의한 살인, 테러리스트의 잔학 행위, 대량학살, 폰지형Ponzi 사기(피라미드식 금융 사기) 등을 고려할 필요가 있다. 더 큰 맥락에서 볼 때 기만은 인간 협력의 주요한 적으로, 아마 폭력보다 더 환영받고 있을 것이다. 진리가 진짜 중요한 것이 되고 거짓말이 불가능해진다면 세상이 어떻게 변할지 상상해보라. 만약 매번 누군가가 유엔청사의 바닥에 진실을 감춰서, 경보가 건물 밖으로 울린다면 국제관계는 어떻게 될까?

DNA 증거를 법의학에 사용하면 자신의 행위에 대한 책임을 부인하는 행위를 무력화시킨다. 정액이 묻은 드레스가 실험실로 직행 중이라는 사실을 안 순간 빌 클린턴의 분노의 칸타타가 고요해진 것을 상기해 보라. DNA 분석이라는 위협 한 번으로 대배심도 못할 일이 가능했다. 다른 은하계에 존재하는 것으로 보였던, 거물급 인사의 양심과 즉각 소통이 이루어진 것이다. 쓸 만한 거짓말 탐지 방식이 훨씬 더 중요한 주제에 대해서도 유사한 변혁을 가져올 것으로 확신할 수 있다.

독심 기술의 개발은 이제 막 시작 단계다. 하지만 쓸 만한 거짓말 탐지는 정확한 독심 기술보다 쉽게 성취될 것이다. 우리가 신경 코드를 완전히 해독해서 한 개인의 사적인 생각, 기억, 인식을 왜곡 없이 다운로드 할 수 있게 될지 여부는 모르겠지만, 한 개인이 대화 중에 사적인 생각, 기억, 인식을 정직하게 밝히고 있는지는 도덕적으로 확실히 판단할 수 있게 될 것이다. 뇌영상을 통해 지금 가능한 것을 조금 더 발전시키기만 해도 거짓말 탐지기를 제대로 개발할 수 있다.

'거짓말 탐지기polygraphy'를 통해 기만을 탐지하는 전통적인 방식은 지금까지 널리 받아들여지지 못했다.**63** 이 방법들은 기만 자체와 직결되는 신경 활동보다는 주변의 감정 발생 신호를 측정하기 때문이다. 2002년, 245쪽 분량의 한 보고서에서 미국 국립연구회의National Research Council(미국 국립과학원 산하기관)는 거짓말 탐지기가 '취약하고 과학적 엄격함이 부족'하다고 하면서, 그 효과를 뒷받침하는 연구 결과를 묵살해버렸다.**64** 눈의 온열감지영상을 활용하여 거짓말을 탐지하는 더 현대적인 접근방식은 특이성specificity(거짓말 탐지기의 경우 특이성은, 거짓말이 아닌 것을 거짓말이 아니라고 하는 것이다-옮긴이)이 부족해서 문제가 된다.**65** 두피의 전기 신호를 이용해 '죄에 대한 인식'을 감지하는 기술은 그 응용이 제한되어 있다. 이 방법을 어떻게 활용해야 죄에 대한 인식을 다른 형태의 지식과 감별할 수 있을지 불분명하기 때문이다.**66**

방법론상의 문제들에도 불구하고, 만약 거짓말 탐지기가 믿을 만하고 그 가격이 적당하고, 지나치게 복잡하지 않다면, 세상이 얼마나 변화될 수 있을지 과장하기도 어려울 정도다. 범죄를 저지른 피고인과 헤지펀드 매니저들이 두뇌 스캐닝을 피하려 실험실에서 몰래 빠져나오는 대신, 모든 법정 혹은 중역회의실의 나무판 뒤로 필요한 기계를 숨기는 날이 올 것이다. 그러므로 문명인들은 아무리 중요한 대화를 하더라도 대화 참여자들이 진실을 말하고 있는지 감시되고 있다는 통상적인 전제를 공유할 것이다.

정직하고 선의를 지닌 사람들은 이렇게 진실을 말해야 하는 구역도 맘 편히 지나가게 될 것이다. 이들에게는 이런 변화가 그리 놀랄 일이 아닐 것이다. 특정 공공장소에는 신체 노출이나 성, 큰 욕설, 흡연이 없어질 것으로 예상되는 만큼, 그리고 지금 우리가 사생활이 보장되는 집을 나설 때마다 우리에게 가해지는 행동 제약에 대해 전혀 생각하지 않는 만큼, 미래에 우리는 특정 지역과 특정 상황에서는 사실을 양심적으로 고백해야만 할 것이라고 예상할 수 있다. 대다수가 요즘 슈퍼마켓에서 바지를 벗을 자유를 박탈당한 정도만큼 구직면접이나 기자회견에서 거짓말을 할 자유를 박탈당하지는 않았다고 느낀다(슈퍼마켓에는 CCTV가 있지만, 구직면접장이나 기자회견장에는 아직 거짓말 탐지기가 없다는 뜻이다-옮긴이). 기술이 우리가 원하는 대로 작동할지는 모르지만, 그게 일반적으로 작동할 것이라고 믿게 된다면 우리의 문화가 완전히 달라질 것이다.

법적인 맥락에서 몇몇 학자들은 신뢰할 만한 거짓말 탐지기가 미국 수정헌법 제5조의 자기부죄금지원칙privilege against self-incrimination (자기부죄 自己負罪는 유죄에 이르게 할 수 있는 증언을 스스로 하는 것을 말한다-옮긴이)을 침해할 것을 우려하기 시작했다.**67** 그러나 수정헌법 제5조는 이미 기술의 진보에 굴복했다. 대법원 판결은 혈액, 정액 및 유죄 판결을 받게 할 수 있는 기타 육체적 증거를 제공하도록 피고를 강제할 수 있게 했다. 뇌영상 데이터가 이 목록에 추가될 수 있을까? 아니면 강제된 형태의 증언으로 간주될 수 있을까? 일기와 이메일 및 한 개인의 생각을 적은 다른 기록은 이미 자유롭게 증거로 활용할 수 있다. 윤리적으로나 법적으로 관련이 있을 수 있는 다양한 원천의 정보 사이에 차이가 있는지 전혀 분명치 않다.

사실 강압적 증언의 금지 자체는 더 미신적인 시대의 유물로 보인다. 맹세를 해놓고 거짓말하는 것은 한 사람의 영혼을 영원히 저주하는 것이다. 그리고 누구도, 심지어 살인자조차 정의의 반석과 지옥 같은 위험한 곳 사이에 놓일 수 없다는 믿음이 널리 퍼진 때가 있었다. 하지만 수많은 기독교 근본주의자들이 법정의 성경에 손을 대고 하는 맹세가 우주적인 가치가 있다고 믿을지 의문이 든다.

사실 어떠한 기술도 완벽하지 않다. 일단 제대로 만든 거짓말 탐지기가 나오게 되면 선한 사람들은 위음성 오류false negative와 위양성 오류false positive로 인해 고통받을 것이다. 이는 윤리적이고 법률적인 문제를 야기할 것이다. 그러나 필연적으로 우리는 어느 정도의 오류는 받아들일 수 있다고 여긴다. 만약 이것이 이해가 잘 되지 않는다면 이 점을 기억하면 된다. 우리는 언제 범죄를 저지를지 모르는 위험한 사이코패스를 풀어주기도 하고, 한편으로는 무고한 사람에게 실형을 선고하여 그를 수십 년 동안 감옥에 가두거나 죽이기도 한다. 때로는 불운한 사람이 실수로 살인 혐의를 쓰고 무서운 포식자들 무리에 둘러싸인 감옥에서 수년간 살면서, 주정부가 처형할 때를 기다리며 고통을 받기도 한다.

가족이 사는 집에 불을 질러 세 자녀를 살해했다는 혐의를 받은 캐머런 토드 윌링엄Cameron Todd Willingham의 비극적 사례를 생각해보라. 그는 무죄를 주장했지만 10년 넘게 사형을 기다리다 결국 처형되었다. 현재 그의 무죄는 거의 확실해 보인다. 그는 전기 합선으로 인한 화재, 법의학적 유사과학, 사람들이 진실을 말하는지 감별할 믿을 만한 수단을 구비하지 못하는 사법 체계의 희생양이었다.**68**

판사와 배심원들이 매우 형편없는 진실 탐지자이며, 1종 오류Type I error(위양성 오류: 가설 검증에서 귀무가설[설정한 가설이 참일 확률이 매우 적어서 버릴 것이 예상되는 가설]이 옳은데도 이를 기각해서 발생하는 오류. 여기선 범인이 아닌데 범인으로 몰아서 구형하는 일을 말한다-옮긴이)와 2종 오류 Type II error(위음성 오류: 가설 검증에서 귀무가설이 틀렸어도 이를 수용해서 발생하는 오류. 여기선 범인인데 범인이 아니라고 풀어주는 일을 말한다-옮긴이)

에 취약함에도 불구하고 우리는 사법 체계에 의존할 수밖에 없다. 이렇게 시대에 뒤떨어진 제도의 수행 능력을 개선할 수 있는 것은 무엇이든 세상에 존재하는 정의의 수준을 높일 것이다.**69**

✣ 우리에겐 믿음의 자유가 있는가

뇌 안에서 믿음의 위치를 정확히 찾기 어렵다는 것이 입증되긴 했지만, 믿음의 많은 정신적 속성은 쉽게 찾아볼 수 있다. 예를 들어 사람들은 말도 안 되는 이유 때문에 고의로 어떤 명제를 믿지는 않는다. 내 말이 의심스럽다면 새해 결심을 지키지 못한 데 대한 다음의 변명을 듣고 있다고 가정해보자.

> 올해 나는 더 합리적으로 살기로 결심했다. 그런데 1월 말, 나는 얼토당토않은 이유로 무언가를 믿는 이전 습관으로 돌아갔다는 걸 알게 되었다. 지금 나는 강도짓이 무해한 행동이고, 죽은 형이 살아올 것이며, 내 운명은 앤젤리나 졸리와 결혼하는 것이라고 믿고 있다. 그 이유는 단지, 그렇게 하면 내 기분이 좋아지기 때문이다.

이것은 정신이 어떻게 작동하는지 말하는 게 아니다. 믿음은—실제로 믿어지는 믿음은— 그게 참으로 보이기 '때문에' 받아들였다는 부수적인 믿음을 수반한다. 어떤 명제를 진짜로 믿기 위해서는—사실명제든 가치명제든—그 명제가 사실이 '아니면' 아무도 믿지 않을 것이므로 우리가 실재와 계속해서 접촉하고 있어야 한다는 것도 믿어야 한다. 그러므로 우리는 명백한 오류에 빠지지 않았고 미혹된 것이 아니며, 미치지도 않았고 자기위선에 빠지지도 않았다고 믿어야 한다. 이 문장들이 인식론을 충분히 다 설명한 것은 아니지만, 과학과 상식의 통합뿐 아니라 둘 사이에서 종종 발생하는 불일치를 조화시키는 쪽으로 나아가는 방법이다. 무의식적 감정의 편견(혹은 다른 비인식론적 신념)에 의해 동기화된 믿음과 그런 편견에서 상대적으로 자유로운 믿음 사이에는 중요한 차이가 있다는 데 의문의 여지가 없다.

하지만 여전히 수많은 세속주의자들과 학자들 중에는 신앙인들이 자신들의 진실 인식과는 무관하다는 것을 알면서도 일부러 어떤 것을 믿는다고 생각한다. 과학자이자 과학 저널리스트로 〈네이처〉 지의 편집자인 필립 볼Philip Ball과 내가 벌인 서면 논쟁은 바로 이 문제를 다루었다. 볼은 한 사람이 '기분이 좋아진다'는 이유로 어떤 진술을 믿는 행위가 합당하다며, 사람들은 완전히 자유롭게 이런 식으로 믿음을 가질 수 있다고 생각하는 것 같았다. 물론 사람들은 때로 무의식적으로 이렇게 생각하며, 이렇게 발생하는 추론에 대해서는 위에서 논의한 바 있다. 그런데 볼은 단지 자기가 건 주문에 갇혔을 때 기분이 좋아진다는 이유로 그런 믿음을 의식적으로 선택할 수 있다고 생각하는 듯했다. 이제 이것이 어떻게 작동하는지 살펴보자. 누군가가 종교적 확신에 관해서 다음 진술을 했다고 하자.

나는 예수가 동정녀에게서 태어났고, 부활했으며, 지금도 기도에 응답하고 계신다고 믿는다. 왜냐하면 그렇게 믿으면 기분이 더 좋기 때문이다. 이런 믿음을 선택함으로써 단지 나는 기분을 더 좋게 해주는 진술을 믿을 자유를 행사할 뿐이다.

그런데 이런 사람은 자신의 소중한 믿음과 모순되는 정보에 어떻게 반응할까? 믿음이 순전히 자신의 기분에 근거할 뿐 증거나 논쟁에 근거를 두고 있지 않다는 점을 감안한다면, 그는 자신의 길을 가로막는 새로운 증거나 논쟁에 대해 신경을 쓰지 말아야 한다. 사실 예수에 대한 시각을 변화시킨 유일한 것은 위의 명제를 통해 그가 어떤 기분을 '느꼈느냐' 하는 것이다. 다음과 같이 예수의 출현을 경험한 신자를 상상해보자.

지난 몇 달 동안 나는 예수에게 신성이 있다 한들 내 기분이 좋아지지 않는다는 사실을 깨달았다. 사실 나는 좀 전에 내가 흠모해 마지않는 무슬림 여성을 만났고, 그녀와 데이트를 하고 싶다. 무슬림들은 예수가 신이 '아니라고' 믿으니, 내가 예수의 신성을 믿는다는 이유로 그녀와 잘 안되면 어쩌나 걱정이 된다. 이런 기분은 별로 내키지 않는다. 이 여성과 정말 데이트를 하고 싶은 마음에, 난 이젠 예수가 신이 '아니라고' 믿겠다.

이런 사람이 진짜 있었을까? 나로서는 강한 의심이 든다. 이런 생각이 왜 말이 안 되는 것인가? 왜냐하면 믿음은 '본질상' 지식을 기반으로 하기 때문이다. 그렇기 때문에 믿음은 세상을 있는 그대로 드러내고자 한다. 이 사례 속 인물은 역사적 예수, 그의 출생과 죽음의 방식, 그리고 창조주와의 특별한 관계에 대해 구체적인 주장을 하고 있다. 또한 나름대로는 자기 방식대로 세계를 표상하고 있지만, 자신에게 믿음을 준 세계의 사실과 접촉하려는 노력은 전혀 하지 않는다는 게 분명하다. 이 사람은 그저 자기 기분만 생각하고 있다. 이러한 불균형을 볼 때, 그에게는 명백히 자신의 믿음을 다른 사람에게(그리고 자신에게조차) 정당화할 근거가 전혀 없다.

물론 사람들이 무언가를 부분적으로 믿을 때가 있기는 하다. 왜냐하면 그런 믿음이 기분을 좋게 하기 때문이다. 하지만 사람들은 의식적 관점에서는 그렇게 믿지 않는다. 자기기만, 감정적 편견, 혼란스러운 사고는 인지에 관한 사실이다. 또한 다음과 같이, 하나의 명제를 마치 그게 '참인 것처럼' 믿고 행동하는 것도 흔한 일이다. '나는 X를 행동으로 옮기려 한다. 왜냐하면 그것이 내게 끼칠 영향이 맘에 들기 때문이다. 또 누가 알겠는가, X가 사실일지.' 하지만 이것은 어떤 명제가 단순히 사실이기를 바라기 때문에 그 명제를 '고의로' 믿는 것과는 전혀 다르다.

이상하게도 사람들은 흔히 합리성의 제약에 관한 주장을 '불관용'의 표지로 본다. 볼의 다음 주장을 고려해보라.

[샘 해리스]가 여기서 뭘 말하려는 건지 정말 궁금하다. '자신이 무엇

을 믿을지 자유롭게 택해서는 안 된다'와 같은 금지 명령 이상의 것을 찾기 힘들다. 내 생각에 사람들이 그러한 결정을 내리는 이성적 기반을 갖지 못할 정도로 정보가 부족한 상태로 내버려두어서는 안 된다는, 그러니까 충분히 공정하게 대해야 한다는 뜻이 아닌가 싶다. 하지만 그의 의도는 그 이상을 뜻하는 듯하다. 즉 '당신은 단순히 기분을 좋게 만든다는 이유로 무엇을 믿을지 선택해서는 안 된다'고 말하는 것이다. 이것은 당장 수정되어야 함을 암시하는 마르크스주의자들의 '허위의식false consciousness'이라는 비난과 약간 비슷하게 들리지 않는가? 나는 우리가 최소한 믿음에는 여러 범주가 있다는 사실에는 동의할 거라고 생각한다(아니 희망한다). 즉 기분이 더 좋아진다는 이유로 자기 아이가 세상에서 가장 사랑스럽다고 믿는 게 가능한(심지어 칭찬할 만한) 일이라는 데 동의할 거라고 생각한다. 하지만 여기서 살짝 암시했듯이, 나는 정보를 충분히 제공 받은 사람은 믿음을 자유롭게 선택할 수 없다는 관점에는 몸서리가 난다…. 이 정도로 인권을 박탈당하는 사태를 두고 볼 수는 없지 않은가?[70]

볼이 이야기하는 것은 어떤 인지적 자유인가? 나는 조지 워싱턴이 미국의 초대 대통령이었다고 믿게 되었다. 볼의 말을 빌리자면, 나는 이 믿음을 '자유롭게' 선택한 것인가? 아니다. 아니면 내게 그렇게 믿지 않을 자유가 있는가? 그것도 당연히 아니다. 나는 증거의 노예다. 역사적 의견들의 채찍 아래 사는 격이다. 설령 내가 다르게 '믿고 싶어도' 미국 역사를 논할 때마다 '조지 워싱턴'이라는 이름이 '미국 초대 대통령'과 끊임없이 짝을 맺어 거론된다는 사실을 지나칠 수 없다. 만일 나를 바보로 봐주기를 바랐다면 다른 믿음을 '주장'했겠지만, 그건 거짓말이 된다. 마찬가지로 증거가 갑자기 변한다면 어떨까? 예를 들어 엄청난 날조에 대한 흥미로운 증거가 나타나고, 역사학자들이 워싱턴의 전기를 재검토한다면 나는 어쩔 도리 없이 믿음을 빼앗길 것이다. 이번에도 내게는 선택의 여지가 없다. 믿음을 자유롭게 선택하는 것은 합리적인 정신이 할 일이 아니다.

물론 이 말이 우리에게 정신의 자유가 없다는 뜻은 아니다. 우리는 특정 사실에 초점을 맞추고 다른 것은 제외하기로 선택할 수도 있으며 나쁜 것보다는 좋은 것을 강조하기로 선택할 수 있다. 그리고 이러한 선택은 우리가 세계를 바라보는 방식의 결과다. 예를 들어 김정일을 어떤 이는 악의 화신으로 볼 수 있고, 어떤 이는 한때 위험한 사이코패스의 자식이었던 사람으로 볼 수 있다. 내가 볼 때 두 문장은 얼핏 보아도 참이다(물론 내가 이런 식으로 '자유'와 '선택'을 이야기한다고 해서 '자유 의지'라는 형이상학적 관점을 제기하는 건 아니다).

'다른 범주에 속한 믿음'이 존재할 수 있는지 여부에 관해 생각해보자. 어쩌면 가능할 수도 있지만 볼이 제시한 방식으로는 아니다. 내게 '세상에서 가장 사랑스럽다'는 생각이 들게 하는 어린 딸이 있다고 하자. 하지만 이 문장이 내가 믿는 바를 정확히 설명해줄까? 다시 말해 나는 과연 내 딸아이가 '실제로' 세상에서 가장 아름다운 소녀라고 믿는가? 만약 다른 아버지가 자신의 딸이 이 세상에서 가장 사랑스럽다고 생각한다는 사실을 알았다면, 그것은 착각이라고 주장해야 하는가?

물론 아니다. 그런데 볼은 딸을 자랑스러워하는(그리고 정신적으로 건전하고 지적으로 정직한) 한 아버지가 실제로 그렇게 믿는다고 잘못 말하고 있다.

나는 이렇게 믿는다. 나는 딸에 대해 특별한 애착을 갖고 있고, 그 애착이 딸에 대한 내 관점에 큰 역할을 한다(그럴 수밖에 없다). 다른 아버지들도 자신의 딸에게 유사한 편견이 있을 거라고 예상한다. 그러므로 나는 객관적 관점에서 내 딸이 세상에서 가장 사랑스러운 딸이라고 믿지는 않는다. 볼은 단순히 다른 소녀들보다 자기 딸을 사랑하는 것이 어떤 것인지를 말하고 있을 뿐이다. 그는 믿음을 세상의 표상으로 본 게 아니다. 내가 진정으로 믿는 것은 '내게는' 내 딸이 세상에서 가장 사랑스런 아이라는 것이다.

사실적 믿음과 도덕적 믿음의 한 가지 공통점은 우리가 무관한 정보에 호도되지 않았다는 가정이다.[71] 서로 무관한 사실들이 제시되는 순서, 동일한 결과가 이익이나 손실 차원에서 기술되는지 여부인 상황 변인situational variables은 의사결정 과정에 영향을 끼쳐선 안 된다. 물론 그러한 조작이 판단에 '강력한' 영향을 미칠 수 있다는 사실은 심리학 분야에서 가장 흥미로운 몇몇 저서들을 이 세상에 등장시키기도 했다. 그러나 사람이 이러한 조작에 취약한 점은 절대 인지적 미덕으로 간주되지 않는다. 오히려 그것은 치료를 요하는 불일치의 근원이다.

실험 문헌인 〈아시아의 질병 문제The Asian Disease Problem〉에서 발췌한 유명한 사례 하나를 보자.[72]

미국이 600명의 사망자를 낼 것으로 예상되는, 흔치 않은 아시아 질병의 발생에 대비하고 있다고 상상하자. 질병을 박멸하기 위한 프로그램으로 두 가지 대안이 제시되었다. 각 프로그램의 결과에 대한 과학적 예측은 다음과 같다.

프로그램 A가 채택되면 200명이 목숨을 구할 것이다.
프로그램 B가 채택되면 600명 모두가 목숨을 구할 확률이 3분의 1, 아무도 목숨을 구하지 못할 확률이 3분의 2다.
두 프로그램 중 어떤 것이 마음에 드는가?

이 버전에서 대다수 사람은 프로그램 A를 선택했다. 그러나 문제는 이런 식으로 표현할 수도 있다.

프로그램 A가 채택되면 400명이 죽을 것이다.
프로그램 B가 채택되면 아무도 죽지 않을 확률이 3분의 1, 600명 모두 죽을 확률이 3분의 2다.
두 프로그램 중 어떤 것이 마음에 드는가?

이런 식으로 제시하면, 다수가 프로그램 B를 선택할 것이다. 결과는 동일하기 때문에 두 시나리오 사이에 내용적 혹은 도덕적 차이는 없다. 그러나 여기서 알 수 있는 것은, 사람들이 잠재적 이익을 고려할 때는 위험 회피 경향을 보이고, 잠재적 손실을 고려할 때는 위험 추구 경향이 있으므로, 같은 사건을 이익과 손실의 관점에서 설명하면 다른 답변이 나올 수 있다는 점이다. 또 다른 방식으로 풀이해보면, 사람들은 확실성을 과대평가하는 경향이 있다는 것이다. 목숨을 구하는 상황의 확실성은 매우 매력적이고, 목숨을 잃는 상황의 확실성은 매우 고통스럽다.

그러나 우리가 이러한 형식으로 아시아의 질병 문제를 제시할 때, 사람들은 각 시나리오가 동일한 반응을 얻어야 한다는 데에 동의한다. 논리적이든 도덕적이든, 추론의 불변성은 우리 모두가 갈망하는 규범이다. 또한 이런 규범에서 벗어나 다른 사람을 이해하고자 할 때, 그들의 생각에 다른 장점이 있더라도 그들의 일관성 없는 태도는 갑작스레 가장 인상적인 특징이 된다.

물론 우리는 다른 여러 가지 방식으로도 상황에 의해 호도될 수 있다. 이 점을 심리학자 데이비드 로젠한David L. Rosenhan[73]이 시행한 연구보다 더 강력하게 드러내주는 것도 없다. 이 연구에서 그와 7명의 동료들은 정신건강 전문가들이 정신적으로 건강하지 못한 사람들 속에서 건강한 사람의 존재를 감지해낼 수 있는지 여부를 판단하기 위해 5개 주에 속한 정신병원에 잠입을 시도했다. 병원 내에 잠입하기 위해 각 연구자들은 '공허한, 텅 빈, 쿵' 하는 소리가 반복적으로 들린다고 호소했다. 이 점을 제외하면 각자는 완벽히 정상적으로 행동했다.

정신병동에 입실 허가를 얻은 후 이 가짜 환자들은 증상에 대한 호소를 멈추고 즉각 자신들이 이제는 괜찮으며, 퇴원해도 좋을 정도의 기분이 든다며 의사와 간호사, 직원들을 확신시키고자 했다. 그러나 그렇게 하기는 놀라울 만큼 어려웠다. 온전히 건강한 이 환자들이 이제 더는 증상이 느껴지지 않는다고 반복적으로 주장하고 '모범적인 협력자'가 되었음에도 불구하고, 그들의 평균 입원 기간은 19일(7일에서 52일)이었으며, 이 기간 동안 그들은 엄청나게 다양한 강력한 약물 폭격을 당했다(받은 약물은 몰래 화장실에 버렸다). 그들 중 그 누구도 건강하다는 진단을 받지 못했다.

각자는 결국 '차도를 보이는' 정신분열증 환자라는 진단을 받은 채(예외로 한 사람은 양극성장애 진단을 받음) 퇴원했다. 흥미롭게도 의사, 간호사, 직원들은 병동에 일반인이 존재한다는 사실을 전혀 인지하지 못했지만, 실제 정신질환자들은 종종 연구자들에게 '당신은 미치지 않았어요. 당신은 저널리스트예요'라고 말했다. 연구자들이 정신적으로 온전하다는 것을 정신질환자들이 알아챈 것이다.

이 연구가 발표되기 전, 이에 대해 들은 한 병원의 회의론자들이 보여준 기막힌 반응 때문에 로젠한은 공모자를 몇 명 보낼 테니 가짜 환자를 찾아보라는 도전장을 보냈다. 로젠한은 아무도 보내지 않았지만 이 병원은 엄중히 경계했다. 병원은 가짜 환자들의 꾸준한 유입을 '탐색'하는 활동을 멈추지 않았고, 몇 달 동안 신규 환자의 10퍼센트가 정신과학자들 및 직원들에 의해 가짜 환자임이 판명되었다.

살면서 이런 현상에 익숙해지긴 했으나, 그런 원칙이 이토록 명확하게 드러나는 상황을 실제로 보면 무척 당황스럽다. 모든 상황은 아니겠지만, '거의' 모든 상황을 예상할 수는 있다. 로젠한은 다음과 같이 비판적인 한마디로 논문을 마무리한다. "정신병원에서 미친 사람과 안 미친 사람을 구분할 수 없음이 분명하다."

인간이 자주 합리성의 규범을 지키지 못한다는 점에는 의심의 여지가 없다. 그러나 우리는 그냥 실패하는 것이 아니라, 믿을 만하게 실패한다. 즉 우리는 이성을 사용함으로써 어떻게 규범을 위반하는지 이해하고 정량화하고 예측할 수 있다. 여기에는 도덕적 의미가 있다. 예를 들어 위험한 의료 시술을 받겠다는 선택은 그에 따른 가능한 결과가 생존율 차원 내에 있는지 또는 사망률 차원 내에 있는지에 크게 영향을 받는다. 사실 우리는 이러한 프레이밍 효과framing effect가 환자보다 의사들 사이에서 결코 덜 두드러지지 않다는 사실을 알고 있다.[74] 이러한 사실을 고려한다면, 의사들은 무의식적 편견을 최소화할 수 있는 방식으로 통계치를 활용할 도덕적 의무가 있다. 그렇지 않으면 그들은 인생에서 가장 중요한 사안들이 원칙 없이 결정된다는 것을 보증함으로써 자기 환자와 다른 환자들을 부주의하게 다룰 수밖에 없기 때문이다.[75]

사실 윤리규범에 관한 판단에 영향을 미치는 모든 변인을 어떻게 다루어야 하는지 알기란 매우 어렵다. 예를 들어 암 치료제를 확실히 얻을 수 있다는 보장을 받고 그 대가로 무고한 사람을 죽인 자를 처벌하겠느냐는 질문을 받았을 때 결과주의자라면 그 행동이 그르지 않다고 할 수 있을지 모르겠지만 나는 그렇게 말하기 어렵다. 하지만 같은 목적으로 모든 사람에게 10억 분의 1의 사망 확률을 부담시키겠느냐는 질문을 받는다면, 나는 망설이지 않을 것이다. 후자의 경우 6~7명이 사망할 것으로 예상되지만, 나에게 이것은 여전히 명백한 윤리적 문제다. 사실 그러한 위험 분산은 현재 의학 연구가 어떻게 진행되고 있는지 적절히 설명해준다.

우리는 자동차 운전석에 앉을 때마다 이보다 훨씬 더 큰 위험을 일상적으로 친구들과 낯선 이들에게 지우곤 한다. 만약 내가 다음에 고속도로를 질주해서 암 치료제가 나올 수 있다면, 나는 인생에서 가장 윤리적인 행위를 한다고 생각할 것이다. 물론 여기서 확률의 역할은 실험적으로 측정될 수 있다는 점에는 의심의 여지가 없다. 우리는 2명의 무고한 사람에게 50퍼센트의 사망 확률을 지울지, 10퍼센트의 확률을 10명의 무고한 사람에게 지울지 질문할 수 있다. 그러나 확률이 도덕 판단에 어떤 영향을 미치는지는 분명하지 않다. 이러한 프레이밍 효과에서 완전히 벗어나기는 상상하기 어려워 보인다.

과학은 오랜 세월 동안 가치 비즈니스로 존재해왔다. 그와 상반되는 믿음이 널리 퍼져 있긴 하지만, 과학적 타당성은 가치 판단을 삼가는 과학자들로부터 나오는 것이 아니다. 과학적 타당성은 일련의 믿을 만한 증거와 논증을 통해 믿음을 실재와 연관시키는 원칙의 '가치를 평가하는 일'에 최선을 다한 과학자들의 노력에 힘입은 것이다. 이는 이성적 사고의 규범이 효과를 발휘하는 방법을 보여준다.

진리와 선에 관한 판단이 모두 규범을 들춘다고 말하는 것은, 둘 다단지 감정이 아니라 인지의 문제라고 말하는 것과 같다. 왜 다른 사람의 선호를 참고하여 사실이나 도덕에 대한 자신의 입장을 옹호할 수 없는지 말해준다. 자신이 그렇게 생각하고 싶다는 이유 때문에 '물이 H_2O이고, 거짓말은 나쁘다'라고 말할 수는 없다. 이 명제들을 참이라고 주장하기 위해서는 더 깊은 원칙을 동원해야 한다. X가 사실이거나 혹은 Y가 윤리적이라고 믿는 것은, 유사한 상황에서라면 다른 사람들도 이 믿음을 공유해야 한다고 믿는 것이다.

'나는 무엇을 믿어야 하며, 왜 믿어야 하는가?'에 대한 답은 일반적으로 과학적 답이다. 이론과 증거에 의해 뒷받침되기 때문에, 또 그것이 실험적으로 입증되었기에 믿는 것이다. 똑똑한 사람들이 그것의 거짓을 증명하고자 노력했으나 실패했기 때문에 믿는 것이다. 그것이 사실이기 때문에(혹은 사실로 보이기 때문에) 믿는 것이다. 이것은 과학적 강령의 핵심이자, 인지의 규범이다. 세상에 대한 우리의 이해에 관한 한 '가치 없는 사실은 없다.'

1) 뇌는 화석이 될 수 없기 때문에 고대 인류의 뇌를 검사할 수는 없다. 그러나 현생 영장류의 뇌신경해부학을 비교함으로써 어떤 종류의 신체적 적응이 언어를 출현시켰는지 알려주는 몇 가지 단서를 파악할 수 있다. 짧은꼬리원숭이, 침팬지, 인간의 뇌를 확산-텐서 영상기법diffusion-tensor imaging으로 비교해보면, 측두엽과 전두엽을 이어주는 섬유관인 궁형섬유다발(궁형 소속)arcuate fasciculus의 연결성이 점차 증가함을 볼 수 있다. 이를 통해 관련 적응이 비약적이기보다는 점진적임을 알 수 있다 (Ghazanfar, 2008).

2) N. Patterson, Richter, Gnerre, Lander, & Reich, 2006, 2008.

3) Wade, 2006.

4) Sarmiento, Sawyer, Milner, Deak, & Tattersall, 2007 ; Wade, 2006.

5) 그러나 네안데르탈인의 FOXP2 유전자가 현대 인류와 다른 영장류를 구분하는 두 가지 중요한 돌연변이를 담고 있는 것으로 보인다(Enard et al., 2002 ; Krause et al., 2007). 현재 알려진 바로는, FOXP2 유전자가 발화언어의 중심적 역할을 하고 있으며 그것이 파괴될 경우 건강한 성인에서도 심각한 언어장애가 생긴다고 한다(Lai, Fisher, Hurst, Vargha-Khadem, & Monaco, 2001). 인간의 FOXP2 유전자를 쥐에게 주입하면, 초음파 발성에 변화가 생기고 탐색 행동이 감소하며 피질-기저핵cortico-basal ganglia 회로도 바뀐다(Enard et al., 2009). FOXP2가 인간의 언어 발달에 중심적인 역할을 하기 때문에, 네안데르탈인도 말을 할 수 있었다고 보는 연구자들이 있다(Yong, 2008). 사실 언어능력이 호모사피엔스에 앞서 출현했다고 주장할 수도 있다. "복잡한 생계유지 행동의 발생이나 뇌 크기를 약 75퍼센트가량 증가시키는 자연선택 둘 다, 복잡한 사회적 소통 없이 80만 년 전 이후로 생겼다고 상상하기는 어렵

다."(Trinkaus, 2007)

네안데르탈인이 말을 할 수 있었건 아니건 그들은 인상적인 생명체였다. 뇌의 평균 용적은 1,520세제곱센티미터로, 동시대의 호모사피엔스보다 조금 컸다. 사실 인간의 뇌 용적은 수천 년을 지나면서 약 150세제곱센티미터 '감소하여' 현재의 1,340세제곱센티미터가 되었다(Gazzaniga, 2008). 일반적으로 말해서 뇌 크기와 인지 능력에는 직접적인 상관관계가 없다. 우리보다 뇌는 크지만 지능이 훨씬 높지는 않음을 보여주는 몇 가지 종이 있기 때문이다(코끼리, 고래, 돌고래 등). 뇌신경해부학적으로 인지 능력을 측정하는 척도를 만들려는 노력들이 많이 있었다. '상대적 뇌 크기allometric brain size'(체중에 대한 뇌 크기의 비율), '대뇌화 지수encephalization quotient'(비슷한 동물의 뇌 크기 비율을 체중으로 보정한 값, 영장류의 EQ는 $[0.12 \times 체중^{0.67}] \div$ [뇌 중량])이다. 이외에도 신피질neocortex과 뇌의 나머지 부분을 비교한 값도 있다. 이들 중 특별히 유용하다고 입증된 것은 없다. 사실 영장류 중에는 체중을 고려하지 않았을 때, 뇌의 절대 크기보다 인지 능력을 더 잘 측정할 수 있는 값은 없다(Deaner, Isler, Burkart, & van Schaik, 2007). 이 측정 기준으로는 우리가 네안데르탈인과 경쟁하기는 어려워 보인다.

뇌 발달과 관련된 몇 가지 유전자는, 다른 영장류와 비교했을 때 유별나게 인간에서만 조절되는 것으로 밝혀졌다. 그중 특히 마이크로세팔린microcephalin과 이상 소두증과 관련된 방추형 유전자abnormal spindlelike microcephaly-associated genes, ASPM가 흥미롭다. 뇌 크기를 조절하는 마이크로세팔린의 현대 변종은 약 3만 7,000년 전(현생 인류의 조상과 거의 동시에 생겨남)에 나타나서, 이후 적극적인 선택 압력 때문에 빈도가 증가했다(P.D. Evans et al., 2005). 마찬가지로 뇌 크기를 조절하는 ASPM의 현대 변종 중 하나는 지난 5,800년 동안 높은 빈도로 확산되었다(Mekel-Bobrov et al., 2005). 이 저자들이 지적하듯이, 이는 도시의 확대 및 기록 언어의 발달과 약한 상관관계가 있다. 이런 견해들의 의미들은 가자니가도 다루고 있다(Gazzaniga, 2008).

6) Fitch, Hauser, & Chomsky, 2005 ; Hauser, Chomsky, & Fitch, 2002 ; Pinker & Jackendoff, 2005.

7) 안타깝게도 우리의 언어 능력은 실질적으로 전쟁을 일으키고, 영구히 인종말살을 자행하며, 지구를 살기 나쁜 곳으로 만드는 능력의 기초가 되기도 한다.

8) 일반적인 정보 공유가 유용하다는 것은 거부할 수 없으나, 특히 '사회적인' 정보의 소통이 언어의 진화를 촉발했다는 생각에는 합당한 이유가 있다(Dunbar, 1998, 2003). 사람이 전달하는 사회적인 정보는 비사회적인 정보에 비해 그 양도 어마어마하고 신뢰도도 더 높다(Mesoudi, Whiten, & Dunbar, 2006).

9) Cf. S. Harris, 2004, 243~244쪽.

10) A. R. Damasio, 1999.

11) Westbury & Dennett, 1999.

12) Bransford & McCarrell, 1977.

13) Rumelhart, 1980.

14) 다마지오도 유사한 구분을 한다(A. R. Damasio, 1999).

15) 그러므로 실험실에서 믿음을 연구하기 위한 목적으로 흥미로운 현상을 정의하는 데는 별로 문제가 없어 보인다. 즉 명제를 '믿는 것'은 그것을 '참'이라고 받아들이는 행위다(예를 들어 설문지에 '그렇다'라고 표시하는 것과 같다). 명제를 '믿지 않는 것'은 그것을 '거짓'이라고 거부하는 행위다. 명제의 진리값을 '불확실'하다고 표현하는 것은 참과 거짓 중 어느 것도 택하지 않는 성향이나, 이는 오히려 '결정할 수 없다'고 판단하는 것에 가깝다.

믿음이나 불신 같은 주관적인 상태에 대응하는 신경을 연구할 때 우리는 행동 보고서에 의존해야 한다. 따라서 피험자에게 '미국의 영토는 과테말라보다 넓다'라는 글로 쓴 문장을 제시하고 그가 '참'이라고 표시하는지 지켜볼 때, 과연 우리가 이것으로 이 사람을 판단할 수 있을지 궁금증이 생겼다. 그는 '정말로' 미국이 과테말라보다 크다고 믿는 것일까? 다시 말해 이 문장은 그에게 진정 '참으로 보였을까?' 이 것은 방금 어휘 선택 과제를 수행한 피험자에게 주어진 자극이 진짜 '단어처럼 보였 을지' 염려하는 것과 같다. 피험자가 자신이 믿는 바를 잘 판단하지 못할 수 있다거 나, 혹은 피험자가 실험자를 속이려 했다고 우려할 수는 있지만, 그런 우려는 잘못된 것 같다. 그런 우려가 적절하다 해도 피험자들은 인간의 인식이나 인지에 대한 모든 연구에서 계속해서 문제를 일으킬 것이 틀림없다. 피험자들이 그들의 인식적 판단 (주어진 자극이 언제 나타났는지 혹은 나타났는지 나타나지 않았는지 여부에 대한)이나 인지 적 판단(주어진 자극이 어떤 것이었는지에 대한)을 보고할 것으로 기대하는 데 만족한다 면 '믿음, 불신, 불확실함'을 액면 보고하는 데는 특별한 문제가 없어 보인다. 그렇다 고 속임수(또는 자기기만), 암묵적인 인지적 갈등, 동기 있는 추론, 그리고 여타 혼동 가능성을 무시하는 것은 아니다.

16) Blakeslee, 2007.

17) 이런 생각은 데이비드 마David Marr의 영향력 있는 논지와 충돌한다. 즉 그는 모 든 복잡한 정보 처리 체계는 해당 체계의 목적을 고려하여 '계산이론computational theory'의 수준(가장 추상적인 수준)에서 먼저 이해되어야 한다고 주장한다(Marr, 1982). 물론 목적의 관점에서 생각하는 것은 엄청난 양의 세부사항을 통일시키기(그리고 무 시하기) 때문에 굉장히 유용할 수 있다. 예를 들어 '보기seeing'의 목적은 그것이 신경 학적으로 실현될 때 복잡해지고, 더 나아가 적어도 40개의 서로 다른 진화 경로를 통 해 달성된다(Dawkins, 1996, 139쪽). 따라서 추상적인 계산적 목적을 지닌 '보기'는 상당한 의미를 지닐 수 있다. 그러나 뇌 같은 구조에서 그러한 체계의 '목적'은 미리 완전하게 규정될 수 없다. 현재 우리는 뇌도insula 같은 영역이 '무슨 소용이 있을지' 전혀 알 수 없다.

18) 뇌과학 분야에서는 뇌를 서로 다른 모듈의 집합으로 볼 것인지 혹은 분산된 역 동적 체계로 볼 것인지에 관해 오랜 논쟁이 있어왔다. 그러나 보는 사람의 초점에 따

라 두 관점 모두 맞는 것이 확실해 보인다(J. D. Cohen & Tong, 2001). 이제 어느 정도의 모듈성modularity(언어나 지각 같은 심리 기능은 여러 개의 독립적인 요소로 쪼갤 수 있으며 각 요소는 뇌의 각기 다른 영역에서 담당한다는 개념—옮긴이)은 뇌 조직의 부인할 수 없는 속성이다. 뇌의 한 영역이 손상되면 대부분의 능력은 그대로 남아 있는 대신 (얼굴 인식 같은) 특정 능력이 파괴될 수 있기 때문이다. 세포의 유형이나 연결 패턴에서 뇌 영역들을 뚜렷하게 구획하는 확연한 차이들도 존재한다. 뇌에서 각각 멀리 떨어져 있는 영역끼리는 정보 전달에 한계가 있기 때문에 어느 정도의 단원성은 존재할 수밖에 없다.

뇌 조직은 일반적으로 영역별로 전문화되어 있는 것이 사실이나, 대체로 엄격히 구분되어 있지는 않다. 앞서 언급한 것처럼 뇌 영역 대부분은 여러 기능을 동시에 수행하기 때문이다. 기능적으로 구별되는 영역이라도 현재의 기능과 잠재적 기능 사이의 경계는 임시적이고 불분명하며, 개인의 뇌는 분명 저마다 특이성을 보일 것이다. 예를 들어 뇌는 일반적으로 가장 핵심적인 손상부터 회복되는 능력을 보여주며, 이 능력은 다른 (보통 인접한) 뇌 영역을 보완하거나 리퍼포징repurposing(기존의 것을 단순히 재조합하는 게 아니라 전혀 새로운 것을 만들어내는 일—옮긴이)한다. 이런 생각들은 각 뇌 영역 사이에—심지어 한 뇌에서도 시점에 따라 다른—진짜 동일유형isomorphism을 기대할 수 없음을 시사한다.

그러나 현재의 뇌영상 기법들이 단원성 가설을 마치 사실로 가정하는 경향이 있다는 우려는 타당하다. 이 가설은 이러한 연구를 무비판적으로 소비하는 사람들을 뇌의 기능적 분리라는 소박한 그림으로 이끌기 때문이다. 현재 가장 대중적인 뇌영상 기법인 fMRI를 살펴보자. 이 기술은 뇌신경 활동의 절대적인 척도를 제시하지 못한다. 다만 두 가지 실험 조건 사이에서 뇌의 혈류 변화를 비교하게 해준다. 예를 들어 진술을 참이라고 믿는 피험자들과, 진술을 거짓이라고 믿는 피험자들의 사례를 비교할 수 있다. 촬영 결과 영상은 둘 중 어떤 조건하에서 뇌의 어느 영역이 더 크게 활성화되는지를 밝혀낸다. fMRI는 뇌 전역에서 신호 변화를 탐색할 수 있게 해주므로, 원칙적으로는 광범위하게 분산되거나 조합된 과정을 알 수 없는 것은 아니다. 그러나 혈류 변화를 신경 활성의 표지로 삼기 때문에 시공간적 해상도가 떨어지며, 데이터를 분석할 때 사용하는 통계 방법은 상대적으로 큰 활성 다발cluster에 초점을 맞추게 만든다. 따라서 영상을 전달하는 도구의 바로 이런 특성은 뇌 기능이 모듈 단위로 조직되어modular organization 있음을 확인시켜주는 것 같다(cf. Henson, 2005). 이에 비판적인 사람들이 우려하는 문제는, 이러한 뇌 연구 방법이 두 실험 조건(믿음과 불신) 모두에서 뇌 전체가 활성화되며, 이 과정에서 제거되는 영역들이 틀림없이 관련 정보 처리에도 관계한다는 사실을 무시한다는 점이다.

fMRI는 혈류 변화 사이에 어느 정도 선적인 관계가 존재한다는 가정에 의존한다. 혈류 변화는 자기공명 신호MR signal에서 혈중산소농도blood-oxygen-level-dependent, BOLD 변화와 신경활성 변화로 측정되기 때문이다. fMRI의 유효성은 대체로 지지를 받기는 하지만(Logothetis, Pauls, Augath, Trinath, & Oeltermann, 2001), 혈류와 신경활성에 선적관계가 있다는 가정을 모든 정신 활동에 적용할 수 있을지는 다소 불확실하다(Sirotin & Das, 2009). 또 다른 문제 가능성은 두 가지 뇌 상태를 비교하면서 뇌기능의 변화가 실험 과제의 구성요소와 같은 방식으로 추가된다고 가정할 때 발생한다(이는 흔히 '단순 삽입pure insertion'의 문제로 불린다)(Friston et al., 1996). BOLD 신호의 변화로 어떤 '활성'을 감지할 수 있는지도 문제가 있다. 뇌의 혈류 변화와 주로 상관있는 것은 축색돌기axonal spikes가 아니라, (지역장 전위local field potentials로 측정되는) 시냅스전presynaptic/신경조절neuromodulatory 활성인 것으로 보인다. 이로 인해 fMRI 데이터 해석과 관련된 몇 가지 우려가 생긴다. 즉 fMRI는 주어진 과제와 신경조절 neuromodulation에 특수한 활성을 쉽게 구분할 수 없을 뿐만 아니라 상행 처리와 하행 처리도 구분할 수 없다. 사실 fMRI는 흥분성 신호와 억제성 신호의 차이도 볼 수 없는데, 대사는 억제 과정에서도 증가할 수 있기 때문이다. 예를 들어 뇌의 한 영역에서 재발성 억제의 증가는 보다 큰 BOLD 신호와 연관되나, 뉴런 발화neuronal firing의 감소와도 관련된다. 이 기술의 이런저런 한계에 대한 논의는 Logothetis, 2008, M. S. Cohen, 1996, 2001을 참조하라. 이러저러한 우려에도 불구하고 fMRI는 인간의 뇌 기능을 비침습적으로 연구하는 가장 중요한 도구임에는 틀림이 없다.

fMRI로 촬영한 신경망을 보다 자세히 분석한 데이터를 보면, 표준적인 방법으로 데이터 분석을 했을 때는 분리되어 보이던(예를 들어 복측측두엽ventral temporal lobe에서의 얼굴이나 사물 인식) 표상 내용represntational content이 실제로는 피질의 광범위한 영역에 걸쳐서 얽히고 분산되어 있다. 정보는 엄격히 국지적으로 코드화되는 것이 아니라, 한때 기능적으로 구별된다고 여겨졌던 여러 영역에 걸쳐 신경 반응의 강도에 따라 달라지는 연결 패턴에 따라 코드화된다(Hanson, Matsuka, & Haxby, 2004).

어떤 정신 상태와 뇌의 생리적 변화의 상관관계가 무엇을 뜻하는지에 대한 인식론적 문제도 있다. 나는 소위 의식의 '난제'(Chalmers, 1996)를 과학적 설명의 실질적 장벽으로 생각하지만, 그것이 대체로 뇌인지과학의 발전을 막는다고 생각하지는 않는다. 의식과 그 내용을 구분하는 일은 그 무엇보다 중요하다. 우리는 의식이 어떻게 무의식적 신경망의 활성으로 나타나는지, 심지어 그것이 어떻게 나타날 '수 있는지' 조차 알지 못한다. 그러나 뇌영상을 통해 정신 상태를 비교할 때는 이런 지식이 필요 없다. 최근의 수많은 문헌들 가운데 한 예를 살펴보자면, 뇌과학자들은 '부러움' 과 '샤덴프로이데schadenfreude(남의 불행으로 느끼는 기쁨)'의 상관관계를 신경해부학적으로 연구하기 시작했다. 한 연구 그룹은 전측대상회피질anterior cingulate cortex, ACC의 활성이 부러움과 관계가 있으며, 피험자들이 자기가 부러워하는 사람들의 불행(바로 샤덴프로이데의 쾌감을 의미함)을 목격했을 때 생기는 신호 변화의 규모로 선조체striatum(보상과 관계된 영역)의 활성을 예측할 수 있음을 밝혀냈다(Takahashi et al., 2009). 이 실험은 내적 성찰을 통해서는 분명하게 드러나지 않는 두 정신 상태의 관계를 밝혀준다. 내측전전두피질의 우측 손상은 부러움(부정적 감정)이라는 감정 인식에 장애를 일으키고, 좌측 손상은 샤덴프로이데(긍정적 감정) 감정 인식에 장애를 일으킨다는 연구 결과는 좀 더 상세한 사항들을 알려준다(Shamay-Tsoory, Tibi-Elhanany, & Aharon-Peretz, 2007). 긍정적 및 부정적 정신 상태는 좌우뇌에서 서로 기능이 분화되어 있다는 문헌들이 많이 보고되고 있다. 물론 부러움과 샤덴프로이데의 관계는 둘 사이의 신경학적 상관관계를 모르더라도 어느 정도 명백하다. 그러나 뇌영상 기법의 발전을 통해 언젠가는 그러한 정신 상태들의 관계를 매우 정확히 파악할 수 있을 것이다. 이것은 개념적인 놀라움뿐 아니라 개인적 통찰을 가져다줄 것이다. 인간의 행복에 좋은 정신 상태와 역량이 이를 뒷받침하는 신경생리학적 관점에서 이해된다면, 뇌영상 기법은 윤리학의 계몽된 접근에 반드시 필요한 분야가 될 것이다.

내가 보기에 이 분야는 반드시 의식의 '난제'를 해결해야(또는 그 해결책을 인정해야) 발전되는 것은 아닌 것 같다. 정신 상태를 비교할 때, 인간 의식은 기정사실로 간주된다. 사랑이나 동정, 신뢰, 탐욕, 공포, 분노라는 감정들이 신경생리학적으로 어떤 차이가 있는지(그리고 어떻게 상호작용하는지) 알기 위해, 의식이 원자의 운동과 어떤 관계가 있는지 알 필요는 없다.

19) 피질의 수상돌기cortical dendrites로의 입력은 대부분 피질의 동일 영역에 속한 뉴런에서 온다. 피질의 다른 영역이나 상행 경로를 통해 들어오는 것은 거의 없다. 예를 들어 시각 피질의 네 번째 층으로 들어오는 입력의 5~10퍼센트만이 시상으로부터 온다(R. J. Douglas & Martin, 2007).

20) 그래도 '할머니 세포grandmother cell'는 분명히 존재한다(그것이 하는 역할도 있다) (Quiroga, Reddy, Kreiman, Koch, & Fried, 2005). 정신적 표상에 대한 전통적인 '연결주의적connectionist' 설명의 한계에 대한 논의는 Doumas & Hummel, 2005 참조.

21) 이 데이터들은 이후 Harris, S., Sheth, & Cohen, 2008로 출판되었다.

22) 뇌영상 데이터의 사후 분석은 여러 연구들의 한계다. 그래서 우리는 원저 논문

을 쓰면서 특수한 뇌기능 모델에 의해 예측되는 결과와, 기존 가설이 없기 때문에 생기는 결과의 구분을 중요하게 생각했다. 이러한 주의사항을 밝혀두긴 하지만, 나는 과학 일반은 물론 특히 뇌과학에서, 서술적descriptive 연구와 가설 검증 연구를 구분하려는 시도들이 너무 많았다고 생각한다. 언제나 실험을 통한 관찰이 먼저여서 후속 연구를 한다 해도 물리적 실체에 더 가까이 접근하기는 어렵다. 얼굴을 묘사할 때 시각 자극에 대한 반응으로 우측방추상회fusiform gyrus의 혈류 변화를 처음으로 관찰한—이 데이터를 바탕으로 피질의 이 영역이 얼굴을 인식하는 역할을 한다고 결론을 내린—사람은(Sergent, Ohta, & MacDonald, 1992) 과학적 귀납을 적절하게 보여주는 완벽한 예다.

이 결과를 보강해주는 자료들이 지속적으로 증가함에 따라 이 최초의 데이터들에 대한 확신도 커져갔지만(Kanwisher, McDermott, & Chun, 1997), 첫 번째 연구에서 인식론적으로 더 나아가지는 못했다. 계속해서 방추상회를 관심 영역으로 본 가설검증 연구들은 전부, 그것이 기초로 삼은 서술적 연구로부터(혹은 흔히 뇌과학에서 늘 그래왔듯이, 순전히 기술적이고 임상적인 문헌으로부터) 정당성을 높였다. 최초의 서술적 연구에 오류가 있다면 그것에 기초한 모든 가설이 다 무용지물이 될 것이다(혹은 오류가 없다면 그것은 우연일 뿐이다). 반면 최초의 연구가 타당하다면 후속 연구는 단순히 첫 번째 연구를 보강하는 데 그치겠지만, 어쩌면 그것을 기반으로 삼을 수는 있을 것이다.

피니스 게이지Phineas Gage(그는 폭파 현장에서 뇌에 쇠파이프가 꽂히는 사고를 당했으나, 쇠파이프를 제거한 후 일상생활에는 문제가 없었다. 반면 침착성을 잃고 화를 내거나 욕설을 하는 등 감정조절 능력이 떨어지는 증상을 보였다-옮긴이)와 H. M.에게 고통을 준 손상은 우연한 사고였으며 서술적 실험이었다. 이런 사례에서 얻은 풍부한 정보들—뇌과학 역사상 그 어떤 실험보다 풍부한—은 사전 가설이 없어서 문제가 되지는 않았다. 실제로 이러한 임상 관찰은 전두엽과 내측 측두엽의 기능과 관련한 모든 가설의 지속적인 바탕이 되었다.

23) E. K. Miller & Cohen, 2001; Desimone & Duncan, 1995. 전전두피질PFC이 손상되면 새로운 행동 규칙을 터득하지 못할 뿐만 아니라, 부적절하고 충동적이며 제멋대로 행동하는 등 다양한 결함을 보인다(Bechara, Damasio, & Damasio, 2000). 많은 부모들이 증언하듯 인간의 자기통제 능력은 사춘기 이후까지도 완전히 발달하지 않는다. 이 능력은 PFC의 백질 연결부white-matter connections가 최종적으로 성숙해야 완성된다(Sowell, Thompson, Holmes, Jernigan, & Toga, 1999).

24) Spinoza, [1677] 1982.

25) D. T. K. Gilbert, 1991; D. T. K. Gilbert, Douglas, & Malone, 1990; J. P. Mitchell, Dodson, & Schacter, 2005.

26) 이러한 진실 편향 성향은 추론의 휴리스틱heuristic(의사결정이나 경험적인 지침-옮긴이) 중에서 '확증 편향confirmation bias'(극단적이고 개연성이 떨어지는 예를 드는 편향-옮긴이)이나 '긍정적 테스트 전략positive test strategy'(가설을 긍정하는 예를 주로 드는 편향-옮긴이)으로 알려진 현상들과 상호 관련되어 보인다(Klayman & Ha, 1987). 사람들은 주로 자신의 가설을 반박하는 증거보다는 확증하는 증거를 찾는 경향이 있기 때문이다. 이런 전략은 자주 추론의 오류를 일으킨다고 알려져 있다. 믿음에 대한 우리의 편견은 '착각 효과illusory-truth effect'를 설명하기도 한다. 명제가 거짓이거나 그 근거의 신빙성이 떨어져도 그 명제에 노출되면 그것을 참이라고 기억할 확률이 높아지는 것이다(Begg, Robertson, Gruppuso, Anas, & Needham, 1996; J. P. Mitchell et al., 2005).

27) 믿음 실험 때보다 불신 실험 때 신호가 크게 감소하는 현상에 근거한 것이다. 뇌의 이 부위는 휴지기 활성은 높고, 다양한 인지 과제 때의 기준치에 비해서는 활성이 낮은 것으로 알려져 있다(Raichle et al., 2001).

28) Bechara et al., 2000. 내측전전두피질MPFC은 정서적 활성이 높아지는 추론 과

제를 수행할 때에도 활성화된다(Goel & Dolan, 2003b; Northoff et al., 2004). MPFC 병변이 있는 사람들은 다양한 실행 과제들을 정상적으로 수행하지만, 세상에 대한 추론에 적합하게 정서적으로 반응하지 못하는 경우가 많다. 또한 이들은 불쾌한 신체감각 자극에 정상적으로 익숙해지지 못한다(Rule, Shimamura, & Knight, 2002). 이 영역의 회로가 의사결정과 감정을 연결한다는 점은 다소 특이해 보인다. MPFC 병변이 공포 조절이나, 감정 자극에 따른 기억의 정상적 조절을 방해하지 않기 때문이다(Bechara et al., 2000). 이런 사람들은 좋은 선택과 나쁜 선택의 차이를 느끼지 못하기 때문에 자신의 행동으로 인해 생길 수 있는 결과를 올바르게 추론하지 못하는 것 같다.

29) Hornak et al., 2004; O'Doherty, Kringelbach, Rolls, Hornak, & Andrews, 2001.

30) Matsumoto & Tanaka, 2004.

31) Schnider, 2001.

32) Northoff et al., 2006.

33) Kelly et al., 2002.

34) 우리가 연구한 바로는 믿음과 불확실성을 비교했을 때, 불신은 맛을 느끼는 주요 부위인 전측뇌도anterior insula의 양측 활성화와 연관된다(Faurion, Cerf, Le Bihan, & Pillias, 1998; O'Doherty, Rolls, Francis, Bowtell, & McGlone, 2001). 이 영역은 혐오 같은 부정적 느낌(Royet, Plailly, Delon-Martin, Karenken, & Segebarth, 2003; Wicker et al., 2003), 해악 회피(Paulus, Rogalsky, Simmons, Feinstein, & Stein, 2003), 의사결정 과제에서 손실의 예상(Kuhnen & Knutson, 2005)에 관계되는 것으로 널리 알려져 있다. 전측뇌도는 통증 인식(Wager et al., 2004)은 물론, 타인의 통증을 인식하는 데도 관여한다(T. Singer et al., 2004). 전측뇌도의 활성과 부정적 감정의 잦은 연관성은 적어도 일시적으로는 불신의 감정적 분위기를 말하는 것으로 보인다.

혐오는 통상 인간의 기본적 감정으로 분류되나, 영유아는 이러한 감정을 느끼지 못하는 것으로 보인다(Bloom, 2004, 155쪽). 이것으로 아직 예의를 갖추지 못한 아이들의 눈에 띄는 행동이 설명될 것이다. 흥미롭게도 헌팅턴 무도병Huntington's disease 으로 고통받는 사람들은 헌팅턴 무도병 대립유전자의 전조 증상을 보이는 보인자와 마찬가지로, 감소된 혐오감을 보이거나 대체로 타인의 감정을 잘 인식하지 못한다(Calder, Keane, Manes, Antoun, & Young, 2000; Gray, Young, Barker, Curtis, & Gibson, 1997; Halligan, 1998; Hayes, Stevenson, & Coltheart, 2007; I. J. Mitchell, Heims, Neville, & Rickards, 2005; Sprengelmeyer, Schroeder, Young, & Epplen, 2006). 이 인식의 결함은 전측뇌도의 활성 감소와 관련된다(Hennenlotter et al., 2004; Kipps, Duggins, McCusker, & Calder, 2007). 다른 연구에 의하면 헌팅턴 무도병 환자와 보인자는 다양한 (주로 부정적인) 감정을 처리하는 데 장애를 보인다. 예를 들면 혐오, 분노, 공포, 슬픔, 놀람 등을 잘 처리하지 못한다(Henley et al., 2008; Johnson et al., 2007; Snowden et al., 2008).

이런 데이터를 바탕으로 불신과 혐오를 지나치게 강하게 연관 짓는 것은 주의할 필요가 있다. 이 정신 상태들의 연결은 직관적으로는 타당할 수 있으나, 불신과 혐오를 동일시하는 것은 뇌영상 분야에서 문제시되는 '역추론reverse inference'에 해당한다(Poldrack, 2006)(뇌영상 기법을 활용한 뇌과학 연구의 한계의 하나로 지적되는 것이다. 보통 뇌영상 데이터로부터의 추정은 'A라는 인지 과정을 수행할 때 뇌 영역 B가 활성화된다'라는 형식을 취한다. 폴드랙이 문제가 있다고 지적한 논증의 구조는 다음과 같다. ① 이번 연구에서 과제 A를 제시했더니, 뇌 영역 Z가 활성화되었다. ② 다른 연구 결과에서, 연구자들이 인지 과정 X라고 부른 것이 관여할 때, 뇌 영역 Z가 활성화되었다고 한다. ③ 따라서, 이번 연구에서 뇌 영역 Z의 활성화는 과제 A에 의한 인지 과정 X의 관여됨을 입증하는 것이다. 이런 추론은 하나의 인지 과정에 의해서만 특정 뇌 부위가 활성화되는 경우란 뇌와 뇌 기능에서 좀처럼 드물기 때문에 문제가 된다. 이것을 역추론이라고 하는 이유는 추론의 방향이 뇌 활성의 존재로부터 특정 인지 과정의 관여를 추론하고 있기 때문이다─옮긴이). 문제의 뇌 영역이 단일 정신 상태를 엄밀히 선택하지 않는다면, 뇌영상만 가지고는 한 정신 상태의 존재를 타당성 있게 추론할 수 없다. 예를 들어 피험자가 혐오를 경험하는 경우에 한해 전측뇌도가 활성화된다고 알려진다면, 불신에서 혐오의 역할을 강하게 추론해낼 수 있을 것이다. 그러나 이러한 추론을 정당화할 만큼 그 기능이 선택적인 뇌 영역은 거의 없다. 예를 들어 전측뇌도는 다양한 범위의 중립적/긍정적 상태들, 특히 시간 인식, 음악 감상, 자기인식, 웃음과 관련된 것으로 보인다(A. D. Craig, 2009).

혐오에도 여러 종류가 있다. 피험자들은 다양한 범주의 자극들을 거의 동등한 '혐오감'으로 판단하는 경향이 있다. 반면 한 연구는 병원체와 관련된pathogen-related 행위, 사회적 성적 행위(근친상간), 비성적인nonsexual 도덕적 위반과 관련된 혐오감은 서로 다른(그러나 겹치는) 뇌 네트워크를 활성화시킴을 밝혀냈다(J. S. Borg, Lieberman, & Kiehl, 2008). 그러나 강간에 대한 피험자의 반응을 예외로 하면, 이 연구는 좀 더 복잡한 사안에 대해 뇌도가 이런 혐오감 처리 과정과 어떤 관계가 있는지는 밝혀내지 못했다. 뇌도가 혐오를 선택하지 않는다는 것이나, 자기 감시나 정서적 반응 유발을 포함하여 다른 요인들에 대체로 더 민감하다는 것을 밝힌 연구는 이것뿐이 아니다. 저자들이 지적한 것처럼 피험자들이 기억 과제를 수행하기 바빴고, 정밀검사가 끝난 뒤에야 자극이 얼마나 혐오스러웠는지 솔직하게 말하라는 요구를 받았다는 사실은 결과 해석을 한층 더 어렵게 한다. 이것은 뇌도의 활성에 반대되는 것으로 선택되었는지도 모른다. 그러나 뇌도가 자극에 대해 반응할 때만 우선적으로 활성화된다고 밝힌 연구가 적어도 하나 있기는 하다(Anderson, Christoff, Panitz, DeRosa, & Gabrieli, 2003).

35) 이런 결과는 도덕철학에서 '비인지주의non-cognitivism'로 기술되는, 널리 인용되는 관점에 대한 지지를 철회하는 것으로 보인다. 비인지주의자들은 도덕적 주장에는 명제적 내용이 없기 때문에 도덕은 세상에 관한 진실한 믿음을 표현하지 않는다고 본다. 이러한 주장에는 안타까운 일이지만 우리 뇌는 메타윤리학의 이러한 새로

운 돌파구에 대해 모르는 것 같다. 즉 우리는 사실 진술을 수용하는 방식과 동일하게 도덕적 주장의 진위를 수용하는 것처럼 보인다.

믿음에 대한 첫 번째 실험에서 우리는 불확실성에 대한 뇌의 반응, 즉 어떤 명제의 진리값을 판단할 수 없는 정신 상태에 대해서도 분석했다. 무엇을 믿어야 할지 모르는 상황은 분명히 행동적/감정적인 결과가 따른다. 예를 들어 '그 호텔이 메인스트리트의 북쪽에 있는가, 남쪽에 있는가? 그는 나에게 말하는 것인가 아니면 내 뒤에 있는 사람에게 말하는 것인가?' 따위의 상황이다. 불확실성은 생각과 그에 따른 행동/감정 형성의 연결을 방해한다. 이런 점에서 불확실성은 믿음과 불신과는 쉽게 구별된다. 믿음과 불신은 세상의 구체적이고 실행에 옮길 수 있는 표상을 결정하는 정신 상태이기 때문이다. 우리의 연구 결과는 이런 차이를 설명하는 두 메커니즘을 제시한다.

'불확실성 마이너스 믿음'과 '불확실성 마이너스 불신'의 차이는 전측대상회피질ACC에서 내보내는 신호에서 비롯된다. 이 영역은 오류 감지(Schall, Stuphorn, & Brown, 2002)와 반응 충돌(Gehring & Fencsik, 2001)에 광범위하게 관련되며, 인지 부하cognitive load나 인지 간섭cognitive interference의 증가에 규칙적으로 반응한다(Bunge, Ochsner, Desmond, Glover, & Gabrieli, 2001). 또한 통증을 인식하는 역할도 한다고 알려졌다(Coghill, McHaffie, & Yen, 2003).

반대로 '믿음 마이너스 불확실성'이나 '불신 마이너스 불확실성'은 미상핵caudate nucleus의 활성이 증가된다. 이 영역은 기저핵basal ganglia의 일부인데, 기저핵은 피질 연합 영역들이 운동신경 활성으로 이어지는 경로를 제공한다. 여러 동물실험 결과, 미상핵은 상황 특이적이고context-specific 보상과 관련되며 앞서 예상하는 행동을 보였고(Mink, 1996), 인간실험에서는 인지적 계획과 관련을 보였다(Monchi, Petrides, Strafella, Worsley, & Doyon, 2006). 피드백이 없는 과제와 비교한 결과, 추론과 추측 과제 양쪽에서 피드백에 반응함을 보여주었다(Elliott, Frith, & Dolan, 1997).

인지적 관점에서 피드백의 주요 기능 가운데 하나는 불확실성을 체계적으로 제거하는 것이다. 믿음과 불신 모두 불확실성에 비해 미상핵에 고도로 국지화된 신호 변화를 보인다는 사실은, 세상에 대한 언어표상의 수용이나 거부에 기저핵회로가 관여함을 보여준다. 델가도 등은 미상핵이 피드백에 반응할 때 이전 기대치prior expectation에 의해 변화함을 밝혀냈다(Delgado, Frank, & Phelps, 2005). 가상의 세 파트너(좋은, 나쁜, 그리고 중립적인 파트너)와 진실게임을 벌인 결과, 미상핵은 중립적인 파트너가 진실을 위반했을 때 강하게 반응했고, 나쁜 파트너에 대해서는 반응 강도가 줄었으며, 파트너가 도덕적으로 좋다고 가정한 경우에는 아무 반응이 없었다. 연구자들의 설명에 따르면, 피험자들은 파트너의 도덕성을 가정할 때 피드백을 무시하게 되는 것 같다. 이런 결과는 우리의 연구 결과와 일치한다고 생각한다. 그들의 연구에서 피험자들은 믿었던 동료가 협조하지 않을 때 어떤 결론을 내려야 할지 확신이 없었다고 말할 수도 있기 때문이다.

ACC와 미상핵은 긴밀하게 연결되는 것 같다. 수술(대상속 절개술cingulotomy로 알려진 처치)을 통해 ACC에 병변이 생기면 미상핵이 퇴화하며, 이 경로가 파괴되면 강박장애 같은 질환을 효과적으로 치료할 수 있기 때문이다(Rauch et al., 2000; Rauch et al., 2001).

그러나 다른 불확실성도 있다. 예를 들어 관찰한 사실이 믿을 만하지 않은 '예상한 불확실성expected uncertainty'이 있고, 주변의 무언가가 있는 그대로 보이지 않는 '예상치 못한 불확실성unexpected uncertainty'이 있다. 두 인지 방식의 차이는 베이즈 통계학의 근본적 신경생리학적 관점 내에서 분석되어 왔다. 예상한 불확실성은 주로 아세틸콜린이, 예상치 못한 불확실성은 주로 노르에피네프린이 매개체로 보인다(Yu & Dayan, 2005). 행동경제학자들은 '위험'과 '모호함'을 구분하기도 한다. 위험은 확률을 평가할 수 있는 상황으로, 예를 들어 룰렛게임 같은 것이다. 모호함은 정보가 없어서 생기는 불확실성이다. 사람들은 일반적으로 정보가 없는 조건보다 위험한 조건의 확률이 훨씬 작아도 위험한 쪽에 기꺼이 내기를 거는 경향이 있다. 어떤 연구는 모호함이 배후 선조체dorsal striatum(미상/경막putamen)의 활성과 부정적으로 연관됨을 밝혀냈다(Hsu, Bhatt, Adolphs, Tranel, & Camerer, 2005). 이 결과는 우리의 연구 내용과도 잘 들어맞는다. 우리가 준 자극으로 생긴 불확실성은 '위험'이라기보다 '모호함'에 속하기 때문이다.

36) 판단에 편견을 갖게 하는 요인은 많다. 수량 추정에 대한 자의적 기준점, 빈도 추정에 대한 가용성 편견, 결과의 사전 확률에 대한 둔감함, 무작위성에 대한 오해, 비회귀적인 예측, 표본 크기에 대한 둔감함, 거짓 상관관계, 지나친 확신, 가치 없는 증거에 가치 두기, 사후 확신 편견hindsight bias, 확증 편견confirmation biases, 상상하기 쉬움 때문에 생기는 편견, 다른 비규범적인 사고방식 등이 있다. Baron, 2008; J. S. B. T. Evans, 2005; Kahneman, 2003; Kahneman, Krueger, Schkade, Schwartz, & Stone, 2006; Kahneman, Slovic, & Tversky, 1982; Kahneman & Tversky, 1996; Stanovich & West, 2000; Tversky & Kahneman, 1974.

37) Stanovich & West, 2000.

38) Fong et al., 1986/07. 어떤 것이 합리적으로 또는 도덕적으로 규범적인가를 묻는 것은 진화적으로 적응적인 것인지 묻는 것과 다름을 다시 한 번 밝혀둔다. 심리학자 중에는 피험자들이 우리의 조상들에게 적응적 적합성을 부여하는 휴리스틱을 이용해 결정을 내린다고 말함으로써, 인지적 편견 연구의 중요성을 최소화하려고 한다. Stanovich & West(2000)가 언급하듯, 유전자에게 쓸모가 있는 것이 반드시 개인의 이익을 증진하는 건 아니다. 더욱이 어떤 상황에서는 개인에게 이익이 되더라도 다른 상황에서는 그렇지 않을 수도 있다. 면대면 갈등에서 우리가 최대한 활용할 수 있는 (혹은 없는) 인지적, 감정적 메커니즘(그리고 그 해결책)이라고 해서, 이메일이건 장거리 공격무기이건 원거리 분쟁에서 협상을 원만하게 해주지는 않는다.

39) Ehrlinger, Johnson, Banner, Dunning, & Kruger, 2008; Kruger & Dunning,

1999.

40) Jost, Glaser, Kruglanski, & Sulloway, 2003. Amodio 등(2007)은 뇌전도를 활용하여 자유주의자와 보수주의자가 Go/No-Go 과제에 대해 보이는 뇌 인지기능의 차이를 알아보았다. 그들은 자유주의가 전측대상회피질ACC에서 사건 관련 전압의 증가와 관련이 있음을 밝혀냈다. ACC가 인지적 갈등을 중재한다는 기정사실에 비추어 연구진은 다음과 같이 결론지었다. 즉 뇌 인지기능의 차이는 왜 자유주의자가 보수주의자에 비해 다소 덜 확정된 입장을 취하며, 문맥의 차이나 모호함을 더 잘 간파하는지를 부분적으로 설명한다. Inzlicht(2009)는 비신앙인과 신앙인 사이에서도 거의 같은 결과를 얻었다.

41) Rosenblatt, Greenberg, Solomon, Pyszczynski, & Lyon, 1989.

42) Jost et al., 2003, 369쪽.

43) D. A. Pizarro & Uhlmann, 2008.

44) Kruglanski, 1999. 심리학자 드루 웨스턴Drew Westen은 동기화된 추론에 대해 "부정적인 감정을 최소화하고 긍정적인 감정을 극대화하는 해결책으로 뇌가 수렴하는 일종의 암묵적 감정 통제"라고 했다(Westen, Blagov, Harenski, Kilts, & Hamann, 2006). 이는 적절해 보이는 생각이다.

45) 이 원칙은 종교 영역에서 무의식적이고 극적으로 와해되는 경우가 흔하다. 이런 사실을 보면 세계의 종교들이 실재와 접촉하는지 의문을 제기하는 것이 합당한 이유를 정확히 알 수 있다.

46) Bechara et al., 2000; Bechara, Damasio, Tranel, & Damasio, 1997; A. Damasio, 1999.

47) S. Harris et al., 2008.

48) Burton, 2008.

49) Frith, 2008, 45쪽.

50) Silver, 2006, 77~78쪽.

51) 그러나 이 대립유전자는 새로움의 추구나 외향성 같은 다양한 심리적 형질과 연관되어왔다. 이런 사실은 게놈에 이 유전자가 오래 남는 이유가 될 수도 있다 (Benjamin et al., 1996).

52) Burton, 2008, 188~195쪽.

53) Joseph, 2009.

54) Houreld, 2009 ; LaFraniere, 2007 ; Harris, 2009.

55) Mlodinow, 2008.

56) Wittgenstein, 1969, 206쪽.

57) 유비추론은 일반적으로 귀납의 일종으로 받아들여진다(Holyoak, 2005).

58) Solomon & Lagnado, 2005 ; Tenenbaum, Kemp, & Shafto, 2007.

59) 연역추론에 대한 문헌은 Evans, 2005 참조.

60) Cf. J. S. B. T. Evans, 2005, 178~179쪽.

61) 예를 들어 Canessa et al., 2005 ; Goel, Gold, Kapur, & Houle, 1997 ; Osherson et al., 1998 ; Prabhakaran, Rypma, & Gabrieli, 2001 ; Prado, Noveck, & Van Der Henst, 2009 ; Rodriguez-Moreno & Hirsch, 2009 ; Strange, Henson, Friston, & Dolan, 2001. Goel & Dolan(2003a)은 삼단추론은 강한 믿음 편향에 의해서 조절되는데, 이때 복내측전전두피질ventromedial prefrontal cortex이 선택적으로 관여함을 밝혀냈다. 한편 실질적인 믿음 편향이 없는 추론은 (우측) 외측전전두피질의 활성 증가에서 비롯되는 것으로 보인다. Elliott 등(1997)은 추측이 복내측전전두피질에 의해 중개되는 것으로 보인다고 밝혔다. Bechara 등(1997)은 복내측전전두피질에 손상을 입은 환자들이 자신의 올바른 개념적 믿음에 따라 행동할 수 없으며 도박성 과제에 몰두한다고 보고한다. 2008년 이전에 우리 팀이 수행한 연구에서 이런 견해들은 믿음이나 불신 자체와 연관이 있을지도 불분명했다. 그러나 이 연구는 내측전전두피질이 우리의

관심 영역이 될 것임을 시사해주었다.

의사결정은 믿음 처리와 관련이 있지만, 뇌과학이 연구하는 '결정'은 감각 차별화 시험에서 자발적 행동에 앞선다(Glimcher, 2002). 이런 행동이 시작되려면 목표 자극이 나타났다는 판단이 서야 한다. 어쩌면 이것이 사건이 발생했다는 '믿음'을 함축한다고까지 말할 수 있을 것이다. 그러나 그런 연구는 믿음을 명제적 태도로 연구하려고 계획된 것은 아니다. 잠재적 보상에 직면한 의사결정은 인간과 동물 행동의 근원을 이해하려고 하는 사람에게는 분명히 크게 관심이 가는 주제다. 그러나 믿음 자체와의 연관성은 보잘것없어 보인다. 예를 들어 시각적-결정 과제(원숭이들은 여기저기 흩어진 점과 신호의 논리적인 운동을 알아차리고 눈 운동으로 그것의 방향을 신호화하도록 훈련을 받는다)에서, Gold & Shadlen은 뇌 영역 중 감각 판단에 관여하는 것이 행동 반응을 결과적으로 기시하는 영역임을 알아냈다(Gold & Shadlen, 2000, 2002; Shadlen & Newsome, 2001). 이 영역의 뉴런은 감각 정보를 통합하는 역할을 하고 활성 역치에 도달하면 언제든지 훈련된 행동을 시작한다. 그러므로 자극이 왼쪽으로 향한다는 '믿음'은 외측두정간영역lateral intraparietal area, 전두엽 눈 영역frontal eye fields, 상구superior colliculus에서 발견되는데, 이 영역들이 안구 운동을 기시하는 데 관여한다. 그러나 여기서 우리는 원숭이의 '믿음'을 논하는 중이다. 즉각적인 보상을 기대하고, 특정 자극에 특정 동작을 하도록 훈련받은 원숭이 말이다. 그런데 이런 '믿음'은 우리 연구의 주제는 아니다.

의사결정에 관한 문헌들은 일반적으로 자발적 행동과 에러 감식, 그리고 보상의 관계를 언급하는 데 주력해왔다. 뇌의 보상 체계는 특정 행동이 미래의 보상으로 이어진다는 예측에 관여하는 한, 믿음 형성의 문제라고 말할 수 있다. 그러나 이런 믿음이 명시적이고, 언어적으로 중개되거나 명제적이라는 의미는 아니다. 보상에 대한 대부분의 연구가 설치류와 원숭이, 박새, 비둘기를 대상으로 했기 때문에 그것은 불가능함을 잘 알 수 있다. 이 문헌에서는 감각 판단과 운동 반응 사이의 관계를 조사한 것이지, 명제의 진리값에 대한 믿음과 불신의 차이를 조사한 건 아니었다. 그렇다고 이 분야가 이룩한 놀라운 성과를 축소하려는 의도가 있는 건 아니다. 사실 동물집단의 수렵채집 생활을 설명하기 위해 행동생태학자들이 사용하는 경제모형과 동일한 것을, 신경생리학자들도 상이한 보상에 대한 개별 동물의 반응을 지배하는 신경 집합의 활성을 기술하는 데 활용한다(Glimcher, 2002). 신경경제학 분야의 문헌들도 증가하고 있는데, 이는 뇌영상을 사용해서 인간의 의사결정(신뢰와 상호성)을 연구한 것이다. 이들 중 몇 가지를 여기서 논의한다.

62) 정교하게 데이터를 분석할 수 있는 다양한 기법들 덕분에 특히 이것이 실현 가능했다. 이를테면 다변량 패턴 분류multivariate pattern classification와 같은 것이 있다(Cox & Savoy, 2003; P. K. Douglas, Harris, & Cohen, 2009). 대개 fMRI 데이터의 분석은 일변량분석univariate analysis으로, 뇌의 각 지점에서의 활성과 과제 패러다임 사이의 관계를 찾는 것이다. 이러한 접근은 부위 간에 확실히 존재하는 연관성을 무시하게 된다. Cox & Savoy는 다변량 접근을 통해서 통계적 패턴 인식 방법을 사용하면 모든 부위 사이의 관계를 찾을 수 있기 때문에 매우 정교한 분석이 가능해지고, 광범위한 활성패턴의 변화에 민감해짐을 입증했다(Cox & Savoy, 2003). 이렇게 접근하면 단 20초라는 시간에도 실험 대상자가 열 가지 유형 중 어떤 시각적 자극을 보고 있는지 알 수 있다.

패멀라 더글러스Pamela Douglas는 마크 코헨의 UCLA 뇌인지과학실험실 대학원과정 학생인데, 최근 내가 시도한 믿음 데이터에 비슷하게 접근했다(P. K. Douglas, Harris, & Cohen, 2009). 그녀는 피험자들에게 행한 세 번의 스캐닝 세션 각각에 대해 독립성분independent component, IC 분석을 최초로 시행하여, 자율적 기계 학습 구분자unsupervised machine-learning classifier를 만들어냈다. 그런 다음 '믿음'이나 '불신' 사건에 따르는 혈류역학적 반응함수의 최대값에 상응하는 시간에 따른 IC 값들을 선별했다. 이 값들을 선별 과정에 대입하면, 거기서 '좋은 예측치'였던 ICs들이 나이브 베이즈 구분자Naïve Bayes classifier를 훈련하기 위한 분류 네트워크에서 특징들로 승격된다. 패멀라 더글러스는 분류의 정확성을 높이기 위해 하나씩 지워나가는 교차 확인을 시행했다. 이런 기준을 사용해서 그녀의 나이브 베이즈 구분자는 대부분의 시간동안 배제된 시행을 정확히 짚어냈다. 이런 결과를 볼 때 하드웨어와 데이터 분석기법이 더 정교해지면 fMRI가 더 정확하게 거짓말 탐지를 하게 될 날이 오리라는 예상도 무리는 아닌 것 같다.

63) Holden, 2001.

64) Broad, 2002.

65) Pavlidis, Eberhardt, & Levine, 2002.

66) Allen & Iacono, 1997 ; Farwell & Donchin, 1991. Spence 등(2001)은 사기에 대한 첫 뇌영상 연구 결과를 발표한 것으로 보인다. 그들의 연구는 '기만'이 복내측전전두피질의 양측성 활성 증가와 관련된다는 사실을 제시했다(BA 47). 그런데 이 부위는 반응 억제와 부적절한 행동의 억제에 관여한다(Goldberg, 2001).

  Spence의 연구 결과는 몇 가지 분명한 한계에 취약하다. 아마 가장 두드러진 것은 피험자들이 시각적인 단서를 통해 거짓말을 할 시점을 정확히 들었다는 점이다. 이것이 실험의 신빙성을 떨어뜨림은 말할 필요도 없다. 기만의 자연생태학이란 이런 것이다. 즉 잠재적 거짓말쟁이는 자신이 계속해서 숨기고 있는 사실에 근접한 질문이 언제 나타날지 알아차려야 하고, 상황이 확실하면 거짓말을 해야 한다. 이때 거짓말쟁이와 대화 상대자가 공유하는 논리적 일관성을 위해서는 규칙을 지켜야 한다(만약 추론과 믿음 형성의 규범을 지키지 않으면 거짓말이 성공할 수 없다는 점에 주목해야 한다). 시각적 단서에 반응해서 자동적으로 거짓말을 하라는 요구를 받으면 일상적인 기만행위를 시뮬레이션 할 수가 없다. Spence 등은 후속 연구에서 이런 문제를 개선하려고 무척 애썼다. 후속 연구에서는 피험자들의 개인적 인생 여정과 관련하여 재량껏 거짓말을 했다(Spence, Kaylor-Hughes, Farrow, & Wilkinson, 2008). 이 연구에서는 복내측전전두피질의 일차적 관련성에 대한 이전의 결과들이 거의 반복되었다(물론 이번에는 거의 전부 좌반구에서였지만). 기만과 관련하여 '유죄 지식guilty knowledge' (Langleben et al., 2002), '거짓 기억장애feigned memory impairment'(Lee et al., 2005) 등의 다른 뇌영상 연구도 있었다. 그러나 이런 상태에 해당하는 신경을 찾아내는 것과는 별도로, 모든 형태의 기만을 일반화시킬 수 있는 한 가지 결론을 찾아내는 것은 도전해야 할 과제다.

이런 연구들이 뇌영상을 통해 기만을 감지할 수 있는 탄탄한 근거를 제공해온 것은 분명 아니다. 믿음과 불신에 해당하는 뇌 영역에 초점을 맞추면, 기만의 유형이나 자극을 제시하는 방법 등에 존재할 수 있는 차이들을 배제하게 될 수도 있다. 예를 들어 참을 거부하고 거짓을 인정하는 행위에는 어떤 차이가 있을까? 믿음 명제나 불신 명제의 형태로 다시 질문을 던지면, 거짓말의 '방향성' 때문에 생기는 문제를 피할 수 있을지 모른다. 것이다. 다른 연구자들(Abe et al., 2006)도 피험자들에게 교대로 참인 지식을 거부하고 거짓인 지식을 주장하게 함으로써 방향성을 언급했다. 그러나 이 연구는 흔한 한계점이 있었다. 즉 피험자들은 언제 거짓말을 할지 지시를 받았고, 그들의 거짓말은 실험 자극을 전에 봤는지 여부로 제한했다는 점이다.

믿음의 기능적 신경해부학은 위약 반응placebo response에 대한 이해도 넓혀줄 수 있을 것이다. 이것은 약제를 점검하는 과정에 중요할 수도 있고, 크게 방해가 될 수도 있다. 예를 들어 항우울제 효과의 65~80퍼센트는 긍정적인 기대에서 기인하는 것으로 보인다(Kirsch, 2000). 효과는 있으나 가짜 수술보다 효과가 덜 한 수술도 있을 정도다(Ariely, 2008). 이 분야에서도 뇌영상 연구가 있었으나 위약 효과는 현재 피험자의 근본적 심적 상태는 고려하지 않고 증상 완화의 차원에서만 운용된다(Lieberman et al., 2004; Wager et al., 2004). 믿음에 관계된 신경을 찾으면 결국에는 우리가 약을 만드는 과정에서 이 효과를 통제할 수 있게 될 것이다.

67) Stoller & Wolpe, 2007.

68) Grann, 2009.

69) 현재의 fMRI 같은 뇌영상 기법이 결국 실질적인 독심술이 될 거라는 예상은 다소 의심스럽다. fMRI 연구는 몇 가지 중대한 한계가 있기 때문이다. 그중에서 가장 중요한 것은 통계적 검증력과 민감도의 문제다. 1종 오류(위양성) 가능성을 줄이기 위해 극히 줄잡은 한계값을 선택하여 데이터를 분석하면, 이는 필연적으로 2종 오류(위음성) 가능성을 증가시킨다. 더욱이 대부분의 연구는 뇌의 전 영역에서 균일한 탐지 민감도를 가정하는데, 이것은 fMRI에 사용되는 낮은 대역폭의 속성 스캐닝에 대해서는 위배되는 것으로 알려진 조건이다. 불균일 자장field inhomogeneity 역시 동작 잡음 정도를 증가시키는 경향이 있다. 자극과 관련된 동작의 경우 특히 피질에서 위양성 활성이 생길 수 있다.

또한 우리는 뇌영상의 근본 물리학이 인간의 독창성에 대해 그 정도만을 인정함을 발견하게 될 것이다. 그렇다면 값싸고 묵시적인 거짓말 탐지의 시대는 절대 오지 않을 것이고, 우리는 할 수 없이 비싸고 번거로운 기술에 의존해야만 할 것이다. 그렇다 해도 법정의 배심원단 앞에서나 중요한 사업 협상 등 가장 중요한 문제에 대해서 거짓말하기가 실질적으로 불가능해질 날이 얼마 남지 않았다고 말해도 괜찮을 거라고 생각한다. 물론 이런 사실은 널리 공표될 것이고, 비용이 많이 들더라도 관련 기술이 개발되어 사용 가능하게 될 것이다. 계속해서 이런 기계를 사용하는 것보다는 바로 이런 확언이 우리를 바꿀 것이다.

70) Ball, 2009.

71) Pizarro & Uhlmann, 2008.

72) Kahneman, 2003.

73) Rosenhan, 1973.

74) McNeil, Pauker, Sox, & Tversky, 1982.

75) 의학적 결정에 영향을 끼칠 수 있는 다른 추론 편견이 있다. 예를 들어 두 가지

유사한 선택권을 제시하면 '결정 갈등', 즉 제3의 대안을 선호하는 편견이 생길 수 있음은 잘 알려진 사실이다. 한 실험에서 뇌신경학자들과 신경외과의사들에게 어떤 환자를 먼저 수술할지 물었다. 의사들 중 반은 50대 초반 여성 한 명과 70대 남성 한 명 중 하나를 선택하게 했다. 나머지 반은 이 두 환자와 더불어, 첫 번째 환자와 구별하기 어려운 또 다른 50대 여성 셋 중 하나를 선택하게 했다. 첫 번째 경우 38퍼센트의 의사들이 더 나이든 남자 환자를 선택했고, 두 번째 경우에는 58퍼센트가 그를 택했다(LaBoeuf & Shafir, 2005). 이것은 보기보다는 결과에서 큰 변화를 보인다. 첫 번째 경우 여성이 수술 받을 확률은 62퍼센트인데, 두 번째 경우에는 21퍼센트에 지나지 않기 때문이다.

4장

종교

The Moral Landscape

✿ 종교와 사회

19세기 이후 산업사회의 확대로 종교의 종말이 올 것이라는 가정이 널리 받아들여졌다. 마르크스[1], 프로이드[2], 베버[3]와 이들의 영향을 받은 수많은 인류학자, 사회학자, 역사학자, 심리학자들은 근대성에 비추어 볼 때, 종교적 믿음은 시들 것으로 예상했다. 하지만 종교는 사라지지 않았다.

종교는 20세기에도 여전히 인간의 삶에서 중요한 부분으로 남아 있다. 선진사회는 대개 두드러지게 세속화되는데[4] 미국은 그 예외적 경우라서 호기심을 끈다. 반면 개발도상국에서는 정통 종교가 화려하게 꽃피우고 있다. 부유하고 비종교적인 사람들이 자녀를 가장 적게[5] 낳기 때문에, 사실상 인류 전체는 이와 비례하여 좀 더 종교적으로 변모하는 것 같다. 이슬람권의 이슬람 성장세, 아프리카에서의 폭발적인 오순절

운동, 미국에서의 이례적인 독실함 등을 고려해볼 때, 종교는 다가올 미래에 분명히 지정학적 결과를 야기할 것으로 보인다.

미국은 헌법에 국가와 교회의 분리가 명시되어 있음에도 종교적 믿음(그리고 미국인의 삶과 정치적 담화에서 종교의 중요성)은 여느 신정국가에도 뒤지지 않는다. 이유는 명확치 않다. 서유럽에서는 국가–종교의 독점이 종교의 쇠락으로 이어진 반면, 미국에서는 종교적 다원주의와 경쟁이 종교를 부흥시켰다는 주장이 널리 제기되었다.[6] 그러나 이제 '종교적 시장 이론'에 대한 지지는 약해진 듯하다. 대신 깊은 종교성은 사회 불안의 인식 정도와 연관이 깊다. 미국처럼 부유한 국가에서 사회경제적 불평등이 깊을수록, 개발 수준이 떨어지는(그리고 사회보장 수준이 떨어지는) 사회일수록 강한 종교성이 나타난다. 미국은 종교성이 가장 높은 선진국이면서 경제적으로 가장 불평등한[7] 사회다. 한 국가 내에서나 국가 간 비교를 보면, 가난한 사람들이 부유한 사람들에 비해 더 종교적이다.[8]

미국인의 57퍼센트는 좋은 가치관을 가지고 도덕적으로 살기 위해서는[9] 신을 믿어야 한다고 생각하고, 69퍼센트는 '강한 종교적 믿음'을 따르는 대통령을 원한다.[10] 세속적 과학자들조차 의미와 도덕성의 가장 보편적인 원천이 종교라는 점을 자주 인정하는 것을 고려하면, 이 생각이 놀라울 것은 없다. 대부분의 종교가 특정한 도덕적 질문에 미리 정해진 답을 한다—예를 들면 가톨릭교회에서는 낙태에 반대한다—는 것은 사실이다. 하지만 익숙지 않은 도덕적 딜레마에 대한 사람들의 반응을 조사한 결과, 종교는 해악과 이익을 저울질하는 도덕 판단(예를 들

어 사망자 수 vs. 구조된 사람 수)에 아무 영향을 미치지 못했다.[11]

사회적 건전성societal health을 측정하는 거의 모든 기준에서, 가장 종교적인 국가들에 비해 가장 종교적이지 않은 국가들의 상황이 더 낫다. 덴마크, 스웨덴, 노르웨이, 네덜란드와 같은 국가—지상에서 가장 무신론적인 사회—는 기대수명, 영아 사망률, 범죄, 문맹률, GDP, 아동 복지, 경제적 평등, 경제적 경쟁력, 양성평등, 보건, 교육 투자, 대학 진학률, 인터넷 접속률, 환경보호, 부패 척결, 정치적 안정, 빈국에 대한 원조 등 여러 측면에서 종교적인 국가들보다 꾸준히 더 나은 성과를 보인다.[12]

독립적 연구원인 그레고리 폴Gregory Paul은 두 가지 척도를 개발해서 이 부분을 더 깊이 조명했다. 즉 성공적 사회 척도Successful Societies Scale와 대중적 종교성 vs. 세속주의 척도Popular Religiosity Versus Secularism Scale로, 이는 종교적 신념과 사회적 불안 사이의 연관성을 더 강력하게 뒷받침한다.[13] 사회적 불안이라는 이러한 변수와 연관된 다른 결과도 있는데, 미국에서 종교적 헌신 정도는 인종주의와 상관성이 높다는 것이다.[14]

사회적 역기능과 종교적 믿음 사이의 상관성만으로는 이 둘의 관계가 어떤 것인지 알 수 없지만, 이 데이터는 종교가 사회적 건전성을 측정하는 가장 중요한 보증수표라는 늘 존재해온 주장을 허물고 있는 게 틀림없다. 결론적으로 이 데이터는 높은 수준의 비신앙이 문명의 몰락으로 이어지지는 않는다는 것을 입증해준다.[15]

종교가 사회적 역기능에 기여하건 아니건 사회가 더 부유해지고 안정적이고 민주적이 되면서 세속성이 증가한다는 점은 분명해 보인다.

심지어 미국에서도 세속화를 향한 움직임은 뚜렷하게 나타난다. 폴이 지적했듯이, 많은 인류학자들과 심리학자들의 의견과는 달리, 종교적 헌신은 '여건이 필요한 수준으로 좋아지면 즉시 폐기될 만큼 피상적'이다.[16]

🧭 종교와 진화

종교의 진화적 근원은 여전히 알 수 없다. 가장 오래된 매장 흔적은 9만 5,000년 전으로 거슬러 올라가는데, 많은 사람이 이것을 종교적 신앙이 발생한 증거로 간주한다.[17] 연구자들 중에는 종교와 진화는 직접적인 연관성이 있다고 생각하는 경우가 더러 있다. 종교적 교리가 성적인 행위를 도덕적으로 문제 있는 것으로 보고 규제함으로써, 생식력을 높이는 동시에 성적인 부정으로부터 보호하려는 경향을 보이기 때문이다. 다른 남성의 아이를 양육하느라 인생을 소비하지 않는 것은 모든 남성에게 유전자적으로 이익이다. 그리고 자기의 성 파트너가 다른 여성과 그 여성의 자녀에게 자원을 낭비하지 않는 것은 모든 여성들에게 유전자적으로 이익이다.

사실 세계의 종교는 일반적으로 이런 이익을 규정해놓고, 위반에 대해서 그에 상응하는 엄중한 처벌을 정해놓았다. 이런 사실은 종교가 사회적으로 유용하다는 주장의 기반이 된다. 이런 상황이니, 결혼과 성에 대한 종교적 교리와 진화적 적합성 사이의 직접적 연관성을 주장하고 싶은 것도 당연하다.[18] 그러나 여기에서도 진화와의 연관이 그다지 직접적이지는 않다. 남성이 자녀의 성공적 재생산을 어렵게 하는 방식으로 자원을 낭비하지 않는 이상, 실제로 진화는 남성의 무차별적 이성애 활동heterosexual activity을 선택하기 때문이다.[19]

인간은 유전자적으로 미신에 취약할 수 있다. 가끔 올바른 믿음의 이익이 충분한 이상, 자연선택은 믿음의 만연 쪽을 선호하기 때문이다.[20] 집단순응과 외국인 혐오로 이어지긴 하지만, 새로운 종교적 교리와 정체성을 만들어내면 감염성 질환을 상당 부분 막을 수 있다. 종교가 사람을 갈라놓는 정도에 따라, 새로운 병원체의 전파도 막을 수 있기 때문이다.[21] 그러나 종교가(혹은 다른 무엇이) 인구집단에 진화적 이익(소위 '집단선택')을 부여할 수 있느냐는 질문은 널리 논란이 되고 있다.[22] 그리고 부족집단이 자연선택의 매개체가 되어왔고 종교가 적응의 산물임이 입증되었더라도, 종교가 오늘날 인간의 진화적 적합성을 증가시켜주는지는 여전히 의문이다.

이미 언급했듯이 유전자적으로 이미 굳어진 인간의 특성(예를 들어 외집단에 대한 공격성, 불륜, 미신 등)은 엄청나게 많다. 이것들은 과거 어떤 시점에서는 적응적이었을 수 있지만, 홍적세시대에서조차 최상의 상태에는 못 미치는 것이었을 수 있다. 인구밀도가 점점 높아지고 복잡해지는 세계에서 생물학적으로 선택된 이런 특성 중 다수는 우리를 아직도 위험에 빠트릴 수 있다.

분명히 종교를 단순히 연속된 종교적 믿음으로 축소시킬 수는 없다.

모든 종교에는 제례와 의식, 기도와 사회제도, 휴일 등이 있고, 이것들은 의식적이든 아니든 광범위한 목적에 기여한다.**23** 그런데 종교적 '믿음'—특정한 역사적, 형이상학적 명제를 참으로 받아들이는 것—은 일반적으로 이러한 활동을 유의미한 것 또는 이해 가능한 것으로 만들어준다. 나는 인류학자 로드니 스타크Rodney Stark가 말하는, 믿음이 의식에 선행하고, 기도 같은 실천은 일반적으로 신 혹은 신들과의 진정한 소통 행위라는 관점을 공유한다.**24** 종교 지지자들은 대개 자기들이 신성한 진리를 알고 있다고 믿는다. 그리고 모든 신앙은 경험을 해석하는 틀을 제공하여 종교적 교리에 신뢰성을 더한다.**25**

　대부분의 종교적 실천이 내적, 외적 실재에 대해 사람들이 참이라고 믿는 것의 직접적인 결과라는 데는 이견이 거의 없다. 사실상 대부분의 종교적 관행은 근본적 믿음의 관점에서 볼 때 비로소 이해할 수 있다. 사람들이 여전히 기도문을 외우고 의식을 따르면서도 종교적 교리에 대해서는 의문을 가지기 시작했다는 사실은 논외로 한다. 믿음을 잃어가는 사람들은 어떤 신앙의 모습을 가장 잘 보여줄까? 예를 들어 빵과 포도주가 실제로 예수 그리스도의 몸과 피로 변화한다고 믿지는 않으면서도 미사 의식에는 가치를 두는 가톨릭 신도들이 많다. 그럼에도 화체설化體設, Transubstantiation 교리는 여전히 미사의 가장 그럴듯한 기원이다.

　또한 가톨릭 교회 안에서 미사의 중요성은 많은 가톨릭 신도들이 여전히 가톨릭의 근본 교리가 참되다고 인식한다는 사실에 달려 있다. 이것은 교회가 아직도 이 교리를 선포하고 옹호한다는 사실의 직접적인 결과다.《로마가톨릭교회의 신앙 고백The Profession of Faith of the Roman Catholic

Church》에서 인용한 다음 글이 이와 관련된 사실을 잘 보여준다. 또 이 글은 모든 종교의 핵심이 실재를 어떻게 주장하는지 보여준다.

나는 미사가 산 자와 죽은 자를 대신하여 하느님께 봉헌하는 참되고 올바르며 마음을 달래주는 희생제사임을 고백한다. 우리 주 예수 그리스도의 영혼과 신성은 물론이고 그 분의 성체와 성혈이 참으로, 실제로, 실체로서 성만찬의 의식에 존재함을 고백한다. 그리고 빵과 포도주가 성체와 성혈로 변화되며, 이를 가톨릭 미사에서 화체라고 부름을 고백한다. 또한 삼위일체 그리스도와 진정한 성찬식은 각기 다른 것으로 받아들여짐을 고백한다.

물론 이러한 믿음의 고백과 실제 믿음 사이에는 차이[26]—이 차이는 중요하지만, 실제로 믿는다고 말한 것을 믿는 세상에서만 의미를 가지는 차이—가 있다. 상당수의 인간은, 즉 대다수는 종교적 믿음과 관련하여 바로 실제 믿음의 세계에 속함을 의심할 이유는 거의 없어 보인다.

과학적 관점에서 놀라운 사실은 미국인의 42퍼센트가 세상이 시작된 이후부터 줄곧 삶은 지금과 같은 형태로 존재했다고 믿고 있으며, 다른 21퍼센트는 삶이 진화되긴 했지만 그 진화가 하느님의 손이 이끈 결과라고 믿는다는 점이다(26퍼센트만이 진화는 자연선택을 통해 이루어졌다고 믿는다).[27] 78퍼센트의 미국인은 성경이 하느님의 말씀(문자 그대로이든 '영감을 받은 것'이든)이라고 믿으며 79퍼센트의 기독교인들은 예수 그리스도가 언젠가 육신의 모습으로 이 땅에 돌아올 것이라고 믿는다.[28]

어떻게 수많은 사람이 이런 것을 믿을 수 있는가? 분명 종교적 믿음의 비판을 둘러싼 금기가 믿음의 생존을 가능하게 했음에 틀림없다. 그러나 인류학자 파스칼 부아예Pascal Boyer가 지적하듯이, 실재 검증의 실패는 종교적 믿음의 특수성을 설명해주지 않는다.

사람들은 사라지는 섬들과 말하는 고양이에 대한 이야깃거리를 갖고 있지만 보통은 그것들을 자신의 종교적 믿음에 포함시키지는 않는다. 반대로 사람들은 유령은 물론, 사람과 닮은 신이라는 개념을 만들어내서, 다양한 사회적 질문(무엇이 도덕적 행위이며, 죽은 사람들을 어떻게 다루어야 하는지, 어떻게 불운한 일이 일어나는지, 왜 의식을 행해야 하는지 등)에 대해 생각할 때 이런 개념을 사용한다. 이것은 건전한 추론의 통상적 원칙을 그저 엄격하지 않게 적용한 것이 아니다. 오히려 이것이야말로 그들에게는 통상적인 원칙인 것이다.[29]

부아예에 따르면 종교적 개념은 틀림없이 종교 이전의 정신적 범주에서 기인하는 것이며, 이 근본 구조들이 종교적 믿음과 관행이 취하는 전형적인 형태를 결정한다. 이러한 사유의 범주는 산 자들, 사회적 교환, 도덕적 위반, 자연재해, 그리고 인간의 불행을 이해하는 방법 등과 연관된다. 부아예의 글을 보면, 사람들은 믿기 힘든 종교적 교리는 받아들이지 않는다. 자기들의 합리성 기준을 완화시키기 때문이다. 특정 교리가 그럴듯하면서도 자기들의 '추론 장치inference machinery'에 적합하면 자기들의 합리성 기준이 완화되는 것이다.

그리고 대부분의 종교적 명제들은 개연성이 결여되어 있으나 기억할 만하고 감정적으로 중요하며 사회적으로 중대하다는 속성을 통해 결여된 부분을 보충한다. 이 모든 속성은 인간 인지 구조의 근본적 산물이며, 이 구조의 대부분은 의식적으로는 접근이 불가능하다. 그래서 부아예는 명시적 신학과 의식적으로 수용하는 교리가 실재 내용의 신뢰할 만한 표지도, 한 개인의 종교적 믿음의 원인도 아니라고 주장한다.

우리에겐 문화보다 더 깊이 흐르는 종교적 개념에 대한 인지적 원형이 있다('동물'과 '도구' 같은 심오하고 추상적인 개념을 갖고 있는 것처럼)는 부아예의 주장이 맞는지도 모른다. 심리학자 저스틴 배럿Justin Barrett은 종교를 언어 습득에 비유하면서 비슷한 주장을 한다. 우리는 언어를 받아들일 인지적 준비를 갖추고 세상에 나온다. 우리가 경험하는 문화와 양육은 단지 우리가 어떤 언어에 노출될 것인지를 지정할 뿐이다.[30]

우리는 심리학자 폴 블룸Paul Bloom이 말하는 '상식적 이원론자common sense dualists'일 수 있다. 즉 우리는 본성상 마음을 육체와 분리된 것으로 보려고 하며, 그렇기 때문에 육체와 분리된 마음이 세상에서 작동하고 있다는 직관을 가지게 된다.[31] 이러한 경향 때문에 죽은 친구나 친척들과 지속적인 관계를 맺고 있다고 생각하고, 죽음으로부터 살아남을 수 있다는 기대를 하는가 하면, 일반적으로 사람을 비물질적인 영혼을 가진 존재로 간주하는 것이다.

마찬가지로 몇몇 실험은 아이들이 자연적 사건 이면에는 그것을 일으킨 의도가 있을 거라고 가정하는 경향이 있다고 지적한다. 이 때문에 심리학자들과 인류학자들 중에는 아이들이 자기만의 방법으로 신이라는 개념을 만든다고 믿는 경우가 많다.[32] 심리학자 마거릿 에반스Margaret Evans는 8세에서 10세 사이의 아동들은 양육방식에 관계없이 부모에 비해 자연 세계에 대해 창조론적 설명을 제시하는 경향이 일관되게 강하다는 결과를 발견했다.[33]

심리학자 브루스 후드Bruce Hood는 종교사상에 대한 우리의 취약성을, 사람들은 자기를 죽일 확률이 훨씬 높은 것들(자동차와 전기 콘센트 같은)보다 진화와 관련된 공격(뱀과 거미 같은)에 대해 더 큰 공포를 갖는다는 사실과 연관 지었다.[34] 우리의 마음은 세상의 패턴을 감지하게끔 진화되었기 때문에 때로 우리는 실제로 존재하지 않는 패턴—구름 속의 얼굴에서부터 자연현상을 지휘하는 신의 개입에 이르기까지—을 감지해내곤 한다. 후드는 '슈퍼센스supersense', 즉 선이나 악을 위해 쓰이는, 세상에 숨겨진 힘을 암시하는 경향으로서 일종의 부가적인 인지 도식을 가정한다. 그의 설명에 따르면 슈퍼센스는 초자연적인 것(종교 및 기타 다른 것)을 믿게 하며, 이러한 믿음은 문화에 의해 주입되기보다는 조절된다.

종교적 소속은 엄격히 말해 문화적 유산의 문제이긴 하지만, 종교적 태도(예를 들어 사회적 보수주의)와 종교적 행동(예를 들어 교회 출석)은 일정 정도는 유전자적 요소의 영향을 받는 것으로 보인다.[35] 종교적 경험, 믿음과 행동이 뇌의 도파민 활성 시스템과 관련이 있다는 사실은 신경전달물질 도파민과 관련된 여러 가지 임상적 정신 상태인 조증, 강박장애obsessive-compulsive disorder, OCD, 정신분열증 등이 종종 과종교증hyperreligiosity과 관련된다는 사실을 포함한 여러 증거들로 제시된다.[36] 세로토닌도 관련되는데, 이를 조절한다고 알려진 약물들—LSD, 실로시빈, 메스칼린, N, N-디메틸트립타민(DMT), 3,4-메틸렌다이옥시메탐페타민(엑스터시)—은 특히 종교적/영적 경험을 유발하는 강력한 동인으로 보인다.[37] 또한 종교적 경험과 측두엽 간질 사이의 관련성도 알려져 있다.[38]

인간의 어떤 성향이 종교적 믿음을 품게 하는지 간에, 새로운 세대가 최소한 부분적으로라도 언어적 명제로 종교적 세계관을 물려받는다는 것은 엄연한 사실이다. 몇몇 사회는 그런 경향이 더 크다. 종교의 진화적 토대가 무엇이건 간에 미국, 사우디아라비아, 소말리아는 신을 믿는 경향이 있지만 프랑스, 스웨덴, 일본은 그렇지 않다는 사실을 유전학적으로 설명할 가능성은 매우 희박해 보인다. 분명히 종교는 사람들이 자녀들에게 실재의 본질을 믿으라고 가르치는 것과 크게 연관된 문제다.

✺ 종교적 믿음은 특별한가

종교적 믿음은 여전히 인간의 삶에서 가장 중요한 특성 중 하나이지만, 뇌의 수준에서 종교적 믿음과 일상적 믿음의 관계에 대해서는 알려진 것이 거의 없었다. 종교적 믿음이 있는 사람과 없는 사람이 사실 진술을 평가하는 방식이 다른지의 여부도 명확하지 않다. 종교적 실천과 경험—주로 명상[39]과 기도[40]에 초점을 맞춘—에 대한 몇 가지 뇌영상 및 뇌전도 연구가 있었다. 그러나 이러한 연구의 목적은 종교적 주체에게 영적/명상적 경험을 일깨우고 그러한 경험을 보다 보편적인 의식 상태와 비교하는 것이었다. 이런 연구 중 어느 것도 믿음 자체를 별도로 탐구하려고 계획된 것은 없었다.

　UCLA 소속 마크 코헨Mark Cohen의 뇌인지과학 실험실에서 일하면서 나는 일반적 인지 모드로서의 믿음에 대한 최초의 뇌영상 연구 결과를 발표했다[41](앞 장에서 논의한 바 있다). 미국 국립보건원 연구진이 이후 특별히 종교적 믿음에 대해 연구하긴 했으나,[42] 어떠한 연구도 두 가지 형태의 믿음을 직접 비교한 적이 없었다. 이후의 한 연구에서 요나스 캐플런Yonas T. Kaplan과 나는 fMRI를 이용하여 기독교인과 비기독교인들이 종교의 참과 거짓 및 비종교적 제의에 대해 평가할 때 그들의 뇌에서 일어나는 신호 변화를 측정했다.[43] 각 실험에서 대상자들에게 종교적 진술('성경에 예수 그리스도가 행했다고 적혀 있는 기적은 진실이다') 혹은 비종교적 진술('알렉산더대왕은 매우 유명한 전사다')을 제시하고, 각 진술이 참인지 거짓인지 버튼을 눌러 답하게 했다.

　두 그룹 모두에서, 그리고 양쪽 자극 모두에서 얻은 결과는 앞서 발견한 결과와 상당 부분 일치했다. 진술이 참이라고 믿는 것은 자기재현[44]과 감정적 연상[45], 보상[46], 목표 지향적 행동[47]에 큰 역할을 하는 내측전전두피질MPFC에서의 활성 증가와 연관이 있었다. 이 부분은 피실험자들이 하느님과 동정녀 출산에 관한 진술 혹은 일반적 사실에 대한 진술을 믿는지에 대해 물을 때 그 활성 폭이 더 커졌다.[48]

　우리의 연구는 비종교적 자극('독수리는 실존한다')에 대해 두 그룹이 동일한 반응을 보이도록, 또한 종교적 자극('천사는 실존한다')에 대해서는 정반대의 반응을 이끌어내도록 고안되었다. 신실한 기독교인들과 비신도들에서 두 범주의 믿음에 대해 기본적으로는 동일한 결과를 얻어냈다. 이 사실은 지금 현재 믿음과 불신을 다루는 방식에 관계없이, 둘 사이에 차이가 존재한다는 사실에 상당한 의문을 던지게 한다.[49]

믿음과 불신 사이의 비교로 두 가지 질문 모두에서 비슷한 행동이 유발된 반면, 종교적 사고를 비종교적 사고와 비교한 결과 뇌 전반에서 광범위한 차이가 드러났다. 종교적 사고는 전측뇌도anterior insula와 복측선조체ventral striatum에서 발생되는 더 많은 신호와 연관된다. 전측뇌도는 통증 인식[50], 타인의 통증 인식[51], 혐오[52]와 같은 부정적 감정과 연관된다. 복측선조체는 종종 보상[53]과 관련된다. 종교적 진술이 두 연구 집단 모두에서 더 긍정적이고 더 부정적인 감정을 야기한 게 놀랄 일은 아닐 것이다.

또한 기독교 신도들과 비신도들 모두 종교적 믿음에 대해서는 확신이 덜했을 수도 있다. 자극의 3분의 1이 불확실성을 야기하는 것이었던 우리의 선행 연구에서는 연구 대상자들이 주어진 명제의 진리값을 알 수 없을 때 전측대상피질anterior cingulate cortex, ACC에서 더 많은 신호가 발생한다는 사실을 발견했다. 여기서 우리는 종교적 사고(비종교적 사고와 비교했을 때)는 양쪽 집단에서 모두 이와 비슷한 패턴을 보인다는 것을 발견했다. 양측 모두 종교적 자극에 반응하는 데는 상당히 오랜 시간을 소비했다. 이런 진술이 다른 범주의 진술보다 더 복잡하지 않았는데도 그러했다. 무신론자들과 종교적 신앙인들 모두 일반적으로 종교적 진술의 참 거짓에 대해서는 확신이 적었을 수 있다.[54]

종교적 및 비종교적 사고방식을 결정하는 기저 처리 과정이 상당한 차이가 있음에도 명제를 믿는 것과 믿지 않는 것 사이의 차이는 내용을 초월하는 것으로 보인다. 우리의 연구 결과에 따르면 이렇게 상반되는 정신 상태들은 현재의 뇌영상 기술로 감지가 가능하며 자기재현과 보상과 관련된 네트워크와 직접 연관되어 있음을 보였다. 이런 사실은 여러 분야에 적용될 수 있다. 종교의 신경심리학에서부터 '거짓말 탐지'의 대용품으로서의 '믿음 탐지'의 사용에 이르기까지, 그리고 과학의 실천 자체와 일반적인 진리 주장이 뇌의 생물학으로부터 어떻게 발생하는지에 대한 이해에 이르기까지 다양하다. 또한 더 나아가 이러한 결과는 사실과 가치 사이의 정확한 경계가 인간 인지의 문제로서 존재하는 게 아님을 보여준다.

✺ 종교가 문제가 되는가

종교적 믿음은 종교적 내용에 적용된 일반적 믿음 이상의 것이 아닐 수도 있다. 그러나 종교적 믿음은 종교 지지자들에 의해 특별한 것으로 생각되는 한, 분명히 특별한 것이다. 종교적 믿음은 또 변화에 특히 저항적이다. 그 까닭은 주로 종교적 믿음이 오감과 별개의 문제를 다루기 때문에 일반적으로 반증에 민감하지 않다는 사실에서 기인한다. 그렇다고 이게 전부는 아니다. 기독교인에서 UFO 추종자에 이르는 많은 종교 집단은 자기들의 세계관을 구체적이고 검증 가능한 예측에 뿌리를 두게 했다. 예를 들어 그 단체들은 가끔 향후 가까운 미래에 지구에 대홍수가 발생할 거라고 주장한다.

당연히 이러한 예언을 열정적으로 추종하는 무리는 지구가 흔들리고 홍수의 물이 차오르기 시작하자마자 다른 세상의 힘에 이끌려서 안전한 곳으로 옮겨질 것이다. 이 사람들은 바로 세상의 종말이 눈앞에 도래했다는 믿음에 따라서 종종 자신들의 집과 다른 소유물을 처분하고 직장을 버리며 회의적인 친구들과 가족까지 포기한다. 그날이 되면, 그리고 애지중지하던 교리가 완전히 논파되면 이 단체의 많은 회원들은 매우 민첩하게 예언의 실패를 합리화한다.[55] 사실 이러한 신앙의 위기에는 개종의 증가와 새로운 예언 만들기가 뒤따른다. 즉 이런 식으로 열정을 쏟을 새로운 목표를 설정하고, 안타깝지만 또 경험적 사실과 충돌하는 것이다.

다른 한편 우리는 흔히 종교적이지 않은 과학자들이 종교적 믿음의 힘을 당혹스럽게 거부하는 모습을 맞닥뜨리게 된다. 예를 들어 인류학자 스콧 애트란Scott Atran은 "핵심적인 종교적 믿음은 문자 그대로 무의미하여 진리 조건이 결여되어 있다"[56]고 말한다. 따라서 개인의 행동에 실제로 영향을 미칠 수가 없다. 애트란에 따르면, 이슬람교도의 자살폭탄테러는 순교와 지하드에 대한 이슬람 개념과는 전혀 무관하다. 오히려 테러는 '상상 속의 친족' 사이의 유대의 산물이라고 할 수 있다. 애트란은 무슬림이 단순히 지하드(성전)를 지지하는 것에서 나아가 자살폭력을 실제로 영속화할 것인지 여부에 대한 가장 큰 예측 변수는 종교와 아무런 관계가 없으며, 차라리 당신이 축구 클럽에 가입했는지 여부와 관계있다고 하는 편이 낫겠다고 공공연히 주장했다.[57]

무슬림 폭력의 원인에 대한 애트란의 분석은 지하드 추종자들이 말하는 동기를 지나치게 간과했다.[58] 심지어 무슬림의 테러리즘을 연구하면서 그것을 고무시키는 종교적 믿음의 역할을 무시하고 있다. 다음은 지하드 추종자와의 면담을 요약한 그의 논문 일부를 인용한 내용이다.

모두 이런 질문을 받았다. '그래서 만약 당신의 행동에 대한 보복으로 가족이 죽게 되면 어떻게 할 겁니까?' 혹은 '아버지는 이미 돌아가셨고, 어머니가 당신이 자살 공격을 계획하고 있다는 사실을 알고 가족들이 자립할 수 있을 때까지만 미뤄달라고 부탁한다면 어떻게 하겠습니까?' 그들은 가족에 대한 의무도 물론 있지만 신에 대한 의무를 미룰 수 없다고 대답했다. '만약 당신의 행동이 다른 이가 아닌 당신 자신의 죽음으로 이어진다면 어떻게 하겠습니까?' 전형적인 대답은 이러하다. '그래도 신은 당신을 똑같이 사랑할 겁니다.'
예를 들어 2005년 8월, 자카르타의 시피낭 교도소에 수감된 피의자 제마 이슬라미야Jemaah Islamiyah(동남아에서 활동 중인 이슬람 원리주의 무장단체-옮긴이)의 지도자 아부 바카르 바시르Abu Bakr Ba'asyir에게 동일한 질문을 했을 때, 그는 지하드를 위한 선교는 궁극적인 파르두안fardh'ain, 즉 이슬람의 다섯 기둥 중 네 가지를 포함하여 다른 모든 것보다 우선해야만 하는, 피할 수 없는 개인적 의무라고 대답했다(오직 믿음의 직업만이 지하드와 동일하다). 내가 인터뷰한 대다수 잠재적 순교자들과 그들의 후원자들에게 가장 중요한 것은 순교자의 동기와 신에 대한 헌신이기 때문에, 그들은 일신상의 자기를 희생시키는 일

도 수많은 적을 죽인 것과 가치가 있으며 똑같은 보상을 받는다고 믿는다.[59]

애트란에 따르면 교육을 받지 않은 자들의 눈에 종교적 확신의 공공연한 선언으로 보이는 것은, 친척들과 동맹 사이에 공유되는 '신성한 가치'나 '도덕적 책임'일 뿐이라고 한다. 데이터를 이상하게 분석하고 있는 애트란은, 순교자들이 천국으로 직행하며 가장 아늑하고 좋은 자리를 예약해 놓은 것이라는 무슬림의 믿음을 부정하고 있다. 이 종교사상의 관점에서 공동체 내부의 결속에는 다른 차원도 있다. '그래도 신은 당신을 똑같이 사랑할 겁니다'와 같은 문구는 자세히 살펴볼 만한 의미를 가진다. 첫째, 분명 애트란의 연구 대상자들은 신이 있다고 믿는 것 같다. 그렇다면 신의 사랑은 무엇에 소용이 있는가? 지옥 불에서 벗어나 사후 영원한 행복을 얻는 데 소용이 있는가? 무슬림 지하드 추종자들의 행동이 종교적 믿음과 전혀 관계가 없다면, 명예살인이 여성, 성, 남성의 명예에 관한 살인자의 믿음과는 무관하다는 말이 된다.

믿음에는 결과가 따른다. 탄자니아에서는 알비노의 신체 일부를 거래하는 불법 행위가 성행한다. 알비노들의 피부에 깃든 주술적인 힘을 널리 신봉하기 때문이다. 어부들은 고기를 더 많이 잡기 위해 그물에 알비노들의 머리카락을 엮기도 한다.[60] 애트란 같은 인류학자가 이러한 소름 끼치는 불합리를 액면 그대로 받아들이길 거부하고, 알비노들의 신체 부위에 주술의 힘이 깃들어 있다는 믿음과 전혀 상관이 없는 '심오한' 해석을 찾는다면 조금도 놀랄 일은 아니다.

많은 사회과학자들은 때로 사람들이 자신들이 믿는다고 말하는 바로 그것을 믿는다는 사실을 이상할 정도로 못 받아들인다. 사실 인간 피부에 치유 능력이 있다는 믿음은 아프리카에서는 널리 퍼져 있고, 서구에서도 흔했다. '미라 페인트mummy paint(땅속에 묻힌 미라의 신체 부위에서 만들어진 연고)'는 링컨이 포드 극장에서 죽어갈 때 그의 상처에 바르기도 했다. 1908년까지만 해도 세계적 제약회사 머크Merck의 약품 목록에는 간질, 농양, 골절 등을 고칠 수 있는 '진짜 이집트 미라'가 있었다.[61] 이러한 행위를 인간 믿음의 내용과 어떻게 분리해서 설명할 수 있겠는가? 그럴 필요도 없다. 사람들이 자신의 핵심적 믿음에 대해 얼마나 분명히 설명하는지를 생각해보면 특히 더 그렇다. 사람들이 믿는 대로 행동하는 이유에 대해서는 그 어떤 신비도 남아 있지 않은 것이다.

미국정신건강의학협회American Psychiatric Association가 발행한 〈정신장애의 진단 및 통계 편람The Diagnostic and Statistical Manual of Mental Disorders, DSM-IV〉은 정신건강 분야에서 의학자들이 가장 널리 참고하는 것이다. 이 책에서는 '망상'을 "거의 누구나 다르게 믿고 있다는 사실에도 불구하고, 그리고 반대 사실에 대한 반박 불가능하고 분명한 증거와 입증에도 불구하고, 외적인 실재에 대한 잘못된 추론에 근거해서 헛된 믿음을 유지하는 정신 상태"라고 정의한다. 특정 종교적 믿음이 이러한 정의의 그림자에 들어온다는 생각을 하지 않도록 저자들은 다음과 같이 종교적 교리를 해방시키고 있다. "이때의 믿음은 한 사람이 속한 문화나 그 하위문화에 속한 다른 구성원에 의해 일반적으로 받아들여지는 믿음은 아니다

(즉 이것은 종교적 신앙에 대한 조항이 아니다)."(765쪽).

다른 이들이 이미 관찰했듯이 이러한 정의에는 여러 가지 문제가 있다.[62] 여느 의학자의 증언처럼 망상 환자들은 때로는 '종교적' 망상으로 인해 고통을 받는다. 또한 어떤 믿음이 널리 공유된다라고 결정짓는 기준은, 어느 상황에서는 믿음이 망상일 수 있지만 또 다른 상황에서는 규범이 될 수도 있다는 사실을 암시한다. 믿음의 이유가 변함 없이 유지되어도 마찬가지다. 외로운 정신병자가 단지 수많은 추종자를 거느린다고 해서 멀쩡한 사람이 되는가? 만약 우리가 추종자의 수로만 건전성을 평가한다면 미국의 무신론자들과 불가지론자들은 당연히 망상에 빠진 자들이 되고 만다. 미국 국립과학원 회원의 93퍼센트를 비난할 수 있는 진단 기준인 것이다.[63]

사실 미국에는 여호와의 존재를 의심하는 자들보다 글을 읽지 못하는 사람이 더 많다.[64] 21세기 미국에서 아브라함의 하느님에 대한 불신은 하나의 부차적 현상에 지나지 않는다. 그런데 과학적 사고의 기본 원칙에 대한 믿음이 저조하다는 것은 사실 중대한 일이다. 유전학, 특수상대성 원리, 그리고 베이즈 통계학Bayesian statistics 같은 것들에 대한 믿음은 말할 것도 없다.

정신질환인지 존중받아야 할 종교적 믿음인지 그 경계를 구분하는 게 어려울 수도 있다. 18개월 된 유아 살해 혐의로 기소된 헌신적인 소규모 기독교 집단과 관련된 판례가 그 생생한 사례다.[65] 이 아이가 식사 전에 '아멘' 소리를 내지 않은 게 화근이었다. 아이에게서 '반항의 영'이 자라기 시작했다고 믿은 이 집단(아이의 어머니가 포함됨)은 아이에게

밥과 물을 주지 않아 사망하는 지경에 이른 것이다.

기소를 당한 아이의 어머니는 특이한 유죄인정합의plea agreement를 받아들였다. 만약 아들이 부활하면 모든 죄형을 벗는다는 조건으로 공동 피고인의 기소에 협조하기로 한 것이다. 이 합의를 받아들인 검사는 부활이 '예수와 같은' 것이어야 하며 다른 사람이나 동물로의 환생을 포함하지 않는다는 조건으로 합의를 받아들였다. 이 정신이상자들의 집단이 1년이 넘는 시간 동안 부활을 기다리며 아이의 시신을 녹색 여행 가방에 넣고 다녔다는 사실에도 불구하고, 그들 중 누군가가 정신질환으로 고통받고 있다고 믿을 이유는 없다. 그러나 그들이 종교로 인해 고통받고 있다는 점은 분명하다.

믿음과 이성의 충돌

내적 성찰을 한다고 해서 우리를 둘러싼 세상에 대한 경험이나 세상 안에서의 자신에 대한 경험이, 머리 안에서 일어나는 전압의 변화와 화학적 반응에 좌우된다는 단서를 찾지는 못한다. 그러나 한 세기 반의 역사를 지닌 뇌과학은 그렇다고 선언한다. 신경회로와 정보 처리라는 면에서 주관성의 속성 중 가장 소중하고, 애석하고, 내밀한 것을 이해한다는 것이 무엇을 뜻할까?

정신에 대한 현재의 과학적 이해에 관해서, 주요 종교는 점점 설득력을 잃어가는 교리를 고집한다. 의식과 물질의 궁극적 관계는 아직 정립되지 않았지만, 영혼에 대한 어떠한 순진한 개념조차 정신이 뇌에 분명히 영향을 받는다는 설명을 근거로 해서 버릴 수 있다. 형이상학적으로 뇌와 분리되어 있으면서, 추론하고 사랑을 느끼며 인생사를 기억할 수 있는 불멸의 영혼이 있을 수 있다는 관념을 생각해보자. 신경회로가 손상을 입으면 살아 있는 사람에게서 이런 능력이 소멸됨을 고려할 때 지지하기 불가능한 생각이다.

완전한 실어증(언어 능력의 손실)으로 고통받는 사람의 영혼이 여전히 유창하게 말하고 생각할 수 있는가? 이는 당뇨병 환자의 영혼이 인슐린을 풍부히 생산할 수 있는지 묻는 것과 비슷하다. 정신이 뇌에 의존함을 보여주는 구체적인 특성은 우리 안에 작동하는 통일된 자아가 있을 수 없다는 것을 암시하기도 한다. 정신에 수많은 독립적 요소들이 존재하기 때문에, 그리고 각 요소는 개별적인 분열에 취약하기 때문에 마치 말에 탄 기수처럼 단일 실체가 있을 수 없다.[66]

다른 동물의 뇌와 인간의 뇌가 너무나도 유사하기 때문에 영혼에 대한 교리가 변동을 경험하고 있기도 하다. 우리가 가진 정신력과 영혼이 없어 보이는 영장류의 분명한 연속성은 특별한 난점을 제기한다. 만약 침팬지와 인간의 공통 조상이 영혼을 가지고 있지 않다면, 우리는 영혼을 언제 획득한 것일까?[67] 세상의 주요 종교들 중 다수가 이러한 난처한 사실을 무시하고 단순히 인간은 다른 동물들의 내적 삶과는 전혀 무관한 독특한 유형의 주관성을 가지고 있다고 주장한다. 여기서 영혼은 탁월한 소장품이긴 하지만, 인간의 유일함에 대한 주장은 일반적으로 도덕 감각에까지 확장된다. 동물에게 그런 것이 없다고 생각되기 때문이다. 그러므로 우리의 도덕적 직관은 신의 작품임에 틀림이 없다. 이와 같은 주장이 널리 퍼져 있는 것을 볼 때, 지적으로 정직한 과학자들은 도덕성의 기원에 관해 종교와 공공연한 갈등 상황에 빠질 수밖에 없다.

그럼에도 과학과 종교 사이에는 원칙적으로 아무런 갈등도 없다고 널리 받아들여지고 있다. 이유는 많은 과학자들이 '종교적'이며, 일부는 아브라함의 하느님과 고대 기적을 진리로 믿고 있기 때문이다. 심지어 종교적 극단주의자들조차도 과학의 일부 산물—항생제, 컴퓨터, 폭탄 등—의 가치를 인정한다. 그리고 우리는 이러한 호기심의 씨앗이 종교적 믿음에 어떠한 모욕도 주지 않는 방법으로 참을성 있게 양성될 수 있다는 말을 듣는다.

이런 화해의 기도에 달린 이름은 그 수가 많고 추종자 또한 많다. 그러나 이것은 오류에 기반한다. 몇몇 과학자들이 종교적 믿음과 관련하여 어떤 문제도 감지하지 못한다는 사실은 좋은 생각과 나쁜 생각이 공존할 수 있다는 것을 입증할 뿐이다. 결혼과 불륜 사이에 갈등이 존재하는가? 결혼과 불륜은 동시에 발생하는 경우가 흔하다. 지적인 정직성이 때로 게토에—즉 하나의 뇌 또는 하나의 기관 또는 하나의 문화에—국한될 수는 있으나 이것이 이성과 믿음 사이에, 혹은 과학적 세계관 전체와 세계의 '위대한'(그리고 크게 불일치하는) 종교들이 제시하는 세계관들 사이에 완벽한 모순이 없다는 뜻은 아니다.

종교적인 과학자들이 실제로 얼마나 어설프게 이성과 신앙을 화해시키려고 하는지 그 예를 볼 수 있다. 그런 노력 중에서 프랜시스 콜린스Francis Collins의 저작보다 대중의 관심을 받은 것도 없었다. 콜린스는 현재 오바마 대통령의 지명을 받아 미국 국립보건원 소장으로 재직 중이다. 물론 그에게 결격 사유는 없다. 그는 물리화학자이자 의학유전학자이며 인간 게놈 프로젝트의 전임 책임자였다. 또한 그의 말에 따르면, 과학과 종교 사이에 갈등이 없음을 보여주는 산 증인이기도 하다. 나는 콜린스의 관점에 대해 약간 자세히 살펴보고자 한다. 그는 '지적인' 신앙을 행동으로 옮긴 가장 인상적인 예로 여겨지기 때문이다.

2006년, 콜린스는 베스트셀러인《신의 언어The Language of God》**68**를 출간했는데, 이 책에서 그는 21세기 과학과 복음주의적 기독교 사이에 존재하는 '지속적이고 심오할 정도로 만족스러운 조화'를 보여주었다.《신의 언어》는 진정 놀라운 저서다. 이 책을 읽는 것은 하나의 지적인 자살을 목도하는 것과 다름이 없다. 그러나 그것을 자살로 인정하는 일은 거의 없다. 몸을 밧줄에 내건다. 목에 줄이 묶인다. 숨이 막힌다. 이제 시신이 끔찍한 모습으로 매달린다. 그러나 예의 바른 사람들은 어디서나 이 위대한 사람의 건강을 계속해서 축하한다.

콜린스가 동료 과학자들에 의해 자주 받는 칭송은 사실상 그의 실제 모습과는 다른 속성에 주어지는 것이다. 그는 '젊은 지구 창조론자'가 아니며 또한 '지적 설계'의 지지자도 아니다. 진화설의 증거에 대한 현 상황을 볼 때, 한 과학자가 그런 사람이 아니라는 점은 매우 다행스런 일이다. 그러나 미국 국립보건원 소장으로서 콜린스는 이제 연 예산 300억 달러 이상을 통제하는, 세상 어느 누구보다도 생의과학 연구와

보건의료 연구에 막중한 책임을 지고 있다. 또한 그는 미국에서 과학을 최전방에서 대변하는 사람에 속한다. 우리는 그가 진화를 믿는다고 축하할 필요는 없다.

과학자이자 교육자로서 콜린스가 일반 대중을 위해 우주에 대한 자신의 이해를 어떻게 요약하고 있는지 아래에 제시해두었다(다음은 콜린스가 2008년 UC 버클리의 강연에서 쓴 슬라이드를 사용한 순서대로 제시한 것이다).

슬라이드 1

공간이나 시간에 제약을 받지 않는 전능한 신이 137억 년 전에 세상을 창조했다. 이때 오랜 시간에 걸쳐 복잡성의 증가를 정확히 조정하는 변수들을 창조했다.

슬라이드 2

신의 계획에는 이 지구 상에 존재하는 생명들이 놀라울 정도로 다양성을 유지할 수 있게 해주는 진화 메커니즘도 포함되어 있었다. 특히 창조 계획에는 인간이 포함되어 있었다.

슬라이드 3

진화로 인해 충분히 진일보한 '집(인간의 뇌)'이 마련된 뒤에 신은 인류에게 선과 악을 구별할 수 있는 지식(도덕법)을 자유 의지와, 불멸의 영혼과 함께 주었다.

슬라이드 4

우리 인간은 자유 의지로 도덕법을 위반했고 결국 신에게서 멀어지게 되었다. 기독교인들에게 예수는 그 불화의 해결책이다.

슬라이드 5

도덕법이 단지 진화의 부작용일 뿐이라면, 선이나 악과 같은 것은 없는 것이다. 이 모든 것은 착각일 뿐이다. 우리는 지금까지 농락당했다. 우리 중 누구라도, 특히 강한 무신론자는 그런 세계관 안에서 살아갈 준비가 되어 있는가?

콜린스가 말하는 과학과 종교 사이의 갈등을 인식하기가 진정 그렇게 어려운가? 만약 콜린스가 충실한 힌두교도로서 청중에게 브라마 신이 세상을 창조한 뒤 지금 자고 있고, 비슈누 신이 세상을 유지하면서 우리의 DNA를 수선하고 있다고(카르마의 법과 그의 재탄생을 존중하는 방식으로), 또한 시바가 결국에는 큰 화재로 세상을 멸망시킬 거라고 알려준다면 대부분의 미국인이 그것을 얼마나 과학적으로 받아들일지 상상해보라.[69] 만약 콜린스가 솔직한 다신론자라면 그에게 국립보건원을 경영할 기회가 주어졌겠는가?

의사로서의 경력을 시작한 지 얼마 되지 않았을 때 콜린스는 세계 주요 종교를 연구함으로써 신이 그의 삶에 만들어놓은 구멍을 메우고자 노력했다. 그러나 '아랫동네에 살았던 감리교 목사'의 따뜻한 친절을 찾기 전까지는 그러한 연구를 통해 그다지 많은 것을 얻지 못했다고 시인한다. 사실, 세계 종교에 대한 콜린스의 무지는 상당해 보인다. 예를 들어 그는 인간 역사상 본인을 신이라고 주장한 유일한 사람이 예수라는 기독교의 유언비어(교육받지 않은 1세기의 목수의 의견을 특별히 신뢰할 만한 것으로 만들긴 하지만)를 규칙적으로 반복한다. 콜린스는 지금 바로 이 순간에도 성인, 요가 수행자, 협잡꾼, 정신분열증 환자들은 수없이 자기가 신이라고 주장한다는 사실을 잊은 듯하다. 그리고 지금껏 그래왔다.

40년 전, 매력적인 데라고는 없는 찰스 맨슨Charles Manson은 자신이 신이자 곧 예수라며 샌 페르난도 밸리San Fernando Valley의 사회적 부적응자 무리를 설득했다. 그렇다면 우리는 우주론의 문제에 대해 맨슨에게 답을 청해야만 하는가? 그는 여전히 우리 가운데 살고 있다. 아니 적어도 코코란 주립 교도소에 앉아 있다. 과학자이자 영향력 있는 종교 변증론자로서 콜린스가 예수의 독자적인 자화자찬이라는 어리석은 허구를 반복적으로 강조하고 있다는 사실은, 그가 지나치게 오랫동안 복음주의적 기독교의 반향실echo chamber 안에서 살아왔다는 당혹스런 신호 중 하나다.

그러나 이 순례자는 자신의 길을 계속 가고 있다. 그리고 우리는 신의 정체성에 대한 콜린스의 불확실성이 루이스C. S. Lewis와의 충돌을 이겨내지 못했다는 사실을 알고 있다. 다음에 제시하는 루이스의 글이 결정적이었다.

나는 지금 그 누구든지 신에 대해 사람들이 흔히 이야기하듯이 진실로 어리석은 말을 하지 않게 막아보려고 한다. 어리석은 말이란 바로 이 말이다. '나는 예수를 대단히 도덕적인 선생으로 받아들일 준비가 되어 있다. 그러나 그가 신이라는 주장은 받아들이지 않는다.' 이 말은 절대 하지 말아야 한다. 단지 한 남자일 뿐인 어떤 자가 예수가 한 말을 그대로 한다고 해서 훌륭하고 도덕적인 선생이 될 수는 없다. 그는 미치광이—그가 수란水㧄이라고 말하는 사람과 동일한 수준—이거나 지옥의 악령일 수 있다. 그가 신의 아들이었고 지금도 그러한지, 아니면 그가 미친 사람이거나 그보다 더 한 사람인지를 당신은 반드시 선택해야 한다. 그를 바보라고 할 수도 있고 그를 향해 침을 뱉을 수도, 그를 악령이라며 죽일 수도 있다. 아니면 그의 발아래 엎드려 그를 주님이자 신이라고 부를 수도 있다. 그러나 그가 대단한 인간 선생이라는 말도 안 되는 소리에 길들여지지 않도록 하자. 그는 우리에게 그런 여지를 주지 않았다. 그는 그럴 의도가 없었다.

콜린스는 우리가 명상할 수 있도록 이 정신적 양식을 제공하고 있으며, 이것이 세상에 대한 자신의 관점을 어떻게 돌이킬 수 없이 바꾸어 놓았는지 설명한다.

루이스가 옳았다. 나는 결정을 내려야 했다. 내가 어떤 신을 믿기로 한 후 1년이 흘렀고 이제 나는 돌이켜보고 있다. 어느 아름다운 가을 날, 미시시피 서부에서의 첫 여행 기간 동안 케스케이드 산을 오를 때

신의 창조물의 장엄함과 아름다움이 내 저항을 압도했다. 모퉁이를 돌아 수십 미터 높이의 아름답고 예상치 못한 폭포를 발견했을 때 나는 탐색이 끝났음을 깨달았다. 이튿날 아침, 태양이 떠오르자 이슬 맺힌 잔디에 무릎을 꿇고 예수 그리스도 앞에 자복했다.[70]

이것은 어느 모로 보나 자기기만이다. 한 과학자가 믿음과 이성의 양립 가능성을 보여주기 위해 이런 글을 썼다는 사실이 기막힐 뿐이다. 우리가 콜린스의 추론이 더는 불안정해지지 않을 수 있을 거라고 생각한다 해도, 이후 그는 그 폭포가 얼어 '세 개'의 물줄기가 되었다고 밝혀왔으며, 그것이 그의 마음에 성삼위일체를 일깨워주었다.[71]

만약 얼어붙은 한 폭포가 기독교의 특정 교리를 확정할 수 있다면 무엇이든 뭔가를 확정할 수 있다고 말할 수 있을 것이다. 그러나 이러한 사실은 "이슬 맺힌 잔디에 무릎을 꿇은" 콜린스에게는 분명히 보이지 않았고, 지금도 그러하다. 언어의 벽을 넘어 가장 중요한 과학 잡지로 꼽히는 〈네이처〉 지의 편집자들에게도 이 사실은 명확하지 않다. 이 학술지는 콜린스가 "믿음의 사람들과 함께 과학이—사고방식으로서의 과학과 그것의 결과로서의 과학 모두에서—종교적 믿음과 어떻게 일치하는지 탐구하는 데" 참여했다며 그를 칭송했다.[72] 〈네이처〉에 따르면 콜린스는 "미국 학계 대부분과 소위 중심부 사이에 존재하는 사회적, 지적 분열을 가로지르는 다리"를 건설하는, "감동적인" 그리고 "찬사를 받을 만한" 활동에 참여했다. 그리고 콜린스는 다음과 같이 그 다리를 열심히 만들고 있다.

믿는 사람들처럼 당신은 신이 창조자라는 개념을 고수하는 것이 옳다. 성경의 진리를 고수하는 것도 옳다. 인간 존재에게 가장 긴급한 질문들에 과학은 어떠한 답도 주지 못한다는 결론을 고수하는 것도 옳다. 또한 무신론자들의 유물론적 주장이 꾸준히 거부되어야 한다는 확실성을 고수하는 것도 옳다.[73]

공간과 시간에 제약을 받지 않는 신은 세상을 창조하고 그 세상을 다스릴 자연법칙을 세웠다. 불모지가 될 수도 있는 이곳에 사람들을 거주시키기 위해 신은 미생물과 식물, 각종 동물들을 창조할 수 있는 훌륭한 진화 메커니즘을 선택했다. 가장 놀라운 점은, 하느님이 지능을 가지고 선과 악을 구분할 수 있는 지식과 자유 의지, 그리고 그와의 친밀한 관계를 갖고자 하는 욕망을 갖게 될 특별한 창조물을 만들기 위해서 일부러 동일한 메커니즘을 선택한 것이다. 그는 또한 이러한 창조물들이 결국 도덕법에 불복할 것이란 사실도 알고 있었다.[74]

상상해보라. 시대는 2006년이다. 미국 인구 중 절반은 우주의 나이가 6,000살이라고 믿는다. 전직 대통령 부시는 종교적인 근거로 세계적으로 유망한 의학 연구에 대한 연방 지원을 막기 위해 첫 거부권을 행사했다. 또한 이 나라의 으뜸 과학자들 중 한 사람은 (뇌로부터는 아닐지 몰라도) 가슴으로부터 이런 말을 하고 있다.

물론 일단 신앙의 눈을 뜨면 어디에서든 그에 대한 확증을 찾을 수 있다. 이제 콜린스는 인간 게놈 프로젝트의 지휘권을 받아들일 것인지 고민 중이다.

나는 어느 작은 교회당에서 이 결정에 대한 인도를 구하는 기도를 드리며 긴 오후를 보내고 있었다. 나는 신의 말씀을 '듣지'는 못했다. 사실 나는 한 번도 그런 경험을 한 적이 없었다. 그러나 예상치 못한 저녁 예배를 마치려던 차에, 평안이 내 안에 자리 잡았다. 며칠 후 나는 그 제안을 수락했다.[75]

정직한 추론으로부터 잠시 벗어나 경건의 시간을 가졌다는 이 글에 '일기'라는 단어를 기대하겠지만 찾을 수 없다. 대신 여기서도 다시 한 번 예상을 벗어난 상황을 특히 강조한다. 콜린스가 얼어붙은 폭포를 보게 되리라 기대하지 않았던 것처럼 그는 저녁기도 시간을 예상치 못했다. "작은 교회에서 기도를 드리며" 긴 오후를 보내는 동안 저녁기도 시간(일반적으로 해지기 직전 행해지는)을 갖는 일이 얼마나 드문가? 그리고 콜린스가 느꼈다는 '평안'이란 느낌은 대체 어떤 것인가? 우리는 그 느낌이 아주 약하더라도, 그것을 그의 종교적 믿음의 진리성을 확증해주는 징표로 봐야 한다.

콜린스는 그의 책 다른 부분에서 "일신교와 다신교가 둘 다 옳을 수는 없다"고 정확하게 언급하고 있다. 그러나 지난 수천 년 동안 언제라도 힌두교인 한두 명이 성전에서 코끼리 머리를 한 가네시 신에게 기도를 하다가 그와 비슷한 평화로움을 느꼈을 거라고는 생각지 않는가? 그렇다면 과학자로서 이러한 사실을 어떻게 받아들일 것인가?

이 시점에서 나는 많은 세계 종교의 핵심에 놓여 있는 마음 상태의 추구가 전혀 비합리적인 것은 아니라고 생각한다는 점을 말해야겠다.

동정심, 경외, 헌신, 일체감은 분명 사람이 가질 수 있는 가장 값진 경험들이다. 과학자이자 교육자에게 있어 비합리적이고 무책임한 것은 그러한 경험을 바탕으로 세상의 구조에 대해, 특정 서적의 신적 기원에 대해, 그리고 인류의 미래에 대해 정당하지 않거니와 정당화할 수도 없는 주장을 하는 것이다. 설령 평범한 명상의 경험을 기준으로 봐도 콜린스가 자신의 종교적 믿음을 지지하고자 제시한 현상은 토론의 가치도 없다. 아름다운 폭포? 예상치 못한 예배? 평안의 느낌? 이것들이 속박에서 벗어나는 콜린스의 여정에서 가장 눈에 띄는 이정표라는 사실은 이 결정적으로 혼란스러운 세상에서 가장 혼란스러운 점이 될 수도 있다.

콜린스는 하느님에 대한 믿음을 과학이 '매우 개연성 있게' 만든다고 주장한다. 그에 따르면 빅뱅이론, 자연의 지속적인 미세조정, 복잡한 생명의 출현, 수학의 효과성 등[76]이 그에게는 '사랑을 베푸시고 논리적이며 변함이 없으신' 신이 존재함을 알려준다는 것이다. 그러나 이러한 현상에 대한 대안적인(그리고 훨씬 더 그럴싸한) 설명으로 도전을 받을 때, 혹은 하느님이 사랑이 없고, 비논리적이며, 한결 같지 않고 심지어는 부재중이라는 점을 암시하는 증거로 도전을 받을 때, 콜린스는 하느님이 자연의 바깥쪽에 존재하며, 그렇기에 과학은 그의 존재에 대한 질문을 절대 해결할 수 없다고 단언한다.

이와 유사하게 콜린스는 우리의 도덕적 직관은 하느님의 존재, 그의 완벽한 도덕적 특성, 그리고 인간 모두와 관계를 갖고자 하는 그의 욕망을 항변한다고 주장한다. 그러나 조류나 지진에 의해 종종 죄 없는 아이들이 사망하는 사고로 우리의 도덕적 직관이 주춤해질 때, 콜린스는 시간의 구애를 받는 우리의 선과 악에 대한 개념을 신뢰해서는 안 되며 하느님의 의지는 완벽한 미스터리라고 설득한다.[77] 이는 종종 종교적 해명에도 해당되며, 머리와 믿음이 이기고 꼬리와 이성이 지는 경우에 해당된다.

　대부분의 기독교인들처럼 콜린스는 동정녀 탄생, 예수 그리스도의 문자 그대로의 부활을 포함하여 정전으로 인정받은 일련의 기적들을 믿는다. 그는 라이트N. T. Wright[78]와 존 폴킹혼John Polkinghorne[79]을 이런 문제에 대한 최고 권위자로 인용하며, 신학적인 문제로 어려움에 직면할 때 이들의 책을 지침 삼아 참고할 것을 제안하기도 한다. 독자들에게 이들 책을 잠깐 보여주고 싶은데, 여기 죽은 자들의 도래하는 부활의 물리학에 대한 폴킹혼의 글의 잠시 살펴보자.

　만약 우리가 인간을 정신 신체적인 통일체로 본다면, 내가 성경은 물론이고 정신과 뇌의 긴밀한 관계에 대한 현대의 경험이 우리에게 촉구하는 바를 믿는 대로, 영혼은 아리스토텔레스적 의미의, 신체의 '형식' 또는 신체의 정보 전달 패턴으로 이해되어야 할 것이다. 이 패턴은 사망과 함께 해체됨에도 불구하고, 그것이 신에 의해 기억되고 부활이라는 신적 행위 안에서 재구성될 것이라고 믿는 것은 완벽히 합리적으로 보인다. 그러한 재구성의 매개가 될, 앞으로 올 세상의 '물질'은 현 우주의 물질로 변화될 것이며, 그 자체는 '그것의' 우주적 죽음을 넘어 신에 의해 구함을 받을 것이다. 부활한 우주는 조물주가 '무에서 세상을 창조하는ex nihilo' 두 번째 시도가 아니라, 새로운 창조 행위를 통한 '현재 세계의 변형ex vetere'이다. 그러면 신이 특정 성질을 불어넣은 '물질'이, 현재의 물리적 과정 속에 고유한 일시성과 퇴락으로부터 총체적으로 신성한 우주에서 해방되고, 이 우주에서 신은 진정 만유의 주로서 임재하게 될 것이다(고린도전서 15장 28절). 이러한 신비하고 즐거운 믿음은 하느님의 신실함뿐만 아니라 새로운 창조가 시작되는 발생적 사건으로 이해되는 그리스도의 부활은 물론이고, 심지어는 앞으로 올 세상이 필멸의 현 세상의 변형인 것처럼 주님의 다시 살아난 영광을 받은 몸이 죽은 몸의 변형이라는 의미를 가진 텅 빈 무덤에 기반을 두고 있다.[80]

사실 이러한 믿음은 '신비스럽고 흥분'된다. 폴킹혼 역시 과학자다. 그러나 문제는, 종교에 대한 그의 저작—이제는 책꽂이 전체를 채우고 있는—과 매우 인내심 있는 소칼Sokal을 닮은 날조를 구분하기가 불가능하다는 것이다.[81] 만약 꼼꼼히 구성된 무의미한 말들로 종교 체제를 위협하려 한다면, 그것은 바로 유사과학, 유사학문, 유사추론에 속하는 것이 된다. 안타깝게도 내게는 폴킹혼의 진정성을 의심할 이유가 없다. 이는 프랜시스 콜린스의 경우도 마찬가지다.

예수의 신성에 대한 믿음과 현대 과학을 화해시키려 노력했던, 콜린스 정도의 위상을 가진 과학자에게조차도 그 모두는 '텅 빈 무덤empty tomb'으로 귀결된다. 콜린스는 만일 하느님의 타당성에 대한 그의 모든 과학적 논의가 오류가 있는 것으로 증명된다 해도, 자신의 믿음은 모든 진지한 그리스도인들이 공유하는 예수의 기적에 대한 복음서의 기술이 사실이라는 믿음에 기반을 두고 있기에 조금의 흔들림도 없다고 당당히 인정한다. 문제는 기적 이야기들이 21세기에서조차도 집 안의 먼지처럼 흔하다는 사실이다.

예를 들어 예수가 가진 초자연적인 힘 모두는 남인도 구루인 사티아 사이 바바Sathya Sai Baba가 지니고 있었다고 수많은 실존 인물들이 증언한다. 사티아 사이 바바는 처녀에게서 태어났다고 주장하기까지 한다. 이는 종교사 혹은 일반 역사에서 볼 때 그리 낯선 주장은 아니다. 칭기즈 칸과 알렉산더 같은 이 세상 사람들 역시 한때 처녀에게서 태어났다고 생각되기도 했다(단성생식은 분명 한 남성이 한쪽 뺨을 맞은 경우 다른 쪽 뺨을 내놓으라는 것을 보장하지 못한다). 따라서 콜린스의 믿음은 사티아 사이 바바와 같은 사람을 에워싼 부류의 기적 이야기가—케이블TV에서 1시간을 할애할 가치조차 없는—서로 모순되고 파편적인 고대 그리스 원고의 복사본의 복사본의 복사본에서 증거가 제시된 대로, 예상 발생 시점에서 수십 년이 흐른 1세기 로마제국의 비과학적 종교 상황을 배경으로 삼고 있다면 매우 신뢰도가 높아진다는 주장에 기반을 두고 있다.[82] 이 기반 위에서 현재 국립보건원의 수장은 다음의 제안을 우리가 믿기를 촉구할 것이다.

1. 전승에 의하면 목수이자 처녀에게서 태어난 예수 그리스도는 인류의 총체적 죄를 위해 희생양으로 살해되었으며 사흘 만에 죽음에서

부활했다.

2. 그는 즉각 육신을 입은 채 '하늘'로 승천했고, 그곳에서 2,000년 동안 여기저기에서 달려든 수십억의 인간들이 동시적으로 하는 기도를 도청(그리고 가끔씩은 응답을 해주기까지)한다.

3. 이러한 신성한 계약을 무한정 유지하는 것에 만족하지 않는, 이 보이지 않는 목수는 언젠가 지구로 돌아와 성적 무분별과 회의적 의심을 품은 인류를 심판할 것이고, 그때 그는 어머니의 무릎에 앉은 채, 이해하기 힘든 기적의 장황한 이야기가 지금껏 우주에 대해 알려진 가장 중요한 일련의 진실이라고 운 좋게 믿어온 사람들에게 영생을 허락할 것이다.

4. 클레오파트라에서 아인슈타인에 이르기까지 과거와 현재의 다른 모든 인류는 자신이 이 땅에서 무슨 일을 이룩했는지에 상관없이 훨씬 바람직하지 않은 운명, 명시되지 않은 것이 최선인 운명에 처해질 것이다.

5. 그동안, 하느님/예수는 완벽하게 지혜롭고 사랑 많은 대행자를 통해 자신이 원하는 대로, 가끔씩 말기 암을 치료하면서(혹은 치료하지 않으면서), 지도guidance를 구하는 진지한 기도에 응답하면서(혹은 응답하지 않으면서), 죽음을 당한 자들을 위로하면서(혹은 위로하지 않으면서) 우리의 삶에 개입하거나 개입하지 않는다.

얼마나 많은 과학법칙이 이러한 틀에 의해 깨졌는가? '모두'라고 말하고 싶을지도 모른다. 그러나 〈네이처〉 같은 학술지가 콜린스를 다뤄온 방식으로 판단해보자면, 과학적 세계관 혹은 지적 정확함과 자기비판은 이러한 확신을 전혀 비판적으로 조명하지 않는다.

국립보건원의 수장으로 지명되기 전 콜린스는 바이오로고스재단BioLogos Foundation이라는 조직을 발족시켰다. 이 조직의 목적은(강령에 따르면) '세상과 삶의 기원에 대한 기독교의 믿음과 과학적 발견물의 양립 가능성'을 소통하는 것이다. 바이오로고스는 '생애 최대의 질문'에 대한 답을 모색한다고 주장하지만 실상은 종교와 과학 사이의 경계를 지우는 데 주로 헌신한 것처럼 보이는 템플턴재단의 후원을 받는다. 이 재단은 보유하고 있는 엄청난 부를 활용하여 종교적 신앙을 과학이라는 이름에 걸맞은 지류로 재도약시키기 위해 세속적 학문이 공모하도록 매수할 수 있었던 것으로 보인다. 예상한 대로 〈네이처〉는 템플턴에 대해서도 부끄러울 정도로 무기력한 자세를 취해왔다.[83]

콜린스가 만약 과학과 주술, 점성학 혹은 타로 카드 사이의 양립 가능성에 대해 논했다면 〈네이처〉에서 같은 대접을 받았겠는가? 대신 그는 격렬한 비판에 직면했을 것이다. 비교를 위해 〈네이처〉에 낸 사설 때문에 학문적 경력이 완전히 무력화된 생화학자 루퍼트 셸드레이크 Rupert Sheldrake의 예를 들어보자.[84] 셸드레이크는 저서 《새로운 생명과학 A New science of Life》에서 자연의 생명 체계와 다른 유형이 어떻게 발전하는지 설명하고자 '형태 공명morphic resonance'이란 이론을 개발했다.[85] 두말할 필요 없이, 이 이론은 완전히 틀렸다는 말을 들을 가능성이 매우 커 보였다. 그러나 셸드레이크의 저서에는 콜린스가 《신의 언어》 거의 모든 장에서 말한 지적 거짓에 필적할 만한 문장은 하나도 없었다.[86] 무엇이 이런 이중 잣대를 야기하는가? 분명 주류 종교(서양에서는 기독교, 유대교, 이슬람교)를 비판하는 것은 여전히 금기이기 때문일 것이다.

콜린스에 따르면 도덕법칙은 오직 인간에게만 적용된다.

> 다른 동물들도 때로는 희미하나마 도덕적 관념을 보여주곤 하지만 그
> 것은 분명 광범위하게 드러나는 것은 아니다. 많은 예를 볼 때 다른
> 종의 행동은 보편적 옳음universal rightness이라는 개념에 극적으로 위배
> 되는 것으로 보인다.[87]

사람들은 저자가 신문을 읽은 적이 있거나 한 것인지 궁금해한다. 인
간의 행동에는 이러한 '극적 대조'가 전혀 나타나지 않는다는 말인가?
이러한 '보편적 옳음에 대한 감각'에 의구심을 갖게 하려면 인간이 얼
마나 나쁘게 행동해야 하는가? 다른 어떤 종도 이타적 측면에서 우리
에게 필적할 수 없으며, 가학성에 있어서도 마찬가지다. 콜린스—결국
유전자에 대해 몇 가지를 아는—가 우리의 도덕관념에 진화적 선행자
가 있는지 의구심을 갖기 시작하기 전, 다른 동물들 사이에는 간헐적으
로 보이는 도덕성이 얼마나 광범위하게 퍼져 있었는가?

쥐가 자기와 친하지 않은 쥐보다 친한 쥐가 고통받는 모습에 더 괴로
워한다면(실제도 쥐는 그러하다[88])? 같은 우리 안에 사는 짝이 고통스런
쇼크를 받지 않도록 원숭이들이 자발적으로 굶는다면(그들은 실제 그렇
게 할 것이다[89])? 만약 침팬지들이 음식이라는 보상을 받을 때 공정성을
보여준다면(그들은 실제 그러하다[90])? 개도 그렇다면(실제로 그러하다[91])?

만약 우리의 도덕성이 진화의 산물이라면 이런 것들이 바로 사람들이 기대하는 종류의 발견이 아니겠는가?

도덕이 초자연적인 것으로부터 생겨났다는 콜린스의 주장은 진정한 이타성에 대한 진화적 설명이 있을 수 없다는 이후의 주장에 기반을 두고 있다. 자기희생은 개인이 살아남아 생식할 가능성을 증가시킬 수 없으므로, 진정한 자기희생적 행동은 도덕성에 대한 생물학적 설명에 대한 원시적인 응수가 된다. 그러므로 콜린스의 관점에서는 이타성의 존재만으로도 하느님이 인격적이라는 피할 수 없는 증거가 되는 것이다. 그러나 잠시만 생각을 해봐도 우리가 이러한 중립적인 생물학을 받아들인다면 우리에 관한 거의 모든 것은 종교적 미스터리라는 따뜻한 온기를 덮어 쓰게 된다.

흡연은 건강한 습관이 아니고 적응력에 있어서 이익이 될 가능성도 낮다. 그리고 구석기 시대에는 흡연이 존재하지도 않았다. 그러나 이러한 습관은 지금 광범위하게 퍼져 있고 그 유혹도 대단하다. 하느님이 담배 재배자일 가능성이 있을까? 콜린스는 인간의 도덕성과 이타적 사랑이 좀 더 기본적인 생물학 및 심리학적 특성, 즉 진화의 산물들로부터 야기될 수 있다고 생각하지 않는 듯하다. 그가 받은 과학적 훈련이라는 관점에서 이러한 착오를 해석하기는 어렵다. 더 잘 모르는 경우에는 종교적 교리가 과학적 추론에 장애를 만든다는 결론을 내리고자 하는 유혹을 받는다.

물론 인간이 하느님의 형상에 따라 만들어지고 '불멸하는 영혼'을 허락받은 유일한 종이라는 것을 믿는 데는 윤리적 함의가 있다. 영혼과 관련된 관심은 윤리적 행동에 대한 매우 형편없는 지침이다. 즉 우리와 같은 양심적 피조물들의 고통을 완화하는 데 매우 형편없는 지침이다. 영혼이 착상 당시(혹은 그 즈음) 접합자zygote에 들어간다는 믿음은 페트리 디시Petri dishes(배양접시)에 있는 미분화된 세포의 운명에 대한 거짓 걱정으로, 그리고 배아줄기세포에 대한 심오한 염려로 이어진다.

종종 영혼에 대한 믿음은 생물체의 고통에 무감각한 사람들로 하여금 그것을 소유하지 말자고 생각하게 만든다. 3일된 인간 배아가 겪지 않는 고통을 동물들 중에는 겪는 경우가 많다. 의학 연구를 위해 영장류를 사용할 때, 군사적 목적의 초음파에 고래와 돌고래를 노출시킬 때[92], 이 모두는 실제 고통을 야기하는 윤리적 딜레마에 처해 있다. 이 문장의 맨 끝에 찍혀 있는 점보다 작은 인간 배아에 대한 우려는—최근 몇 년 간 의학 연구에 있어 가장 유망한 상황 중 하나를 구성한—윤리적으로 막다른 골목, 그리고 동정의 끔찍한 실패에 이르게 하는 종교의 수많은 현혹적인 산물 중 하나다. 콜린스가 배아줄기세포 연구를 지지하는 듯 보이지만, 그는 그 이후 (말 그대로) 수많은 영혼 연구를 행하고 있으며 상당한 신학적 구속을 받고 있다. 이 주제에 대해 그가 말하고 적은 것이 무엇이든지 간에 실질적으로 인간과 동물의 행복에 신경을 쓴다면 두 말할 필요 없이 온전히 명확했을 윤리적 질문을 복잡하게 만든다.

현재로서 인간 배아의 파괴를 동반하는 배아줄기세포 연구의 윤리는 150세포 단계의 배아가 실제로 무엇인지를 고려해보기만 해도 판단할 수 있다. 우리는 복잡성 면에서 유사한, 혹은 그보다 더 복잡한 유기체들을 어떻게 다루는지, 또한 이후의 발달 단계에 있는 인간들을 우리가 어떻게 대하는지를 고려하여 그들의 파괴에 대해 숙고해야 한다. 예를 들어, 임신 기간 동안에는 수많은 질환이 나타날 수 있고, 이 질환들이 치료를 위해서는 훨씬 더 발달된 배아를 파괴할 수 있다. 또한 이러한 개입은 사회에 훨씬 적은 잠재적 이익을 제공한다. 흥미로운 점은 그 누구도 이러한 절차에 반대하지 않는다는 것이다.

태아 속 태아fetus in fetu라는 사례가 있다. 쌍둥이에서 덜 발달된 태아가 건강한 태아 속에 착상하여 자라는 현상이다. 때로 이러한 상황은 아이가 태어난 이후 몸 안에 뭔가가 돌아다니는 것 같다고 불평하기 전까지 발견되지 않기도 한다. 그러면 쌍둥이 형제는 마치 종양처럼 제거되고 파괴된다.[93] 하느님이 다양성을 사랑하는 것처럼, 이러한 상황에는 셀 수 없이 많은 가능성이 존재하고, 이 쌍둥이는 상상 가능한 거의 모든 방식으로 융합될 수 있다. 또한 두 번째 쌍둥이는 기형종teratoma이라고 하는, 조직이 와해된 큰 덩어리일 수도 있다. 조직이 얼마나 와해되었든지 간에, 기생 쌍둥이는 150세포 단계에 있는 배아보다 훨씬 더 발달된 개체일 것이다. 미국에서는 접합 쌍둥이('샴쌍둥이') 중 하나를 구하기 위해 의도적으로 다른 하나를 희생하여 공유한 장기를 살아남을 아이에게 주는 일도 발생했다. 사실, 공유하지 않은 장기를 앞으로 희생될 쌍둥이에게서 떼어 이식하는 경우도 있었다.[94]

몇몇 사람들은 이런 경우, 한 유기체의 '생존 능력'이 주된 핵심이라고 주장한다. 특별한 개입이 없다면 그 쌍둥이는 생존할 수 없다는 것이다. 그러나 온전히 발달한 인간 중 수많은 사람들이 자신들의 삶 속

어느 시점에서 이러한 온전한 의존 상황(예를 들어 투석을 받는 신장 질병 환자)에 놓인다. 배아 그 자체는 적절한 조건에 놓이지 않으면 생존이 불가능하다. 사실, 배아가 자궁에 이식되었다 할지라도 특정 기간이 지난 후에는 생존이 불가능하도록 조정될 수도 있다. 이 사실은 배아 줄기세포 연구에 반대하는 사람들의 윤리적 걱정을 미연에 방지할 수 있는가?

이 책을 쓰고 있는 이 순간까지도 오바마 행정부는 배아줄기세포 연구에서 가장 중요한 걸림돌을 치우지 않고 있다. 현재 연방정부는 불임 클리닉에서 여분으로 남은 배아에서 추출한 줄기세포 연구에만 예산을 지원한다. 이러한 미묘함은 미국 유권자들이 갖고 있는 종교적 확신에 대한 양보임이 분명하다. 콜린스는 체세포 핵치환술SCNT을 통해 생성된 배아 연구를 더 진행하고 지원하려는 듯이 보이긴 해도, 이러한 논쟁에서 윤리적으로 명확한 목소리를 내려고 하지는 않는다. 예를 들어, 그는 SCNT를 통해 만들어진 배아는 정자와 난자의 결합을 통해 형성된 배아와 다른 것으로 간주한다. 그 이유는 전자는 "인간을 창조하려는 하느님의 계획의 일부가 아닌" 반면, "후자는 우리 인간은 물론이고 다른 종들에 의해 수천 년 동안 수행된 하느님의 계획의 일부이기" 때문이다.**95**

'하느님의 계획'에 대해 이야기하면 생명윤리에 대한 진지한 토론에서 무엇을 얻을 수 있는가? 만일 그러한 배아가 분만일이 될 때까지 성장하여 감각을 갖춘 고통을 느끼는 인간이 된다면, 이러한 사람들이

'하느님의 계획'에서 벗어난 채 착상이 되었다는 이유로 이들을 죽이고 장기를 적출하는 것이 윤리적일까? 콜린스가 국립보건원에서 맡은 책무로 인해 배아줄기세포 연구의 진보가 가로막히진 않을 듯 보이긴 하지만, 그가 임명된 것의 한편으로는 실제 과학과 실제 윤리의 차이, 다른 한편으로는 종교적 미신과 금기의 차이를 분열시키기 위해 쏟아붓고 있는 오바마 대통령의 여러 가지 노력 중 하나를 약속하고 있다.

콜린스는 "인간 존재에게 가장 긴급한 질문들에 과학은 어떠한 답도 주지 못하며… 무신론자들의 유물론적 주장은 꾸준히 거부되어야 한다"고 썼다. 우리는 이러한 확신이 국립보건원에서 그가 내릴 판단에 영향을 미치지 않기만 바랄 뿐이다. 이 책 전반에 걸쳐 논의했던 것처럼, 뇌의 측면에서 인간의 행복을 이해하는 것은 인간 존재에 대한 가장 긴급한 질문—예를 들어 '우리는 왜 고통을 받는가', '어떻게 하면 가장 깊은 수준의 행복을 얻을 수 있을까', 혹은 '이웃을 내 몸과 같이 사랑할 수 있는가'와 같은 질문—에 대해 몇 가지 답을 제공해줄 수 있다. 또한 영혼을 언급하지 않고 인간 본성을 설명하고 하느님을 언급하지 않고 도덕을 설명하고자 하는 노력은 '무신론적 유물론'을 형성하지 않겠는가? 미국 생물의학의 미래를, 죽음으로부터의 부활은 필연적인 반면 과학을 통해 우리 자신을 이해하는 것은 불가능하다고 믿는 사람에게 맡기는 것이 진정 현명한 일인가?

✻ 과학적 무지와 내적 갈등

내가 〈뉴욕타임스〉에서 오바마 대통령이 콜린스에게 한 약속을 비판했을 때, 많은 독자들은 그것이 '편협성'을 공공연히 드러낸 것으로 간주했다.[96] 예를 들어 생물학자 케네스 밀러Kenneth Miller는 편집자에게 보낸 편지에서 내 관점은 "종교에 대해 내가 갖고 있던 매우 뿌리 깊은 편견"의 산물일 뿐이며, 내가 단지 "그가 기독교인"이라는 이유로 콜린스를 적대적으로 대한다고 주장했다.[97] 〈가디언The Guardian〉에서 앤드류 브라운Andrew Brown은 내가 콜린스를 비판한 것이 "인권에 관한 모든 가능한 입장에 위배되고 심지어는 미국 헌법에도 위배되는, 환상적으로 편협하고 태생적으로 전체주의적인 입장"이라고 썼다. 밀러와 브라운은 타당성이 없는 믿음과 혼란스런 사고는 그것이 주류 종교와 연관되어 있는 한 도전받지 않아야 한다고 느끼는 것이 분명하다. 그리고 그렇게 느끼는 것이 신앙과 동의어라고 생각한다. 그들은 혼자가 아니다.

지금은 리처드 도킨스, 대니얼 데닛, 크리스토퍼 히친스Christopher HItchens, 그리고 나(소위 신新무신론자들)에 대해 무례함, 편견, '지적인' 신자들이 신앙을 실천하는 방식에 대한 무지를 근거로 공격하는 저술만 해도 수십 권의 저서와 수백 편이 될 정도로 점점 더 많아지고 있다. 우리는 전체를 보여주어야 함에도 가장 극단적인 형태를 택해 종교를 희화한다는 이야기를 종종 듣는다. 우리는 그런 일은 하지 않는다. 우리는 단순히 프랜시스 콜린스와 같이 지적 소양을 갖춘 전형적 신앙인이 하는 일을 할 뿐이다. 종교에 대한 특정한 주장을 진지하게 생각하는 것 말이다.

우리 같은 세속적 비평가 대다수는 우리가 사람들로 하여금 이성과 믿음 둘 중 하나를 선택하라고 강요한다면 그들은 신앙을 선택하여 과학 연구에 대한 지원을 멈출 것이라고 우려한다. 반대로 만약 우리가 종교와 과학 사이에는 갈등이 없다고 끊임없이 반복한다면, 그것은 수많은 사람들이 진화의 진실(그 자체가 목적이지만)을 받아들이도록 회유하는 것일 수 있다. 저널리스트인 크리스 무니Chris Mooney와 해양생물학자인 셰릴 커셴바움Sheril Kirshenbaum의 저서인 《비과학적 미국Unscientific America》에서 인용한, 안타깝게도 대부분의 사람들이 받아들일 것 같은 종류의 비난을 아래에 제시해본다.

> 만약 과학과 이성에 좀 더 친숙한 미국을 창조하는 것이 목표라면 신무신론자들의 호전성은 매우 비생산적이다. 사실 그들은 창조 과학과 지적 설계 움직임을 유행시킨 과학적, 보수적 기독교인인 자신들의 무서운 적들과의 아이러니한 조합 속에서 일한다. 굳이 그럴 필요가 없을 때도 진화론 교육 같은 주제에 대해 양극화를 부추기면서 말이다. 미국은 매우 종교적인 국가이며, 믿음과 과학 사이에서의 선택을 강요한다면 수많은 미국인들이 전자를 택할 것이다. 신무신론자들은 양자택일을 해야 한다고 고집하는 데서 오류를 범하고 있다. 지적 설계가 종교적 믿음의 필연적 부산물인 것 이상으로 무신론은 과학적 추론의 불가피한 결과라 할 수 없다. 종교를 믿는 많은 신자들이 발전, 다양성, 지상 생명의 내적 상관성을 설명하는 정확한 이론으로

서 진화를 받아들이는 것처럼, 수많은 위대한 과학자들은 내적 갈등 없이 하느님을 믿는다. 자신들이 매우 경멸하는 근본주의자들과 마찬가지로 신무신론자들은 향후 세대들의 과학적 개화의 이유에 해만 입히는 그릇된 이분법을 형성하고 있다. 이는 과학이 양극단 사이에 발목이 잡힌 채 파괴적이고 끝도 없어 보이는 문화적 전쟁에서 피할 도피처를 발견하지 못하게 한다.[98]

첫 번째로 주목할 것은 무니와 커셴바움이 이 문제의 본질을 혼동하고 있다는 점이다. 목표는 더 많은 미국인들로 하여금 진화(또는 다른 과학 이론)가 진실이라는 것을 단순히 수용하게 하는 것이 아니라, 그들에게 진화론에 대한 믿음을 필수적인(불가피한) 것으로 만들어준, 바로 그 이성의 원칙과 학문적 담화의 원칙을 소중히 여기게 만드는 것이다. 진화에 대한 의심은 기저 질환의 증상일 뿐이다. 그 질환은 충분한 이유 없는 확신, 지식으로 착각한 희망, 좋은 생각으로부터 보호받는 나쁜 생각, 나쁜 생각에 가려진 좋은 생각들, 구원의 원칙으로까지 격상된 희망적 관측 등, 신앙 그 자체다. 무니와 커셴바움은 우리가 그들에게 거짓말을 하면서 지적 정직성을 가치 있게 여기게 만들 수 있다고 상상하는 듯 보인다.

신앙을 가진 사람들에 대한 '존경'의 표현으로 한결같이 홍보되고 있지만, 무니와 커셴바움이 제안한 화해주의는 두려움에 의해 동기부여된 벌가벗은 겸양에 지나지 않는다. 그들은 종교에 대한 반론이 얼마나 타당한가에 관계없이 사람들이 과학보다는 종교를 택할 것이라고 확신한다. 특정 상황에서 이러한 두려움은 정당화될 수 있다. 내가 메카의 대사원 안에 서서 이슬람의 불합리에 대해 조목조목 설명할 일은 없을 것이다. 그러나 무니와 커셴바움이 미국에서의 공적 담화를 어떻게 바라보고 있는지에 대해 솔직해지자. 신중하게 말하지 않으면 기독교 폭도들이 또다시 알렉산드리아 도서관에 불을 지를 것이다.

비교해보면, '신무신론자들'의 '호전성'은 꽤나 아마추어적이다. 우리는 종교 주제에 대한 이성적 논쟁, 풍자, 조롱에 대응하기 위한 필수요건인 지적, 감정적 성숙을 우리의 친구인 호모사피엔스가 갖고 있었다고 추정하는 죄를 범하고 있을 뿐이다. 물론 우리가 틀렸을 수도 있다. 그러나 이러한 논쟁 당사자들 중 어떤 쪽이 우리의 이웃을 위험한 아이로 보고 있으며, 어떤 쪽이 그 이웃을 현실의 본질에 대해 완전히 호도되지 않으려 하는 성인으로 보고 있는지 이제는 받아들이자.

마지막으로, 이제 우리는 이 장의 주제였던 혼란의 핵심에 도달해 있다. 바로 '수많은 위대한 과학자들은 내적 갈등 없이 하느님을 믿는다'[99]는 부적절한 주장이 그것이다. 어떤 사람들은 분명한 판단력으로도 아주 형편없는 추론을 한다는—혹은 자신들이 분명한 판단력을 갖고 있다고 말하면서도 그런 형편없는 추론을 한다는—사실은 종교 및 과학적 개념, 목표 혹은 사고방식의 양립 가능성에 대해서 그 무엇도 증명해주지 못한다. 자신이 틀렸다는 것을 잘 모를 수도 있다(우리는 이것을 '무식'이라고 말한다). 자신이 틀렸다는 것을 알고 있지만 그것을 공공연히 받아들이는 데 사회적 비용을 발생시키기가 꺼려질 수도 있다(우리는 이것을 '위선'이라고 말한다). 또한 자신이 틀렸다는 사실을 어렴풋이 감지하지만, 틀렸다는 것에 대한 두려움 때문에 그 사람이 오류투성이 믿음에 더 정진하도록 만들 수도 있다(우리는 이것을 '자기기만'이라고 부른다). 이러한 마음의 형태가 종교라는 영역에서 엄청난 역할을 한다는 것은 분명해 보인다.

미국에는 과학적 무지가 만연해 있다. 극소수의 과학적 진실만이 자명할 뿐, 많은 진실이 매우 직관에 반한다는 점을 감안한다면 놀라운 일도 아니다. 빈 공간에도 체계가 있으며 우리가 집파리, 바나나와 같은 조상을 공유하고 있는지는 분명하지 않다. 과학자처럼 생각하는 것은 어려울 수도 있다(심지어 과학자라도 생각보다는 눈으로 보기 시작했을 수 있다). 그러나 과학자처럼 사고하는 것을 어렵게 하는 것 중에 종교에 대한 집착보다 더한 것은 거의 없다.

1) Marx, [1843] 1971.

2) Freud, [1930] 1994; Freud & Strachey, [1927] 1975.

3) Weber, [1922] 1993.

4) Zuckerman, 2008.

5) Norris & Inglehart, 2004.

6) Finke & Stark, 1998.

7) Norris & Inglehart, 2004, 108쪽.

8) 그러나 사회경제적 불평등이 이슬람권의 종교적 극단주의를 설명해주지는 않는 것 같다. 이슬람 근본주의자들은 중도주의자들보다 평균적으로 부유하고 교육 수준도 높기 때문이다(Atran, 2003; Esposito, 2008).

9) http://pewglobal.org/reports/display.php?ReportID=258.

10) http://pewforum.org/surveys/campaign08/.

11) Pysiäinen & Hauser, 2010.

12) Zuckerman, 2008.

13) Paul, 2009.

14) Hall, Matz, & Wood, 2010.

15) 세계 가치 조사World Values Survey(www.worldvaluessurvey.org)가 수십 년에 걸친 다문화 연구에서 '주관적 행복subjective well-being, SWB'을 조사한 결과, 사회 발달이나 안보, 자유 수준이 낮은 국가에서는 종교가 인간의 행복과 생에 대한 만족도에 크게 기여할 수도 있음을 알아냈다. 그런데 가장 행복하고 가장 안전한 사회들은 가장 세속적인 경향이 있다. 한 사회의 평균적 SWB의 가장 큰 예측 변수는 (동성애, 양

성평등, 타 종교 등에 대한) 사회적 관용도social tolerance와 개인의 자유다(Inglehart, Foa, Peterson, & Welzel, 2008). 물론 관용도와 개인의 자유는 직접적인 관련이 있고, 어느 쪽도 정통 종교의 그늘 아래에서는 융성하지 못하는 것으로 보인다.

16) Paul, 2009.

17) Culotta, 2009.

18) Buss, 2002.

19) 이 점은 생물학자 제리 코인Jerry Coyne이 (개인적으로) 지적해주었다. 그러나 더 나아가 뇌과학자 마크 코헨은 다수의 전통사회가 성적 문란에 대해 여성보다는 남 성에게 더 관대하다고 (개인적으로) 말했다. 예를 들어 강간을 당한 사람에 대한 처벌 은 강간을 한 사람에 대한 처벌만큼 엄하거나 혹은 더 가혹했다는 것이다. 코헨은 이 런 경우 종교가 생물학적 명령에 대한 사후 정당화를 제시할 수 있다고 했다. 그럴 수 있다고 생각한다. 다른 데에서도 밝혔듯이 인간 행복의 극대화라는 과제는 홍적 세의 생물학적 명령과는 분명하게 분리된다는 점만 덧붙여두겠다.

20) Foster & Kokko, 2008.

21) Fincher, Thornhill, Murray, & Schaller, 2008.

22) Dawkins, 1994; D. Dennett, 1994; D. C. Dennett, 2006; D. S. Wilson & Wilson, 2007; E. O. Wilson, 2005; E. O. Wilson & Holldobler, 2005, 169~172쪽; Dawkins, 2006.

23) Boyer, 2001; Durkheim & Cosman, [1912] 2001.

24) Stark, 2001, 180~181쪽.

25) Livingston, 2005.

26) Dennett, 2006.

27) http://pewforum.org/docs/?DocID=215.

28) http://pewforum.org/docs/?DocID=153.

29) Boyer, 2001, 302쪽.

30) Barrett, 2000.

31) Bloom, 2004.

32) Brooks, 2009.

33) E. M. Evans, 2001.

34) Hood, 2009.

35) D'Onofrio, Eaves, Murrelle, Maes, & Spilka, 1999.

36) Previc, 2006.

37) 덧붙이자면, 특정한 세로토닌 수용체의 밀도는 기질 성격 척도Temperament & Character Inventory의 '영적 수용spiritual acceptance'이라는 부척도와 높은 역의 상관관계를 보였다(J. Borg, Andree, Soderstrom, & Farde, 2003).

38) Asheim, Hansen & Brodtkorb, 2003; Blumer, 1999; Persinger & Fisher, 1990.

39) Brefczynski-Lewis, Lutz, Schaefer, Levinson, & Davidson, 2007; Lutz, Brefczynski-Lewis, Johnstone, & Davidson, 2008; Lutz, Greischar, Rawlings, Ricard, & Davidson, 2004; Lutz, Slagter, Dunne, & Davidson, 2008; A. Newberg et al., 2001.

40) Anastasi & Newberg, 2008; Azari et al., 2001; A. Newberg, Pourdehnad, Alavi, & d'Aquili, 2003; A. B. Newberg, Wintering, Morgan, & Waldman, 2006; Schjoedt, Stodkilde-Jorgensen, Geertz, & Roepstorff, 2008, 2009.

41) S. Harris et al., 2008.

42) Kapogiannis et al., 2009.

43) S. Harris et al., 2009.

44) D'Argembeau et al., 2008; Moran, Macrae, Heatherton, Wyland, & Kelly, 2006; Northoff et al., 2006; Schneider et al., 2008.

45) Bechara et al., 2000.

46) Hornak et al., 2004; O'Doherty et al., 2003; Rolls, Grabenhorst, & Parris, 2008.

47) Matsmoto & Tanaka, 2004.

48) 기독교인과 비기독교인 사이에 '믿음 마이너스 불신'을 직접 비교한 결과, 비종교적인 자극에서는 집단 간 차이가 통계적으로 의미가 없었다. 종교적 자극에 대해서는 집단에 따라 달라지는 뇌 영역이 추가되었다. 그러나 이런 결과는 종교적 교리를 위반하는 내용의 진술(신성모독적인 진술)에 대해 두 집단이 공통된 반응을 보인다는 사실로 설명된다.

반면 '불신 마이너스 믿음'은 상전두구superior frontal sulcus와 전중회precentral gyrus에서 신호를 증가시켰다. 이 영역의 상관성은 이전의 연구만으로는 잘 설명되지 않는다. 그러나 관심 영역을 분석해보니 이런 대조 때문에 뇌도에서 신호가 증가했음이 드러났다. 이것은 이런 대조에 대한 우리의 선행 연구를 부분적으로 되풀이한 것이며, 카포지아니스Kapogiannis 등의 연구를 뒷받침한다. 이들 역시 가짜라고 생각한 종교적 진술을 거부하는 것과 뇌도의 신호가 관련됨을 밝혀냈다. 부정적인 감정이나 평가에서 전측뇌도의 중요성은 앞에서 논의했다. 카포지아니스 등은 비종교적 대조군을 실험에 포함하지 않았기 때문에, 그들은 뇌도의 반응을 신앙인들이 종교적 교리를 위반하면 '혐오, 죄, 상실의 두려움'을 일으킬 수 있다는 신호로 해석했다. 반면 우리의 이전 연구는 뇌도가 일반적인 불신에 대해 활성화되는 것을 시사한다.

우리 연구에서 기독교인들은 뇌도 신호를 뇌의 좌우반구 양쪽에서 내보내는 데 가장 크게 기여했다. 반면 양쪽 집단의 데이터를 종합하면 좌반구 한쪽에서만 신호를 내보냈다. 또한 카포지아니스 등은 불신 실험에서 종교적인 사람들의 양쪽 뇌도 신호가 증가된 반면, 신앙인과 비신앙인의 데이터를 합하면 왼쪽에서만 신호가 나타남을 밝혀냈다. 이 결과들을 종합해볼 때 뇌도의 활성과 관련하여 신앙인과 비신앙인들 사이에 집단적 차이가 있을 것으로 생각된다. 실제로 인바Inbar 등은 강한 혐오감이 사회적 보수주의를 예측한다고 밝혔다(동성애에 대한 자기보고식 혐오를 측정했을 때)(Inbar, Pizzaro, Knobe, & Bloom, 2009). 우리의 첫 번째 연구에서 이런 대조에 대해 양측 뇌도에서 신호가 나타난 이유는, 실험 대상자를 모집할 때 종교적 믿음(또는 정치적 성향)이라는 변수를 통제하지 않았기 때문으로 설명할 수 있다. 미국은 대학 캠퍼스조차 비신앙인이 드물기 때문에, 우리의 첫 번째 연구에서 피험자 대부분은 어느 정도 종교적 신앙이 있었을 것으로 예상할 수 있다.

49) 실험을 반 정도 진행했을 때 두 실험 집단이 반대되는 진술을 180도 다르게 수용하거나 거부했음에도 이런 결과를 얻었다. 이것은 우리 연구 참가자들이 '참' 또는 '거짓'으로 생각하는 자극과는 다른 속성으로 우리 데이터를 설명할 가능성을 배제해준다.

50) Wager et al., 2004.

51) T. Singer et al., 2004.

52) Royet et al., 2003 ; Wicker et al., 2003.

53) Izuma, Saito, & Sadato, 2008.

54) 종교적 사고에 선택적으로 관여하는 다른 영역은 후내측피질posterior medial cortex 이다. 이 영역은 '휴지 상태resting state' 네트워크의 일부로, 이 네트워크는 휴지 상태에서나 자기준거 과제를 수행할 때 높은 활성을 보인다(Northoff et al., 2006). 두 집단 모두에서 종교적 자극과 비종교적 자극에 대한 반응의 차이를 보면, 어떤 질문에 대한 답이 자신의 정체성을 확인하는 것이 될 가능성이 있다. 즉 매번 종교적인 실험을 할 때마다 기독교인은 종교적 세계관을 대놓고 긍정하는 반면, 비기독교인들은 종교적 주장의 진실성을 대놓고 거부하기 때문이다.

반면 '비종교적 진술 마이너스 종교적 진술'의 경우, 좌측 반구의 기억 네트워크에서 더 강한 신호를 만들어낸다. 이 네트워크에 속하는 부위는 해마, 해마방회, 중측두회middle temporal gyrus, 측두극temporal pole, 팽대후피질retrosplenial cortex이다. 해마와 해마방회가 기억 회상에 관여함은 잘 알려진 사실이다(Diana, Yonelinas, & Ranganath, 2007). 전측측두엽 역시 의미론적 기억 과제와 관련되며(K. Patterson, Nestor, & Rogers, 2007) 팽대후피질은 특별히 내측측두엽에서 구조적으로 강한 상호 연결성을 보인다(Buckner, Andrews-Hanna, & Schacter, 2008). 그래서 우리 연구에서 비종교적인 자극을 주었을 때, 이 자극에 대한 판단은 저장된 지식에 접근하는 데 관여하는 뇌 체계들과 더 깊이 관련됨을 보였다.

종교적 자극 중에서 기독교 교리에 반대되는 진술들을 제시했을 때 두 집단 모두 몇몇 뇌 영역이 크게 활성화되었다. 복측선조체, 대상옆피질paracingulate cortex, 내측 전두회middle frontal gyrus, 측두극, 하부두정피질inferior parietal cortex 등이 관여하는 부위들이다. 기독교인들이 신앙에 반하는 자극을 거부할 때나(성경의 신은 신화다), 비기독교인들이 동일한 진술에 긍정할 때 똑같이 강한 신호를 보인다. 다시 말해서 뇌의 이 부위들은 양쪽 피험자 집단에서 '신성모독적인' 진술에 선택적으로 반응했다. 이때 복측선조체의 신호는 이런 자극에 대한 결정이 양쪽 집단에 더 보상적인 의미를 가진다는 것을 의미한다. 비기독교인들은 종교적 교리를 공공연히 부정하는 주장을 할 때 특별한 쾌감을 느끼는 것 같다. 반면 기독교인들은 그런 진술을 거짓이라며 거부할 때 특별한 쾌감을 느낄 것이다.

55) Festinger, Riecken, & Schachter, [1956] 2008.

56) Atran, 2006a.

57) Atran, 2007.

58) Bostom, 2005; Butt, 2007; Ibrahim, 2007; Oliver & Steinberg, 2005; Rubin, 2009; Shoebat, 2007.

59) Atran, 2006b.

60) Gettleman, 2008.

61) Ariely, 2008, 177쪽.

62) Pierre, 2001.

63) Larson & Witham, 1998.

64) 미국 성인의 21퍼센트(그리고 미국에서 출생한 인구의 14퍼센트)는 기능적으로 문맹이다(www.nifl.gov/nifl/facts/reading_facts.html). 반면 미국인의 3퍼센트만이 '나는 신을 믿지 않는다'는 진술에 동의한다. 무신론자들은 극소수임에도 미국에서 소수자라는 낙인이 가장 강하게 찍힌 집단이다. 동성애자나 아프리카계 미국인, 유태인, 이슬람교도, 아시아계 미국인들보다 강한 낙인이다. 2001년 9월 11일 이후에도 대부분의 미국인들은 대통령 선거에서 무신론자를 찍느니 차라리 이슬람교도를 찍겠다고 답할 정도다(Edgell, Geteis, & Hartmann, 2006).

65) Morse, 2009.

66) 그리고 만일 이 말에 기수가 있다면 그는 완전히 구조가 없는 존재일 것이며, 뇌의 특정 부위에서 발생하는 전기 화학적 활성 때문에 가능한 인식, 인지, 감정, 의도 등에 대해서 세세히 알지 못할 것이다. 만일 그런 역할을 하는 '순수 의식'이 있다면, 대다수 종교인들이 말하는 '영혼'과는 닮은 점이 별로 없을 것이다. 이런 비현실적인 영혼이 인간의 뇌에 있을 가능성은 거의 없어 보인다.

67) Levy(2007)도 같은 문제를 제시한다.

68) Collins, 2006.

69) 엉뚱한 말로 자신의 경력을 해치는 유명한 과학자가 존재할 가능성이 실제 있음을, 이 시점에서 되새겨보는 것도 의미 있을 것이다. 제임스 왓슨James Watson은 DNA 구조의 공동 발견자로 노벨상을 수상했으며, 인간 게놈 프로젝트를 최초로 지휘했다. 그는 최근 한 인터뷰에서 아프리카인의 후손들이 유럽의 백인들보다 지능이 떨어진다는 말을 했다(Hunte-Grubbe, 2007). 비공식적으로 한 몇 마디 말 때문에 그는 학계에서 매장되는 지경에 이르렀다. 강의 초청은 번복되었고 수상 기념식도 취소되었으며, 즉시 콜드스프링하버실험실Cold Spring Harbor Laboratory의 소장직도 내놓아

야 했다.

 인종에 대한 왓슨의 의견은 혼란을 야기했으나, 그의 요지는 원칙적으로 비과학적인 것은 아니었다. 인종끼리는 지능에 차이가 있을 수 있다. 수만 년 동안 격리되어 살아온 인구집단에 생긴 유전자적 결과를 생각할 때, 인종이나 종족 사이에 아무런 차이가 없다면 오히려 그것이 더 놀라운 일일 것이다. 인종에 현혹된 왓슨을 변호하거나, 인종에 초점을 둔 이런 연구가 가치 있다고 말하려는 게 아니다. 적어도 그의 견해에 과학적 근거가 '있을 수' 있다는 말일 뿐이다. 왓슨의 말은 몹시 불쾌하지만 그의 견해가 전적으로 불합리하다고 할 수는 없다. 그가 그런 말을 했다고 해서 과학적 세계관을 부인하거나, 그 자신은 이후의 다른 발견에 영향을 받지 않는다고 선언하는 것도 아니다. 이러한 구분은 왓슨에 이어 인간 게놈 프로젝트의 지휘를 맡은 프랜시스 콜린스 박사에게도 그대로 적용된다.

70) Collins, 2006, 225쪽.

71) Van Biema, 2006 ; Paulson, 2006.

72) Editorial, 2006.

73) Collins, 2006, 178쪽.

74) 같은 책, 200~201쪽.

75) 같은 책, 119쪽.

76) 물리 세계를 기술하는 수학의 놀라운 효과 때문에 많은 과학자들이 신비주의, 철학적 플라톤주의, 종교에 이끌렸다. 물리학자 유진 위그너Eugene Wigner는 이 문제를 〈자연과학에서 수학의 지나친 유용성The Unreasonable Effectiveness of Mathematics in the Natural Sciences〉(Wigner, 1960)에서 제기한 적이 있다. 이 글이 이 신비를 다 설명해줄 거라고 확신할 수는 없었지만, 크레이크의 생각에 대해서는 뭔가 할 말이 있을 것 같다(Craik, 1943). 그는 뇌 프로세스와 그것으로 표현하는 세상의 프로세스 사이에는 동형성이 있기 때문에 숫자와 수학 공식이 유용하다고 말했다. 과연 그럴까? 뇌 활

성의 일정한 패턴이 세상과 신뢰할 만한 연관성이 있다고 할 정도로 놀라운 것일까?

77) 콜린스는 스티븐 호킹Stephen Hawking이나 아인슈타인 같이 유명한 과학자들의 글 중에서 그럴싸하게 여겨지는 것만 골라 소개함으로써 그들의 사상을 왜곡했다. 예를 들면 다음과 같다. "심지어 아인슈타인까지도 완전히 자연주의적인 세계관의 빈곤을 보았을 정도다. 그는 단어들을 신중하게 골라 '종교 없는 과학은 절름발이이고 과학 없는 종교는 맹목이다'라고 했다."

이 부분을 조심스럽게 고른 사람은 콜린스다. 위에서 보듯 이 글을 맥락에 비추어 읽어보면(Einstein, 1954, 41~49쪽), 아인슈타인은 적어도 유신론을 신봉하지 않았고, 그가 '신'이라는 단어를 쓴 것은 자연법칙을 시적으로 묘사하기 위한 것이었음을 알 수 있다. 아인슈타인은 자신의 글을 이렇게 교묘히 왜곡하는 것에 대해 다음과 같이 불평을 토로했다.

"물론 내 종교적 확신에 대해 당신이 읽은 것은 거짓말이며, 체계적으로 되풀이되고 있는 거짓말이다. 나는 개인적인 신을 믿지 않는다. 나는 이 사실을 부인해본 적이 없고 늘 분명하게 그렇게 말했다. 내 안에 종교적인 부분이 있다면 그것은 바로 과학이 보여주는 세상의 구조를 과학의 범주 내에서 무한히 칭송하는 것이다."

(R. Dawkins, 2006, 36쪽에서 인용)

78) Wright, 2003, 2008.

79) Polkinghorne, 2003 ; Polikinghorne & Beale, 2009.

80) Polkinghorne, 2003, 22~23쪽.

81) 물리학자 앨런 소칼Alan Sokal은 1996년, 학술지 〈소셜 텍스트Social Text〉에 〈경계를 넘어서: 양자중력의 변형적 해석학으로Transgressing Boundaries: Towards a Transformative Hermeneutics of Quantum Gravity〉를 기고했다. 그 논문은 명백히 무미건조했으나, 문화이론의 최전방에 선 이 학술지가 이 논문을 덜컥 게재한 것이다. 이 논문에는 다음과 같은 귀중한 내용이 들어 있다.

"과학계의 담론은 거부할 수 없는 가치가 있긴 하지만, 반체제 인사나 소외된 공동체에서 나온 반헤게모니 네러티브counterhegemonic narrative와 관련하여 인식론적으로 특권적 지위를 주장할 수는 없다…. 앞으로 살펴보겠지만 양자 중력에서는 시공다양체space-time manifold들이 더는 객관적이고 물리적인 실재로서 존재하지 않는다. 기하학은 관계적인 것이 되고 맥락적인 것이 된다. 전과학prior science의 근본적 개념 범주들은—그것들 중에서 존재 자체는—문제적인 것이 되고 상대화된다. 이 개념적 혁명은 미래의 포스트모던 과학과 해방 과학의 내용에 심오한 의미를 갖게 될 것이라고 주장하는 바다."(Sokal, 1996, 218쪽)

82) Ehrman, 2005. 성경학자들은 최초의 복음서들이 예수 사후 수십 년 뒤에 쓰였다는 데 동의한다. 복음서 원본은 우리에게 없다. 우리에게는 문자 그대로 수천 곳에 흩어져 있던 서로 다른 고대 희랍 원고의 복사본의 복사본의 복사본이 있을 뿐이다. 복사본들에는 후에 가필한 증거들이 많이 남아 있다. 즉 수 세기가 흐르면서 원본 텍스트에 새로운 문장을 보탰으며, 이것이 다시 정본으로 둔갑한다. 사실 계시록을 비롯한 신약 전체는 오랫동안 비논리적인 것으로 여겨져서, 수 세기 동안 방치되다가 성경에 수록되었다. 〈헤르메스의 목자Shepherd of Hermes〉를 포함하여 수백 년 동안 귀하게 다루어지다가 결국 허위문서로 여겨지고 배제된 책들도 있다. 따라서 지금 보기에는 오류가 있거나 불완전하다고 여겨지는 성경을 지침으로 섬기며 살다 간 기독교도가 여러 세대였을 것이라 할 수 있다. 사실 지금까지 로마가톨릭교도들과 기독교도들은 성경의 모든 내용에 대해 의견이 일치하지는 않다. 말할 필요도 없이 우주 창조주의 권위적인 말을 만들어낸 우연적이고 인간적인 과정들을 생각하면, 예수의 기적이 실제로 일어났다고 믿을 근거로는 부족한 것 같다.

데이비드 흄은 증언을 기초로 기적을 믿는 일에 대해 중요한 점을 지적했다. "증언만으로는 기적을 정립하기 힘들다. 증언이 기적과 같은 것이 되기 전에는 불가능하다. 증언의 허위성이 증언으로 정립하려고 하는 기적보다 훨씬 더 기적적인 것이어야 한다…"(Hume, 1996, vol. IV, 131쪽). 이것은 경험에서 나온 법칙이다. 예수의 어머니 마리아가 혼외정사를 했고, 그 사실을 숨겨야 했다는 것이 더 논리적이지 않은가. 그게 아니라면 진딧물이나 코모도 도마뱀처럼 단성생식으로 아이를 가졌다는 말인가. 간음에 대한 거짓말은 우리도 익히 알고 있는 현상이다. 어떤 상황에서 간음은 죽음으로 다스려지기도 한다. 한편 곤충이나 파충류에서나 존재하는 생물학적 현상을 자발적으로 모방했다는 여성 이야기도 우리는 잘 알고 있다.

83) Editorial, 2008.

84) Maddox, 1981.

85) Sheldrake, 1981.

86) 나는 이런 이중 잣대에 대해 기회가 있을 때마다 공개적으로 애도를 표해왔다(S. Harris, 2007a ; S. Harris & Ball, 2009).

87) Collins, 2006, 23쪽.

88) Langford et al., 2006.

89) Masserman et al., 1964.

90) 침팬지들의 공정성 개념에 대한 우리의 인상은 다소 혼란스럽다. 확실한 것은 침팬지들에게도 불공정성이 보이기는 하지만, 그들이 거기서 이익을 챙기는 것 같지는 않다는 점이다(Brosnan, 2008 ; Brosnan, Schiff, & de Waal, 2005 ; Jensen, Call, & Tomasello, 2007 ; Jensen, Hare, Call, & Tomasello, 2006 ; Silk et al., 2005).

91) Range et al., 2009.

92) Siebert, 2009.

93) Silver, 2006, 157쪽.

94) 같은 책, 162쪽.

95) Collins, 2006.

96) 물론 나를 지지해주는 사람들도 많은데, 특히 과학자들과 심지어는 NIH 소속

과학자들도 그러하다.

97) 밀러 역시 신앙심 깊은 기독교이며,《다윈의 신을 찾아서Finding Darwin's God》(K. R. Miller, 1999)의 저자이기도 하다는 점을 짚고 넘어가야겠다. 이 책은 결함도 많지만, '지적 설계'를 논파하는 데 상당히 유용한 논의를 펼치고 있다.

98) C. Mooney & S. Kirshenbaum, 2009, 97~98쪽.

99) 이런 주장은 도처에 존재하며, 극히 고차원적인 과학적 담론에도 있다. 〈네이처〉 지의 최근 사설은 인간의 진화의 실재를 주장하면서 다음과 같이 적고 있다.

"과학자들과 종교적인 사람들의 대다수는 종교와 과학의 갈등에서 보이는 쾌락과 진보의 가능성을 거의 보지 못한다. 대개 양쪽에서 소수가 나와서 열띤 토론을 벌이는 일이 종종 발생한다. 많은 과학자들이 종교적이며, 과학의 가치와 신앙의 가치 사이에 존재하는 갈등을 인식하지 못한다. 과학의 가치란 우주의 본질에 대해 객관적으로 탐구할 때 주장하는 가치들이다."(Editorial, 2007)

미국 국립과학원은 다음과 같이 적고 있다.

"과학은 종교가 참이라고 입증할 수도 없으며 틀렸다고 입증할 수도 없다…. 많은 과학자들은 자기들의 과학 연구가 창조주에 대한 그들의 경외와 이해를 높인다고 웅변한다…. 과학 연구는 신앙을 위축시킬 필요도 없고 타협할 필요도 없다."

(National Academy of Sciences [U.S.] & Institute of Medicine [U.S.], 2008, 54쪽)

5장

행복의 미래

The Moral Landscape

🌿 도덕적 진보

나를 낙천주의자로 보는 사람은 없지만 그래도 비관주의의 보다 순수한 근원이 인간 종의 도덕적 발전임을 생각하면 희망은 있다고 생각한다. 우리는 계속해서 나쁜 행동을 하고는 있지만, 도덕적 진보가 있었던 것은 틀림없다. 공감 능력도 확연히 나아지고 있다. 오늘날에 와서는 과거 그 어느 때보다 인류 전체의 이익을 위해서 행동할 가능성이 커졌다.

물론 20세기는 전례를 찾아볼 수 없는 공포도 가져왔다. 그런데 선진국에 살고 있는 우리에게 해를 끼칠 수 있는 또 다른 능력을 가지고 있다는 사실은 불안감을 점점 가중시킨다. 전시에 '부수적 피해collateral damage'에 대해서 용인하기 더 어려운 것은 어쩔 수 없다. 전쟁 현장의 영상을 눈으로 보기 때문이다. 사람들을 학대하고 완전히 파괴하는 것을 정당화하려고 집단 전체를 악마로 모는 이데올로기는 우리를 더 불편하게 만든다.

지난 100여 년 동안 미국에서 인종주의가 약화된 것을 생각해보라. 물론 인종주의는 아직도 문제다. 그러나 변화의 증거도 부인할 수 없다. 20세기 전반기만 해도 축제를 벌이듯 마을 사람 전체가 모여 린치를 가하는 사진을 대다수 독자들은 본 적이 있을 것이다. 죽을 때까지 고문당하는 장면을 보고 즐기고, 누구나 볼 수 있게 나무나 기둥에 매달았다.

당시 사진들에서는 살이 찢기고 몸의 일부가 불에 탄 채로 매달린 사람 밑에서 사진을 찍으려고 하는 사람들을 볼 수 있다. 개중에는 은행가, 법률가, 의사, 교사, 교회 장로, 신문 편집자, 경찰 그리고 때때로 상원의원과 하원의원들이 교회에 갈 때 입는 가장 좋은 옷을 입고 포즈를 취하는 모습이 있다. 그런 사진들은 너무도 충격적이다. 소위 품위가 있다는 사람들이 시체에서 기념품—치아, 귀, 손가락, 무릎뼈, 생식기, 그리고 장기—을 집에 가져가서 친구나 식구들에게 보여주려 했다는 것을 알아두라. 가끔 이 엽기적인 전리품을 자신의 직장에도 전시했다.[1]

권투선수 잭 존슨Jack Johnson이 소위 '위대한 백인의 희망'이라 불리던 짐 제프리스Jim Jeffries를 상대로 성공적인 타이틀 방어를 이루어냈을 때 있었던 다음 반응을 보라.

저 흑인에게 일러두는 말

네 코를 너무 높이 쳐들지 마라

네 가슴을 너무 많이 부풀려 의기양양해하지 마라

너무 크게 자랑하지 마라

너무 우쭐대지 마라

네 야망이 무절제해지거나

잘못된 방향으로 가지 않도록 해라

네가 한 게 아무것도 없음을 명심해라

너는 여전히 지난 주까지 네가 속했던 사회집단의 일원일 뿐이다

너는 그보다 더 높은 수준이 아니다

새롭게 볼 가치가 없고

그렇게 되지도 않을 것이다

아무도 너를 더 높게 생각하지는 않을 것이다

왜냐하면 네 얼굴색이

레노Reno의 승자와 같기 때문이다**2**

현대의 독자는 이러한 인종 증오는 KKK단이 배포한 인쇄물에나 나오는 거라고 생각할 것이다. 그렇지 않다. 이것은 정확히 1세기 전에 나온 〈로스앤젤레스타임스Los Angeles Times〉 편집자의 딴에는 신중한 의견이다. 우리의 주요 언론이 이러한 인종주의적 목소리를 다시 내보낸다는 걸 상상이나 할 수 있을까? 내 생각에 우리는 현재의 경로를 계속

갈 가능성이 훨씬 더 크다. 인종주의의 지지자들은 계속해서 줄어들 것이고, 미국의 노예사는 생각만 해도 점점 더 당혹스러운 일이 될 것이다. 그리고 미래 세대들은 우리도 공동선을 향한 노력에 실패한 것을 보고 놀랄 것이다. 선조들이 우리를 부끄럽게 만들었던 것처럼, 우리도 후손들을 부끄럽게 만들 것이다. 이것이 도덕의 진행 과정이다.

　나는 도덕의 풍경에 관한 다음의 관점들로 인해 용기를 얻는다. 도덕은 단순한 문화의 산물이 아니라, 인간 탐구의 진정한 영역이라는 믿음은 도덕적인 진보가 가능하리라고 생각하게 해준다. 만일 도덕적 진리가 문화의 우연성을 초월한다면 도덕적 판단은 궁극적으로 한 가지 견해로 모일 것이다. 그러나 우리가 사는 세상을 보면 가슴 아픈 일도 많다. 만화를 두고 일어난 수십 만 무슬림 폭동이 그렇고, 에이즈 때문에 열 명에 한 명 꼴로 사람이 죽어가는 마을에서 가톨릭이 콘돔 사용을 반대하는 것을 보면 그렇다. 그나마 좀 더 나은 사람들을 결속시키는 몇 안되는 '도덕적' 판단이라는 것이, 동성애를 혐오스럽다고 판단하는 것도 그렇다. 나는 대다수 사람들이 선과 악을 헷갈려한다고 믿지만, 그래도 도덕적 진보를 찾아낼 수 있다. 나도 생각보다는 낙천적인 사람인 것 같다.

❈ 과학과 철학

이 책을 통해서 나는 사실과 가치의 분리, 즉 과학과 도덕의 분리가 착각이라고 주장해왔다. 논의는 적어도 두 수준에서 이루어졌다. 나는 먼저 내 주장을 지지한다고 믿는 과학적 데이터를 고찰했다. 그러나 보다 기본적이고 철학적인 주장을 했다. 이 철학적 주장의 타당성은 주어진 데이터에만 국한해서 얻어지는 것이 아니다. 독자들의 입장에서는 이 두 수준이 어떻게 관련되는지 의아할지 모르겠다.

첫째, 과학과 철학의 경계가 늘 존재하는 게 아니라는 사실을 알아야만 한다. 아인슈타인은 보어Bohr의 양자역학에 의문을 제기한 일로도 유명하다. 두 물리학자 모두 동일한 실험적 발견과 수학적 기술로 무장되어 있었다. 그들의 의견 차이는 '철학'의 문제인가 아니면 '물리학'의 문제인가? 과학적 생각과 '온전한' 철학 사이에 항상 선을 그을 수는 없다. 모든 데이터는 배경 이론에 기대어 해석이 되어야 하기 때문이고, 서로 다른 이론들은 상당한 양의 맥락적 추론과 묶여 있기 때문이다.

비물질적 영혼의 존재를 믿는 이원론자dualist는 뇌과학의 모든 분야는 물리주의physicalism 철학(정신적 사건은 물리적 사건으로 이해되어야 한다는 관점)에 신세를 지고 있다고 말할 것이다. 그가 맞을지도 모른다. 정신이 뇌의 산물이라는 가정은 뇌과학이 하는 거의 모든 것의 일부로 들어와 있다. 물리주의는 '철학'의 문제인가 아니면 '뇌과학'의 문제인가? 답은 대학 캠퍼스 내에 내가 어디에 위치하고 있는가에 달린 일일 것이다. 철학자만이 '물리주의'의 본질에 대해 생각하는 경향이 있다는 것은 인정한다. 그런데 이런 철학적 가정을 의심하게 만드는 논쟁이나 실험은 어떤 것이든지 뇌과학에 있어서 획기적인 발견—아마도 뇌과학의 역사상 가장 중요한—이 되리라는 사실은 여전하다. 따라서 과학과 만날 일이 없는 철학적 관점도 분명히 있기는 하나, 과학은 흔히 철학에 관한 문제다. 물리학physical science의 원래 이름이 '자연철학natural philosophy'이었다는 사실도 상기해봄 직하다.

'철학적'이라고 하는 것이 적합한 부분에서 나는 과학적 의미가 있는 논점들을 많이 거론했다. 대부분의 과학자들은 사실과 가치가 확연히 구분이 되는 것으로, 그리고 원칙적으로 조화 불가능한 것으로 취급한다. 나는 그렇게 할 수 없다고 주장했다. 가치 있는 모든 것들은 누군가에게 (실제로 또는 잠재적으로) 가치가 있음에 틀림없다. 따라서 그것의 가치는 의식 있는 존재들의 행복에 관한 사실에서 비롯되기 때문이다. 이것을 '철학적인' 입장이라고 부를 수도 있겠지만, 이것은 과학의 영역과 직접적으로 연관된다. 만약 내가 옳다면, 과학은 과학에 종사하는 사람들이 생각하는 것보다 훨씬 더 광범위하고, 언젠가 과학의 발견이 예상치 못한 방법으로 문화에 영향을 줄 것이다. 만약 내가 틀렸다면, 과학의 범위는 대부분의 사람들이 생각하는 만큼 협소할 것이다. 관점의 이런 차이는 '철학'에 속한다고 생각할 수 있지만, 이 차이가 앞으로 과학의 관행을 결정할 것이다.

2장에서 상세하게 논한 조녀선 하이트의 글을 상기해보자. 하이트는 도덕에 두 종류가 있다고 과학의 안팎에 있는 많은 사람들을 설득했다. 즉 자유주의 도덕은 두 개의 주요 관심사(해악과 공정성)에 중점을 둔 반면 보수주의 도덕은 다섯 개의 관심사(해악, 공정성, 권위, 순수성, 그리고 단체에 대한 충성)에 중점을 둔다. 결과적으로 사람들은 흔히 자유주의와 보수주의가 사람의 행위를 서로 양립할 수 없는 방식으로 본다고 믿는다. 그리고 과학은 도덕의 접근방법 중에서 어느 것이 '더 낫다'거나 '더 진실에 가깝다'거나 '더 도덕적'이라고 결코 말할 수 없다고 믿는다.

나는 적어도 두 가지 이유에서 하이트가 틀렸다고 생각한다. 첫째, 그가 보수주의자들의 속성으로 보는 부수적 요인들은 해악에 대한 추가사항으로 이해할 수 있다. 즉 보수주의자들의 도덕과 자유주의자들의 도덕은 같은데, 보수주의자들은 세상에 해악이 어떻게 축적되는지에 대해 다른 의견을 가지고 있을 뿐이다.[3] 보수주의자들이 혐오의 감정을 더 많이 갖는 경향이 있는데, 이것이 성性이라는 주제에 관한 그들의 도덕적 판단에 특히 영향을 주었음을 시사하는 연구들도 있다.[4] 더 중요한 것은, 자유주의자와 보수주의자 사이에 다른 점이 무엇이건 간에 도덕의 풍경에 대한 내 주장이 옳다면, 전자가 후자보다 인간의 번영에 더 기여할 것이라는 점이다. 하이트에 대한 내 의견은 현재로서는 실험의 문제라기보다 논증의 문제이지만, 어떤 논증이 우세하든지, 그것은 문화 전반에 대한 과학의 영향은 물론 과학의 발전에도 영향을 미칠 것이다.

행복의 심리학

심리과학은 인간의 행복과 연관이 있지만 이 책에서는 심리과학의 현황에 대해서는 별로 언급하지 않았다. 때로 '긍정심리학'이라 불리는 이 연구는 아직 초기 단계에 있으며, 특히 뇌의 수준과 관련된 세부사항에 대한 이해 면에서는 더욱 그렇다. 인간의 행복을 정의하기가 어렵고 과학자들이 보통 행복에 대한 사람들의 믿음에 도전하기를 꺼려하는 것을 생각하면, 긍정심리학에서 무엇을 연구하는지 알기 어려울 때도 있다. 예를 들면 '행복' 또는 '삶의 만족'에 대한 자기보고식 설문으로 개인 간 또는 문화 간 비교를 한다는 것은 무슨 의미일까? 내 입장에서는 확실치 않다. 삶에서 무엇을 할 수 있을까에 대한 각 사람의 관점에 따라서, 주어진 기회를 최선으로 활용했는지, 목적은 달성했는지, 깊은 우정을 만들었는지 등에 대한 자기 판단이 분명히 달라질 것이다. 단지 메탐페타민 하루 소비량을 줄였다는 사실 하나로 내심 자랑스러워하면서 오늘 밤 잠들 사람도 있을 것이다. 〈포브스Forbes〉 선정 400대 부자 명단에서 자기 순위가 30계단 떨어졌다고 분노하는 사람도 있을 것이다. 삶의 어떤 측면에 만족하는가 하는 것은 결국 그 사람이 어떤 위치에 있는가 하는 문제와도 깊이 관련된다.

한때 내가 알던 아주 똑똑하고 재능 많은 사람이, 이메일로 10여 명의 친구들과 지인들에게 자살 의사를 전했다. 예상했겠지만 이메일 하나가 불러온 반응은 대단했다. 나는 그를 잘 알지 못했던 터라, 전문적인 상담이나 항우울제, 또는 잠을 잘 자게 하는 방법이나 우울증을 줄일 수 있는 다른 확실한 방법들을 생각해보라고 몇 차례 답신을 했다. 그런데 그는 답장에 매번 자신은 우울증이 아니라고 주장했다. 그는 스스로 철학적인 통찰을 기반으로 처신한다고 자신했다. 즉 모든 사람은 결국 죽는다. 따라서 삶은 궁극적으로 무의미하다. 그러므로 계속 살기를 원하지 않는다면 삶을 지속할 이유가 없다는 식이었다.

우리는 이 주제에 대해 의견을 주고받았고, 나는 계속 그를 설득해서 그가 자신하는 그 '통찰' 자체가 우울증 또는 기분장애의 증상이라고 믿게 해보려고 했다. 기분이 조금만 더 나아진다면, 자기 인생이 더 살 가치가 없다고 믿지 않게 될 거라고 설득했다. 의심할 여지없이 다른 사람들도 비슷한 의견 교환을 했을 것이다. 이런 의사소통은 잠시 동안 그를 절벽에서 조금씩 멀어지게 하는 것처럼 보였다. 그러나 4년 후에 결국 그는 자살했다.

이런 경험들은 인간의 행복에 대해 논하는 것이 얼마나 어려워질 수 있는지를 말해준다. 물론 어떤 주제에 관해서든 의사소통에는 오해의 소지가 있다. 같은 단어를 사람마다 종종 매우 다르게 사용하기 때문이다. 그러나 특별히 정신의 상태에 대해 이야기할 때는 더 큰 어려움이 생긴다.

내 친구는 진짜로 내가 생각한 뜻으로 '우울한' 상태였을까? 내가 말하는 '우울함'의 뜻을 그가 알고나 있었을까? '나'는 그 말이 무슨 뜻인지 알고 있었던가? 예를 들면 뭔가 다른 치료법을 써야 하는 차별화된 우울증이 있을까? 그리고 그 친구가 겪은 우울증은 전혀 그런 종류가 아니었을 가능성이 있을까? 그러니까 다른 말로 하면 사람이 하루를 더 산다는 것이 의미가 없다고 생각하고, 자살하고픈 동기를 느끼며 그러면서도 아무런 감정장애도 느끼지 않을 수 있느냐 말이다. 이 점에서 두 가지는 명확해 보인다. 첫째, 이러한 질문에는 답이 있다. 둘째, 우리는 그 질문 자체를 제대로 논할 만큼 충분한 경험을 갖고 있지 못하다.

우리는 '행복happiness' 또는 '웰빙well-being'이라는 단어를 여러 가지 뜻으로 말할 수 있다. 인간 경험의 가장 긍정적인 면을 과학적으로 연구하기 어려운 것은 바로 이 때문이다. 사실 이 때문에 인생에서 어떤 목표가 추구할 가치가 있는지 아는 것조차 어렵다는 사람도 많다. 직업이나 가까운 인간관계에서 우리는 얼마나 행복하고 충만한 것을 기대할 수 있을까? 이런 문제에 대해 '행복'은 표면적인 정신 상태이고, '행복한 상태'보다 더 중요한 일들이 있다는 말을 들을 때 회의주의를 마주하게 된다. 아마 독자들 중에는 '행복'이나 '번영' 같은 개념도 그와 비슷하게 무기력한 것이라고 생각하는 사람이 있을 것이다.

그러나 나는 우리가 되기를 바라는 가장 긍정적인 존재 상태를 의미하는 더 좋은 개념을 알지 못한다. 도덕의 풍경에서 아직 도달하지 못한 높이에 대해 생각할 때 떠오르는 미덕 하나는, 이것이 의미론적인 어려움으로부터 우리를 자유롭게 해준다는 점이다. 대체로 '아래로'와 반대로 '위로' 가는 것이 무엇을 의미하는지에 대해서만 걱정하면 된다.

인간의 행복에 대해 심리학자들이 알아낸 사실 중에는 사람들이 이미 알고 있는 것을 확인해주는 내용도 있다. 좋은 친구가 있고 삶의 기본적인 사항들을 통제할 수 있으며, 필요를 충족할 만한 충분한 돈이 있으면 사람들은 더 행복해지는 경향이 있다는 것이다. 외로움, 무력감, 빈곤은 별 매력이 없다. 이런 말을 하는 데 과학은 필요하지 않다.

그러나 심리학 연구는 행복에 관한 우리의 직관이 종종 완전히 틀리다는 것을 밝혀준다는 점에서 가장 좋다. 예를 들면 우리 대부분은 선택—배우자를 찾거나, 직업을 선택하거나, 새로운 스토브를 사거나 할 때 등—의 폭이 넓을수록 항상 더 만족스럽게 생각한다. 어느 정도의 선택권을 갖는 것은 대체로 좋지만, 선택권이 너무 많으면 어떤 선택을 하든지 만족감이 떨어지는 경향이 있는 것 같다.[5] 이것을 안다면, 누군가의 선택을 전략적으로 제한하는 것이 합리적일 수 있다. 집을 리모델링해본 사람이라면 마음에 쏙 드는 수도꼭지를 찾기 위해 가게를 너무 많이 돌아다닌 나머지 눈이 아예 멍해져버리는 상황을 알 것이다.

인간의 행복에 관한 연구 중 가장 흥미로운 것은 우리가 미래에 어떻게 느낄지를 제대로 판단하지 못함을 발견한 것이다. 심리학자 대니얼 길버트Daniel Gilbert는 이것을 '정서 예측affective forecasting'이라고 부른다. 길버트 연구팀은 좋고 나쁜 경험들이 우리에게 어느 정도까지 영향을 미칠 것인지를 사람들이 보통 과대평가함을 보여주었다.[6] 부, 건강, 나이, 결혼 상태 등의 변화는 생각만큼 중요한 문제가 되지 않는 경향이 있다. 그러나 우리는 이러한 부정확한 가정에 근거해서 가장 중요한 결정들을 내린다. 중요할 것이라고 생각하는 것들이 사실은 생각보다 훨씬 덜 중요하다는 것을 아는 것은 도움이 된다. 거꾸로 하찮게 생각하는 일들이 실제로는 우리의 삶에 크게 영향을 준다.

이 원리는 이렇게 작동한다. 즉 사람들은 엄청난 고통을 경험할 때는 위기에 잘 대처하면서도 작은 불편함은 잘 처리하지 못하고 멈칫하는 경향이 있다는 것이다. 이 연구에서 일반적 결과는 현재 논쟁의 여지가 없다. 즉 우리 자신의 행복의 관점에서 보면, 우리는 과거를 정확히 회상하지도 못하고, 현재를 잘 인식하지도 못하며, 미래를 잘 예상하지도 못한다. 따라서 우리가 자주 불만족을 느끼는 것도 그리 놀랍지 않은 일이다.

✸ 어떤 자아를 만족시켜야 하는가

사람들에게 일정치 않은 간격으로 울리는 신호 발신기를 주고 정신 상태를 기록하게 함으로써 매 순간 행복의 정도를 알려달라고 하면, 그들이 얼마나 행복한지를 말해주는 하나의 기준치를 얻을 수 있다. 그러나 어느 순간에 얼마나 행복한가가 아니라, 삶에서 전반적으로 얼마나 행복한가를 묻는다면 한 사람에서도 서로 매우 다른 결과를 얻게 될 것이다. 심리학자 대니얼 카네만은 전자를 '경험하는 자아the experiencing self'라고 부르고, 후자를 '기억하는 자아the remembering self'라고 부른다. 그리고 두 '자아들'의 의견이 종종 불일치한다는 사실을 토대로 인간의 정신을 이렇게 이분한다. 사실 비교적 짧은 시간 안에 두 자아가 의견이 불일치함을 실험적으로 보여줄 수도 있다.

우리는 이것을 카네만의 대장내시경 검사 데이터에서 이미 본 적이 있다. '기억하는 자아'는 모든 경험을 절정기의 강도와 마지막 순간(절정-종결 규칙)을 기준으로 평가하기 때문에, 단지 불쾌한 과정을 가장 낮은 강도로 유지하는 것을 통해 (따라서 미래 기억의 부정적 성향을 감소시킴으로써) '경험하는 자아'를 희생함으로써, 기억하는 자아의 몫을 향상시키는 일이 가능하다.

대장내시경 검사에서 얻은 결론은 삶의 다른 영역에도 적용될 수 있다. 예를 들면 당신이 휴가를 가고 싶어 한다고 상상해보라. 당신은 하와이와 로마 여행 중 하나를 선택한다. 하와이에서는 바다에서 수영을 하고 해변가에서 휴식을 취하며 테니스를 치고 마이타이를 마시는 자신의 모습을 그릴 것이다. 로마에서는 카페에 앉아 있고, 박물관과 고대 유적지를 방문하며 어마어마한 양의 와인을 마시는 자신을 볼 것이다. 어떤 휴가를 선택할 것인가? 당신의 감정적이고 감각적인 즐거움에 대한 시간별 기록에 나타나듯이, 당신의 '경험하는 자아'는 하와이에서 더 행복할 수 있을 테지만 '기억하는 자아'는 1년 뒤부터는 로마를 훨씬 더 긍정적으로 평가할 것이다.

어떤 자아가 옳은가? 이 질문이 이치에 맞는 것일까? 카네만은 우리 대부분이 '경험하는 자아'가 더 중요해야 한다고 생각하지만, 이것은 삶에서 무엇을 할 것인가를 결정하는 데 발언권이 없다고 말한다. 결국 우리는 경험들 사이에서 어떤 것을 선택할 수는 없다. 기억하는 (또는 상상하는) 경험들 속에서 선택을 해야만 한다. 카네만에 의하면 우리는 미래를 일련의 경험들로 생각하지 않고 일련의 '예정된 기억들'로 생각한다.[7] 문제는 과학을 하는 것과 인생을 사는 것 모두에서, '기억하는 자아'만이 과거에 대해 생각하고 말할 수 있다는 것이다. 따라서 이 자아만이 과거 경험에 비추어서 의식적인 결정을 내릴 수 있다.

카네만에 의하면, 이 두 '자아들'의 행복에 대한 상관성은 0.5 정도다.[8] 일란성쌍둥이들이나, 한 사람의 현재와 10년 후에서도 근본적으로 동일한 상관성을 보인다.[9] 따라서 어떤 '자아'를 참고하든지, 한 사람의 행복에 관한 정보의 반 정도는 이미 알려져 있게 된다. 훌륭한 삶을 살고 있다고 주장하는 '기억하는 자아'와, 반대로 결혼 문제, 건강 문제, 직업에 대한 불안으로 지속적인 고통을 받는 '경험하는 자아'를 어떻게 이해해야 하는가? '기억하는 자아'는 매우 불만족스럽다고 ─ 대부분의 중요한 목적에 도달하는 데 실패했다고 하면서─ 주장하지만, 순간순간 매우 행복하다고 느끼는 사람을 어떻게 이해해야 하는가? 카네만은 이런 종류의 불일치를 조화시킬 방법은 없다고 생각하는 것 같다. 만약 그렇다면 이것은 어떤 도덕의 과학에든 문제를 제시하는 것으로 보인다.

그러나 '기억하는 자아'는 '경험하는 자아'의 한 가지 존재 양상에 불과하다는 것이 분명해 보인다. 예를 들어 당신이 잇달아 만족스러운 순간을 경험하면서 상당히 행복한 하루를 지내고 있는데, 우연히 학창 시절의 라이벌을 만나게 되었다고 생각해보라. 성공의 화신처럼 보이는 그는 지난 수십 년간 너는 무엇을 했느냐고 묻는다. 이 순간에 당신의 '기억하는 자아'가 나서서, 엄청난 유감을 느끼며 자신이 '별 볼 일 없다'는 것을 인정한다.

이 우연한 만남이 당신을 자신감 상실이라는 위기에 던져넣고, 당신의 가족과 직업 모두에 영향을 미치는 결정적인 계기가 된다고 해보자. 이러한 모든 순간들은 기억할 수 있건 없건 경험을 구성하는 일부다. 의식적인 기억과 자기평가는 그 자체로서 미래의 경험의 바탕을 이루는 경험이 된다. 당신의 삶, 직업, 또는 결혼에 대한 의식적인 평가는 현재 특정 느낌이나 그에 따르는 생각과 행동을 끌어낸다. 이런 변화

역시 특정한 방식으로 느껴질 것이며 나아가 미래에 영향을 미칠 것이다. 그러나 이런 사건 중 어떤 것도 현 순간의 연속적 경험(다른 말로 '경험하는 자아') 밖에서는 일어나지 않는다.

만약 인간의 평균적인 삶의 시간인 25억 초를 가지고 각 시간에서의 행복을 평가한다면, '경험하는 자아'와 '기억하는 자아'의 구분은 사라질 것이다. 그렇다, 과거를 회상하는 경험은 종종 미래에 무엇을 할 것인가를 결정한다. 그리고 이것은 그 사람의 미래 경험의 특징에 큰 영향을 준다. 그러나 25억 초라는 평균적인 삶의 시간마다 어떤 순간은 기쁘고 어떤 순간은 고통스러웠을 것이라는 것도 여전히 사실이다. 일부는 나중에 실제보다 더 크거나 작게 기억될 것이고, 이러한 기억은 어떻게든지 영향을 끼친다. 의식과 계속 변화하는 의식의 내용은 주관적인 실재로만 남는다.

따라서 당신의 '기억하는 자아'는 로마에서 즐거운 시간을 가졌다고 주장하는 반면 '경험하는 자아'는 단지 지겨움, 피로, 절망만을 느꼈다고 한다면, 당신의 '기억하는 자아'(즉 여행에 대한 기억)는 로마에서의 당신 상태에 관해서는 단순히 틀린 것이다. 이는 초점을 좁힐수록 더 명확해진다. '기억하는 자아'는 스페인 계단에 앉아 있었던 15분이 특히 행복했다고 생각하는데, '경험하는 자아'는 사실 매 순간 여행의 다른 어떤 순간보다 더 깊은 고통에 빠졌다고 하는 것을 생각해보라. 이 불일치의 원인을 설명하는 데 두 개의 자아가 필요한 것일까? 그래서 두 자아가 있는 것일까? 아니다. 문제는 기억의 변덕일 뿐이다.

카네만도 인정했듯이 삶의 거의 대부분의 기억들은 회상된 적이 없고, 실제 과거를 회상하는 데 우리가 쓰는 시간도 비교적 짧다. 따라서 삶의 질은 그것이 얼마나 짧은 시간 동안 형성된 특징이라 해도 그저 일어나는 대로 평가할 수밖에 없다. 그러나 여기에는 과거를 회상하는 데 쓰는 시간이 포함된다. 이런 흐름 속에서, 삶에 대한 커다란 이야기를 만들어내는 순간은 어두운 강 위에 비치는 햇빛의 반짝임과도 같다. 이 반짝임은 특별해 보이지만, 흐름의 일부라는 것은 언제나 똑같다.

✳ 옳음과 그름에 대하여

행복을 극대화하고자 할 때 실질적으로나 개념적으로 어려움에 직면하는 것이 분명하다. 예를 들어 언론의 자유와 사생활을 보장받을 개별 시민의 권리, 모든 시민들을 안전하게 지켜야 할 정부의 의무 사이의 긴장을 생각해보라. 이 모든 규칙은 건강한 사회를 위해 중요한 것이다. 그러나 문제는 각각이 극에 달했을 경우 어느 하나는 다른 두 개에 대해 적대적이 된다는 것이다.

　어떤 연설은 사람들의 사생활을 고통스럽게 침해하고 사회 전체를 위험에 처하게 할 수 있다. 내가 내 이웃을 침실 창문을 통해 촬영하고 이 영상을 '저널리즘' 작품으로 유튜브에 올릴 수 있어야 하는가? 천연두를 합성하는 자세한 방법을 출판할 수 있어야 하는가? 자유로운 표현의 적절한 한계라는 것은 반드시 존재한다. 마찬가지로 사생활을 지나치게 존중하려고 하면, 뉴스를 수집하거나 범죄나 테러리스트를 기소하는 것도 불가능하게 될 것이다. 그리고 지나치게 열정적으로 죄 없는 사람들을 보호하겠다며 공약을 내걸면 사생활과 언론의 자유 모두에 참을 수 없는 침해를 입히게 될 것이다. 이러한 다양한 가치를 위한 노력의 균형을 어떻게 맞출 것인가?

결코 완벽하게 정확한 답을 할 수는 없겠지만 이 질문에도 분명히 답이 있다. 언론의 자유, 사생활 보장, 정부의 의무라는 이 세 가지 변수를 최적으로 조화시킬 수 있는 천 가지 방법이 있다 하더라도, 다른 문화에서 동시 발생하는 변화를 생각할 때 최적의 조건보다 못한 많은 방법들이 있는 게 분명하다. 그래서 결과적으로 사람들은 고통받을 것이다.

부부가 아이를 가져야겠다고 결정한 것은 부부에게 어떤 의미가 있을까? 다른 사람을 이 세상으로 불러오는 것으로 부부가 더 행복해질 것이라는 생각을 할 수 있다. 또한 모든 것을 감안할 때, 그들의 아이가 살 만한 가치가 있는 삶을 살 것으로 기대한다는 뜻일 것이다. 이렇게 기대하지 않았다면, 애초에 왜 아이를 원했는지 알기 어렵다.

그러나 행복에 관한 대부분의 연구는 사람들이 아이를 가졌을 때 실질적으로는 덜 행복해지고 아이들이 집을 떠날 때가 되어서야 아이를 가지기 전의 행복 수준에 접근하기 시작함을 말해준다.[10] 당신이 이 연구에 대해 알고 있지만 당신은 예외라고 상상해보자. 물론 다른 연구들도 대부분의 사람들이 자신들만큼은 이런 법칙에서 예외라고 생각함을 보여준다. 자신이 지능, 지혜, 정직 등에서 평균 이상이라는 믿음보다 더 흔한 것은 별로 없다. 그렇지만 당신은 이 연구를 알고 있을 뿐만 아니라, 그 때문에 당황스러워하지도 않는다. 아마도 당신에게는 당신이 생각하는 모든 예외가 진실이고, 당신이 꼭 바라는 만큼 부모로서 행복할 수도 있다.

그러나 인간의 성취에 관한 유명한 연구를 보면, 사회에 대한 기여도를 떨어뜨리는 가장 신뢰할 만한 방법 중의 하나가 가족의 형성이라고 한다.[11] 만약 당신이 기저귀를 갈아주고 레고를 가지고 놀아주느라, 하기만 하면 쉽게 성취할 수 있었던 알츠하이머 치료법을 개발하지 못하게 되었다면, 아이를 가지겠다는 결정을 어떻게 볼 것인가?

이것은 무의미한 질문이 아니다. 그렇지만 누구나 대답할 만한 질문도 아니다. 아이를 갖겠다는 결정은 모두에게 중요한 미래 행복에 대한 합리적인 (그리고 별로 합리적이지 않은) 기대의 맥락 속에서 내려진다. 그럼에도 이런 방식으로 생각한다는 것 자체가 벌써 도덕의 풍경에 대해 숙고하는 것으로 보인다.

만약 개인과 집단의 행복 사이의 긴장 상태를 완벽하게 조화시킬 수 없다고 해서, 두 행복이 대체로 대립관계에 있다고 생각할 이유도 없다. 대부분의 배는 분명 같은 물결을 타고 떠오른다. 모두의 삶을 향상시킬 수 있는 세계적인 변화를 상상하는 것은 전혀 어렵지 않다. 서로를 죽이려고 가진 자원을 쏟아붓는 세상보다는 그렇지 않은 세상에서 우리 모두는 훨씬 더 풍요로울 것이기 때문이다. 청정 에너지, 질병 치료, 농업 발전, 그리고 인류의 협동 따위를 촉구하는 새로운 방법을 찾는 일은 분명 애써 얻어야 할 보편적 목표다. 이런 주장은 어떤 의미가 있을까? 이런 목적을 추구하다 보면 도덕의 풍경으로 이끄는 경사면을 오르게 됨을 믿을 만한 충분한 이유가 있다는 뜻이다.

　과학이 가치에 대해서 뭔가 중요한 것을 말할 수 있다는 주장(가치는 의식 있는 생명체의 행복과 관련이 있기 때문에)은 제1원칙들에 기반한다(경험적인 결과에서부터 귀납적으로 도출되는 주장이 아니라 저자가 내내 주장하는 '의식적 존재로서의 인간의 행복에 기여해야 한다'라는 윤리 원칙 같은 근본적인 원칙으로부터 연역적으로 도출될 수 있는 주장임을 의미하는 것으로 보인다-옮긴이). 그것은 어떠한 특별한 경험적 결과에 좌우되지도 않는다. 그렇다고 이 주장이 거짓임을 입증할 수 없다는 뜻은 아니다. 의식 있는 존재(현재 또는 미래의 생명)의 행복과 아무런 관련이 없는 더 중요한 가치의 원천이 있다면, 분명 내 이론은 틀렸음이 입증될 것이기 때문이다. 그러나 이미 말한 대로, 나는 이러한 가치의 원천이 무엇이 될지 알지 못한다. 따라서 어떤 사람이 어디선가 그런 것을 찾았다고 주장한다 해도 누구도 거들떠보지 않을 것이다.

　내 이론이 거짓임을 입증하는 다른 방법도 있다. 예를 들어 인간의 행복이 완전히 우연한 것이고 뇌의 상태와 관련이 없다면, 도덕의 과학에는 미래가 없다. 만약 어떤 사람이 뇌 상태 X에서 가장 행복한 반면 다른 사람은 그 상태에서 불행해진다면, 인간의 행복과 신경은 아무 상관도 없게 될 것이다. 그게 아니라면 신경은 인간의 행복에 관계하긴 하지만 이러한 상관관계는 완전히 상반된 세계에서 같은 정도로 발생할 수 있다. 이런 경우에는 인간의 내면의 삶과 외부 환경 사이에 아무런 관련도 없는 것이다.

만약 이런 시나리오 중 하나가 옳다면, 인간의 행복에 대해 어떤 일반적인 주장도 할 수 없게 될 것이다. 그러나 이것이 세상이 움직이는 방식이라면, 뇌는 두개골을 위한 단열재에 지나지 않을 것이고, 뇌과학은 정교하고 매우 값비싼, 세상을 잘못 이해하는 방법이 되고 말 것이다. 다시 한 번 말하지만, 이것은 이해가 가능한 주장일 수 있으나 지적인 사람들이 이 주장을 심각하게 받아들여야 한다는 건 아니다.

인간 번영에 대한 과학이 가능하다는 것 또한 생각할 수 있는 일이지만, 그럼에도 사람들은 여전히 매우 다른 '도덕적' 충동에 의해서도 동등하게 행복해질 수 있다. 어쩌면 좋음과 좋음을 느끼는 것 사이에는 관련이 없고, 따라서 도덕적 행동(일반적으로 생각되는 것과 같은)과 주관적인 행복 사이에는 아무런 연관이 없을 수도 있다. 이런 경우에는 강간범, 거짓말쟁이, 그리고 도둑들은 성인聖人과 같은 정도의 행복을 느낄 수도 있다. 이 시나리오는 진실일 가능성이 가장 많으나 여전히 매우 억지스럽다. 이미 뇌영상 연구는 내적 성찰을 통해서 오래전부터 명백히 드러난 사실을 보여준다. 바로 인간의 협동은 보람이 있다는 것이다.[12] 그러나 악이 선만큼 행복을 향한 신뢰할 만한 경로라고 판명되면, 도덕의 풍경에 대한 내 주장은 여전히 유효할 것이며, 그것을 연구하기 위해 사용한 뇌과학 역시 그러할 것이다. 그런데 그것은 더는 특별한 '도덕의' 풍경이 되지 못할 것이다. 차라리 성인과 악인이 동일한 봉우리를 점유하는 행복의 연속선일 것이다.

이런 우려들은 인간에 관한 몇 가지 분명한 사실을 무시하는 것처럼 보인다. 우리는 모두 공통 조상들로부터 진화했기 때문에, 서로 비슷한 점이 다른 점보다 훨씬 더 많다. 뇌와 기본적인 감정은 명백히 문화를 초월하며, 세상의 상태에 의해 영향을 받을 것이다(돌부리에 발가락을 차여본 사람은 누구나 증명할 수 있듯이). 이런 것들은 인간에 관한 분명한 사실이다. 내가 알기로는, 위의 우려들이 그럴듯하게 들릴 정도로 인간의 행복에 다양한 필요조건들이 있다고 믿을 사람은 아무도 없다.

도덕이 과학의 지류로서 타당한지 여부는 사실상 중요하지 않다. 경제학은 진정한 과학인가? 최근의 사건들로 판단하건대, 그렇게 보이지 않는다. 아마도 경제학에 대한 깊은 이해는 언제나 우리를 교묘하게 빠져나갈 것이다. 그렇지만 경제를 구축하는 방법에 좋은 것과 나쁜 것이 있다는 사실을 의심하는 사람이 있을까? 지식인이라면 경제가 은행 위기에 대한 다른 사회의 대응을 비판하기 위한 편협한 행위라고 생각할 사람이 있겠는가? 만약 세계적인 금융난을 막기 위한 모든 노력이 원칙적으로 효과가 똑같다거나 아니면 똑같이 부조리하다고 생각하도록 똑똑한 사람들이 대거 설득당한다면 그 얼마나 두려운 사태가 되겠는가? 그런데 바로 우리는 인간의 삶에서 가장 중요한 문제들 위에 서 있는 것이다.

지금 대다수 과학자들은 인간 가치에 대한 답은 영원히 우리가 닿을 수 없는 곳에 있다고 믿는다. 인간의 주관성을 연구하기가 너무 어렵다거나 뇌가 너무 복잡해서가 아니라, 문화권마다 옳음과 그름, 선과 악에 대해 말할 지적 정당성이 없기 때문이라고 한다. 우리가 도덕의 보편적 토대를 찾거나 말거나 그것은 그리 중대한 문제가 아니라고 생각하는 사람도 많다. 그러나 현재 삶에서 개인적으로나 집단적으로 우리의 가장 깊은 이해관계를 충족시키기 위해서는 먼저 다른 것에 훨씬 앞서는 이해관계가 있음을 인정해야 할 것 같다. 사실상 어떤 이해관계들은 너무나 강력해서 굳이 옹호할 필요도 없다.

이 책이 품고 있는 희망은, 과학이 발전함에 따라 인간 존재의 가장 절박한 문제에 관해 과학을 적용할 방법을 식별할 수 있게 되는 것이다. 거의 한 세기 동안 과학의 도덕적 상대주의는 신앙에 기반한 종교가 무지와 편협성의 가장 큰 엔진으로 작동함으로써, 도덕적 지혜의 유일한 보편적 기틀로서 거의 전횡하다시피 해왔다. 그 결과, 지구 상 가장 강력한 사회들은 핵 확산, 집단학살, 에너지 안보, 기후변화, 빈곤, 그리고 실패하는 학교 등의 문제에 더 중점을 두어야 하는데도 불구하고, 동성애자 결혼과 같은 논쟁에 더 많은 시간을 쓰고 있다. 그런 것을 감안할 때 도덕의 풍경의 관점에서 사유의 실제적 효과만이 우리가 사유하는 유일한 이유가 될 수는 없다. 실제로 참이라고 믿는 것에 기반해서 믿음을 형성해야만 한다. 그러나 도덕적 질문에는 정답이 없다고 생각함으로써 생겨날 위험을 인식하는 사람은 거의 없는 것 같다.

우리의 행복이 뇌에서 발생하는 사건과 세상에서 일어나는 사건의 상호작용에 기반한다면, 그리고 행복을 얻는 좋고 나쁜 방법이 있다면, 문화에 따라서도 어떤 삶이 더 살 만한 가치가 있느냐는 달라질 것이다. 마찬가지로 정치적 설득에도 더 열린 방식이 따로 있으며, 세계관

중에도 불필요한 불행을 양산하는 잘못된 것이 있을 것이다. 실제의 의미와 도덕 그리고 가치를 이해할 수 있든지 없든지 간에, 나는 원칙적으로 의미와 도덕과 가치에 대해서 알아야만 하는 중요한 것이 분명히 있음을 보여주고자 했다. 이것을 인정하는 것만으로도 인간의 행복과 공공선에 대한 사고방식을 전환할 수 있다고 나는 확신한다.

1) Allen, 2000.

2) 〈Los Angeles Times〉, July 5, 1910.

3) 앞에서 말했듯이 신을 노하게 하거나 영원한 지옥에서 고통받을 것에 대한 염려는, 특정 해악 개념에 근거함이 어느 정도 분명해 보인다고 생각한다. 신과 지옥을 믿지 않으면 그러한 책임에 대해 걱정 없이 속 편하게 살 수 있기 때문이다. 하이트의 분석에서는, 신과 이생에 대한 상념이 '권위'나 '순수' 등의 범주에 속할 것이다. 이렇게 하다 보면 해악에 대한 보다 일반적인 개념을 불필요하게 구분하게 될 것이라고 생각한다.

4) Inbar et al., 2009.

5) Schwartz, 2004.

6) D. T. Gilbert, 2006.

7) www.ted.com/talks/daniel_kahneman_the_riddle_of_experience_vs_memory.html.

8) 위의 강의.

9) Lykken & Tellegen, 1996.

10) D. T. Gilbert, 2006, 220~222쪽.

11) Simonton, 1994.

12) Rilling et al., 2002.

이 책의 일부는 UCLA에서 썼던 뇌과학 박사학위 논문에 기초했다. 학위논문 심사위원회에서 초고 심사를 받은 일이 크게 도움이 되었다. 마크 코헨, 마르코 이아코보니Marco Iacoboni, 에란 자이델Eran Zaidel과 제롬 엥겔Jerome ('Pete') Engel 같은 분들의 가르침과 지지에 감사드린다. 특히 연구 자체가 제대로 진행되고 있는지 분간도 안 되던 몇 해 동안 꾸준히 살펴봐주신 데 대해 감사드린다. 나 자신으로부터 헤어날 수 있도록 도움을 받아야 할 때도 몇 번 있었지만, 심사위원들 사이에서 구출을 받아야 했던 적도 여러 번 있었다.

특별히 논문 주심이셨던 마크 코헨 교수님께 감사한다. 교수님은 귀한 재능을 가진 분으로 과학적 결과를 보고할 때 주의할 점을 어떻게 챙겨야 하는지 모범이 되어주셨다. 우리가 학문적 관심사에서 서로 일치하지 않았다면 잘못은 늘 내게 있었다. 나는 또한 마크 교수님의 부인이자 동료인 수전 부크하이머Susan Bookheimer 여사께도 감사를 드린다.

수전 교수님의 충고는 언제나 도움이 되었다. 교수님의 충고를 들을 때마다, 혼잡한 교차로에서 헤매다가 절박한 순간에 연민 어린 어머니의 구출을 받는 아이의 심정이 되곤 했다. 또한 (UCLA 뇌과학 협동과정 박사과정에서) 수 년 동안 아낌없는 격려와 도움은 물론, 늘 웃는 얼굴로 대해준 수지 베이더Suzie Vader에게도 감사를 전한다.

이 책에는 이미 발표된 두 논문에 기초한 부분도 있다. 3장은 Harris, S., Sheth, S.A.,와 Cohen, M. S.(2008)의 논의로서, Functional neuroimaging of belief, disbelief, and certainty, *Annals of Neurology*, 63(2), 141~147, 4장의 일부는 Harris, S., Kaplan, J. T., Curiel, A., Bookheimer, S. Y., Iacoboni, M., Cohen, M.S.(2009), The neural correlates of religious and nonreligious belief, *PLoS 4*(10)에서 일부 가져왔다. 이 원저를 출판해준 분들은 물론, 공저자들께도 감사한다. 현재 서던캘리포니아대학교 University of Southern California의 뇌와창조성연구소Brain and Creativity Institute에 있는 야노스 카플란Janos T. Kaplan은 두 번째 논문의 파트너가 되어주어서 특히 감사를 표한다. 이 연구는 단계마다 공동 노력의 산물이었고, 야노스의 참여가 없었으면 완성하기 어려웠을 것이다.

UCLA 학위논문 심사위원회의 교수님들 외에도 몇몇 외부 학자와 과학자가 초고를 검토했다. 폴 처칠랜드Paul Churchland, 대니얼 데닛, 오언 플래너건과 스티븐 핑커가 원고 전체 또는 일부를 읽고, 매우 유용한 이야기를 해주었다. 몇 부분은 제리 코인Jerry Coyne, 리처드 도킨스, 대니얼 데닛, 오언 플래너건, 앤서니 그레일링Anthony Grayling, 크리스토퍼 히친스와 스티븐 핑커를 포함한 과학자와 작가들로 구성된 큰 학술모임에서 발표했던 에세이를 고쳐서 실었다. 기쁜 일은 이 분들과 함께 토론할 때마다 말도 안 되는 소리를 하는 것이 점점 더 어려워지는 나 자신을 보게 된다는 것이다(그래도 할 수 있는 말은 한다).

프리 프레스Free Press의 담당 편집자 힐러리 레드먼Hilary Redmon 덕분에 몇 번의 교정 단계를 통해 모든 수준에서 책이 나아졌다. 그녀와 함께 일하는 것만으로도 즐거운 일이다. 나의 에이전트인 존 브록만John Brockman, 카틴카 멧슨Katinka Matson과 맥스 블록만Max Blockman은 이 책의 초고에서 컨셉을 다듬어주었고, 적절한 출판사와 연결되도록 큰 도움을 주었다. 존 브록만은 그냥 에이전트라고만 하기엔 귀한 사람이다. 이미 그는 과학적 의견의 세계적 논객이 되어 있다. 이 시대의 가장 흥미로운 문제들을 다루는 그의 재단 엣지 파운데이션Edge Foundation을 통해 과학자와 지식인을 결집하려는 노력 덕택에 우리 모두가 풍요로워졌다.

가족과 친구들, 특히 언제나 가장 비상한 친구이신 어머니는 모든 면에서 후원을 아끼지 않으신다. 어머니는 이 책을 한 번 이상 읽으셨고 소중한 의견을 많이 주시고 교열도 해주셨다.

아내 애너카 해리스Annaka Harris는 책과 에세이와 공개 강연, 우리가 운영 중인 비영리 재단 등 모든 면에서 지속적으로 전문적인 도움을 주고 있다. 만약 내가 만든 모든 문장에서 아내의 풍부한 재능이 눈에 띄지 않는다면 그건 순전히 내가 고집불통이기 때문이다. 아내는 내가 작업하는 동안 우리 딸 에마Emma를 키웠다. 사실 이것이 아내에게 진 가장 큰 빚이다. 이 책을 집필하면서 쓴 대부분의 세월은 결국 아내와 딸의 시간이었다.

이 책은 철학자이자 뇌신경과학자인 샘 해리스가 자신의 도덕론을 펼치고 있는 책이다. 샘 해리스는 도덕적 회의주의와 도덕 상대주의를 비판하고, 도덕적 믿음도 과학적 믿음과 같이 과학적 사실에 근거해야 한다고 말한다. 그가 그려내는 '도덕의 풍경The Moral Landscape'에서 봉우리와 계곡은 행복과 고통을 뜻한다.

이 책의 원제이기도 한 '도덕의 풍경'은 샘 해리스가 생각한 가상의 공간이다. 봉우리의 높이는 잠재적 행복의 높이에 해당하고, 계곡의 깊이는 잠재적 고통의 크기에 해당한다. 서로 다른 사고와 행동, 관습, 윤리 규정, 정부의 양태 등이, 다 그것이 가져오는 행불행에 따라 도덕의 풍경 어딘가에 위치한다. 샘 해리스는 좋은 삶의 방식이 여럿 있어서 도덕의 풍경에 여러 봉우리가 있을 수 있긴 하지만, 봉우리의 가치가 줄어들지는 않는다고 말한다.

그가 말하는 도덕은 인간의 의식적 경험의 긍정적 상태인 행복에 관한 과학이다. 그는 의식적 존재의 경험과 세계의 사건을 이어주는 뇌의 상태를 과학적으로 관찰하는 뇌과학의 발전으로 행복에 대한 과학적 발견이 축적되어 진보할 것으로 믿고 있다. 뇌신경과학의 발전으로 감정이 도덕에 있어 중요하다는 데에 찬성하지만 그것으로 충분치 않고 이성의 역할을 믿으며, 뇌과학자 진영의 도덕회의주의는 멀리하며 도덕실재론을 고수한다.

샘 해리스는 과학적 믿음에 근거하지 않은 종교적 믿음을 비난하고 종교 자체를 강하게 반대한다. 종교 쪽에서 과학을 종교와 구분 지으려고 하거나, 과학자 쪽에서 신앙을 조화시키려는 모든 노력도 터무니없는 것으로 본다. 그가 말하는 종교는 유일신론이다. 신무신론자New Athiests 진영의 다른 사람들처럼 종교에 대해 적대적이다. 마크 헐서더Mark Hulsether의 말대로, X라는 행동을 보이는 집단을 비판하고 싶고, 그 행동이 받아들일 수 없는 것이라면, 그 집단에 대한 비판이 정당한가? 그렇지 않다.

한편 샘 해리스가 종교의 다양한 측면 중 폭력 행위에만 집중해서 종교 전체를 드러내는 것에 대해 인류학자들도 비판하고 있다. 이 부분에서는 이언 리더Ian Reader의 말이 옳다. 우리가 종교라고 부르는 것, 종교와 관련시키는 모든 것들은 인간 영역의 일부이다. 인간 행동에서 종교의 영향을 깔끔하게 떼어내서 생각할 수가 없다. 종교는 비합리적이고 편협하고 위험하게 작용할 수도 있고, 또 종교는 관용과 이해와 문명적 가치를 고양시킬 수도 있는 것이다.

샘 해리스는 이 책에서 도덕의 과학을 말하면서, 종교에 기초한 도덕법에 대해 강하게 비판하고 있다. 종교는 4장의 제목이지만 책의 각 부분은 그리로 가는 길을 닦고 있다. 《멋진 신세계》의 저자, 올더스 헉슬리의 조상이자 다윈시대의 생물학자 토머스 헉슬리가 다윈의 진화론을 옹호하며 창조론을 공격한 일의 역사가 최근 신무신론자들로 이어지고 있다. 이들에게 과학은 종교 비판의 무기이자 토대인데, 이제 샘 해리스가 행복 뇌과학으로 뇌과학적 도덕과학을 세우고 종교의 도덕법을 완전히 대체하려는 것이다. 이것은 근대 과학과 실증주의의 여파로 윤리학이 신앙의 영역과 동일시되면서 도덕을 주관적 감정의 영역으로 치부된 것과 반대 현상이다. 샘 해리스는 과학의 영역인 뇌신경과학의 영향으로 도덕을 과학적 사실에 대한 믿음의 영역으로 들여놓겠다는 것이기 때문이다. 또 과학은 존재와 사실의 영역이고, 도덕은 당위와 가치의 영역이라는 오래된 담장을 허물어야 한다고 주장한다. 그는 이 주장 역시 '믿음'에 대한 뇌과학적 발견으로 뒷받침된다고 말하고 있다.

이 책은 독자의 선호에 따라 어느 장을 먼저 읽더라도 상관없다. 이제 각 장의 주요 내용을 소개하여 관심에 따라 읽는 데에 도움이 되고자 한다.

서론에서는 의식의 뇌과학에 의한 '행복의 도덕과학'이라는 이 책의 모든 요지를 밝히고 있다. 샘 해리스는 의미와 도덕 그리고 인생의 목표 등의 가치에 대한 물음이 의식적 존재의 행복에 대한 물음이라 주장한다. 그런데 인간의 행복은 세상의 사건과 뇌의 상태에 의존하므로 과학적 사실로 이를 설명할 수 있다고 말한다. 그래서 과학이 인간의 가치와 도덕에 대해 말할 수 있다는 것이다. 도덕은 행복에 대한 것이고 행복은 뇌 상태로 알 수 있으니 도덕은 의식에 대한 뇌과학의 영역에 포섭될 것이라는 주장이다. 샘 해리스는 과학과 종교는 서로 상대 진영으로 발을 잘못 넣고 곤란을 일으키지 않으면 문제가 없다는 스티븐 굴드의 말도 종교에 의미와 가치, 도덕에 대한 최고 권위가 있다는 생각을 내포하는 것으로 받아들이고 있다. 과학 분야가 더 이상 삶의 중요한 문제에서 분리된 것이라는 인식은, 과학계가 도덕적 쟁점에 대해 입장을 취하지 않고 주저해서 생긴 일이라며 반발이 있겠지만 이 때문에라도 앞으로 과학계가 인생의 중요한 문제에 관심을 가져야 한다는 것이다.

샘 해리스는 절대 보편의 도덕만이 도덕이고 예외가 전혀 없어야만 도덕 원칙으로서 제구실을 한다는 생각에 반대한다. 과학적 사실에서 가치와 당위를 도출하는 것을 일컫는 자연주의의 오류에 대해, 샘 해리스는 대니얼 데닛의 주장을 따라, 자연주의에는 오류가 없다고 일갈한다. 또한 행복과 좋음에 대해서나, 구체적 예에서 과연 그것이 실제로 좋은가를 물을 수 있다는 미결 문제 논증에 대해서도 속임수라면서, 이러한 자연주의의 오류나 미결 문제 논증이라는 속임수에 걸려서 사실과 가치 사이의 방화벽이 지적 담론에 널리 퍼졌다고 주장한다.

그에 따르면 가치를 둘 만한 유일한 대상은 행복인데, 행복은 뇌에 관한 사실 또는 뇌와 세계의 상호작용에 대한 사실로 설명된다. 객관적 지식도 가치가 있다. 뿐만 아니라 인간의 뇌는 사실과 가치 양쪽 영역에서 참거짓을 판단하는 시스템을 공유하는 것으로 보인다. 뇌는 믿음의 엔진이며 믿음은 사실과 가치의 교량 역할을 하는 지점이라는 것이다. 따라서 그는 사실과 가치의 이분법에 대한 자신의 의심은 근거가 있다고 주장한다. 누군가가 다른 사람보다 더 나은 삶을 산다는 주장은 유효하며, 그 차이가 뇌의 상태와 관련된다면 도덕의 풍경에 대한 주장 역시 유효하고 이분법은 무효하다는 것이다.

그는 또 다윈식 계산법의 편협함을 거부하면서 스티븐 핑커를 따라 진화의 명령에 순응하는 것이 주관적 행복의 토대는 아니라고 말한다. 그리고 종교에 대해서도 열린 대화의 가장 큰 적인 독단주의의 전형이라고 비난한다. 종교에 대해 강한 회의주의를 가지면서도 종교적 신념을 비판하는 일에는 무례하다고 생각하는 과학자들도 샘 해리스의 비난 대상이다. 그는 이를 두고 양립가능한 척하는 위선이라고 일축한다.

1장에서는 도덕적 진리가 실재한다고 주장하면서 이에 대한 도덕과학이 가능하다고 말한다. 의식적 존재가 최악의 불행과 최상의 행복을 어떻게 경험하는가에 대해 알려진 사실이 실재하는 사실이라면 도덕 문제에 옳고 그른 답이 있다는 말은 객관적으로 참이라고 한다. 샘 해리스는 도덕법을 말하는 종교적인 사람들도 행복을 원하고 불행을 피한다고 하면서 종교 전통이 말하는 행복 개념을 따르긴 하지만 행복에 대한 관심은 보편적이라 말한다. 행복이 정의나 공정성, 자율성 등의 원칙과 맞지 않는다고 생각하는 것은 옳지 않으며, 모두의 최악의 불행이라는 사태에 근거해서 보편적 도덕이라는 것이 규정될 수 있고, 이 때문에 면저 이 모두에게 가능한 최악의 불행을 불러오는 행동을 피하는 게 좋다는 전제에서 도덕이 출발하는 것이 안전하다고 주장한다. 또 관용이라는 이름으로 그리고 문화라는 이름으로 나쁜 관습의 비도덕성에 눈감는 일에 대해 강하게 비판한다.

또한 인간의 가치를 생물학으로 축소시키려다 발생한 실수도 지적한다. 일례로 에드워드 윌슨이 '도덕 혹은 도덕에 대한 우리의 믿음은 생식이라는 목적을 증진하기 위한 적응일 뿐이다'라고 말한 데 대해서 대니얼 데닛이 '허튼소리'라고 한 것을 지지한다. 샘 해리스는 조상들이 도덕적 직관 덕분에 적응이라는 이익을 누렸다고 해서 도덕의 현재 목적이 생식은 아니라고 말한다. 물론 도덕의 이름으로 우리가 행하는 것들, 즉, 부정에 대한 비난, 사기 행위에 대한 처벌, 그리고 협동에 대한 가치평가 등은 자연선택에 의한 무의식적 과정이라고 믿을 만한 이유가 있지만, 그렇다고 우리가 만족스러운 삶을 사는 게 진화의 산물을 아니라는 것이다.

사람들이 '도덕적'이라 말하고 행하는 것을 지배하는 인지 및 정서 과정에 대한 진화론적 설명은 샘 해리스가 말하는 도덕과학이 아니다. 그에 따르면 도덕적 진리가 실재한다는 것은 발견해야 할 행복에 대한 사실들이 있다는 것이다. 특히 도덕 관련 프로젝트를 그가 세 가지로 구분하고 있는 것은 흥미롭다. 첫째 도덕이라는 이름으로 사람들이 따르는 사고 패턴과 행동 패턴의 원인을 설명하고자 하는 것, 둘째 도덕적 진리의 본질에 대해 더 명확하게 생각할 수 있고 그에 따라 도덕이라는 이름으로 어떤 사고 패턴과 행동 패턴을 따라야 하는지 결정하고자 하는 것, 셋째 사고 패턴과 행동 패턴이 어리석고 해로운 사람들에게 그 패턴을 깨면 더 나은 삶을 살 수 있다고 설득하고자 하는 것 등이다. 이에 샘 해리스는 자신의 '도덕의 풍경 프로젝트'가 두 번째라면서, 진화론과 심리학, 신경생물학의 연구 경향인 첫 번째 프로젝트와 나름대로는 구분하고 있다.

2장에서는 선악은 자연적 현상이며 과학적 차원에서 더 잘 이해할 수 있다고 말한다. 행위의 옳음은 의식적 존재의 행복에 어떤 영향을 주는지에 달려 있다는 결과주의적 입장이다. 행복한 삶에 영향을 미치는 모든 요인의 효과가 뇌의 수준에서 나타나고, 뇌에 대한 이해 수준이 커질수록 문명의 공동 프로젝트를 위해 성공적으로 협력하게 하는 모든 힘들에 대해서도 더 많이 이해하게 된다는 것이다. 샘 해리스는 도덕의 이론화에 대한 회의주의적인 시각에 대해서는 다른 영역에 대해서도 예의 그 회의주의적인 시각이 그대로 적용된다고 하여 이를 일축하고 있다.

여기서는 철학자이자 뇌과학자인 조슈아 그린의 회의주의적 시각을 예로 들었다. 그린이 생각할 때 도덕의 이론화가 실패하는 이유는 첫째 우리의 직관이 일관된 도덕적 진리를 반영하지 않기 때문이며, 둘째 우리의 직관이 그것이 가능하도록 설계되지 못했기 때문이다. 따라서 자신의 도덕관념을 이해하고 싶다면 규범윤리학이 아니라 생물학, 심리학, 사회학으로 눈을 돌리라는 것이 그린의 주문이다.

샘 해리스는 이런 인식은 수학적 물리적 직관에 대해서도 마찬가지라면서 일이 이렇다고 해서 실재론자가 되기를 그만둘 필요는 없다고 반박한다. 오히려 윤리적 직관이 실패하지 않도록 우리를 보호하는 문화적 메커니즘을 만드는 것이 문명의 과제라고 말한다. 도덕의 과학을 통해서 인간 행복의 원인과 그 구성 요소들을 더 많이 이해하고 동료의 경험을 더 많이 알게 될수록 사회정책을 정할 때 보다 지적인 결정을 내릴 수 있다고 보고 있다. 그 외에 도덕적 직관에 위배되는 심리적 사실과 사회적 사실에 대해서도 고찰하고 있다.

실제 현실적으로 사람들이 도덕이라는 이름으로 행동하고 결정하는 모든 것을 도덕의 일부로 보고 도덕적 의견 차이를 해소할 수 없다고 보는 것이 조너선 하이트의 입장이다. 이 같은 도덕회의주의에 대해서 샘 해리스는 도덕에 대해서도 잘못된 지식을 가질 수 있다는 것을 이유로 들어 도덕실재론을 옹호한다. 뇌의 정서회로가 종종 도덕적 직관을 통제하며 느낌이 판단을 이끌어내는 방식은 연구할 가치가 있다는 점에서는 하이트에 동조한다.

샘 해리스에게 인간의 선악은 자연적 현상이지만, 그는 자연적인 것과 실제로 좋은 것은 다르다는 것을 기억하라고 강조한다. 또 2장에서 리벳 등의 실험을 인용하여 인간이 과연 행동의 의식적 근원인지에 대해 의문을 제기한다. 그는 자유 의지는 환상이라는 주제를 가지고,《자유 의지는 없다Free Will》라는 제목으로 짧은 책을 내기도 한다. 그의 주장은 행위와 의도와 믿음과 욕구는 행동 패턴과 자극-반응 법칙에 상당한 제약을 받은 체계 안에서만 존재할 수 있다는 것이다. 생물학자

마르틴 하이젠베르크가 주장하듯 뇌의 일부 기본 프로세스는 임의로 발생하기 때문에 환경 자극으로 결정될 수 없다는 말에 반대하며, 그가 말하는 '자기발생'도 뇌에서 비롯한다는 게 샘 해리스의 주장이다. 뇌를 거치는 인과관계를 생각할 때 자유 의지의 여지는 남지 않는다는 것이다. 우리가 자유 의지를 믿는 이유는 순간순간 직전의 구체적 원인을 잊어버리는 데에서 기인한다고 한다.

그는 데닛의 말을 빌어 결정론과 운명론을 혼동하지 말라고 하면서 모든 것이 결정되어 있다고 해서 내가 가만히 있으면 된다는 것은 아니라고 말한다. 결정, 의도, 노력, 목적, 의지력 등이 다 뇌의 인과적 상태이다. 자발적 행동이 있다는 반문에 대해서는 자발적 행동에는 그렇게 하고자 하는 의도적인 느낌이 뒤따르는데, 그 의도 자체는 주관적 차원에서 알 수 없는 거라고 말한다. 우리는 의도가 발생하기 전에는 앞으로 의도할 것을 알 수 없기 때문에 우리의 생각처럼 우리가 우리 자신의 생각과 행동의 주체는 아니라는 것이다. 그러나 여전히 의도한 바를 행할 자유와 행하지 않을 자유는 가치 있다는 말로 사회적 정치적 자유의 여지는 남기고 있다.

샘 해리스는 우리가 자유 의지에 대해 애착을 갖고 있기는 하지만 뇌의 기능 이상이 우리의 최선의 의도를 짓누를 가능성도 알고 있다고 말하면서, 이런 이해를 가지는 것이야말로 보편적 인간성에 대해 더 일관되고 더 동정적인 관점을 향하는 것으로 종교적 형이상학으로부터 벗어나는 진보라고 강조하기도 한다. 인과관계의 차원에서 자유 의지를 이해할 수 없으며, 우리가 행동의 주체라는 강력한 주관적 감각이 있기 때문에 자유 의지는 수수께끼로 남아 있지만, 수수께끼 자체가 우리의 증상이라고 하면서 우리가 경험의 본질을 잘못 인식하는 데서 이런 증상이 나온다고 일축한다.

이어 샘 해리스는 생각과 의도가 의식에서 그냥 떠오르는 것이라고 말한다. 우리가 생각하는 것보다 더 우리 자신에 대한 진실이 낯설다는 것이 그의 주장이다. 책임이라는 문제를 어찌 할 것인가라는 질문에 대해서는 뇌과학자 마이클 가자니가의 말을 인용하여, '뇌과학적인 면에서는 어떤 행동에 더 책임이 있거나 덜 책임이 있는 사람은 없다'는 말을 지지하면서도, 가자니가가 책임은 사회적 선택이고 책임 개념은 사회적 구성물로 사회의 규칙 안에 존재하는 것이므로 뇌과학은 결코 뇌를 책임과 관련짓지 않을 것이라고 말한 것에 대해서는 슬쩍 거리를 둔다. 자연화한다고 도덕적 책임의 차원에서 생각하는 일을 막지는 못하지만, 악의 치료법까지 생각하는 그는 응징과 보복의 논리에 대해서는 문제라고 말한다.

3장에서는 믿음이란 어떤 말을 '참'이라고 받아들이는 뇌의 능력이라고 정의하면서 그 윤리상 믿음은 과학적 사실에 기반해야 한다며 종교적 믿음을 비난한다. 여기서 '참'이란 미래 결과를 예측할 수 있게 함으로써 행동과 감정의 지침으로 타당하다는 뜻이라고 한다. 샘 해리스는 우리는 세상에 대한 내 믿음이 참이라고 정말 확신할 때 '안다'고 말하는 경향이 있으며, 일상 대화에서는 확실함의 정도를 가지고 믿음과 지식을 구분한다고 말한다. 즉 확신의 전체 영역 안에 지식과 믿음이 위치한다는 것이다. 우리는 말이 참일 수 있는 가능성을 받아들이는 메커니즘에 의해 세상에 대한 대부분의 지식을 획득한다. 샘 해리스는 믿음에 상응하는 구조가 이미 뇌 속에 있을 가능성은 없어 보이지만, '거의 상응하는' 표상은 있을 것으로 본다. 표상은 신경망을 가로지르는 활성화 패턴에 기인하므로 세상의 사건들이나 마음속의 개념들을 뇌의 각 구조에 일대일 대응시키기는 불가능한 것이다. 그는 믿음만 관할하는, 믿음의 '중추'가 되는 뇌의 영역을 찾기는 불가능할 것 같지만, 믿거나 믿지 않을 수 있는 능력은 뇌에 있다고 본다. 특히 믿음은 암묵적 동의를 수반하지만 불신에는 연속적 거부 과정이 필요하다고 한 17세기 스피노자의 생각을 지지하는 것으로 보이는 현대 연구를 소개하는 부분도 흥미롭다.

　이 장에서 샘 해리스는 자신이 왜 사실과 가치의 이분법에 반대하게 되었는지를 고백하고 있다. 물론 철학을 전공한 그는 fMRI를 이용한 연구로 뇌과학에 뛰어들기 전부터 그런 주장을 할 수 있었다고 한다. 그런데 뇌과학을 하다가 이런 생각은 더욱 강해진 것으로 보인다. 우선 내측전전두피질medial prefrontal cortex, MPFC이 믿음을 광범위하게 조정하는 것으로 보인다는 연구 결과들, 그리고 이 부위의 활성이 불신에 비해 믿음에 의해 높아지는 결과를 통해서였다고 한다. '태양은 항성이다'라는 진술에서나 '잔인함은 그르다'라 진술에서 해당 부위의 활성이 비슷하게 나타나는 것을 보고 그렇게 생각하는 부분에서는 다소 성급한 게 아닌가 하는 생각이 든다. 그렇지만 과학적 혹은 도덕적 추론이라는 것에 일정 정도는 심리적 동기, 감정과 분리되지 못하는 것으로 보는 부분에서는 고개가 끄덕여질 것이다.

안토니오 다마지오 연구팀에서는 이미 그렇게 보고 있었다. 효과적 추론을 위해 '진실을 구하는 감정'이 있어야 하는 것이다. 이것은 로버트 버튼의 '안다는 느낌'과도 관련된다. 물론 감정이 사실 여부를 판단하는 데에 충분한 것은 물론 아니다. 의식적 추론이 선택을 한 후에 그 선택을 정당화하기 위한 시도라는 크리스 프리스의 연구 결과 해석에 일부 동의하지만 추론에 이성의 역할을 부정하는 데에 샘 해리스는 찬성하지 않는다. 버튼이 이성을 두고 무의식적 편견에 붙인 이름이라고 하는 부분에도 반대한다. 샘 해리스는 이성이 생물학에 근거를 둔다고 확신하면서도 그렇기 때문에 이성의 원칙이 무의미해지지는 않는다고 말한다. 그는 또 타인이 믿는 게 뭔지 아는 것과 그가 말하는 게 진실인지 아는 것이 같다고 말하면서, 믿음과 불신에 대한 연구에서 나아가 앞으로 기만에 대한 뇌영상 연구가 있을 것으로 전망한다. 이 무의식적 감정의 편견 또는 비인식론적인 신념에 대해 깊은 반감을 드러내면서 살짝 종교적 믿음 쪽으로 과녁을 맞추며 4장을 예고한다.

4장에서는 주로 종교의 역기능과 종교의 이름으로 일어난 폭력에 대해 역설한다. 샘 해리스는 종교가 사람들의 실제적인 고통보다 친척과 동맹들 사이에서 공유하는 신성함의 가치에 골몰하고 있을 뿐만 아니라, 오히려 폭력을 발생시킨다고 하면서 종교를 반대하고 있다. 저자의 전작 《종교의 종말The End of Faith》이나 《기독교 국가에 보내는 편지Letter to a Christian Nation》로 충분했을 이런 주장을 이 책에 또 실은 이유가 있을 것이다.

그는 종교가 사회적 건전성의 보증수표는 아니라는 연구 결과를 제시하는 동시에, 종교지지자들은 자신들이 신성한 진리를 안다고 믿고 있으며 모든 신앙은 경험을 해석하는 틀을 나름대로 제공하여 교리에 신뢰도를 높인다고 말한다. 여기서 다시 심리학 연구나 불신과 믿음에 대한 뇌영상 연구를 제시하면서 종교적 믿음의 물질적 실체를 찾아보려 하면서 사실과 가치의 경계가 인지의 문제로 있는 게 아니라는 자기 주장을 재확인한다. 샘 해리스는 뇌와 분리되어 있으면서 추론하고 사랑을 느끼며 인생사를 기억할 수 있는 불멸의 영혼은 있을 수 없다고 말하면서 종교의 교리를 부정한다.

샘 해리스는 신앙과 이성을 화해시키는 어설픈 예로 프랜시스 콜린스를 들고 있다. 미국 의과학 연구에 연 예산 300억 달러를 쥐락펴락하는 국립보건원 소장인 콜린스가 어떻게 인간 게놈 프로젝트의 지휘권을 받아들이게 되는지 그 과정을 설명하면서 과학이 믿음의 개연성을 높인다는 그의 주장을 비웃는다. 또 그 연장선에서 부활의 물리학을 말하는 폴킹혼의 글을 인용하여 과학자로서의 그의 종교 저작이 날조와 진배없다고 말한다.

특히 콜린스가 종교로부터 도덕윤리를 끌어내게 된 연유를 소개하는 대목은 매우 흥미롭다. 진정한 이타성에 대한 진화론적 설명은 있을 수 없기에 과학에 기댈 수 없고, 도덕법칙은 인간에게만 적용되는 것이며, 이것은 하나님이 인간을 그의 형상을 따라 특별하게 지음받았다는 사실과 연관되기 때문이다. 이렇게 해서 콜린스는 종교와 도덕을 연관시키고 과학은 그로부터 떼어낸다. 인간 존재에 대한 가장 중요하고 긴급한 질문에 과학이 답을 주지 못한다는 콜린스의 주장은 사실 샘 해리스의 생각에 정면 배치되는 것이다. 과학자라고 자처하는 사람들이 종교적 신앙을 말할 때에는 내적 갈등이 있을 수 없다는 게 샘 해리스의 주장이다. 틀렸다는 것을 모를 만큼 무식하거나, 틀렸다는 것을 알지만 받아들이기엔 비용이 비싸게 든다는 것을 알 만큼 위선적이거나, 어렴풋하게는 틀렸다는 걸 감지하지만 그에 대한 두려움으로 오히려 더 믿음에 정진하는 것이라는 게 그의 주장이다. 종교에 대한 그의 반대는, 종교란 과학적 무지라는 말로 요약된다.

5장에서는 행복의 과학으로서의 도덕의 앞날을 낙관하며 도덕의 진보를 희망한다. 샘 해리스는 도덕이라는 것은 단순히 문화의 산물이 아니라 인간 탐구의 진정한 영역이라고 믿으며, 문화의 우연성을 초월하여 도덕적 진보가 가능할 것으로 보고 있음을 밝힌다. 그는 우리가 '행복'이나 '웰빙'이라는 말을 여러 가지 뜻으로 쓰고 있기 때문에 과학적 연구가 어렵기도 하고 행복에 대한 회의주의와 마주하기도 한다고 전제하고, 그럼에도 불구하고 행복이라는 말을 대신해서 인간의 긍정적 존재 상태를 말할 개념은 없다고 말한다. 행복과 경쟁하는 행복 이외의 다양한 가치에 대해서도, 역시 행복을 고려하여 이들 간의 최적의 조화를 생각해야 한다고 덧붙인다. 개인의 행복과 집단의 행복의 상충에 대해서도 마찬가지다. 인류의 협동을 촉구하는 방법을 찾아야 한다고 말한다. 그리고 과학의 발전으로 인간 존재의 절박한 진짜 문제에 대해 방법을 찾을 수 있다는 희망을 말한다.

내가 볼 때 이러한 그의 주장이 현대 합리주의 윤리학 영역의 논의에서 특별히 더 나아간 것은 없다고 해도 과언이 아니다. 오히려 이 쪽의 논의가 얼마나 활발하게 진행되고 있는지 그가 보면 좋겠다는 생각이 들 지경이다. 물론 감정과 인지와 도덕성의 관계에 대한 뇌신경과학의 연구 결과라든지 사실과 가치의 이분법에 대한 논의는 지켜볼 가치가 있다고 여겨진다. 내가 그의 글을 종교에 대한 반대의 연장선상에서만 봐서 그렇게 생각하는 게 아니냐고 봐도 좋다. 그렇게 보는 것은 사실이니까.

처음 이 책을 살펴보게 된 이유는 뇌신경과학자의 도덕에 대한 논의가 궁금해서였는데, 솔직히 내용을 보고 놀랐다. 《종교의 종말》의 후편에 가깝다는 생각이 들어서였다. '윤리를 자연화하기'의 한 사례를 볼 수 있을 거라고 생각했으나(저자도 다른 도덕이론에 촘촘히 견주어가면서 쓰지 않는다고는 말하지만), 이 책은 주로 종교에 대한 반대로 종교가 도덕을 말할 수 없고 말하게 해선 안 된다는 '독단에 가까운' 강한 주장을 펼치고 있었다. 샘 해리스가 비판해마지 않는 실용주의 진영의 철학자이자 심리학자인 윌리엄 제임스William James가 신앙을 '믿고자 하는 의지'로 보는 것에 대해 나는 동의한다. 유신론은 과학적이지 않으니 버리고 무신론을 채택해야 하는 것이 도덕적이라는 입장이나 자유를 주장하는 태도나 받아들이기 어렵다.

또 도덕에 대한 입장도 마찬가지다. 과학을 통해 도덕적 진리의 본질에 대해 더 명확하게 생각할 수 있다거나 도덕이라는 이름으로 어떤 사고 패턴과 행동 패턴을 따라야 하는지 결정할 수 있다는 그의 프로젝트는 도덕적 자연주의이다. 그러나 우리의 의식에 관한 과학적 사실이 우리 의식의 지향점을 곧이곧대로 가르쳐주지는 않을 것이라고 생각한다. 도덕을 자연화하는 주장에 대해 그대로 믿어야 할 당위성은 없다. 롤스의 말처럼 세상의 모든 관계를 자연적인 것으로 보는 것은 옳지 않다. 이는 인격과 공동체에 대한 논의가 빠진 도덕론이 될 것이다.

종교의 자유나 영성에 대해 반대하지는 않지만 종교의 독단주의와 악한 과거를 들추는 샘 해리스 자신의 의지가, 과연 물이 수소와 산소로 되어 있다는 사실처럼 그냥 그렇게 되어 있는, 그냥 발생한 사실일까. 우리 자신의 의식은 내가 왜 이런 생각을 하고 있나를 물을 수 있다. 이것은 과학적 원인을 찾기 위한 질문만은 아니다. 원인이 원인으로 과학적 타당성을 갖는다 해도, 이유로서는 말이 안 된다고 생각할 수 있는 것이 우리의 도덕적 자기 인식의 특징이다. 그런 질문 행위도 의식적 경험일 텐데 어떻게 이런 것을 뇌신경과학으로 맵핑한다는 것인가. 윤리적인 인지나 감정의 뇌신경상의 '가능' 원인을 '뇌의 현재 상태'에서 찾는 것까지는 할 수 있고 거울신경세포와 공감의 관계 발견했다. 그래도 여전히 뇌는 바로 직전까지의 총체적 과학적 사실의 결과이기만 한 것은 아니며 우리의 의식도 현재의 뇌 상태에 의해서만 결정되는 것은 아니다.

또 자유 의지가 과학적으로는 착각이라고 하지만 우리가 자신의 선택을 중시하고 이에 가치를 둔다는 사실은 뇌과학적으로 어떻게 입증할 것인가. 뇌영상과학의 방법론적인 문제로 책에서도 다루고 있는 역

추론 문제는 차치하고서라도 말이다. 그럼에도 불구하고 가치와 사실의 이분법이 무의미하다는 주장을 '믿음'에 대한 연구들을 토대로 과학자로서 주장하고 있는 점, 종교의 어두운 면에 대해 문헌을 근거로 들여다보게 하는 점, 사회적 정서에 대한 뇌신경과학의 연구 상황을 보게 하는 점 등이 도덕에 관심 있는 사람들에게 수확이 될 것임에 틀림없다.

리처드 도킨스와 대니얼 데닛, 그리고 크리스토퍼 히친스와 샘 해리스로 대표되는 신무신론자들과 친구이면서도 종교에 타협적인 입장을 취하고 있는 마이클 셔머Michael Shermer는 '증오와 빈정거림을 마셔서 자유에 대한 갈증을 풀려고 하지 말자'는 마틴 루터 킹 2세의 연설 문구를 되새기라고 주문하고 있다. 그는 앨릭스 벤틀리Alex Bentley가 엮은 《현대 과학 · 종교 논쟁The Edge of Reason》이라는 책의 공저자로서 무신론자들의 과격한 유신론 공격을 보면서 어떤 태도를 취해야 할 것인지 묻고 이렇게 답한다. '유신론자들과 무신론자들이 서로 편견을 가지고 부정적 관점에서 바라보기를 원치 않으면 서로가 노력해야 한다. 과학과 종교를 포괄하고 무신론과 유신론의 믿음과 의심을 모두 고려하며, 더 넓은 자유 원칙이 과학과 이성과 합리성이 의식을 고양시켜야 한다. 자유를 위한다는 과학과 이성과 합리성은 목적 그 자체가 아니라 목적을 위한 수단이 되어야 한다.'

강명신

Aaronovitch, D. (2010). Voodoo histories: *The role of the conspiracy theory in shaping modern history*. New York: Riverhead Books.

Abe, N., Suzuki, M., Tsukiura, T., Mori, E., Yamaguchi, K., Itoh, M., et al. (2006). Dissociable roles of prefrontal and anterior cingulate cortices in deception. *Cereb Cortex, 16*(2), 192-199.

Abraham, A., & von Cramon, D. Y. (2009). Reality = relevance? Insights from spontaneous modulations of the brain's default network when telling apart reality from fiction. *PLoS ONE, 4*(3), e4741.

Abraham, A., von Cramon, D. Y., & Schubotz, R. I. (2008). Meeting George Bush versus meeting Cinderella: the neural response when telling apart what is real from what is fictional in the context of our reality. *J Cogn Neurosci, 20*(6), 965-976.

Adolphs, R., Tranel, D., Koenigs, M., & Damasio, A. R. (2005). Preferring one taste over another without recognizing either. *Nat Neurosci, 8*(7), 860-861.

Ainslie, G. (2001). *Breakdown of will*. Cambridge ; New York: Cambridge University Press.

Allen, J. (2000). *Without sanctuary: lynching photography in America*. Santa Fe, N.M.: Twin Palms.

Allen, J. J., & Iacono, W. G. (1997). A comparison of methods for the analysis of event-related potentials in deception detection. *Psychophysiology, 34*(2), 234-240.

Amodio, D. M., Jost, J. T., Master, S. L., & Yee, C. M. (2007). Neurocognitive correlates of liberalism and conservatism. *Nat Neurosci, 10*(10), 1246-1247.

Anastasi, M. W., & Newberg, A. B. (2008). A preliminary study of the acute effects of religious ritual on anxiety. *J Altern Complement Med*, 14(2), 163-165.

Anderson, A. K., Christoff, K., Panitz, D., De Rosa, E., & Gabrieli, J. D. (2003). Neural correlates of the automatic processing of threat facial signals. *J Neurosci*, 23(13), 5627-5633.

Andersson, J. L. R., Jenkinson, M., & Smith, S. M. (2007). Non-linear registration, aka Spatial normalisation. *FMRIB technical report, TR07JA2*.

Andersson, J. L. R., Jenkinson, M., & Smith, S. M. (2007). Non-linear optimisation. *FMRIB technical report, TR07JA1*.

Appiah, A. (2008). *Experiments in ethics*. Cambridge, Mass.: Harvard University Press.

Ariely, D. (2008). *Predictably Irrational*. New York: Harper Collins.

Asheim Hansen, B., & Brodtkorb, E. (2003). Partial epilepsy with "ecstatic" seizures. *Epilepsy Behav*, 4(6), 667-673.

Atchley, R. A., Ilardi, S. S., & Enloe, A. (2003). Hemispheric asymmetry in the 251 processing of emotional content in word meanings: the effect of current and past depression. *Brain Lang*, 84(1), 105-119.

Atran, S. (2003, May 5). Who Wants to Be a Martyr? *New York Times*.

Atran, S. (2006a). Beyond Belief: Further Discussion Retrieved 6/11/08, from http://www.edge.org/discourse/bb.html

Atran, S. (2006b). What Would Gandhi Do Today? Nonviolence in the an Age of Terrorism. Retrieved from http://sitemaker.umich.edu/satran/relevant_ articles_on_terrorism.

Atran, S. (2007). Paper presented at the Beyond Belief: Enlightenment 2.0. Retrieved from http://thesciencenetwork.org/programs/beyond-belief-enlightenment-2-0/scott-atran.

Azari, N. P., Nickel, J., Wunderlich, G., Niedeggen, M., Hefter, H., Tellmann, L., et al. (2001). Neural correlates of religious experience. *Eur J Neurosci, 13*(8),

1649-1652.

Baars, B. J., & Franklin, S. (2003). How conscious experience and working memory interact. *Trends Cogn Sci, 7*(4), 166-172.

Babiak, P., & Hare, R. D. (2006). *Snakes in suits: when psychopaths go to work* (1st ed.). New York: Regan Books.

Ball, P. (2009, June 25, 2009). And another thing... Retrieved July 6, 2009, from http://philipball.blogspot.com.

Baron, A. S., & Banaji, M. R. (2006). The development of implicit attitudes. Evidence of race evaluations from ages 6 and 10 and adulthood. *Psychol Sci, 17*(1), 53-58.

Baron, J. (2008). Thinking and deciding (4th ed.). New York: Cambridge University Press.

Baron-Cohen, S. (1995). *Mindblindness: an essay on autism and theory of mind.* Cambridge, Mass.: MIT Press.

Barrett, J. L. (2000). Exploring the natural foundations of religion. *Trends Cogn Sci, 4*(1), 29-34.

Bauby, J.-D. (1997). *The diving bell and the butterfly* (1st U.S. ed.). New York: A.A. Knopf.

Baumeister, R. F.(2001). Violent Pride. *Sci Am, 284*(4), 96-101.

Baumeister, R. F., Campbell, J. D., Krueger, J. I., & Vohs, K. D. (2005). Exploding the self-esteem myth. *Sci Am, 292*(1), 70-77.

Bawer, B. (2006). *While Europe slept: how radical Islam is destroying the West from within* (1st ed.). New York: Doubleday.

Bechara, A., Damasio, H., & Damasio, A. R. (2000). Emotion, decision making and the orbitofrontal cortex. *Cereb Cortex, 10*(3), 295-307.

Bechara, A., Damasio, H., Tranel, D., & Damasio, A. R. (1997). Deciding advantageously before knowing the advantageous strategy. *Science, 275*(5304),

1293-1295.

Begg, I. M., Robertson, R. K., Gruppuso, V., Anas, A., & Needham, D. R. (1996). The Illusory-Knowledge Effect. *Journal of Memory and Language, 35*, 410-433.

Benedetti, F., Mayberg, H. S., Wager, T. D., Stohler, C. S., & Zubieta, J. K. (2005). Neurobiological mechanisms of the placebo effect. *J Neurosci, 25*(45), 10390-10402.

Benedict, R. (1934). *Patterns of culture.* Boston, New York,: Houghton Mifflin.

Benjamin, J., Li, L., Patterson, C., Greenberg, B. D., Murphy, D. L., & Hamer, D. H. (1996). Population and familial association between the D4 dopamine receptor gene and measures of Novelty Seeking. *Nat Genet, 12*(1), 81-84.

Bilefsky, D. (2008, July 10). In Albanian Feuds, Isolation Engulfs Families. *New York Times.*

Blackmore, S. J. (2006). *Conversations on consciousness: what the best minds think about the brain, free will, and what it means to be human.* Oxford ; New York: Oxford University Press.

Blair, J., Mitchell, D. R., & Blair, K. (2005). *The psychopath: emotion and the brain.* Malden, MA: Blackwell.

Blakemore, S. J., & Frith, C. (2003). Self-awareness and action. *Curr Opin Neurobiol, 13*(2), 219-224.

Blakemore, S. J., Oakley, D. A., & Frith, C. D. (2003). Delusions of alien control in the normal brain. *Neuropsychologia, 41*(8), 1058-1067.

Blakemore, S. J., Rees, G., & Frith, C. D. (1998). How do we predict the consequences of our actions? A functional imaging study. *Neuropsychologia, 36*(6), 521-529.

Blakeslee, S. (2007, February 6). A Small Part of the Brain, and Its Profound Effects. *New York Times.*

Block, N. (1995). On a confusion about the function of consciousness.

Behavioral and Brain Sciences, 18, 227-247.

Block, N., Flanagan, O., & Güzeldere, G. (1997). *The Nature of Consciousness: Philosophical Debates*. Cambridge, Mass: The MIT Press.

Bloom, P. (2004). *Descartes' baby: how the science of child development explains what makes us human*. New York: Basic Books.

Bloom, P. (2010, May 9). The Moral life of babies, *New York Times Magazine*.

Blow, C. M. (2009, June 26). The Prurient Trap. *New York Times*.

Blumer, D. (1999). Evidence supporting the temporal lobe epilepsy personality syndrome. *Neurology, 53*(5 Suppl 2), S9-12.

Bogen, G. M., & Bogen, J. E. (1986). On the relationship of cerebral duality to creativity. *Bull Clin Neurosci, 51*, 30-32.

Bogen, J. E. (1986). Mental duality in the intact brain. *Bull Clin Neurosci, 51*, 3-29.

Bogen, J. E. (1995a). On the neurophysiology of consciousness: Pt. II. Constraining the semantic problem. *Conscious Cogn, 4*(2), 137-158.

Bogen, J. E. (1995). On the neurophysiology of consciousness: Pt. I. An overview. *Conscious Cogn, 4*(1), 52-62.

Bogen, J. E. (1997). Does cognition in the disconnected right hemisphere require right hemisphere possession of language? *Brain Lang, 57*(1), 12-21.

Bogen, J. E. (1998). My developing understanding of Roger Wolcott Sperry's philosophy. *Neuropsychologia, 36*(10), 1089-1096.

Bogen, J. E., Sperry, R. W., & Vogel, P. J. (1969). Addendum: Commissural section and propagation of seizures. In Jasper et al. (Ed.), *Basic Mechanisms of the epilepsies*. Boston: Little, Brown and Company, 439.

Bok, H. (2007). The implications of advances in neuroscience for freedom of the will. *Neurotherapeutics, 4*(3), 555-559.

Borg, J., Andree, B., Soderstrom, H., & Farde, L. (2003). The serotonin system and spiritual experiences. *Am J Psychiatry, 160*(11), 1965-1969.

Borg, J. S., Lieberman, D., & Kiehl, K. A. (2008). Infection, incest, and iniquity: investigating the neural correlates of disgust and morality. *J Cogn Neurosci, 20*(9), 1529-1546.

Bostom, A. G. (2005). *The legacy of Jihad: Islamic holy war and the fate of non-Muslims.* Amherst, N.Y.: Prometheus Books.

Bostrom, N. (2003). Are We Living in a Computer Simulation? *Philosophical Quarterly, 53*(211), 243-255.

Bostrom, N., & Ord, T. (2006). The Reversal Test: Eliminating Status Quo Bias in Applied Ethics. *Ethics, 116,* 656-679.

Bouchard, T. J., Jr. (1994). Genes, environment, and personality. *Science, 264*(5166), 1700-1701.

Bouchard, T. J., Jr., Lykken, D. T., McGue, M., Segal, N. L., & Tellegen, A. (1990). Sources of human psychological differences: the Minnesota Study of Twins Reared Apart. *Science, 250*(4978), 223-228.

Bouchard, T. J., Jr., McGue, M., Lykken, D., & Tellegen, A. (1999). Intrinsic and extrinsic religiousness: genetic and environmental influences and personality correlates. *Twin Res, 2*(2), 88-98.

Bowles, S. (2006). Group competition, reproductive leveling, and the evolution of human altruism. *Science, 314*(5805), 1569-1572.

Bowles, S. (2008). Being human: Conflict: Altruism's midwife. *Nature, 456*(7220), 326-327.

Bowles, S. (2009). Did warfare among ancestral hunter-gatherers affect the evolution of human social behaviors? *Science, 324*(5932), 1293-1298.

Boyer, P. (2001). *Religion explained: The evolutionary orgins of religious thought.* New York: Basic Books.

Boyer, P. (2003). Religious thought and behaviour as by-products of brain function. *Trends Cogn Sci, 7*(3), 119-124.

Bransford, J. D., & McCarrell, N. S. (1977). A sketch of a cognitive approach to comprehension: Some thoughts about understanding what it means to comprehend. In P. N. Johnson-Laird & P. C. Wason (Eds.), *Thinking* (pp. 377-399). Cambridge, UK: Cambridge University Press.

Brefczynski-Lewis, J. A., Lutz, A., Schaefer, H. S., Levinson, D. B., & Davidson, R. J. (2007). Neural correlates of attentional expertise in long-term meditation practitioners. *Proc Natl Acad Sci USA, 104*(27), 11483-11488.

Broad, W. J. (2002, October, 9). Lie-Detector Tests Found too Flawed to Discover Spies. *New York Times*.

Broks, P. (2004). *Into the Silent Land: Travels in Neuropsychology*. New York: Atlantic Monthly Press.

Brooks, M. (2009). Born believers: How your brain creates God. *New Scientist*(2694) Feb. 4, 30-33.

Brosnan, S. F. (2008). How primates (including us!) respond to inequity. *Adv Health Econ Health Serv Res, 20*, 99-124.

Brosnan, S. F., Schiff, H. C., & de Waal, F. B. (2005). Tolerance for inequity may increase with social closeness in chimpanzees. *Proc Biol Sci, 272*(1560), 253-258.

Buckholtz, J. W., Treadway, M. T., Cowan, R. L., Woodward, N. D., Benning, S. D., Li, R., et al. (2010). Mesolimbic dopamine reward system hypersensitivity in individuals with psychopathic traits. *Nat Neurosei, 13*(4), 419-421.

Buckner, R. L., Andrews-Hanna, J. R., & Schacter, D. L. (2008). The brain's default network: anatomy, function, and relevance to disease. *Ann NY Acad Sci, 1124*, 1-38.

Buehner, M. J., & Cheng, P. W. (2005). Causal Learning. In K. J. Holyoak & R. G. Morrison (Eds.), *The Cambridge handbook of thinking and reasoning* (pp. 143-168.). New York: Cambridge University Press.

Bunge, S. A., Ochsner, K. N., Desmond, J. E., Glover, G. H., & Gabrieli, J. D. (2001). Prefrontal regions involved in keeping information in and out of mind. *Brain, 124*(Pt 10), 2074-2086.

Burgess, P. W., & McNeil, J. E. (1999). Content-specific confabulation. *Cortex, 35*(2), 163-182.

Burns, K., & Bechara, A. (2007). Decision making and free will: a neuroscience perspective. *Behav Sci Law, 25*(2), 263-280.

Burton, H., Snyder, A. Z., & Raichle, M. E. (2004). Default brain functionality in blind people. *Proc Natl Acad Sci USA, 101*(43), 15500-15505.

Burton, R. A. (2008). *On being certain: believing you are right even when you're not* (1st ed.). New York: St. Martin's Press.

Buss, D. (2002). Sex, Marriage, and Religion: What Adaptive Problems Do Religious Phenomena Solve? *Psychological Inquiry, 13*(3), 201-203.

Butt, H. (2007, July 2). I was a fanatic... I know their thinking, says former radical Islamist. *Daily Mail*.

Calder, A. J., Keane, J., Manes, F., Antoun, N., & Young, A. W. (2000). Impaired recognition and experience of disgust following brain injury. *Nat Neurosci, 3*(11), 1077-1078.

Caldwell, C. (2009). *Reflections on the revolution in Europe: immigration, Islam, and the West*. New York: Doubleday.

Camerer, C. F. (2003). Psychology and economics. Strategizing in the brain. *Science, 300*(5626), 1673-1675.

Canessa, N., Gorini, A., Cappa, S. F., Piattelli-Palmarini, M., Danna, M., Fazio, F., et al. (2005). The effect of social content on deductive reasoning: an fMRI study. *Hum Brain Mapp, 26*(1), 30-43.

Canli, T., Brandon, S., Casebeer, W., Crowley, P. J., Du Rousseau, D., Greely, H. T., et al. (2007). Neuroethics and national security. *Am J Bioeth, 7*(5), 3-13.

Canli, T., Brandon, S., Casebeer, W., Crowley, P. J., Durousseau, D., Greely, H. T., et al. (2007). Response to open peer commentaries on "Neuroethics and national security". *Am J Bioeth, 7*(5), W1-3.

Canli, T., Sivers, H., Whitfield, S. L., Gotlib, I. H., & Gabrieli, J. D. (2002). Amygdala response to happy faces as a function of extraversion. *Science, 296*(5576), 2191.

Carroll, S. (2010). Science and morality: You can't derive "ought" from "is." NPR: 13.7 *Cosmos and Culture*, www.npr.org/templates/story/story. php?storyId=126504492.

Carroll, S. (2010a). The moral equivalent of the parallel postulate. Cosmic Variance, (March 24) http://blogs.discovermagazine.com/ cosmicvariance.2010/03/24/the-moral-equivalent-of-the-parallel-postulate/.

Carson, A. J., MacHale, S., Allen, K., Lawrie, S. M., Dennis, M., House, A., et al. (2000). Depression after stroke and lesion location: a systematic review. *Lancet, 356*(9224), 122-126.

Carter, C. S., Braver, T. S., Barch, D. M., Botvinick, M. M., Noll, D., & Cohen, J. D. (1998). Anterior cingulate cortex, error detection, and the online monitoring of performance. *Science, 280*(5364), 747-749.

Casebeer, W. D. (2003). *Natural ethical facts: evolution, connectionism, and moral cognition*. Cambridge, MA: MIT Press.

Chalmers, D. J. (1995). The puzzle of conscious experience. *Sci Am, 273*(6), 80-86.

Chalmers, D. J. (1996). *The conscious mind: in search of a fundamental theory*. New York: Oxford University Press.

Chalmers, D. J. (1997). Moving Forward On the Problem of Consciousness. *Journal of Consciousness Studies, 4*(1), 3-46.

Choi, J. K., & Bowles, S. (2007). The coevolution of parochial altruism and war.

Science, 318(5850), 636-640.

Christoff, K., Gordon, A. M., Smallwood, J., Smith, R., & Schooler, J. W. (2009). Experience sampling during fMRI reveals default network and executive system contributions to mind wandering. *Proc Natl Acad Sci USA*(May 26) *106*(21), 8719-24.

Church, R. M. (1959). Emotional reactions of rats to the pain of others. *J Comp Physiol Psychol, 52*(2), 132-134.

Churchland, P. M. (1979). *Scientific Realism and the Plasticity of Mind*. Cambridge, UK: Cambridge University Press.

Churchland, P. M. (1988). *Matter and Consciousness*. Cambridge, MA: MIT Press.

Churchland, P. M. (1995). *The engine of reason, the seat of the soul: a philosophical journey into the brain*. Cambridge, MA: MIT Press.

Churchland, P. M. (1997). Knowing Qualia: A Reply to Jackson. In N. Block, O. Flanagan & G. Güzeldere (Eds.), *The Nature of Consciousness: Philosophical Debates* (pp. 571-578). Cambridge, MA: MIT Press.

Churchland, P. S. (2008b). *Morality & the Social Brain*. Unpublished manuscript.

Churchland, P. S. (2009). Inference to the best decision. In J. Bickle (Ed.), *Oxford Companion to Philosophy and Neuroscience*. Oxford: Oxford University Press, 419-430.

Cleckley, H. M. ([1941] 1982). *The mask of sanity* (Rev. ed.). New York: New American Library.

Coghill, R. C., McHaffie, J. G., & Yen, Y. F. (2003). Neural correlates of interindividual differences in the subjective experience of pain. *Proc Natl Acad Sci USA, 100*(14), 8538-8542.

Cohen, J. D., & Blum, K. I. (2002). Reward and decision. *Neuron, 36*(2), 193-198.

Cohen, J. D., & Tong, F. (2001). Neuroscience. The face of controversy. *Science, 293*(5539), 2405-2407.

Cohen, M. (1996). Functional MRI: a phrenology for the 1990's? *J Magn Reson Imaging*, 6(2), 273-274.

Cohen, M. S. (1999). Echo-planar imaging and functional MRI. In C. Moonen & P. Bandettini (Eds.), *Functional MRI* (pp. 137-148). Berlin: Springer-Verlag.

Cohen, M. S. (2001). Practical Aspects in the Design of Mind Reading Instruments. *American Journal of Neuroradiology*.

Cohen, M. S. (2001). Real-time functional magnetic resonance imaging. *Methods*, 25(2), 201-220.

Collins, F. S. (2006). *The language of God: a scientist presents evidence for belief.* New York: Free Press.

Comings, D. E., Gonzales, N., Saucier, G., Johnson, J. P., & MacMurray, J. P. (2000). The DRD4 gene and the spiritual transcendence scale of the character temperament index. *Psychiatr Genet*, 10(4), 185-189.

Cooney, J. W., & Gazzaniga, M. S. (2003). Neurological disorders and the structure of human consciousness. *Trends Cogn Sci*, 7(4), 161-165.

Corballis, M. C. (1998). Sperry and the Age of Aquarius: science, values and the split brain. *Neuropsychologia*, 36(10), 1083-1087.

Cox, D. D., & Savoy, R. L. (2003). Functional magnetic resonance imaging (fMRI) "brain reading": detecting and classifying distributed patterns of fMRI activity in human visual cortex. *Neuroimage, 19*(2 Pt 1), 261-270.

Craig, A. D. (2002). How do you feel? Interoception: the sense of the physiological condition of the body. *Nat Rev Neurosci, 3*(8), 655-666.

Craig, A. D. (2009). How do you feel--now? The anterior insula and human awareness. *Nat Rev Neurosci, 10*(1), 59-70.

Craig, M. C., Catani, M., Deeley, Q., Latham, R., Daly, E., Kanaan, R., et al. (2009). Altered connections on the road to psychopathy. *Mol Psychiatry*, 14(10), 946-953.

Craik, K. (1943). Hypothesis on the nature of thought. *The nature of explanation.*

Cambridge, UK: Cambridge University Press.

Crick, F. (1994). *The Astonishing Hypothesis: The Scientific Search for the Soul*. New York: Charles Scribner's Sons.

Crick, F., & Koch, C. (1998). Consciousness and Neuroscience. *Cerebral Cortex, 8*, 97-107.

Crick, F., & Koch, C. (1999). The Unconscious Humunculus. In T. Metzinger (Ed.), *The Neural Correlates of Consciousness* (pp. 103-110.). Cambridge, MA: MIT Press.

Crick, F., & Koch, C. (2003). A framework for consciousness. *Nat Neurosci, 6*(2), 119-126.

Culotta, E. (2009). Origins. On the origin of religion. *Science, 326*(5954), 784-787.

D'Argembeau, A., Feyers, D., Majerus, S., Collette, F., Van der Linden, M., Maquet, P., et al. (2008). Self-reflection across time: cortical midline structures differentiate between present and past selves. *Soc Cogn Affect Neurosci, 3*(3), 244-252.

D'Onofrio, B. M., Eaves, L. J., Murrelle, L., Maes, H. H., & Spilka, B. (1999). Understanding biological and social influences on religious affiliation, attitudes, and behaviors: a behavior genetic perspective. *J Pers, 67*(6), 953-984.

Damasio, A. (1999). *The Feeling of What Happens: Body and Emotion in the Making of Consciousness*. New York: Harcourt Brace.

Damasio, A. R. (1999). Thinking about Belief: Concluding Remarks. In D. L. Schacter & E. Scarry (Eds.), *Memory, brain, and belief* (pp. 325-333). Cambridge, MA: Harvard University Press.

Davidson, D. (1987). Knowing One's Own Mind. *Proceedings and Addresses of the American Philosophical Association, 61*, 441-458.

Dawkins, R. (1994). Burying the Vehicle. *Behavioural and Brain Sciences, 17*(4), 616-617.

Dawkins, R. (1996). *Climbing mount improbable*. New York: Norton.

Dawkins, R. (2006). *The God Delusion*. New York: Houghton Mifflin.

Dawkins, R. ([1976] 2006). *The selfish gene*. Oxford, UK: New York: Oxford University Press.

Dawkins, R. (2010a, March 28). Ratzinger is the perfect pope. *Washington Post: On Faith*.

Dawkins, R. (2010b, April 13). The pope should stand trial. *The Gardian*.

De Grey, A. D. N. J., & Rae, M. (2007). *Ending aging: the rejuvenation breakthroughs that could reverse human aging in our lifetime*. New York: St. Martin's Press.

De Neys, W., Vartanian, O., & Goel, V. (2008). Smarter than we think: when our brains detect that we are biased. *Psychol Sci, 19*(5), 483-489.

de Oliveira-Souza, R., Hare, R. D., Bramati, I. E., Garrido, G. J., Azevedo Ignacio, F., Tovar-Moll, F., et al. (2008). Psychopathy as a disorder of the moral brain: fronto-temporo-limbic grey matter reductions demonstrated by voxel-based morphometry. *Neuroimage, 40*(3), 1202-1213.

Deaner, R. O., Isler, K., Burkart, J., & van Schaik, C. (2007). Overall brain size, and not encephalization quotient, best predicts cognitive ability across non-human primates. *Brain Behav Evol, 70*(2), 115-124.

Delacour, J. (1995). An introduction to the biology of consciousness. *Neuropsychologia, 33*(9), 1061-1074.

Delgado, M. R., Frank, R. H., & Phelps, E. A. (2005). Perceptions of moral character modulate the neural systems of reward during the trust game. *Nat Neurosci, 8*(11), 1611-1618.

Dennett, D. (1990). Quining Qualia. In W. Lycan (Ed.), *Mind and Cognition: A Reader* (pp. 519-547). Oxford: Blackwell.

Dennett, D. (1994). E Pluribus Unum? Commentary on Wilson & Sober: Group Selection. *Behavioural and Brain Sciences, 17*(4), 617-618.

Dennett, D. (1996). Facing Backwards on the Problem of Consciousness. *Journal of Consciousness Studies, 3*(1), 4-6.

Dennett, D. C. (1987). *The Intentional Stance.* Cambridge, MA: MIT Press.

Dennett, D. C. (1991). *Consciousness explained* (1st ed.). Boston: Little, Brown & Co.

Dennett, D. C. (1995). *Darwin's Dangerous Idea: Evolution and the Meanings of Life* (1st ed.). New York: Simon and Schuster.

Dennett, D. C. (2003). *Freedom evolves.* New York: Viking.

Dennett, D. C. (2006). *Breaking the spell: religion as a natural phenomenon.* London: Allen Lane.

Desimone, R., & Duncan, J. (1995). Neural mechanisms of selective visual attention. *Annu Rev Neurosci,* 18, 193-222.

Diamond, J. (2008, April 21). Vengeance is ours. *New Yorker,* 74-87.

Diamond, J. M. (1997). *Guns, germs, and steel: the fates of human societies* (1st ed.). New York: W.W. Norton & Co.

Diamond, J. M. (2005). *Collapse: how societies choose to fail or succeed.* New York: Viking.

Diana, R. A., Yonelinas, A. P., & Ranganath, C. (2007). Imaging recollection and familiarity in the medial temporal lobe: a three-component model. *Trends Cogn Sci, 11*(9), 379-386.

Diener, E., Oishi, S., & Lucas, R. E. (2003). Personality, culture, and subjective wellbeing: emotional and cognitive evaluations of life. *Annu Rev Psychol, 54,* 403-425.

Ding, Y. C., Chi, H. C., Grady, D. L., Morishima, A., Kidd, J. R., Kidd, K. K., et al. (2002). Evidence of positive selection acting at the human dopamine receptor D4 gene locus. *Proc Natl Acad Sci USA,* 99(1), 309-314.

Dolan, M., & Fullam, R. (2004). Theory of mind and mentalizing ability in antisocial personality disorders with and without psychopathy. *Psychol Med,* 34(6), 1093-1102.

Dolan, M., & Fullam, R. (2006). Face affect recognition deficits in personality-disordered offenders: association with psychopathy. *Psychol Med, 36*(11), 1563-1569.

Donadio, R. (2010a, March 26). Pope may be at crossroads on abuse, forced to reconcile policy and words. *New York Times.*

Donadio, R. (2010b, April, 29). In abuse crisis, a church is pitted against society and itself. *New York Times.*

Doty, R. W. (1998). The five mysteries of the mind, and their consequences. *Neuropsychologia, 36*(10), 1069-1076.

Douglas, P. K., Harris, S., & Cohen, M. S. (2009). *Naïve Bayes Classification of Belief versus Disbelief using Event Related Neuroimaging Data.* Paper presented at the Human Brain Mapping 2009 (July) Annual Meeting.

Douglas, R. J., & Martin, K. A. (2007). Recurrent neuronal circuits in the neocortex. *Curr Biol, 17*(13), R496-500.

Doumas, L. A. A., & Hummel, J. E. (2005). Approaches to Modeling Human Mental Representations: What Works, What Doesn't, and Why. In K. J. Holyoak & R. G. Morrison (Eds.), *The Cambridge handbook of thinking and reasoning* (pp.73-91). New York: Cambridge University Press.

Dressing, H., Sartorius, A., & Meyer-Lindenberg, A. (2008). Implications of fMRI and genetics for the law and the routine practice of forensic psychiatry. *Neurocase, 14*(1), 7-14.

Dronkers, N. F. (1996). A new brain region for coordinating speech articulation. *Nature, 384*(6605), 159-161.

Dunbar, R. (1998). The social brain hypothesis. *Evolutionary Anthropology, 6,* 178-190.

Dunbar, R. (2003). Psychology. Evolution of the social brain. *Science, 302*(5648), 1160-1161.

Dunbar, R. (2006). We Believe. *New Scientist, 189*(2536), 30-33.

Duncan, J., & Owen, A. M. (2000). Common regions of the human frontal lobe recruited by diverse cognitive demands. *Trends Neurosci, 23*(10), 475-483.

Durkheim, E. (2001 [1912]). *The elementary forms of religious life.*(C. Cosmen, Trans.) Oxford, UK: New York: Oxford University Press.

Dyson, F. (2002). The conscience of physics. *Nature, 420*((12 December)), 607-608.

Eddington, A. S. (1928). *The Nature of the Physical World.* Cambridge, UK: Cambridge University Press.

Edelman, G. M. (1989). *The remembered present: a biological theory of consciousness.* New York: Basic Books.

Edelman, G. M. (2004). *Wider than the sky: the phenomenal gift of consciousness.* New Haven: Yale University Press.

Edelman, G. M. (2006). *Second Nature: brain science and human knowledge.* New Haven: Yale University Press.

Edelman, G. M., & Tononi, G. (2000). *A universe of consciousness: how matter becomes imagination* (1st ed.). New York, NY: Basic Books.

Edgell, P., Geteis, J., & Hartmann, D. (2006). Atheists As "Other": Moral Boundaries and Cultural Membership in American Society. *American Sociological Review, 71*(April), 211-234.

Edgerton, R. B. (1992). *Sick societies: challenging the myth of primitive harmony.* New York: Free Press.

Editorial, N. (2006). Neuroethics needed. *Nature, 441*(7096), 907.

Editorial, N. (2006). Building bridges. *Nature, 442*(7099), 110.

Editorial, N. (2007). Evolution and the brain. *Nature, 447*(7146), 753.

Editorial, N. (2008). Templeton's legacy. *Nature, 454*(7202), 253-254.

Egnor, S. E. (2001). Effects of binaural decorrelation on neural and behavioral processing of interaural level differences in the barn owl (*Tyto alba*). *J Comp Physiol {A}, 187*(8), 589-595.

Ehrlinger, J., Johnson, K., Banner, M., Dunning, D., & Kruger, J. (2008). Why the Unskilled Are Unaware: Further Explorations of (Absent) Self-Insight Among the Incompetent. *Organ Behav Hum Decis Process, 105*(1), 98-121.

Ehrman, B. D. (2005). *Misquoting Jesus: the story behind who changed the Bible and why* (1st ed.). New York: HarperSanFrancisco.

Ehrsson, H. H., Spence, C., & Passingham, R. E. (2004). That's my hand! Activity in premotor cortex reflects feeling of ownership of a limb. *Science, 305*(5685), 875-877.

Einstein, A. (1954). *Ideas and opinions*. Based on Mein Weltbild. New York,: Crown Publishers.

Eisenberger, N. I., Lieberman, M. D., & Satpute, A. B. (2005). Personality from a controlled processing perspective: an fMRI study of neuroticism, extraversion, and self-consciousness. *Cogn Affect Behav Neurosci, 5*(2), 169-181.

Elliott, R., Frith, C. D., & Dolan, R. J. (1997). Differential neural response to positive and negative feedback in planning and guessing tasks. *Neuropsychologia, 35*(10), 1395-1404.

Enard, W., Gehre, S., Hammerschmidt, K., Holter, S. M., Blass, T., Somel, M., et al. (2009). A humanized version of Foxp2 affects cortico-basal ganglia circuits in mice. *Cell, 137*(5), 961-971.

Enard, W., Przeworski, M., Fisher, S. E., Lai, C. S., Wiebe, V., Kitano, T., et al. (2002). Molecular evolution of FOXP2, a gene involved in speech and language. *Nature, 418*(6900), 869-872.

Esposito, J. L. (2008). *Who speaks for islam?: what a billion muslims really think*. New York, NY: Gallup Press.

Evans, E. M. (2001). Cognitive and contextual factors in the emergence of diverse belief systems: creation versus evolution. *Cogn Psychol, 42*(3), 217-266.

Evans, J. S. B. T. (2005). Deductive Reasoning. In K. J. Holyoak & R. G. Morrison (Eds.), *The Cambridge handbook of thinking and reasoning* (pp. 169-184). New York: Cambridge University Press.

Evans, P. D., Gilbert, S. L., Mekel-Bobrov, N., Vallender, E. J., Anderson, J. R., Vaez-Azizi, L. M., et al. (2005). Microcephalin, a gene regulating brain size, continues to evolve adaptively in humans. *Science, 309*(5741), 1717-1720.

Evers, K. (2005). Neuroethics: a philosophical challenge. *Am J Bioeth, 5*(2), 31-33; discussion W33-34.

Faison, S. (1996). The Death of the Last Emperor's Last Eunuch. *New York Times.*

Farah, M. J. (2005). Neuroethics: the practical and the philosophical. *Trends Cogn Sci,9*(1), 34-40.

Farah, M. J. (2007). Social, legal, and ethical implications of cognitive neuroscience: "neuroethics" for short. *J Cogn Neurosci, 19*(3), 363-364.

Farah, M. J., Illes, J., Cook-Deegan, R., Gardner, H., Kandel, E., King, P., et al. (2004). Neurocognitive enhancement: what can we do and what should we do? *Nat Rev Neurosci, 5*(5), 421-425.

Farah, M. J., & Murphy, N. (2009). Neuroscience and the soul. *Science, 323*(5918), 1168.

Farrer, C., & Frith, C. D. (2002). Experiencing oneself vs another person as being the cause of an action: the neural correlates of the experience of agency. *Neuroimage, 15*(3), 596-603.

Farwell, L. A., & Donchin, E. (1991). The truth will out: interrogative polygraphy ("lie detection") with event-related brain potentials. *Psychophysiology, 28*(5), 531-547.

Faurion, A., Cerf, B., Le Bihan, D., & Pillias, A. M. (1998). fMRI study of taste cortical areas in humans. *Ann NY Acad Sci, 855*, 535-545.

Feigl, H. (1967). *The "mental" and the "physical"; the essay and a postscript*. Minneapolis, MN: University of Minnesota Press.

Festinger, L., Riecken, H. W., & Schachter, S. (2008 [1956]). *When prophecy fails*. Minneapolis, MN: University of Minnesota Press.

Filkins, D. (2010). On Afghan Road, Scenes of Beauty and Death. *New York Times*.

Fincher, C. L., Thornhill, R., Murray, D. R., & Schaller, M. (2008). Pathogen prevalence predicts human cross-cultural variability in individualism/collectivism. *Proc Biol Sci, 275*(1640), 1279-1285.

Finkbeiner, M., & Forster, K. I. (2008). Attention, intention and domain-specific processing. *Trends Cogn Sci, 12*(2), 59-64.

Finke, R., & Stark, R. (1998). Religious Choice and Competition Religious Choice and Competition. *American Sociological Review, 63*(5), 761-766.

Fins, J. J., & Shapiro, Z. E. (2007). Neuroimaging and neuroethics: clinical and policy considerations. *Curr Opin Neurol, 20*(6), 650-654.

Fisher, C. M. (2001). If there were no free will. *Med Hypotheses, 56*(3), 364-366.

Fitch, W. T., Hauser, M. D., & Chomsky, N. (2005). The evolution of the language faculty: clarifications and implications. *Cognition, 97*(2), 179-210; discussion 211-125.

Flanagan, O. J. (2002). *The problem of the soul: two visions of mind and how to reconcile them*. New York: Basic Books.

Flanagan, O. J. (2007). *The really hard problem: meaning in a material world*. Cambridge, MA: MIT Press.

Fletcher, P. C., Happé, F., Frith, U., Baker, S. C., Dolan, R. J., Frackowiak, R. S., et al. (1995). Other minds in the brain: a functional imaging study of "theory of mind" in story comprehension. *Cognition, 57*(2), 109-128.

Fodor, J. (2000). *The Mind Doesn"t Work That Way*. Cambridge, MA: MIT Press.

Fodor, J. (2007, October 18). Why Pigs Don't Have Wings. *London Review of Books*.

Fong, G. T., Krantz, D. H., & Nisbett, R. E. (1986/07). The effects of statistical training on thinking about everyday problems. *Cognitive Psychology, 18*(3), 253-292.

Foot, P. (1967). The Problem of Abortion and the Doctrine of Double Effect. *Oxford Review*, 5, 5-15.

Foster, K. R., & Kokko, H. (2008). The evolution of superstitious and superstition-like behaviour. *Proc Biol Sci 276*(1654), 31-37.

Frank, M. J., D'Lauro, C., & Curran, T. (2007). Cross-task individual differences in error processing: neural, electrophysiological, and genetic components. *Cogn Affect Behav Neurosci, 7*(4), 297-308.

Frederico Marques, J., Canessa, N., & Cappa, S. (2008). Neural differences in the processing of true and false sentences: Insights into the nature of 'truth' in language comprehension. *Cortex, 45*(6), 759-68.

Freeman, W. J. (1997). Three Centuries of Category Errors in Studies of the Neural Basis of Consciousness and Intentionality. *Neural Networks, 10*(7), 1175-1183.

Freud, S. ([1930] 2005). *Civilization and its discontents*. New York: W. W. Norton.

Freud, S., & Strachey, J. ([1927] 1975). *The future of an illusion*. New York: Norton.

Friedman, T. L. (2007, September 5). Letter from Baghdad. *New York Times*.

Fries, A. B., Ziegler, T. E., Kurian, J. R., Jacoris, S., & Pollak, S. D. (2005). Early experience in humans is associated with changes in neuropeptides critical for regulating social behavior. *Proc Natl Acad Sci USA, 102*(47), 17237-17240.

Friston, K. J., Price, C. J., Fletcher, P., Moore, C., Frackowiak, R. S., & Dolan, R. J. (1996). The trouble with cognitive subtraction. *Neuroimage, 4*(2), 97-104.

Frith, C. (2008). No one really uses reason. *New Scientist, (2666)* (July 26), 45.

Frith, C. D., & Frith, U. (2006). The neural basis of mentalizing. *Neuron, 50*(4),

531-534.

Frith, U., Morton, J., & Leslie, A. M. (1991). The cognitive basis of a biological disorder: autism. *Trends Neurosci, 14*(10), 433-438.

Fromm, E. (1973). *The anatomy of human destructiveness* ([1st ed.). New York,: Holt.

Fuchs, T. (2006). Ethical issues in neuroscience. *Curr Opin Psychiatry, 19*(6), 600-607.

Fuster, J. M. (2003). *Cortex and mind: unifying cognition.* Oxford, UK: New York: Oxford University Press.

Gallea, C., Graaf, J. B., Pailhous, J., & Bonnard, M. (2008). Error processing during online motor control depends on the response accuracy. *Behav Brain Res. 193*(1), 117-125.

Garavan, H., Ross, T. J., Murphy, K., Roche, R. A., & Stein, E. A. (2002). Dissociable executive functions in the dynamic control of behavior: inhibition, error detection, and correction. *Neuroimage, 17*(4), 1820-1829.

Gazzaniga, M. S. (1998). The split brain revisited. *Sci Am, 279*(1), 50-55.

Gazzaniga, M. S. (2005). Forty-five years of split-brain research and still going strong. *Nat Rev Neurosci, 6*(8), 653-659.

Gazzaniga, M. S. (2005). *The ethical brain.* New York: Dana Press.

Gazzaniga, M. S. (2008). *Human: The Science Behind What Makes Us Unique.* New York: Ecco.

Gazzaniga, M. S., Bogen, J. E., & Sperry, R. W. (1962). Some functional effects of sectioning the cerebral commissures in man. *Proc Natl Acad Sci USA, 48*, 1765-1769.

Gazzaniga, M. S., Bogen, J. E., & Sperry, R. W. (1965). Observations on visual perception after disconnexion of the cerebral hemispheres in man. *Brain, 88*(2), 221-236.

Gazzaniga, M. S., Ivry, R. B. and Mangun, G. R. (1998). *Cognitive neuroscience: The biology of the mind*. New York: W.W. Norton.

Gehring, W. J., & Fencsik, D. E. (2001). Functions of the medial frontal cortex in the processing of conflict and errors. *J Neurosci, 21*(23), 9430-9437.

Geschwind, D. H., Iacoboni, M., Mega, M. S., Zaidel, D. W., Cloughesy, T., & Zaidel, E. (1995). Alien hand syndrome: interhemispheric motor disconnection due to a lesion in the midbody of the corpus callosum. *Neurology, 45*(4), 802-808.

Gettleman, J. (2008). Albinos, Long Shunned, Face Threat in Tanzania. *New York Times*.

Ghazanfar, A. A. (2008). Language evolution: neural differences that make a difference. *Nat Neurosci, 11*(4), 382-384.

Gilbert, D. T. (1991). How mental systems believe. *American Psychologist, 46*(2), pp. 107-119.

Gilbert, D. T. (2006). *Stumbling on happiness* (1st ed.). New York: A.A. Knopf.

Gilbert, D. T., Brown, R. P., Pinel, E. C., & Wilson, T. D. (2000). The illusion of external agency. *J Pers Soc Psychol, 79*(5), 690-700.

Gilbert, D. T., Lieberman, M. D., Morewedge, C. K., & Wilson, T. D. (2004). The peculiar longevity of things not so bad. *Psychol Sci, 15*(1), 14-19.

Gilbert, D. T., Morewedge, C. K., Risen, J. L., & Wilson, T. D. (2004). Looking forward to looking backward: the misprediction of regret. *Psychol Sci, 15*(5), 346-350.

Gilbert, D. T. K., Douglas S.; Malone, Patrick S. (1990). Unbelieving the unbelievable: Some problems in the rejection of false information. *Journal of Personality and Social Psychology, 59*(4), 601-613.

Glannon, W. (2006). Neuroethics. *Bioethics, 20*(1), 37-52.

Glenn, A. L., Raine, A., & Schug, R. A. (2009). The neural correlates of moral decision-making in psychopathy. *Mol Psychiatry, 14*(1), 5-6.

Glenn, A. L., Raine, A., Schug, R. A., Young, L., & Hauser, M. Increased DLPFC activity during moral decision-making in psychopathy. *Mol Psychiatry, 14*(10), 909-911.

Glimcher, P. (2002). Decisions, decisions, decisions: choosing a biological science of choice. *Neuron, 36*(2), 323-332.

Goel, V., & Dolan, R. J. (2003). Explaining modulation of reasoning by belief. *Cognition, 87*(1), B11-22.

Goel, V., & Dolan, R. J. (2003). Reciprocal neural response within lateral and ventral medial prefrontal cortex during hot and cold reasoning. *Neuroimage, 20*(4), 2314-2321.

Goel, V., Gold, B., Kapur, S., & Houle, S. (1997). The seats of reason? An imaging study of deductive and inductive reasoning. *Neuroreport, 8*(5), 1305-1310.

Goffman, E. (1967). *Interaction Ritual: Essays on Face to Face Behavior*. New York: Pantheon Books.

Gold, J. I., & Shadlen, M. N. (2000). Representation of a perceptual decision in developing oculomotor commands. *Nature, 404*(6776), 390-394.

Gold, J. I., & Shadlen, M. N. (2002). Banburismus and the brain: decoding the relationship between sensory stimuli, decisions, and reward. *Neuron, 36*(2), 299-308.

Gold, J. I., & Shadlen, M. N. (2007). The Neural Basis of Decision Making. *Annu Rev Neurosci, 30*, 535-574.

Goldberg, E. (2001). *The executive brain: frontal lobes and the civilized mind*. Oxford, UK: New York: Oxford University Press.

Goldberg, I., Ullman, S., & Malach, R. (2008). Neuronal correlates of "free will" are associated with regional specialization in the human intrinsic/default network. *Conscious Cogn, 17*(3), 587-601.

Gomes, G. (2007). Free will, the self, and the brain. *Behav Sci Law, 25*(2), 221-

234.

Goodstein, L. (2010a, March 24). Vatican declined to defrock U.S. priest who abused boys. *New York Times*.

Goodstein, L. (2010b, April 21). Invitation to cardinal is withdrawn. *New York Times*.

Goodstein, L. & Callender, D. (2010, March 26). For years, deaf boys tried to tell of priest's abuse. *New York Times*.

Gould, S. J. (1997). Nonoverlapping Magisteria. *Natural History, 106*(March), 16-22.

Graham Holm, N. (2010, January 4). Prejudiced Danes provoke fanaticism. *The Guardian*.

Grann, d. (2009, September 7). Trial By Fire. *New Yorker*.

Gray, J. M., Young, A. W., Barker, W. A., Curtis, A., & Gibson, D. (1997). Impaired recognition of disgust in Huntington's disease gene carriers. *Brain, 120* (Pt. 11), 2029-2038.

Gray, J. R., Burgess, G. C., Schaefer, A., Yarkoni, T., Larsen, R. J., & Braver, T. S. (2005). Affective personality differences in neural processing efficiency confirmed using fMRI. *Cogn Affect Behav Neurosci, 5*(2), 182-190.

Greely, H. (2007). On neuroethics. *Science, 318*(5850), 533.

Greene, J., & Cohen, J. (2004). For the law, neuroscience changes nothing and everything. *Philos Trans R Soc Lond B Biol Sci, 359*(1451), 1775-1785.

Greene, J. D. (2002). *The Terrible, Horrible, No Good, Very Bad Truth about Morality and What to Do About it*. Princeton, NJ: Princeton University.

Greene, J. D. (2007). Why are VMPFC patients more utilitarian? A dual-process theory of moral judgment explains. *Trends Cogn Sci, 11*(8), 322-323; author reply 323-324.

Greene, J. D., Nystrom, L. E., Engell, A. D., Darley, J. M., & Cohen, J. D. (2004). The neural bases of cognitive conflict and control in moral judgment. *Neuron,*

44(2), 389-400.

Greene, J. D., Sommerville, R. B., Nystrom, L. E., Darley, J. M., & Cohen, J. D. (2001). An fMRI investigation of emotional engagement in moral judgment. *Science, 293*(5537), 2105-2108.

Gregory, R. L. (1987). *The Oxford companion to the mind.* Oxford, UK: Oxford University Press.

Grim, P. (2007). Free will in context: a contemporary philosophical perspective. *Behav Sci Law, 25*(2), 183-201.

Gross, P. R. (1991). On the "gendering" of science. *Academic Questions, 5*(2), 10-23.

Gross, P. R., & Levitt, N. (1994). *Higher superstition: the academic left and its quarrels with science.* Baltimore: Johns Hopkins University Press.

Gusnard, D. A., Akbudak, E., Shulman, G. L., & Raichle, M. E. (2001). Medial prefrontal cortex and self-referential mental activity: relation to a default mode of brain function. *Proc Natl Acad Sci USA*, 98(7), 4259-4264.

Gutchess, A. H., Welsh, R. C., Boduroglu, A., & Park, D. C. (2006). Cultural differences in neural function associated with object processing. *Cogn Affect Behav Neurosci, 6*(2), 102-109.

Guttenplan, S. (1994). *A Companion to the Philosophy of Mind.* Oxford, UK: Blackwell.

Haber, S. N., Kunishio, K., Mizobuchi, M., & Lynd-Balta, E. (1995). The orbital and medial prefrontal circuit through the primate basal ganglia. *J Neurosci, 15*(7 Pt. 1), 4851-4867.

Haggard, P. (2001). The psychology of action. *Br J Psychol, 92*(Pt. 1), 113-128.

Haggard, P., Clark, S., & Kalogeras, J. (2002). Voluntary action and conscious awareness. *Nat Neurosci, 5*(4), 382-385.

Haggard, P., & Eimer, M. (1999). On the relation between brain potentials and the awareness of voluntary movements. *Exp Brain Res, 126*(1), 128-133.

Haggard, P., & Magno, E. (1999). Localising awareness of action with transcranial magnetic stimulation. *Exp Brain Res, 127*(1), 102-107.

Haidt, J. (2001). The emotional dog and its rational tail: a social intuitionist approach to moral judgment. *Psychol Rev, 108*(4), 814-834.

Haidt, J. (2003). The Emotional Dog Does Learn New Tricks: A Reply to Pizarro and Bloom (2003). *Psychol Rev, 110*(1), 197-198.

Haidt, J. (2007). The new synthesis in moral psychology. *Science, 316*(5827), 998-1002.

Haidt, J. (2008). What Makes People Vote Republican? Retrieved from http://www.edge.org/3rd_culture/haidt08/haidt08_index.html.

Haidt, J. (2009). Faster evolution means more ethnic differences. *The Edge Annual Question 2009.* Retrieved from http://www.edge.org/q2009/q09_4.html#haidt.

Hajcak, G., & Simons, R. F. (2008). Oops!.. I did it again: An ERP and behavioral study of double-errors. *Brain Cogn, 68*(1), 15-21.

Hall, D. L., Matz, D. C., & Wood, W. (2010). Why Don"t We Practice What We Preach? A Meta-Analytic Review of Religious Racism. *Personality and Social Psychology Review, 14*(1), 126-139.

Halligan, P. W. (1998). Inability to recognise disgust in Huntington's disease. *Lancet, 351*(9101), 464.

Hameroff, S., A.W. Kaszniak, and A.C. Scott. (1996). *Toward a science of consciousness: The first Tucson discussions and debates.* Cambridge, MA: MIT Press.

Hamilton, W. D. (1964 (a)). The genetical evolution of social behaviour. Pt. I. *J Theor Biol, 7*(1), 1-16.

Hamilton, W. D. (1964 (b)). The genetical evolution of social behaviour. Pt. II. *J Theor Biol, 7*(1), 17-52.

Han, S., Mao, L., Gu, X., Zhu, Y., Ge, J., & Ma, Y. (2008). Neural consequences of religious belief on self-referential processing. *Soc Neurosci, 3*(1), 1-15.

Hanson, S. J., Matsuka, T., & Haxby, J. V. (2004). Combinatorial codes in ventral temporal lobe for object recognition: Haxby (2001) revisited: is there a "face" area? *Neuroimage, 23*(1), 156-166.

Happe, F. (2003). Theory of mind and the self. *Ann NY Acad Sci, 1001*, 134-144.

Hardcastle, V. G. (1993). The Naturalists versus the Skeptics: The Debate Over a Scientific Understanding of Consciousness. *J Mind Beh, 14*(1), 27-50.

Hardcastle, V. G., & Flanagan, O. (1999.). Multiplex vs. Multiple Selves: Distinguishing Dissociative Disorders. *The Monist, 82*(4), 645-657.

Harding, S. (2001). *Gender, Democracy, and Philosophy of Science*. Paper presented at the Science, Engineering and Global Responsibility, Stockholm(June 14-18, 2000).

Hare, R. D. (1999). *Without conscience: the disturbing world of the psychopaths among us*. New York: Guilford Press.

Hare, T. A., Tottenham, N., Galvan, A., Voss, H. U., Glover, G. H., & Casey, B. J. (2008). Biological substrates of emotional reactivity and regulation in adolescence during an emotional go-nogo task. *Biol Psychiatry, 63*(10), 927-934.

Harris, D., & Karamehmedovic, A. (2009). Child Witches: Accused in the Name of Jesus. *Nightline*: ABC News (March 21).

Harris, S. (2004). *The End of Faith: Religion, Terror, and the Future of Reason* (1st ed.). New York: W.W. Norton.

Harris, S. (2006a). *Letter to a Christian nation*. New York: Knopf.

Harris, S. (2006b). Science must destroy religion. In J. Brockman (Ed.), *What is Your Dangerous Idea?* New York: Simon and Schuster.

Harris, S. (2006c). Reply to Scott Atran. *An Edge Discussion of BEYOND BELIEF: Science, Religion, Reason and Survival*, from http://www.edge.org/discourse/bb.html.

Harris, S. (2006d). Do we really need bad reasons to be good? *Boston Globe*, Oct. 22.

Harris, S. (2007b). Response to Jonathan Haidt. *Edge.org*, from http://www.edge.org/discourse/moral_religion.html.

Harris, S. (2007a). Scientists should unite against threat from religion. *Nature,* 448(7156), 864.

Harris, S. (2009, July 27). Science is In the Details. *New York Times.*

Harris, S., & Ball, P. (2009, June 26). What should science do? Sam Harris v. Philip Ball, from http://www.projectreason.org/archive/item/what_should_ science_dosam_harris_v_philip_ball/.

Harris, S., Kaplan, J. T., Curiel, A., Bookheimer, S. Y., Iacoboni, M., & Cohen, M. S. (2009). The neural correlates of religious and nonreligious belief. *PLoS ONE,* 4(10), e7272.

Harris, S., Sheth, S. A., & Cohen, M. S. (2008). Functional neuroimaging of belief, disbelief, and uncertainty. *Ann Neurol, 63*(2), 141-147.

Hauser, M. D. (2000). *Wild minds: what animals really think* (1st ed.). New York: Henry Holt.

Hauser, M. D. (2006). *Moral minds: how nature designed our universal sense of right and wrong* (1st ed.). New York: Ecco.

Hauser, M. D., Chomsky, N., & Fitch, W. T. (2002). The faculty of language: what is it, who has it, and how did it evolve? *Science, 298*(5598), 1569-1579.

Hayes, C. J., Stevenson, R. J., & Coltheart, M. (2007). Disgust and Huntington's disease. *Neuropsychologia, 45*(6), 1135-1151.

Haynes, J. D. (2009). Decoding visual consciousness from human brain signals. *Trends Cogn Sci, 13*(5), 194-202.

Haynes, J. D., & Rees, G. (2006). Decoding mental states from brain activity in humans. *Nat Rev Neurosci, 7*(7), 523-534.

Heisenberg, M. (2009). Is free will an illusion? *Nature, 459*(7244), 164-165.

Heisenberg, W. (1958). The representation of Nature in contemporary physics. *Daedalus, 87*(Summer), 95-108.

Henley, S. M., Wild, E. J., Hobbs, N. Z., Warren, J. D., Frost, C., Scahill, R. I., et al. (2008). Defective emotion recognition in early HD is neuropsychologically and anatomically generic. *Neuropsychologia, 46*(8), 2152-2160.

Hennenlotter, A., Schroeder, U., Erhard, P., Haslinger, B., Stahl, R., Weindl, A., et al. (2004). Neural correlates associated with impaired disgust processing in presymptomatic Huntington's disease. *Brain, 127*(Pt. 6), 1446-1453.

Henson, R. (2005). What can functional neuroimaging tell the experimental psychologist? *Q J Exp Psychol A, 58*(2), 193-233.

Hirsi Ali, A. (2006). *The caged virgin: an emancipation proclamation for women and Islam* (1st Free Press ed.). New York: Free Press.

Hirsi Ali, A. (2007). *Infidel*. New York: Free Press.

Hirsi Ali, A. (2010). *Nomad*. New York: The Free Press.

Hitchens, C. (2007). *God is not great : How religion poisons everything*. New York: Twelve.

Hitchens, C. (2010, March 15). The great Catholic cover-up. *Slate*.

Hitchens, C. (2010, March 22). Tear down that wall. *Slate*.

Hitchens, C. (2010, March 29). The pope is not above the law. *Slate*.

Hitchens, C. (2010, May 3). Bring the pope to justice. *Newsweek*.

Holden, C. (2001). Polygraph screening. Panel seeks truth in lie detector debate. *Science, 291*(5506), 967.

Holyoak, K. J. (2005). Analogy. In K. J. Holyoak & R. G. Morrison (Eds.), *The Cambridge handbook of thinking and reasoning* (pp. 117-142). New York: Cambridge University Press.

Holyoak, K. J., & Morrison, R. G. (2005). *The Cambridge handbook of thinking and reasoning*. New York: Cambridge University Press.

Hood, B. M. (2009). *Supersense: Why we believe in the unbelievable*. New York: HarperOne.

Hornak, J., O'Doherty, J., Bramham, J., Rolls, E. T., Morris, R. G., Bullock, P.

R., et al. (2004). Reward-related reversal learning after surgical excisions in orbitofrontal or dorsolateral prefrontal cortex in humans. *J Cogn Neurosci, 16*(3), 463-478.

Houreld, K. (2009, October 20). Church burns 'witchcraft' children. *Daily Telegraph.*

Hsu, M., Bhatt, M., Adolphs, R., Tranel, D., & Camerer, C. F. (2005). Neural systems responding to degrees of uncertainty in human decision-making. *Science, 310*(5754), 1680-1683.

Hume, D. (1996). *The philosophical works of David Hume.* Bristol, UK: Thoemmes Press.

Hunte-Grubbe, C. (2007, October 14). The elementary DNA of Dr Watson. *Sunday Times.*

Hutchison, W. D., Davis, K. D., Lozano, A. M., Tasker, R. R., & Dostrovsky, J. O. (1999). Pain-related neurons in the human cingulate cortex. *Nat Neurosci, 2*(5), 403-405.

Iacoboni, M. (2008). *Mirroring people: The new science of how we connect with others*(1st ed.) New York: Farrar, Straus and Giroux.

Iacoboni, M., & Dapretto, M. (2006). The mirror neuron system and the consequences of its dysfunction. *Nat Rev Neurosci, 7*(12), 942-951.

Iacoboni, M., & Mazziotta, J. C. (2007). Mirror neuron system: basic findings and clinical applications. *Ann Neurol, 62*(3), 213-218.

Iacoboni, M., J. Rayman, &Zaidel, E. (1996). Left Brain Says Yes, Right Brain Says No: Normative Duality in the Split Brain. In S. Hameroff, A. W. Kaszniak & A. C. Scott (Eds.), *Toward a Science of Consciousness: The First Tucson Discussions and Debates* (pp. 197-202). Cambridge, MA: MIT Press.

Ibrahim, R. (Ed.)(2007). *The Al Qaeda reader* (1st pbk. ed.). New York: Broadway Books.

Illes, J. (2003). Neuroethics in a new era of neuroimaging. *AJNR Am J*

Neuroradiol, 24(9), 1739-1741.

Illes, J. (2004). Medical imaging: a hub for the new field of neuroethics. *Acad Radiol, 11*(7), 721-723.

Illes, J. (2007). Empirical neuroethics. Can brain imaging visualize human thought? Why is neuroethics interested in such a possibility? *EMBO Rep, 8 Spec No, S57-60.*

Illes, J., & Bird, S. J. (2006). Neuroethics: a modern context for ethics in neuroscience. *Trends Neurosci, 29*(9), 511-517.

Illes, J., Blakemore, C., Hansson, M. G., Hensch, T. K., Leshner, A., Maestre, G., et al. (2005). International perspectives on engaging the public in neuroethics. *Nat Rev Neurosci, 6*(12), 977-982.

Illes, J., Kirschen, M. P., & Gabrieli, J. D. (2003). From neuroimaging to neuroethics. *Nat Neurosci, 6*(3), 205.

Illes, J., & Racine, E. (2005). Imaging or imagining? A neuroethics challenge informed by genetics. *Am J Bioeth, 5*(2), 5-18.

Illes, J., & Raffin, T. A. (2002). Neuroethics: an emerging new discipline in the study of brain and cognition. *Brain Cogn, 50*(3), 341-344.

Inbar, Y., Pizarro, D. A., Knobe, J., & Bloom, P. (2009). Disgust sensitivity predicts intuitive disapproval of gays. *Emotion, 9*(3), 435-439.

Inglehart, R., Foa, R., Peterson, C., & Welzel, C. (2008). Development, Freedom, and Rising Happiness. *Perspectives on Psychological Science, 3*(4), 264-285.

Inzlicht, M., McGregor, I., Hirsh, J. B., & Nash, K. (2009). Neural markers of religious conviction. *Psychol Sci, 20*(3), 385-392.

Izuma, K., Saito, D. N., & Sadato, N. (2008). Processing of social and monetary rewards in the human striatum. *Neuron, 58*(2), 284-294.

James, W. ([1890] 1950). *The principles of psychology* (Authorized ed.). [New York]: Dover Publications.

James, W. ([1912] 1996). *Essays In Radical Empiricism*. Lincoln, Nebraska: University of Nebraska Press.

Jeannerod, M. (1999). The 25th Bartlett Lecture. To act or not to act: perspectives on the representation of actions. *Q J Exp Psychol A, 52*(1), 1-29.

Jeannerod, M. (2001). Neural simulation of action: a unifying mechanism for motor cognition. *Neuroimage, 14*(1 Pt 2), S103-109.

Jeannerod, M. (2003). The mechanism of self-recognition in humans. *Behav Brain Res, 142*(1-2), 1-15.

Jeans, J. (1930). *The Mysterious Universe*. Cambridge, UK: Cambridge University Press.

Jedlicka, P. (2005). Neuroethics, reductionism and dualism. *Trends Cogn Sci, 9*(4), 172; author reply 173.

Jenkinson, M., Bannister, P., Brady, M., & Smith, S. (2002). Improved optimization for the robust and accurate linear registration and motion correction of brain images. *Neuroimage, 17*(2), 825-841.

Jenkinson, M., & Smith, S. (2001). A global optimisation method for robust affine registration of brain images. *Med Image Anal, 5*(2), 143-156.

Jensen, K., Call, J., & Tomasello, M. (2007). Chimpanzees are rational maximizers in an ultimatum game. *Science, 318*(5847), 107-109.

Jensen, K., Hare, B., Call, J., & Tomasello, M. (2006). What's in it for me? Self-regard precludes altruism and spite in chimpanzees. *Proc Biol Sci, 273*(1589), 1013-1021.

Johnson, S. A., Stout, J. C., Solomon, A. C., Langbehn, D. R., Aylward, E. H., Cruce, C. B., et al. (2007). Beyond disgust: impaired recognition of negative emotions prior to diagnosis in Huntington's disease. *Brain, 130*(Pt. 7), 1732-1744.

Jones, D. (2008). Human behaviour: killer instincts. *Nature, 451*(7178), 512-515.

Joseph, O. (2009). Horror of Kenya's 'witch' lynchings Retrieved June 27, 2009, from http://news.bbc.co.uk/2/hi/africa/8119201.stm.

Joseph, R. (1999). Frontal lobe psychopathology: mania, depression, confabulation, catatonia, perseveration, obsessive compulsions, and schizophrenia. *Psychiatry, 62*(2), 138-172.

Jost, J. T., Glaser, J., Kruglanski, A. W., & Sulloway, F. J. (2003). Political conservatism as motivated social cognition. *Psychol Bull, 129*(3), 339-375.

Joyce, R. (2006). Metaethics and the empirical sciences. *Philosophical Explorations,* 9(Special issue: Empirical research and the nature of moral judgement), 133-148.

Judson, O. (2008, December 2). Back to Reality. *New York Times.*

Justo, L., & Erazun, F. (2007). Neuroethics and human rights. *Am J Bioeth, 7*(5), 16-18.

Kahane, G., & Shackel, N. (2008). Do abnormal responses show utilitarian bias? *Nature, 452*(7185), E5; author reply E5-6.

Kahneman, D. (2003). Experiences of collaborative research. *Am Psychol, 58*(9), 723-730.

Kahneman, D. (2003). A perspective on judgment and choice: mapping bounded rationality. *Am Psychol, 58*(9), 697-720.

Kahneman, D., & Frederick, S. (2005). A Model of Heuristic Judgment. In K. J. Holyoak & R. G. Morrison (Eds.), *The Cambridge handbook of thinking and reasoning* (pp. 267-293). New York: Cambridge University Press.

Kahneman, D., Krueger, A. B., Schkade, D., Schwarz, N., & Stone, A. A. (2006). Would you be happier if you were richer? A focusing illusion. *Science, 312*(5782), 1908-1910.

Kahneman, D., Slovic, P., & Tversky, A. (1982). *Judgment under uncertainty: heuristics and biases.* Cambridge ; New York: Cambridge University Press.

Kahneman, D., & Tversky, A. (1979). Prospect Theory: An Analysis of Decision under Risk. *Econometrica, 47*(2), 263-292.

Kahneman, D., & Tversky, A. (1996). On the reality of cognitive illusions. *Psychol Rev, 103*(3), 582-591; discusion 592-586.

Kandel, E. R. (2008). Interview with eric R. Kandel: from memory, free will, and the problem with Freud to fortunate decisions. *J Vis Exp*(15), April 24, p. 762.

Kant, I. ([1785] 1995). *Ethical Philosophy: Grounding for the Metaphysics of Morals and Metaphysical Principles of Virtue* (J. W. Ellington, Trans.). Indianapolis, IN: Hackett Publishing.

Kanwisher, N., McDermott, J., & Chun, M. M. (1997). The fusiform face area: a module in human extrastriate cortex specialized for face perception. *J Neurosci, 17*(11), 4302-4311.

Kaplan, J. T., Freedman, J., & Iacoboni, M. (2007). Us versus them: Political attitudes and party affiliation influence neural response to faces of presidential candidates. *Neuropsychologia, 45*(1), 55-64.

Kaplan, J. T., & Iacoboni, M. (2006). Getting a grip on other minds: mirror neurons, intention understanding, and cognitive empathy. *Soc Neurosci, 1*(3-4), 175-183.

Kapogiannis, D., Barbey, A. K., Su, M., Zamboni, G., Krueger, F., & Grafman, J. (2009). Cognitive and neural foundations of religious belief. *Proc Natl Acad Sci USA, 106*(12), 4876-4881.

Karczmar, A. G. (2001). Sir John Eccles, 1903-1997. Part 2. The brain as a machine or as a site of free will? *Perspect Biol Med, 44*(2), 250-262.

Keane, M. M., Gabrieli, J. D., Monti, L. A., Fleischman, D. A., Cantor, J. M., & Noland, J. S. (1997). Intact and impaired conceptual memory processes in amnesia. *Neuropsychology, 11*(1), 59-69.

Kelley, W. M., Macrae, C. N., Wyland, C. L., Caglar, S., Inati, S., & Heatherton, T. F. (2002). Finding the self? An event-related fMRI study. *J Cogn Neurosci, 14*(5), 785-794.

Kennedy, D. (2004). Neuroscience and neuroethics. *Science, 306*(5695), 373.

Kertesz, A. (2000). Alien hand, free will and Arnold Pick. *Can J Neurol Sci, 27*(3), 183.

Keverne, E. B., & Curley, J. P. (2004). Vasopressin, oxytocin and social behaviour. *Curr Opin Neurobiol, 14*(6), 777-783.

Kiehl, K. A. (2006). A cognitive neuroscience perspective on psychopathy: evidence for paralimbic system dysfunction. *Psychiatry Res, 142*(2-3), 107-128.

Kiehl, K. A., Smith, A. M., Hare, R. D., Mendrek, A., Forster, B. B., Brink, J., et al. (2001). Limbic abnormalities in affective processing by criminal psychopaths as revealed by functional magnetic resonance imaging. *Biol Psychiatry, 50*(9), 677-684.

Kihlstrom, J. F. (1996). Unconscious processes in social interaction. In S. Hameroff, A. W. Kaszniak & A. C. Scott (Eds.), *Toward a science of consciousness: The first Tucson discussions and debates* (pp. 93-104). Cambridge, MA: MIT Press.

Kim, J. ([1984] 1991). Epiphenomenal and Supervenient Causation. In D. Rosenthal (Ed.), *The Nature of Mind* (pp. 257-265). Oxford: Oxford University Press.

Kim, J. (1993). The Myth of Nonreductive Materialism. In *Supervenience and Mind*. Cambridge, UK: Cambridge University Press.

King-Casas, B., Tomlin, D., Anen, C., Camerer, C. F., Quartz, S. R., & Montague, P. R. (2005). Getting to know you: reputation and trust in a two-person economic exchange. *Science, 308*(5718), 78-83.

Kipps, C. M., Duggins, A. J., McCusker, E. A., & Calder, A. J. (2007). Disgust and happiness recognition correlate with anteroventral insula and amygdala volume respectively in preclinical Huntington's disease. *J Cogn Neurosci, 19*(7), 1206-1217.

Kircher, T. T., Senior, C., Phillips, M. L., Benson, P. J., Bullmore, E. T., Brammer, M., et al. (2000). Towards a functional neuroanatomy of self processing: effects of faces and words. *Brain Res Cogn Brain Res, 10*(1-2), 133-144.

Kircher, T. T., Senior, C., Phillips, M. L., Rabe-Hesketh, S., Benson, P. J., Bullmore, E. T., et al. (2001). Recognizing one's own face. *Cognition, 78*(1), B1-B15.

Kirsch, I. (2000). Are drug and placebo effects in depression additive? *Biol Psychiatry, 47*(8), 733-735.

Klayman, J., & Ha, Y. W. (1987). Confirmation, disconfirmation, and information in hypothesis testing. *Psychological Review, 94*(2), 211-228.

Koenig, L. B., McGue, M., Krueger, R. F., & Bouchard, T. J., Jr. (2005). Genetic and environmental influences on religiousness: findings for retrospective and current religiousness ratings. *J Pers, 73*(2), 471-488.

Koenig, L. B., McGue, M., Krueger, R. F., & Bouchard, T. J., Jr. (2007). Religiousness, antisocial behavior, and altruism: genetic and environmental mediation. *J Pers, 75*(2), 265-290.

Koenigs, M., Young, L., Adolphs, R., Tranel, D., Cushman, F., Hauser, M., et al. (2007). Damage to the prefrontal cortex increases utilitarian moral judgements. *Nature, 446*(7138), 908-911.

Kolb, B., & Whishaw, I. Q. (2008). *Fundamentals of human neuropsychology* (6th ed.). New York, NY: Worth Publishers.

Kosik, K. S. (2006). Neuroscience gears up for duel on the issue of brain versus deity. *Nature, 439*(7073), 138.

Krause, J., Lalueza-Fox, C., Orlando, L., Enard, W., Green, R. E., Burbano, H. A., et al. (2007). The derived FOXP2 variant of modern humans was shared with

Neandertals. *Curr Biol, 17*(21), 1908-1912.

Kripke, S. ([1970] 1991). From Naming and Necessity In D. Rosenthal (Ed.), *The Nature of Mind* (pp. 236-246). Oxford, UK: Oxford University Press.

Kruger, J., & Dunning, D. (1999). Unskilled and unaware of it: how difficulties in recognizing one's own incompetence lead to inflated self-assessments. *J Pers Soc Psychol, 77*(6), 1121-1134.

Kruglanski, A. W. (1999). Motivation, cognition, and reality: Three memos for the next generation of research. *Psychological Inquiry 10*(1), 54-58.

Kuhnen, C. M., & Knutson, B. (2005). The neural basis of financial risk taking. *Neuron, 47*(5), 763-770.

LaBoeuf, R. A., & Shafir, E. B. (2005). Decision Making. In K. J. Holyoak & R. G. Morrison (Eds.), *The Cambridge handbook of thinking and reasoning* (pp. 243-266). New York: Cambridge University Press.

LaFraniere, S. (2007). African Crucible: Cast as Witches, Then Cast Out. *New York Times*.

Lahav, R. (1997). The Conscious and the Non-Conscious: Philosophical Implications of Neuropsychology. In M. Carrier & P. K. Machamer (Eds.), *Mindscapes: Philosophy, Science, and the Mind*. PA: University of Pittsburgh Press.

Lai, C. S., Fisher, S. E., Hurst, J. A., Vargha-Khadem, F., & Monaco, A. P. (2001). A forkhead-domain gene is mutated in a severe speech and language disorder. *Nature, 413*(6855), 519-523.

Langford, D. J., Crager, S. E., Shehzad, Z., Smith, S. B., Sotocinal, S. G., Levenstadt, J. S., et al. (2006). Social modulation of pain as evidence for empathy in mice. *Science, 312*(5782), 1967-1970.

Langleben, D. D., Loughead, J. W., Bilker, W. B., Ruparel, K., Childress, A. R., Busch, S. I., et al. (2005). Telling truth from lie in individual subjects with fast eventrelated fMRI. *Hum Brain Mapp, 26*(4), 262-272.

Langleben, D. D., Schroeder, L., Maldjian, J. A., Gur, R. C., McDonald, S., Ragland, J. D., et al. (2002). Brain activity during simulated deception: an event-related functional magnetic resonance study. *Neuroimage, 15*(3), 727-732.

Larson, E. J., & Witham, L. (1998). Leading scientists still reject God. *Nature, 394*(6691), 313.

LeDoux, J. E. (2002). *Synaptic self: how our brains become who we are.* New York: Viking.

Lee, T. M., Liu, H. L., Chan, C. C., Ng, Y. B., Fox, P. T., & Gao, J. H. (2005). Neural correlates of feigned memory impairment. *Neuroimage, 28*(2), 305-313.

Leher, J. (2010, February 28). Depression's Upside. *New York Times Magazine.*

Levine, J. (1983). Materialism and qualia: the explanatory gap. *Pacific Philosophical Quarterly, 64,* 354-361.

Levine, J. (1997). On Leaving Out What It"s Like. In N. Block, O. Flanagan & G. G?zeldere (Eds.), *The Nature of Consciousness: Philosophical Debates* (pp. 543-555). Cambridge, MA: MIT Press.

Levy, N. (2007). Rethinking neuroethics in the light of the extended mind thesis. *Am J Bioeth, 7*(9), 3-11.

Levy, N. (2007). *Neuroethics.* New York: Cambridge University Press.

Libet, B. (1999). Do we have free will? *Journal of Consciousness Studies, 6*(8-9), 47-57.

Libet, B. (2001). Consciousness, Free Action and the Brain: Commentary on John Searle"s Article. *Journal of Consciousness Studies, 8*(8), 59-65.

Libet, B. (2003). Can Conscious Experience affect brain Activity? *Journal of Consciousness Studies, 10*(12), 24-28.

Libet, B., Gleason, C. A., Wright, E. W., & Pearl, D. K. (1983). Time of conscious intention to act in relation to onset of cerebral activity (readiness-potential). The unconscious initiation of a freely voluntary act. *Brain, 106* (Pt. 3), 623-642.

Lieberman, M. D., Jarcho, J. M., Berman, S., Naliboff, B. D., Suyenobu, B.

Y., Mandelkern, M., et al. (2004). The neural correlates of placebo effects: a disruption account. *Neuroimage, 22*(1), 447-455.

Litman, L., & Reber, A. S. (2005). Implicit cognition and thought. In K. J. Holyoak & R. G. Morrison (Eds.), *The Cambridge handbook of thinking and reasoning* (pp. 431-453). New York: Cambridge University Press.

Livingston, K. R. (2005). Religious Practice, Brain, and Belief. *Journal of Cognition and Culture, 5*(1-2), 75-117.

Llinás, R. (2001). *I of the vortex: From Neurons to Self*. Cambridge, MA: MIT Press.

Llinás, R., Ribary, U., Contreras, D., & Pedroarena, C. (1998). The neuronal basis for consciousness. *Philos Trans R Soc Lond B Biol Sci, 353*(1377), 1841-1849.

Logothetis, N. K. (1999). Vision: a window on consciousness. Sci Am, 281(5), 69-75.

Logothetis, N. K. (2008). What we can do and what we cannot do with fMRI. *Nature, 453*(7197), 869-878.

Logothetis, N. K., Pauls, J., Augath, M., Trinath, T., & Oeltermann, A. (2001). Neurophysiological investigation of the basis of the fMRI signal. *Nature, 412*(6843), 150-157.

Logothetis, N. K., & Pfeuffer, J. (2004). On the nature of the BOLD fMRI contrast mechanism. *Magn Reson Imaging, 22*(10), 1517-1531.

Lou, H. C., Luber, B., Crupain, M., Keenan, J. P., Nowak, M., Kjaer, T. W., et al. (2004). Parietal cortex and representation of the mental Self. *Proc Natl Acad Sci USA, 101*(17), 6827-6832.

Lou, H. C., Nowak, M., & Kjaer, T. W. (2005). The mental self. *Prog Brain Res, 150*, 197-204.

Lugo, L. D. (2008). *U.S. Religious Landscape Survey*, Pew Research Center.

Lutz, A., Brefczynski-Lewis, J., Johnstone, T., & Davidson, R. J. (2008). Regulation of the neural circuitry of emotion by compassion meditation: effects of meditative expertise. *PLoS ONE, 3*(3), e1897.

Lutz, A., Greischar, L. L., Rawlings, N. B., Ricard, M., & Davidson, R. J. (2004). Long-term meditators self-induce high-amplitude gamma synchrony during mental practice. *Proc Natl Acad Sci USA, 101*(46), 16369-16373.

Lutz, A., Slagter, H. A., Dunne, J. D., & Davidson, R. J. (2008). Attention regulation and monitoring in meditation. *Trends Cogn Sci, 12*(4), 163-169.

Lykken, D. T., & Tellegen, A. (1996). Happiness is a Stochastic Phenomenon. *Psychological Science, 7*(3), 186-189.

Mackie, J. L. (1977). *Ethics : Inventing right and wrong.* London : Penguin.

Macrae, C. N., Moran, J. M., Heatherton, T. F., Banfield, J. F., & Kelley, W. M. (2004). Medial prefrontal activity predicts memory for self. *Cereb Cortex, 14*(6), 647-654.

Maddox, J. (1981). A book for burning? *Nature, 293*(September 24), 245-246.

Maddox, J. (1995). The prevalent distrust of science. *Nature, 378*(6556), 435-437.

Maguire, E. A., Frith, C. D., & Morris, R. G. (1999). The functional neuroanatomy of comprehension and memory: the importance of prior knowledge. *Brain, 122* (Pt. 10), 1839-1850.

Mark, V. (1996). Conflicting communicative behavior in a split-brain patient: Support for dual consciousness. In S. Hameroff, A. W. Kaszniak & A. C. Scott (Eds.), *Toward a Science of Consciousness: The First Tucson Discussions and Debates*(pp. 189-196). Cambridge, MA: MIT Press.

Marks, C. E. (1980). *Commissurotomy, Consciousness, and the Unity of Mind.* Montgomery, VT: Bradford Books.

Marr, D.(1982). *Vision: A computational investigation into the human representation and processing of visual information.* San Francisco: W. H. Freeman.

Marx, K. ([1843] 1971). *Critique of Hegel's Philosophy of Right* (A. J. O'Malley, Trans.). Cambridge, UK: Cambridge University Press.

Mason, M. F., Norton, M. I., Van Horn, J. D., Wegner, D. M., Grafton, S. T., & Macrae, C. N. (2007). Wandering minds: the default network and stimulus-independent thought. *Science, 315*(5810), 393-395.

Masserman, J. H., Wechkin, S., & Terris, W. (1964). "Altruistic" Behavior in Rhesus Monkeys. *Am J Psychiatry, 121*, 584-585.

Matsumoto, K., & Tanaka, K. (2004). The role of the medial prefrontal cortex in achieving goals. *Curr Opin Neurobiol, 14*(2), 178-185.

McCloskey, M. S., Phan, K. L., & Coccaro, E. F. (2005). Neuroimaging and personality disorders. *Curr Psychiatry Rep, 7*(1), 65-72.

McClure, S. M., Li, J., Tomlin, D., Cypert, K. S., Montague, L. M., & Montague, P. R. (2004). Neural correlates of behavioral preference for culturally familiar drinks. *Neuron, 44*(2), 379-387.

McCrone, J. (2003). Free will. *Lancet Neurol, 2*(1), 66.

McElreath, R., & Boyd, R. (2007). *Mathematical models of social evolution: a guide for the perplexed*. Chicago ; London: University of Chicago Press.

McGinn, C. (1989). Can we solve the mind-body problem? *Mind, 98*, 349-366.

McGinn, C. (1999). *The Mysterious Flame: Conscious Minds in a Material World*. New York: Basic Books.

McGuire, P. K., Bench, C. J., Frith, C. D., Marks, I. M., Frackowiak, R. S., & Dolan, R. J. (1994). Functional anatomy of obsessive-compulsive phenomena. *Br J Psychiatry, 164*(4), 459-468.

McKiernan, K. A., Kaufman, J. N., Kucera-Thompson, J., & Binder, J. R. (2003). A parametric manipulation of factors affecting task-induced deactivation in functional neuroimaging. *J Cogn Neurosci, 15*(3), 394-408.

McNeil, B. J., Pauker, S. G., Sox, H. C., Jr., & Tversky, A. (1982). On the elicitation of preferences for alternative therapies. *N Engl J Med, 306*(21), 1259-1262.

Mekel-Bobrov, N., Gilbert, S. L., Evans, P. D., Vallender, E. J., Anderson, J. R., Hudson, R. R., et al. (2005). Ongoing adaptive evolution of ASPM, a brain size determinant in *Homo sapiens. Science, 309*(5741), 1720-1722.

Meriau, K., Wartenburger, I., Kazzer, P., Prehn, K., Lammers, C. H., van der Meer, E., et al. (2006). A neural network reflecting individual differences in cognitive processing of emotions during perceptual decision making. *Neuroimage, 33*(3), 1016-1027.

Merleau-Ponty, M. (1964). *The primacy of perception, and other essays on phenomenological psychology, the philosophy of art, history, and politics*. Evanston, IL: Northwestern University Press.

Mesoudi, A., Whiten, A., & Dunbar, R. (2006). A bias for social information in human cultural transmission. *Br J Psychol, 97*(Pt. 3), 405-423.

Mill, J. S. (1887). *Utilitarianism*. London: Parker, Son, and Bourn.

Miller, E. K., & Cohen, J. D. (2001). An integrative theory of prefrontal cortex function. *Annu Rev Neurosci, 24*, 167-202.

Miller, G. (2008). Investigating the Psychopathic Mind. *Science, 321*(5894), 1284-1286.

Miller, G. (2008). Neuroimaging. Growing pains for fMRI. *Science, 320*(5882), 1412-1414.

Miller, G. F. (2007). Sexual selection for moral virtues. *Q Rev Biol, 82*(2), 97-125.

Miller, K. R. (1999). *Finding Darwin's God: a scientist's search for common ground between God and evolution* (1st ed.). New York: Cliff Street Books.

Miller, W. I. (1993). *Humiliation: and other essays on honor, social discomfort, and violence*. Ithaca, NY: Cornell University Press.

Miller, W. I. (1997). *The anatomy of disgust*. Cambridge, MA: Harvard University Press.

Miller, W. I. (2003). *Faking it*. Cambridge, UK: New York: Cambridge University Press.

Miller, W. I. (2006). *Eye for an eye*. Cambridge, UK: New York: Cambridge University

Press.

Mink, J. W. (1996). The basal ganglia: focused selection and inhibition of competing motor programs. *Prog Neurobiol, 50*(4), 381-425.

Mitchell, I. J., Heims, H., Neville, E. A., & Rickards, H. (2005). Huntington's disease patients show impaired perception of disgust in the gustatory and olfactory modalities. *J Neuropsychiatry Clin Neurosci, 17*(1), 119-121.

Mitchell, J. P., Dodson, C. S., & Schacter, D. L. (2005). fMRI evidence for the role of recollection in suppressing misattribution errors: the illusory truth effect. *J Cogn Neurosci, 17*(5), 800-810.

Mitchell, J. P., Macrae, C. N., & Banaji, M. R. (2006). Dissociable medial prefrontal contributions to judgments of similar and dissimilar others. *Neuron, 50*(4), 655-663.

Mlodinow, L. (2008). *The Drunkard's Walk: How Randomness Rules Our Lives*. New York: Pantheon.

Moll, J., & de Oliveira-Souza, R. (2007). Moral judgments, emotions and the utilitarian brain. *Trends Cogn Sci, 11*(8), 319-321.

Moll, J., de Oliveira-Souza, R., Garrido, G. J., Bramati, I. E., Caparelli-Daquer, E. M., Paiva, M. L., et al. (2007). The self as a moral agent: linking the neural bases of social agency and moral sensitivity. *Soc Neurosci, 2*(3-4), 336-352.

Moll, J., de Oliveira-Souza, R., Moll, F. T., Ignacio, F. A., Bramati, I. E., Caparelli-Daquer, E. M., et al. (2005). The moral affiliations of disgust: a functional MRI study. *Cogn Behav Neurol, 18*(1), 68-78.

Moll, J., De Oliveira-Souza, R., & Zahn, R. (2008). The neural basis of moral cognition: sentiments, concepts, and values. *Ann NY Acad Sci, 1124*, 161-180.

Moll, J., Zahn, R., de Oliveira-Souza, R., Krueger, F., & Grafman, J. (2005). Opinion: the neural basis of human moral cognition. *Nat Rev Neurosci, 6*(10), 799-809.

Monchi, O., Petrides, M., Strafella, A. P., Worsley, K. J., & Doyon, J. (2006). Functional role of the basal ganglia in the planning and execution of actions. *Ann Neurol, 59*(2), 257-264.

Mooney, C. (2005). *The Republican war on science.* New York: Basic Books.

Mooney, C., & Kirshenbaum, S. (2009). *Unscientific America: How Scientific Illiteracy Threatens our Future.* New York: Basic Books.

Moore, G. E. ([1903] 2004). *Principia ethica.* Mineola, N.Y.: Dover Publications.

Moran, J. M., Macrae, C. N., Heatherton, T. F., Wyland, C. L., & Kelley, W. M. (2006). Neuroanatomical evidence for distinct cognitive and affective components of self. *J Cogn Neurosci, 18*(9), 1586-1594.

Moreno, J. D. (2003). Neuroethics: an agenda for neuroscience and society. *Nat Rev Neurosci, 4*(2), 149-153.

Morse, D. (2009, March 31). Plea Deal Includes Resurrection Clause. *Washington Post*, B02.

Mortimer, M., & Toader, A. (2005). September 23. Retrieved July 7, 2009, from http://news.bbc.co.uk/2/hi/europe/4273020.stm.

Muller, J. L., Ganssbauer, S., Sommer, M., Dohnel, K., Weber, T., Schmidt-Wilcke, T., et al. (2008). Gray matter changes in right superior temporal gyrus in criminal psychopaths. Evidence from voxel-based morphometry. *Psychiatry Res, 163*(3), 213-222.

Nagel, T. (1974). What is it like to be a bat? *Philosophical Review, 83*, 435-456.

Nagel, T. (1979). Brain Bisection and the Unity of Consciousness. In *Mortal Questions.* Cambridge, UK: Cambridge University Press, 147-164.

Nagel, T. (1979). *Mortal Questions.* Cambridge, UK: Cambridge University Press.

Nagel, T. (1986). *The View from Nowhere.* Oxford, UK: Oxford University Press.

Nagel, T. (1995). *Other Minds.* Oxford, UK: Oxford University Press.

Nagel, T. (1997). *The Last Word.* Oxford, UK: Oxford University Press.

Nagel, T. (1998). Conceiving the Impossible and the Mind-Body Problem. *Philosophy, 73*(285), 337-352.

Narayan, V. M., Narr, K. L., Kumari, V., Woods, R. P., Thompson, P. M., Toga, A. W., et al. (2007). Regional cortical thinning in subjects with violent antisocial personality disorder or schizophrenia. *Am J Psychiatry, 164*(9), 1418-1427.

National Academy of Sciences (U.S.). Working Group on Teaching Evolution. (1998). *Teaching about evolution and the nature of science.* Washington, DC: National Academy Press.

National Academy of Sciences (U.S.), & Institute of Medicine (U.S.) (2008). *Science, evolution, and creationism.* Washington, D.C.: National Academies Press.

Newberg, A., Alavi, A., Baime, M., Pourdehnad, M., Santanna, J., & d'Aquili, E. (2001). The measurement of regional cerebral blood flow during the complex cognitive task of meditation: a preliminary SPECT study. *Psychiatry Res, 106*(2), 113-122.

Newberg, A., Pourdehnad, M., Alavi, A., & d'Aquili, E. G. (2003). Cerebral blood flow during meditative prayer: preliminary findings and methodological issues. *Percept Mot Skills, 97*(2), 625-630.

Newberg, A. B., Wintering, N. A., Morgan, D., & Waldman, M. R. (2006). The measurement of regional cerebral blood flow during glossolalia: a preliminary SPECT study. *Psychiatry Res, 148*(1), 67-71.

Ng, F. (2007). The interface between religion and psychosis. *Australas Psychiatry, 15*(1), 62-66.

Nørretranders, T. (1998). *The User Illusion: Cutting Consciousness Down to Size.* New York: Viking.

Norris, P., & Inglehart, R. (2004). *Sacred and secular: religion and politics worldwide.* Cambridge, UK: Cambridge University Press.

Northoff, G., Heinzel, A., Bermpohl, F., Niese, R., Pfennig, A., Pascual-Leone, A., et al. (2004). Reciprocal modulation and attenuation in the prefrontal cortex: an fMRI study on emotional-cognitive interaction. *Hum Brain Mapp, 21*(3), 202-212.

Northoff, G., Heinzel, A., de Greck, M., Bermpohl, F., Dobrowolny, H., & Panksepp, J. (2006). Self-referential processing in our brain--a meta-analysis of imaging studies on the self. *Neuroimage, 31*(1), 440-457.

Nowak, M. A., & Sigmund, K. (2005). Evolution of indirect reciprocity. *Nature, 437*(7063), 1291-1298.

Nozick, R. (1974). *Anarchy, state, and utopia*. New York: Basic Books.

Nunez, J. M., Casey, B. J., Egner, T., Hare, T., & Hirsch, J. (2005). Intentional false responding shares neural substrates with response conflict and cognitive control. *Neuroimage, 25*(1), 267-277.

O'Doherty, J., Critchley, H., Deichmann, R., & Dolan, R. J. (2003). Dissociating valence of outcome from behavioral control in human orbital and ventral prefrontal cortices. *J Neurosci, 23*(21), 7931-7939.

O'Doherty, J., Kringelbach, M. L., Rolls, E. T., Hornak, J., & Andrews, C. (2001). Abstract reward and punishment representations in the human orbitofrontal cortex. *Nat Neurosci, 4*(1), 95-102.

O'Doherty, J., Rolls, E. T., Francis, S., Bowtell, R., & McGlone, F. (2001). Representation of pleasant and aversive taste in the human brain. *J Neurophysiol, 85*(3), 1315-1321.

O'Doherty, J., Winston, J., Critchley, H., Perrett, D., Burt, D. M., & Dolan, R. J. (2003). Beauty in a smile: the role of medial orbitofrontal cortex in facial attractiveness. *Neuropsychologia, 41*(2), 147-155.

Oliver, A. M., & Steinberg, P. F. (2005). *The road to martyrs' square: a journey into the world of the suicide bomber*. New York: Oxford University Press.

Olsson, A., Ebert, J. P., Banaji, M. R., & Phelps, E. A. (2005). The role of social groups in the persistence of learned fear. *Science, 309*(5735), 785-787.

Osherson, D., Perani, D., Cappa, S., Schnur, T., Grassi, F., & Fazio, F. (1998). Distinct brain loci in deductive versus probabilistic reasoning. *Neuropsychologia, 36*(4), 369-376.

Parens, E., & Johnston, J. (2007). Does it make sense to speak of neuroethics? Three problems with keying ethics to hot new science and technology. *EMBO Rep, 8 Spec No*, S61-64.

Parfit, D. (1984). *Reasons and persons*. Oxford, UK: Clarendon Press.

Patterson, K., Nestor, P. J., & Rogers, T. T. (2007). Where do you know what you know? The representation of semantic knowledge in the human brain. *Nat Rev Neurosci, 8*(12), 976-987.

Patterson, N., Richter, D. J., Gnerre, S., Lander, E. S., & Reich, D. (2006). Genetic evidence for complex speciation of humans and chimpanzees. *Nature, 441*(7097), 1103-1108.

Patterson, N., Richter, D. J., Gnerre, S., Lander, E. S., & Reich, D. (2008). Patterson et al. reply. *Nature, 452*(7184), E4.

Paul, G. (2009). The Chronic Dependence of Popular Religiosity upon Dysfunctional Psychosociological Conditions. *Evolutionary Psychology, 7*(3), 398-441.

Pauli, W., Enz, C. P., & Meyenn, K. v. ([1955] 1994). *Writings on physics and philosophy*. Berlin ; New York: Springer-Verlag.

Paulson, S. (2006). The believer Retrieved July 24, 2009, from http://www.salon.com/books/int/2006/08/07/collins/index.html.

Paulus, M. P., Rogalsky, C., Simmons, A., Feinstein, J. S., & Stein, M. B. (2003). Increased activation in the right insula during risk-taking decision making is related to harm avoidance and neuroticism. *Neuroimage, 19*(4), 1439-1448.

Pavlidis, I., Eberhardt, N. L., & Levine, J. A. (2002). Seeing through the face of deception. *Nature, 415*(6867), 35.

Pedersen, C. A., Ascher, J. A., Monroe, Y. L., & Prange, A. J., Jr. (1982). Oxytocin induces maternal behavior in virgin female rats. *Science, 216*(4546), 648-650.

Pennisi, E. (1999). Are out primate cousins 'conscious'? Science, 284(5423), 2073-2076.

Penrose, R. (1994). *Shadows of the Mind.* Oxford, UK: Oxford University Press.

Perry, J. (2001). *Knowledge, possibility, and consciousness.* Cambridge, MA: MIT Press.

Persinger, M. A., & Fisher, S. D. (1990). Elevated, specific temporal lobe signs in a population engaged in psychic studies. *Percept Mot Skills, 71*(3 Pt. 1), 817-818.

Pessiglione, M., Schmidt, L., Draganski, B., Kalisch, R., Lau, H., Dolan, R. J., et al. (2007). How the brain translates money into force: a neuroimaging study of subliminal motivation. *Science, 316*(5826), 904-906.

Pierre, J. M. (2001). Faith or delusion? At the crossroads of religion and psychosis. *J Psychiatr Pract, 7*(3), 163-172.

Pinker, S. (1997). *How the mind works.* New York: Norton.

Pinker, S. (2002). *The blank slate: the modern denial of human nature.* New York: Viking.

Pinker, S. (2007, March 19). A History of Violence. *The New Republic.*

Pinker, S. (2008). The Stupidity of Dignity. *The New Republic*(May 28).

Pinker, S. (2008, January 13). The Moral Instinct. *New York Times Magazine.*

Pinker, S., & Jackendoff, R. (2005). The faculty of language: what's special about it? *Cognition, 95*(2), 201-236.

Pizarro, D. A., & Bloom, P. (2003). The intelligence of the moral intuitions: comment on Haidt (2001). *Psychol Rev, 110*(1), 193-196; discussion 197-198.

Pizarro, D. A., & Uhlmann, E. L. (2008). The Motivated Use of Moral Principles. (Unpublished manuscript.)

Planck, M., & Murphy, J. V. (1932). *Where is science going?* New York,: W.W. Norton.

Poldrack, R. A. (2006). Can cognitive processes be inferred from neuroimaging data? *Trends Cogn Sci, 10*(2), 59-63.

Polkinghorne, J. C. (2003). *Belief in God in an age of science*. New Haven, CT: Yale University Press.

Polkinghorne, J. C., & Beale, N. (2009). *Questions of truth: fifty-one responses to questions about God, science, and belief* (1st ed.). Louisville, KY: Westminster John Knox Press.

Pollard Sacks, D. (2009). State Actors Beating Children: A Call for Judicial Relief. *U.C. Davis Law Review, 42*, 1165-1229.

Popper, K. R. (2002). *The open society and its enemies* (5th ed.). London ; New York: Routledge.

Popper, K. R., & Eccles, J. C. ([1977] 1993). *The Self and Its Brain*. London: Routledge.

Prabhakaran, V., Rypma, B., & Gabrieli, J. D. (2001). Neural substrates of mathematical reasoning: a functional magnetic resonance imaging study of neocortical activation during performance of the necessary arithmetic operations test. *Neuropsychology, 15*(1), 115-127.

Prado, J., Noveck, I. A., & Van Der Henst, J. B. (2009). Overlapping and Distinct Neural Representations of Numbers and Verbal Transitive Series. *Cereb Cortex 20*(3), 720-729.

Premack, D., & Woodruff, G. (1978). Chimpanzee problem-solving: a test for comprehension. *Science, 202*(4367), 532-535.

Previc, F. H. (2006). The role of the extrapersonal brain systems in religious activity. *Conscious Cogn, 15*(3), 500-539.

Prinz, J. (2001). Functionalism, Dualism and Consciousness. In W. Bechtel, P. Mandik, J. Mundale & R. Stufflebeam (Eds.), *Philosophy and the Neurosciences*. Oxford, UK: Blackwell, 278-294.

Pryse-Phillips, W. (2003). *The Oxford Companion to Clinical Neurology*. Oxford, UK:

Oxford University Press.

Puccetti, R. (1981). The case for mental duality: Evidence from split-brain data and other considerations. *Behavioral and Brain Sciences, (1981)*(4), 93-123.

Puccetti, R. (1993). Dennett on the Split-Brain. *Psycoloquy, 4*(52).

Putnam, H. (2007). The fact/value dichotomy and its critics. Paper presented at the UCD Ulysses Medal Lecture. Retrieved from www.youtube.com/watch?v=gTWkSb8ajXc&feature=player-embeded.

Pyysiäinen, I., & Hauser, M. (2010). The origins of religion: evolved adaptation or byproduct? *Trends Cogn Sci, 14*(3), 104-109.

Quiroga, R. Q., Reddy, L., Kreiman, G., Koch, C., & Fried, I. (2005). Invariant visual representation by single neurons in the human brain. *Nature, 435*(7045), 1102-1107.

Racine, E. (2007). Identifying challenges and conditions for the use of neuroscience in bioethics. *Am J Bioeth, 7*(1), 74-76; discussion W71-74.

Raichle, M. E., MacLeod, A. M., Snyder, A. Z., Powers, W. J., Gusnard, D. A., & Shulman, G. L. (2001). A default mode of brain function. *Proc Natl Acad Sci US A, 98*(2), 676-682.

Raine, A., & Yaling, Y. (2006). The Neuroanatomical Bases of Psychopathy: A Review of Brain Imaging Findings. In C. J. Patrick (Ed.), *Handbook of psychopathy*(pp. 278-295). New York: Guilford Press.

Ramachandran, V. S. (1995). Anosognosia in parietal lobe syndrome. *Conscious Cogn, 4*(1), 22-51.

Ramachandran, V. S. (2007). The Neurology of Self-Awareness Retrieved 12/5/2008, from http://www.edge.org/3rd_culture/ramachandran07/ramachandran07_index.html.

Ramachandran, V. S., & Blakeslee, S. (1998). *Phantoms in the brain*. New York: William Morrow and Company.

Ramchandran, V. S., & Hirstein, W. (1997). Three laws of qualia: What neurology tells us about the biological functions of consciousness. *The Journal of Consciousness Studies, 4*(5/6), 429-457.

Range, F., Horn, L., Viranyi, Z., & Huber, L. (2009). The absence of reward induces inequity aversion in dogs. *Proc Natl Acad Sci USA, 106*(1), 340-345.

Raskin, R., & Terry, H. (1988). A principal-components analysis of the Narcissistic Personality Inventory and further evidence of its construct validity. *J Pers Soc Psychol, 54*(5), 890-902.

Rauch, S. L., Kim, H., Makris, N., Cosgrove, G. R., Cassem, E. H., Savage, C. R., et al. (2000). Volume reduction in the caudate nucleus following stereotactic placement of lesions in the anterior cingulate cortex in humans: a morphometric magnetic resonance imaging study. *J Neurosurg, 93*(6), 1019-1025.

Rauch, S. L., Makris, N., Cosgrove, G. R., Kim, H., Cassem, E. H., Price, B. H., et al. (2001). A magnetic resonance imaging study of regional cortical volumes following stereotactic anterior cingulotomy. *CNS Spectr, 6*(3), 214-222.

Rawls, J. ([1971] 1999). *A theory of justice* (Rev. ed.). Cambridge, MA: Belknap Press of Harvard Univeristy Press.

Rawls, J., & Kelly, E. (2001). *Justice as fairness: a restatement*. Cambridge, MA: Harvard University Press.

Redelmeier, D. A., Katz, J., & Kahneman, D. (2003). Memories of colonoscopy: a randomized trial. *Pain, 104*(1-2), 187-194.

Resnik, D. B. (2007). Neuroethics, national security and secrecy. *Am J Bioeth, 7*(5), 14-15.

Richell, R. A., Mitchell, D. G., Newman, C., Leonard, A., Baron-Cohen, S., & Blair, R. J. (2003). Theory of mind and psychopathy: can psychopathic individuals read the 'language of the eyes'? *Neuropsychologia, 41*(5), 523-526.

Ridderinkhof, K. R., Ullsperger, M., Crone, E. A., & Nieuwenhuis, S. (2004).

The role of the medial frontal cortex in cognitive control. *Science, 306*(5695), 443-447.

Rilling, J., Gutman, D., Zeh, T., Pagnoni, G., Berns, G., & Kilts, C. (2002). A neural basis for social cooperation. *Neuron, 35*(2), 395-405.

Rodriguez-Moreno, D., & Hirsch, J. (2009). The dynamics of deductive reasoning: an fMRI investigation. *Neuropsychologia, 47*(4), 949-961.

Rolls, E. T., Grabenhorst, F., & Parris, B. A. (2008). Warm pleasant feelings in the brain. *Neuroimage, 41*(4), 1504-1513.

Rosenblatt, A., Greenberg, J., Solomon, S., Pyszczynski, T., & Lyon, D. (1989). Evidence for terror management theory: I. The effects of mortality salience on reactions to those who violate or uphold cultural values. *J Pers Soc Psychol, 57*(4), 681-690.

Rosenhan, D. L. (1973). On being sane in insane places. *Science, 179*(70), 250-258.

Rosenthal, D. (1991). *The Nature of Mind.* Oxford, UK: Oxford University Press.

Roskies, A. (2002). Neuroethics for the new millenium. *Neuron, 35*(1), 21-23.

Roskies, A. (2006). Neuroscientific challenges to free will and responsibility. *Trends Cogn Sci, 10*(9), 419-423.

Royet, J. P., Plailly, J., Delon-Martin, C., Kareken, D. A., & Segebarth, C. (2003). fMRI of emotional responses to odors: influence of hedonic valence and judgment, handedness, and gender. *Neuroimage, 20*(2), 713-728.

Rubin, A. J. (2009, August 12). How Baida Wanted to Die. *New York Times,* MM38.

Rule, R. R., Shimamura, A. P., & Knight, R. T. (2002). Orbitofrontal cortex and dynamic filtering of emotional stimuli. *Cogn Affect Behav Neurosci, 2*(3), 264-270.

Rumelhart, D. E. (1980). Schemata: The building blocks of cognition. In R. J. Spiro, B. C. Bruce & W. F. Brewer (Eds.), *Theoretical issues in reading comprehension* (pp.

33-58). Hillsdale. NJ: Erlbaum.

Ryle, G. ([1949] 1984). *The Concept of Mind*. Chicago: University of Chicago Press.

Sagan, C. (1995). *The demon-haunted world: science as a candle in the dark* (1st ed.). New York: Random House.

Salter, A. C. (2003). *Predators: pedophiles, rapists, and other sex offenders: who they are, how they operate, and how we can protect ourselves and our children*. New York: Basic Books.

Sarmiento, E. E., Sawyer, G. J., Milner, R., Deak, V., & Tattersall, I. (2007). *The last human: a guide to twenty-two species of extinct humans*. New Haven, CT: Yale University Press.

Sartre, J. P. ([1956] 1994). *Being and Nothingness* (H. Barnes, Trans.). New York: Gramercy Books.

Saxe, R., & Kanwisher, N. (2003). People thinking about thinking people. The role of the temporo-parietal junction in "theory of mind". *Neuroimage, 19*(4), 1835-1842.

Schacter, D. L. (1987). Implicit expressions of memory in organic amnesia: learning of new facts and associations. *Hum Neurobiol, 6*(2), 107-118.

Schacter, D. L., & Scarry, E. (1999). *Memory, brain, and belief*. Cambridge, MA: Harvard University Press.

Schall, J. D., Stuphorn, V., & Brown, J. W. (2002). Monitoring and control of action by the frontal lobes. *Neuron, 36*(2), 309-322.

Schiff, N. D., Giacino, J. T., Kalmar, K., Victor, J. D., Baker, K., Gerber, M., et al. (2007). Behavioural improvements with thalamic stimulation after severe traumatic brain injury. *Nature, 448*(7153), 600-603.

Schiffer, F., Zaidel, E., Bogen, J., & Chasan-Taber, S. (1998). Different psychological status in the two hemispheres of two split-brain patients. *Neuropsychiatry Neuropsychol Behav Neurol, 11*(3), 151-156.

Schjoedt, U., Stodkilde-Jorgensen, H., Geertz, A. W., & Roepstorff, A. (2008).

Rewarding prayers. *Neurosci Lett, 443*(3), 165-168.

Schjoedt, U., Stodkilde-Jorgensen, H., Geertz, A. W., & Roepstorff, A. (2009). Highly religious participants recruit areas of social cognition in personal prayer. *Soc Cogn Affect Neurosci, 4*(2), 199-207.

Schmitt, J. J., Hartje, W., & Willmes, K. (1997). Hemispheric asymmetry in the recognition of emotional attitude conveyed by facial expression, prosody and propositional speech. *Cortex, 33*(1), 65-81.

Schneider, F., Bermpohl, F., Heinzel, A., Rotte, M., Walter, M., Tempelmann, C., et al. (2008). The resting brain and our self: self-relatedness modulates resting state neural activity in cortical midline structures. *Neuroscience, 157*(1), 120-131.

Schnider, A. (2001). Spontaneous confabulation, reality monitoring, and the limbic system-a review. *Brain Res Brain Res Rev, 36*(2-3), 150-160.

Schreiber, C. A., & Kahneman, D. (2000). Determinants of the remembered utility of aversive sounds. *J Exp Psychol Gen, 129*(1), 27-42.

Schr?dinger, E. (1964). *My View of the World* (C. Hastings, Trans.). Cambridge: Cambridge University Press.

Schwartz, B. (2004). *The paradox of choice: why more is less.* New York: Ecco.

Seabrook, J. (2008, November 10). Suffering Souls. *New Yorker*, 64-73.

Searle, J. (1964). How to Derive 'Ought' from 'Is'. *Philosophical Review 73*(1), 43-58.

Searle, J. (2001). Free Will as a Problem in Neurobiology. *Philosophy, 76*, 491-514.

Searle, J. R. (1992). *The rediscovery of the mind.* Cambridge, MA: MIT Press.

Searle, J. R. (1995). *The Construction of Social Reality.* New York: The Free Press.

Searle, J. R. (1997). Consciousness and the Philosophers. *New York Review of Books, XLIV*(4).

Searle, J. R. (1998). How to study consciousness scientifically. *Philos Trans R Soc Lond B Biol Sci, 353*(1377), 1935-1942.

Searle, J. R. (2000). Consciousness. *Annu Rev Neurosci, 23*, 557-578.

Searle, J. R. (2001). Further Repley to Libet. *Journal of Consciousness Studies, 8*(8), 63-65.

Searle, J. R. (2007). Dualism revisited. *J Physiol Paris, 101*(4-6), 169-178.

Searle, J. R., Dennett, D. C., & Chalmers, D. J. (1997). *The mystery of consciousness* (1st ed.). New York: New York Review of Books.

Seeley, W. W., Carlin, D. A., Allman, J. M., Macedo, M. N., Bush, C., Miller, B. L., et al. (2006). Early frontotemporal dementia targets neurons unique to apes and humans. *Ann Neurol, 60*(6), 660-667.

Sergent, J., Ohta, S., & MacDonald, B. (1992). Functional neuroanatomy of face and object processing. A positron emission tomography study. *Brain, 115* Pt. 1, 15-36.

Seybold, K. S. (2007). Physiological mechanisms involved in religiosity/spirituality and health. *J Behav Med, 30*(4), 303-309.

Shadlen, M. N., & Kiani, R. (2007). Neurology: an awakening. *Nature, 448*(7153), 539-540.

Shadlen, M. N., & Movshon, J. A. (1999). Synchrony unbound: a critical evaluation of the temporal binding hypothesis. *Neuron, 24*(1), 67-77, 111-125.

Shadlen, M. N., & Newsome, W. T. (2001). Neural basis of a perceptual decision in the parietal cortex (area LIP) of the rhesus monkey. *J Neurophysiol, 86*(4), 1916-1936.

Shamay-Tsoory, S. G., Tibi-Elhanany, Y., & Aharon-Peretz, J. (2007). The green-eyed monster and malicious joy: the neuroanatomical bases of envy and gloating (schadenfreude). *Brain, 130*(Pt. 6), 1663-1678.

Sheldrake, R. (1981). *A new science of life: the hypothesis of formative causation.* London: Blond & Briggs.

Sheline, Y. I., Barch, D. M., Price, J. L., Rundle, M. M., Vaishnavi, S. N., Snyder,

A. Z., et al. (2009). The default mode network and self-referential processes in depression. *Proc Natl Acad Sci USA, 106*(6), 1942-1947.

Shoebat, W. (2007). *Why we want to kill you: the jihadist mindset and how to defeat it.* [United States]: Top Executive Media.

Shweder, R. A. (2006, November 27). Atheists Agonistes. *New York Times.*

Siebert, C. (2009, July 12). Watching Whales Watching Us. *New York Times.*

Siefe, C. (2000). Cold Numbers Unmake the Quantum Mind. *Science, 287*(5454), 791.

Silk, J. B., Brosnan, S. F., Vonk, J., Henrich, J., Povinelli, D. J., Richardson, A. S., et al. (2005). Chimpanzees are indifferent to the welfare of unrelated group members. *Nature, 437*(7063), 1357-1359.

Silver, L. M. (2006). *Challenging nature: the clash of science and spirituality at the new frontiers of life.* New York: Ecco.

Simons, D. J., Chabris, C. F., Schnur, T., & Levin, D. T. (2002). Evidence for preserved representations in change blindness. *Conscious Cogn, 11*(1), 78-97.

Simonton, D. K. (1994). *Greatness: who makes history and why.* New York: Guilford.

Singer, P. (2009). *The life you can save: acting now to end world poverty.* New York: Random House.

Singer, T., Seymour, B., O'Doherty, J., Kaube, H., Dolan, R. J., & Frith, C. D. (2004). Empathy for pain involves the affective but not sensory components of pain. *Science, 303*(5661), 1157-1162.

Singer, W. (1999). Striving for Coherence. *Nature, 397*(4 February), 391-393.

Singer, W. (1999). Neuronal synchrony: a versatile code for the definition of relations? *Neuron, 24*(1), 49-65, 111-125.

Sinnott-Armstrong, W. (2006). Consequentialism. *The Stanford Encyclopedia of Philosophy.* Retrieved from http://plato.stanford.edu/entries/consequentialism/.

Sirigu, A., Daprati, E., Ciancia, S., Giraux, P., Nighoghossian, N., Posada, A., et al. (2004). Altered awareness of voluntary action after damage to the parietal cortex. *Nat Neurosci, 7*(1), 80-84.

Sirotin, Y. B., & Das, A. (2009). Anticipatory haemodynamic signals in sensory cortex not predicted by local neuronal activity. *Nature, 457*(7228), 475-479.

Sloman, S. A., & Lagnado, D. A. (2005). The Problem of Induction. In K. J. Holyoak & R. G. Morrison (Eds.), *The Cambridge handbook of thinking and reasoning* (pp. 95-116). New York: Cambridge University Press.

Slovic, P. (2007). "If I look at the mass I will never act": Psychic numbing and genocide. *Judgment and Decision Making, 2*(2), 79-95.

Smeltzer, M. D., Curtis, J. T., Aragona, B. J., & Wang, Z. (2006). Dopamine, oxytocin, and vasopressin receptor binding in the medial prefrontal cortex of monogamous and promiscuous voles. *Neurosci Lett, 394*(2), 146-151.

Smith, A., & Stewart, D. ([1759] 1853). *The theory of moral sentiments* (New ed.). London,: H. G. Bohn.

Smolin, L. (2001). Three Roads to Quantum Gravity. New York: Basic Books

Snowden, J. S., Austin, N. A., Sembi, S., Thompson, J. C., Craufurd, D., & Neary, D. (2008). Emotion recognition in Huntington's disease and frontotemporal dementia. *Neuropsychologia, 46*(11), 2638-2649.

Snyder, S. H. (2008). Seeking god in the brain--efforts to localize higher brain functions. *N Engl J Med, 358*(1), 6-7.

Sokal, A. (1996). Trangressing the Boundaries: Toward a Transformative Hermeneutics of Quantum Gravity. *Social Text*(46/47), 217-252.

Sommer, M., Dohnel, K., Sodian, B., Meinhardt, J., Thoermer, C., & Hajak, G. (2007). Neural correlates of true and false belief reasoning. *Neuroimage, 35*(3), 1378-1384.

Soon, C. S., Brass, M., Heinze, H. J., & Haynes, J. D. (2008). Unconscious determinants of free decisions in the human brain. *Nat Neurosci, 11*(5), 543-545.

Sowell, E. R., Thompson, P. M., Holmes, C. J., Jernigan, T. L., & Toga, A. W. (1999). In vivo evidence for post-adolescent brain maturation in frontal and striatal regions. *Nat Neurosci, 2*(10), 859-861.

Spence, S. A., Farrow, T. F., Herford, A. E., Wilkinson, I. D., Zheng, Y., & Woodruff, P. W. (2001). Behavioural and functional anatomical correlates of deception in humans. *Neuroreport, 12*(13), 2849-2853.

Spence, S. A., Kaylor-Hughes, C., Farrow, T. F., & Wilkinson, I. D. (2008). Speaking of secrets and lies: The contribution of ventrolateral prefrontal cortex to vocal deception. *Neuroimage, 40*(3), 1411-1418.

Sperry, R. W. (1961). Cerebral Organization and Behavior: The split brain behaves in many respects like two separate brains, providing new research possibilities. *Science, 133*(3466), 1749-1757.

Sperry, R. W. (1968). Hemisphere deconnection and unity in conscious awareness. *Am Psychol, 23*(10), 723-733.

Sperry, R. W. (1976). Changing concepts of consciousness and free will. *Perspect Biol Med, 20*(1), 9-19.

Sperry, R. (1982). Some effects of disconnecting the cerebral heispheres. Nobel Lecture, 8 December 1981. *Biosci Rep, 2*(5), 265-276.

Sperry, R. W., Zaidel, E., & Zaidel, D. (1979). Self recognition and social awareness in the deconnected minor hemisphere. *Neuropsychologia, 17*(2), 153-166.

Spinoza, B. S. F., Ed.; S. Shirley, Trans.) ([1677] 1982). *The Ethics and Selected Letters*: Indianapolis, IN: Hackett Publishing.

Spitzer, M., Fischbacher, U., Herrnberger, B., Gron, G., & Fehr, E. (2007). The neural signature of social norm compliance. *Neuron, 56*(1), 185-196.

Sprengelmeyer, R., Schroeder, U., Young, A. W., & Epplen, J. T. (2006). Disgust in pre-clinical Huntington's disease: a longitudinal study. *Neuropsychologia, 44*(4),

518-533.

Squire, L. R., & McKee, R. (1992). Influence of prior events on cognitive judgments in amnesia. *J Exp Psychol Learn Mem Cogn, 18*(1), 106-115.

Stanovich, K. E., & West, R. F. (2000). Individual differences in reasoning: Implications for the rationality debate? *Behavioral and Brain Sciences, 23*, 645-726.

Stark, R. (2001). *One true God: historical consequences of monotheism.* Princeton, N.J.: Princeton University Press.

Steele, J. D., & Lawrie, S. M. (2004). Segregation of cognitive and emotional function in the prefrontal cortex: a stereotactic meta-analysis. *Neuroimage, 21*(3), 868-875.

Stenger, V. A. (2009). *The New Atheism: Taking a Stand for Science and Reason.* New York: Prometheus Books.

Stewart, P. (2008, May 29). Vatican says it will excommunicate women priests. Reuters.

Stoller, S. E., & Wolpe, P. R. (2007). Emerging Neurotechnologies for Lie Detection and the Fifth Amendment. *American Journal of Law & Medicine, 33*, 359-375.

Stone, M. H. (2009). *The anatomy of evil.* Amherst, N.Y.: Prometheus Books.

Strange, B. A., Henson, R. N., Friston, K. J., & Dolan, R. J. (2001). Anterior prefrontal cortex mediates rule learning in humans. *Cereb Cortex, 11*(11), 1040-1046.

Swick, D., & Turken, A. U. (2002). Dissociation between conflict detection and error monitoring in the human anterior cingulate cortex. *Proc Natl Acad Sci USA, 99*(25), 16354-16359.

Tabibnia, G., Satpute, A. B., & Lieberman, M. D. (2008). The sunny side of fairness: preference for fairness activates reward circuitry (and disregarding unfairness activates self-control circuitry). *Psychol Sci, 19*(4), 339-347.

Takahashi, H., Kato, M., Matsuura, M., Mobbs, D., Suhara, T., & Okubo, Y. (2009). When your gain is my pain and your pain is my gain: neural correlates of envy and schadenfreude. *Science, 323*(5916), 937-939.

Tarki, A. (1969). Truth and proof. *Sci Am., 220*(6), 63-77.

Tenenbaum, J. B., Kemp, C., & Shafto, P. (2007). Theory-based Bayesian models of inductive reasoning. In A. Feeney & E. Heit (Eds.), *Inductive reasoning: Experimental, developmental, and computational approaches* (pp. 167-204). Cambridge, UK: Cambridge University Press.

Teresi, D. (2010). The Lone Ranger of Quantum Mechanics. *New York Times*.

Thompson, J. J. (1976). Letting Die, and the Trolley Problem. *The Monist, 59*(2), 204-217.

Tiihonen, J., Rossi, R., Laakso, M. P., Hodgins, S., Testa, C., Perez, J., et al. (2008). Brain anatomy of persistent violent offenders: More rather than less. *Psychiatry Res, 163*(3), 201-212.

Tom, S. M., Fox, C. R., Trepel, C., & Poldrack, R. A. (2007). The neural basis of loss aversion in decision-making under risk. *Science, 315*(5811), 515-518.

Tomasello, M. (2007, January 13). For Human Eyes Only. *New York Times*.

Tomlin, D., Kayali, M. A., King-Casas, B., Anen, C., Camerer, C. F., Quartz, S. R., et al. (2006). Agent-specific responses in the cingulate cortex during economic exchanges. *Science, 312*(5776), 1047-1050.

Tononi, G., & Edelman, G. M. (1998). Consciousness and complexity. *Science, 282*(5395), 1846-1851.

Trinkaus, E. (2007). Human Evolution: Neandertal gene speaks out. *Curr Biol, 17*(21), R917-919.

Trivers, R. (1971). The evolution of reciprocal altruism. *Quarterly Review of Biology, 46*(Mar.), 35-57.

Trivers, R. (2002). *Natural selection and social theory: selected papers of Robert L. Trivers*. New

York: Oxford University Press.

Turk, D. J., Heatherton, T. F., Kelley, W. M., Funnell, M. G., Gazzaniga, M. S., & Macrae, C. N. (2002). Mike or me? Self-recognition in a split-brain patient. *Nat Neurosci, 5*(9), 841-842.

Tversky, A., & Kahneman, D. (1974). Judgment under Uncertainty: Heuristics and Biases. *Science, 185*(4157), 1124-1131.

Ullsperger, M., & von Cramon, D. Y. (2003). Error monitoring using external feedback: specific roles of the habenular complex, the reward system, and the cingulate motor area revealed by functional magnetic resonance imaging. *J Neurosci, 23*(10), 4308-4314.

Valdesolo, P., & DeSteno, D. (2006). Manipulations of emotional context shape moral judgment. *Psychol Sci, 17*(6), 476-477.

Van Biema, D. (2006, July 10). Reconciling God and science. *Time.*

van Leijenhorst, L., Crone, E. A., & Bunge, S. A. (2006). Neural correlates of developmental differences in risk estimation and feedback processing. *Neuropsychologia, 44*(11), 2158-2170.

van Veen, V., Holroyd, C. B., Cohen, J. D., Stenger, V. A., & Carter, C. S. (2004). Errors without conflict: implications for performance monitoring theories of anterior cingulate cortex. *Brain Cogn, 56*(2), 267-276.

Viding, E., Jones, A. P., Frick, P. J., Moffitt, T. E., & Plomin, R. (2008). Heritability of antisocial behaviour at 9: do callous-unemotional traits matter? *Dev Sci, 11*(1), 17-22.

Vocat, R., Pourtois, G., & Vuilleumier, P. (2008). Unavoidable errors: A spatiotemporal analysis of time-course and neural sources of evoked potentials associated with error processing in a speeded task. *Neuropsychologia, 46*(10), 2545-2555.

Vogel, G. (2004). Behavioral evolution. The evolution of the golden rule. *Science,*

303(5661), 1128-1131.

Vogeley, K., Bussfeld, P., Newen, A., Herrmann, S., Happé, F., Falkai, P., et al. (2001). Mind reading: neural mechanisms of theory of mind and self-perspective. *Neuroimage, 14*(1 Pt 1), 170-181.

Vogeley, K., May, M., Ritzl, A., Falkai, P., Zilles, K., & Fink, G. R. (2004). Neural correlates of first-person perspective as one constituent of human selfconsciousness. *J Cogn Neurosci, 16*(5), 817-827.

Voight, B. F., Kudaravalli, S., Wen, X., & Pritchard, J. K. (2006). A map of recent positive selection in the human genome. *PLoS Biol, 4*(3), e72.

Wade, N. (2006). *Before the dawn: recovering the lost history of our ancestors.* New York: Penguin.

Wade, N. (2010). Human Culture, an Evolutionary Force. *New York Times.*

Wager, T. D., & Nichols, T. E. (2003). Optimization of experimental design in fMRI: a general framework using a genetic algorithm. *Neuroimage, 18*(2), 293-309.

Wager, T. D., Rilling, J. K., Smith, E. E., Sokolik, A., Casey, K. L., Davidson, R. J., et al. (2004). Placebo-induced changes in FMRI in the anticipation and experience of pain. *Science, 303*(5661), 1162-1167.

Wain, O., & Spinella, M. (2007). Executive functions in morality, religion, and paranormal beliefs. *Int J Neurosci, 117*(1), 135-146.

Wakin, D. J., & McKinley Jr., J. C. (2010, May 2). Abuse case offers a view of the Vatican's politics. *New York Times.*

Waldmann, M. R., & Dieterich, J. H. (2007). Throwing a bomb on a person versus throwing a person on a bomb: intervention myopia in moral intuitions. *Psychol Sci, 18*(3), 247-253.

Waldmann, M. R., Hagmayer, Y., & Blaisdell, A. P. (2006). Beyond the Information Given: Causal Models in Learning and Reasoning. *Current Directions in Psychological Science, 15*(6), 307-311.

Waters, E. (2010, January 8). The Americanization of Mental Illness. *New York Times Magazine.*

Watson, G. (1982). *Free will.* Oxford, UK: New York: Oxford University Press.

Weber, M. ([1922] 1993). *The sociology of religion.* Boston: Beacon Press.

Wegner, D. M. (2002). *The illusion of conscious will.* Cambridge, MA: MIT Press.

Wegner, D. M. (2004). Precis of the illusion of conscious will. *Behav Brain Sci, 27*(5), 649-659; discussion 659-692.

Weinberg, S. (2001). *Facing up: science and its cultural adversaries.* Cambridge, MA: Harvard University Press.

Westbury, C., & Dennett, D. C. (1999). Mining the Past to Construct the Future: Memory and Belief as Forms of Knowledge. In D. L. Schacter & E. Scarry (Eds.), *Memory, brain, and belief* (pp. 11-32). Cambridge, MA: Harvard University Press.

Westen, D., Blagov, P. S., Harenski, K., Kilts, C., & Hamann, S. (2006). Neural bases of motivated reasoning: an FMRI study of emotional constraints on partisan political judgment in the 2004 U.S. Presidential election. *J Cogn Neurosci, 18*(11), 1947-1958.

Wicker, B., Keysers, C., Plailly, J., Royet, J. P., Gallese, V., & Rizzolatti, G. (2003). Both of us disgusted in my insula: The common neural basis of seeing and feeling disgust. *Neuron, 40*(3), 655-664.

Wicker, B., Ruby, P., Royet, J. P., & Fonlupt, P. (2003). A relation between rest and the self in the brain? *Brain Res Brain Res Rev, 43*(2), 224-230.

Wigner, E. (1960). The Unreasonable Effectiveness of Mathematics in the Natural Sciences. *Communications in Pure and Applied Mathematics, 13*(1).

Williams, B. A. O. (1985). *Ethics and the limits of philosophy.* Cambridge, MA: Harvard University Press.

Wilson, D. S. (2002). *Darwin's cathedral: evolution, religion, and the nature of society.* Chicago: University of Chicago Press.

Wilson, D. S., & Wilson, E. O. (2007). Rethinking the theoretical foundation of sociobiology. *Q Rev Biol, 82*(4), 327-348.

Wilson, E. O. (1998). *Consilience: the unity of knowledge* (1st ed.). New York: Knopf.

Wilson, E. O. (2005). Kin Selection as the Key to Altruism: its Rise and Fall. *Social Research, 72*(1), 159-166.

Wilson, E. O., & Holldobler, B. (2005). Eusociality: origin and consequences. *Proc Natl Acad Sci USA, 102*(38), 13367-13371.

Wittgenstein, L. (1969). *Philosophical Grammar* (A. Kenny, Trans.). Berkeley, CA: University of California Press.

Woolrich, M. W., Ripley, B. D., Brady, M., & Smith, S. M. (2001). Temporal autocorrelation in univariate linear modeling of FMRI data. *Neuroimage, 14*(6), 1370-1386.

Wright, N. T. (2003). *The resurrection of the Son of God*. London: SPCK.

Wright, N. T. (2008). *Surprised by hope: rethinking heaven, the resurrection, and the mission of the church* (1st ed.). New York: HarperOne.

Yang, T., & Shadlen, M. N. (2007). Probabilistic reasoning by neurons. *Nature, 447*(7148), 1075-1080.

Yang, Y., Glenn, A. L., & Raine, A. (2008). Brain abnormalities in antisocial individuals: implications for the law. *Behav Sci Law, 26*(1), 65-83.

Yang, Y., Raine, A., Colletti, P., Toga, A. W., & Narr, K. L. Abnormal temporal and prefrontal cortical gray matter thinning in psychopaths. *Mol Psychiatry, 14*(6), 561-562.

Ye'or, B. (2005). *Eurabia: The Euro-Arab Axis*. Madison, NJ: Fairleigh Dickinson University Press.

Yong, E. (2008). The evolutionary story of the 'language gene'. *New Scientist*(2669) Aug. 13, pp. 38-41.

Young, L. J., Lim, M. M., Gingrich, B., & Insel, T. R. (2001). Cellular mechanisms of social attachment. *Horm Behav, 40*(2), 133-138.

Young, L. J., & Wang, Z. (2004). The neurobiology of pair bonding. *Nat Neurosci, 7*(10), 1048-1054.

Yu, A. J., & Dayan, P. (2005). Uncertainty, neuromodulation, and attention. *Neuron, 46*(4), 681-692.

Zaidel, E., Iacoboni, M., Zaidel, D., & Bogen, J. E. (2003). The Callosal Syndromes. In *Clinical Neuropsychology* (pp. 347-403). Oxford: Oxford University Press.

Zaidel, E., Zaidel, D. W., & Bogen, J. (undated]). The Split Brain. Retrieved from www.its.caltech.edu/~jbogen/text/ref130.htm.

Zak, P. J., Kurzban, R., & Matzner, W. T. (2005). Oxytocin is associated with human trustworthiness. *Horm Behav, 48*(5), 522-527.

Zak, P. J., Stanton, A. A., & Ahmadi, S. (2007). Oxytocin increases generosity in humans. *PLoS ONE, 2*(11), e1128.

Zhang, J. X., Leung, H. C., & Johnson, M. K. (2003). Frontal activations associated with accessing and evaluating information in working memory: an fMRI study. *Neuroimage, 20*(3), 1531-1539.

Zhu, Y., Zhang, L., Fan, J., & Han, S. (2007). Neural basis of cultural influence on selfrepresentation. *Neuroimage, 34*(3), 1310-1316.

Zuckerman, P. (2008). *Society Without God.* New York: New York University Press.

신이 절대로 답할 수 없는 몇 가지

2013년 3월 25일 초판 1쇄 발행
2013년 7월 5일 초판 2쇄 발행

지은이 | 샘 해리스
옮긴이 | 강명신
발행인 | 전재국

발행처 | (주)시공사
출판등록 | 1989년 5월 10일(제3-248호)

주소 | 서울특별시 서초구 사임당로 82(우편번호 137-879)
전화 | 편집 (02)2046-2850 · 영업 (02)2046-2800
팩스 | 편집 (02)585-1755 · 영업 (02)588-0835
홈페이지 www.sigongsa.com

ISBN 978-89-527-6860-5 03100